AF445525

# #02
# Le Vent d'Avezan

**1965-1966-2010**

**Gaelle Kermen**

50 ans d'écriture en cahiers
de 1960 à 2010
du pensionnat à l'ermitage
l'itinéraire d'une femme libre

# Le Vent d'Avezan

**1965-1966-2010**

Version brochée en Impression à la demande 30 décembre 2021
ISBN : 979-10-91577-05-2
Published by Marie-Hélène Le Doze at Amazon Print on Demand

Photo de couverture
Portrait assis de l'auteur en tailleur mi-saison, tweed léger bleu ciel, style
Jackie Kennedy, prise au théâtre de la Croix-Blanche à Saint-Leu-la-Forêt
1965. Archives personnelles.

à la mémoire de

Michel Cournot (1922-2007)
Patrice Cournot (1942-2007)

en hommage à leur famille

*Ceux qui brûlent leur œuvre avant qu'on ne la connaisse parce qu'elle ne les satisfait plus passent pour être doués d'un grand courage.*

*Je me demande s'il n'y a pas plus de courage à consentir à n'avoir pas toujours été ce que l'on est devenu, à devenir ce que l'on n'est pas encore et à laisser la vie aux témoignages matériels irréfutables des variations de son esprit.*

Élie Faure

# 1965

## Préface à la 2ème édition de 2021

*Le cahier du* Vent d'Avezan *couvre les périodes entre le lycée et la période du Pot de Fer relatée par le cahier suivant et le roman de jeunesse Aquamarine 67.*

*Le journal de l'année 1965 n'a rien conservé du premier semestre de 1965. J'étais à la Fac de Droit d'Assas à Paris, VIe. J'ai eu mon premier flirt, avec un beau garçon que j'appelais Yaneck.*

*Je devais en avoir assez de rêver des amours impossibles, comme avec Yves de Saint-Leu ou Jean-René de Quimper les années précédentes. Cette fois, il y avait eu flirt. Pas plus. Je n'en ai gardé aucun souvenir événementiel. Je revois un garçon beau comme un jeune premier qu'on voyait à la télévision ces années-là, Jean-François Poron, et je confonds leurs deux images. Par contre, je me rappelle son appartement sur la rue qui longe le Jardin du Luxembourg, en face de la fontaine Médicis. Baigné de lumière, il m'attirait comme un papillon de nuit. Plus tard, cette année-là, c'est l'autre côté du Jardin qui m'attirera...*

*Pourtant, un événement essentiel est arrivé en ce début d'année 1965 dont le Journal ne fait pas état. J'ai été guérie de mon asthme. Maman en parlait comme d'un miracle.*

*Le Docteur Paul Fleury d'Enghien-les-Bains suivait la famille depuis notre arrivée à Saint-Leu-la-forêt. Les médicaments contre l'asthme étaient à l'époque des suppositoires de Théophylline Bruneau et des pastilles de Marubène pour lutter contre l'encombrement bronchique. Ces médicaments anciens à base de plantes seraient bientôt arrêtés par les laboratoires à qui ils ne rapportaient pas assez d'argent.*

*C'est ce que me disait déjà mon médecin dans les années 70. Comme j'aime réinsérer mes anciens écrits dans le contexte de leur révision, je fais ici le parallèle avec la crise politico-sanitaire du coronavirus qui a donné la maladie COVID-19 depuis le début de l'année 2020 et bouleversé la face du monde.*

*L'épidémie aurait pu se traiter et finir comme les épidémies saisonnières, elle a été artificiellement transformée en pandémie, en interdisant aux médecins de prescrire des médicaments anciens qui avaient fait leur preuve depuis des décennies. À l'arrivée de la première vague chinoise, ils ont été décrétés toxiques par les services de santé des gouvernants pour ouvrir la voie royale à la vaccination expérimentale des labos de Big Pharma.*

*Personnellement, je me suis soignée avec ce que j'avais chez moi, lorsque j'ai eu la fièvre covidienne fin février et début mars 2020. J'ai fait une cure de sève de bouleau soutirée dans mon jardin, des tisanes de mes bonnes plantes, reine-des-prés, lavande, thym, romarin, violettes avec  du miel, puis une cure de gelée royale pendant la convalescence. Ces éléments naturels ont accompagné l'histoire de l'humanité depuis des millénaires. Or, toutes les médications que je prenais étaient déconseillées par les Services de Santé, y compris mes traitements actuels contre l'asthme, antihistaminique et corticoïde buccal, dont je pense qu'ils m'ont protégée. Les asthmatiques se connaissent bien, j'ai préféré ne plus croire une seule injonction de la doxa officielle et je me suis vite sortie de cette fièvre covidienne dont on nous a fait si peur. J'ai restauré mon domaine, travaillant fort physiquement pour être en autonomie alimentaire avec potager, verger, poulailler et rucher. Le pari est gagné et je suis en pleine forme au moment d'attaquer la révision de cet ouvrage en novembre 2021.*

*Fin 1964, devant la persistance de mes crises d'asthme, le Docteur Fleury a fini par me proposer un produit sur lequel il faisait des recherches, une sorte de vaccin. S'il avait été aux U.S.A., me disait-il, il aurait eu tous les crédits pour travailler. En France, il le faisait de façon presque artisanale, sans soutien. J'étais partante pour essayer. Qu'avais-je à perdre ? Je ne vivais qu'à la moitié de moi-même, toujours invalidée par le manque de souffle. Il m'a fait trois injections sur trois mois. Le résultat a été spectaculaire. En décembre 1964, je pouvais enfin vivre comme les autres.*

*La seule condition à la bonne suite des événements avait été posée par le Docteur Fleury : je devais avoir une bonne hygiène de vie, vivre le plus sainement possible, fuir tout ce qui était produit chimique et pollution. Il m'a encouragée plus tard, en 1975, à partir vivre en Ariège en moyenne montagne, lorsque j'attendais ma première fille, pour bénéficier d'un air sain.*

*Mon changement de vie était si total que je n'ai eu qu'une envie : faire la fête ! J'ai commencé à sortir beaucoup plus qu'avant, avec des excès d'alcool qui auraient pu m'être fatals.*

*J'ai bien vécu, le souffle libre, du printemps 1965 au printemps 1968. En Mai 68, les gaz lacrymogènes ambiants du Quartier Latin où j'habitais ont attaqué ma belle santé. J'ai eu quelques petites crises pendants les Événements.*

*Lorsque je vivais avec Michel Bablon rue Visconti en 1968, j'ai eu à désinfecter l'appartement au souffre après une infestation de gale. En sortant, j'ai été saisie d'une crise majeure dans la rue de Buci, j'ai eu du mal à rejoindre le Carrefour de l'Odéon pour prendre le métro.*

*En janvier 1969, j'ai fait une autre crise, liée à l'angoisse de l'enfermement, en sortant du commissariat Beaujon, où j'avais été embarquée avec les camarades de la fac de Vincennes. J'étais coincée entre Michel Foucault et André Glücksman dans le panier à salades des flics après l'occupation nocturne du Centre Universitaire Expérimental de Vincennes.*

*Mes trois ans de répit entre 1965 et 1968 m'ont permis de mieux vivre ma période estudiantine parisienne et je reste pleine de gratitude envers le docteur Fleury.*

*Le changement de ma santé explique certains faits de cet épisode des Cahiers saint-loupiens :* Le Vent d'Avezan. *Je respirais mieux et j'avais enfin réussi à avoir un petit copain comme la plupart des autres. Je n'étais plus comme Françoise Hardy à pleurer ma peine, j'étais comme* Tous les garçons et les filles de mon âge…

*Depuis la première version numérique de décembre 2010, j'ai retrouvé dans mes archives de nombreux éléments qui éclairent la suite, des écrits rédigés après les vacances à Saint-Clar l'été 1965, des lettres jamais envoyées, documents que j'insère dans la chronologie du* Journal *de l'époque.*

*J'aurais pu modifier les noms et prénoms des personnes dont je parle ici, mais ce serait priver la postérité d'un regard intime sur des gens qui ont écrit et laissé des traces précieuses dans l'histoire de notre pays.*

*J'espère les garder vivants dans mes pages.*

Gaelle Kermen
22 novembre 2021 pour la nouvelle édition augmentée et la version brochée en Impression à la Demande

## Vacances de Pâques en Isère

Charvieu 11 avril 1965 après-midi

Je n'ai pas encore reçu de lettre de Yaneck. Ce n'est pas son prénom, mais je l'appelle comme ça.

Je m'ennuie cet après-midi, je suis seule dans la maison de ma Marraine qui vient d'avoir sa deuxième petite fille, Thérèse. Je suis allée voir le bébé hier pour être seule aujourd'hui. Je savoure ce moment. Je travaillais sur mes cours de Droit pour l'examen de fin d'année. J'ai eu envie de lui écrire. Avant, je ne parlais jamais, j'écrivais. C'est la première fois que je parle tant à quelqu'un. J'ai sûrement tort.

Depuis que je vais en classe, il y longtemps puisque j'ai commencé à deux ans, j'entends dire que je suis intelligente. Or, je me sens devenir idiote devant lui. Je ne comprends plus rien. J'avais l'esprit vif et je ne réagis plus du tout. Rien. Le vide. Je me noies dans ses yeux bleus. C'est tout.

Je travaille beaucoup pour combler ce vide. Je commence à prendre conscience de l'imminence de notre examen. J'ai presque fini de lire le poly de Droit International. Ça m'aide à ne pas m'ennuyer de lui.

Je suis réaliste, quand même. Nous n'avons que peu de points communs. Le théâtre, j'ai cru d'abord. Il m'a dit qu'il était romantique et sentimental, je ne comprends pas bien en quoi. Physiquement, il y a peut-être un certain accord, ou harmonie visuelle. Il est fort et je suis frêle.


Lundi 12 avril le matin

Je viens de recevoir sa lettre. Mes idées sont confuses. Je ne sais plus très bien où j'en suis.

Je suis choquée, blessée. Il vient de me révéler ce que par orgueil je n'avais pas eu le courage de m'avouer : il m'a joué la comédie.

Je suis surtout très vexée. Je me suis joué aussi la comédie en me persuadant que je l'aimais.

Au fond, c'est bien qu'il m'ait écrit ça. Je n'osais pas reconnaître beaucoup de choses. Je les sentais confusément et n'osais les exprimer.

Je suis allée trop loin en lui disant que je l'aimais à la fin de ma lettre. J'ai eu tort.

Il dit qu'il aime bien discuter avec moi, aller au théâtre. Mais c'est surtout moi qui soliloque. Je me demandais ce qu'il y avait derrière son masque. Je me méfie des masques. Je me fais une idée a priori et je suis déçue. Je me fais une idée haute des autres et je bute sur des esprits étroits. Il y a toujours une disproportion entre eux et moi.

J'ai eu une période très déséquilibrée depuis que je ne suis plus malade (depuis le mois de décembre 1964, au premier trimestre de mon entrée en fac de Droit à Assas). Mais je me stabilise et recommence à pouvoir travailler aussi vite qu'avant.

La relation avec Yaneck était un besoin physique pour moi. Intellectuellement, nous n'avions pas de vrai contact. Il m'a parlé de théâtre le premier, j'ai été emballée. Puis, très vite, je l'ai dépassé. Je connaissais tellement plus de choses que lui ! J'ai vite senti que nous ne pourrions pas les partager. Aucun d'entre nous ne voulait faire de concession. Rien n'est possible.


Lundi 12 avril le soir

J'ai été furieuse en lisant sa première lettre, parce qu'il osait affirmer avec sûreté que je l'aimais plus que lui m'aimait. En fait, tout ça est assez ridicule et je préfère en rire maintenant. Une situation digne de Feydau.

Je suis critique aussi, dans la forme comme dans le fond. Il n'écrit pas bien et pour moi, c'est une question d'esthétisme, d'harmonie.

Je n'aime pas ce genre de phrases banales : « La vie est ainsi faite, elle approche les gens, etc. » ou bien : « Un garçon, vois-tu, n'aime pas une fille quand il sent qu'elle s'accroche… » Il m'a vexée en disant que je trouverai des garçons qui seront gentils avec moi, car je le méritais. J'estime que je mérite mieux que des garçons « gentils ».

Dommage qu'il ne m'ait pas dit tout ça avant. À la gare, je lui reprochais son indifférence, il m'a dit que c'était moi qui l'était. Comme il me demandait en partant de lui écrire, je lui ai écrit tout de suite, dans un état d'excitation dû au voyage. J'ai voulu lui montrer que je n'étais pas indifférente. J'ai joué. Trop.

Je n'aime pas les gares ni les départs.

J'ai manqué de dignité.

J'allais trop facilement chez lui, rue de Médicis, tout près de la fac, de l'autre côté du Jardin du Luxembourg. C'était facile aussi, pratique même.

Quand je pense encore à lui, je vois son image, son corps, son visage, ses yeux, son profil grec. C'est visuel et esthétique. Je suis éprise d'esthétisme. Je ne pense rien d'autre.

Il me dit aussi : « Ne pleure pas. » Est-ce une réplique à mon précédent : « Ne ris pas. » ? L'ironie est mauvaise. Non, bien sûr, je ne pleure pas. J'ai trop d'orgueil pour pleurer. Et notre histoire n'en vaut pas la peine.

*Je n'ai pas gardé d'autres éléments de cette période avant l'été 1965, invitée dans le Gers pour les vacances avec mes voisins saint-loupiens, M. et Mme Bloch.*

# Vacances d'été 1965

## Saint-Clar dans le Gers

Saint-Clar dimanche 17 juillet 1965

Je suis à Saint-Clar depuis le vendredi 9 juillet. Nous avons traversé la France dans la grande 403 Peugeot familiale.

Je passe mes vacances dans le Gers avec Madame Bloch et le bébé Jean-Yves. Nous vivons dans la maison des parents de Mme Bloch sur la place de l'église du village, avec son père M. Carricondo. Sa mère est partie à Nice il y a une semaine, avec Danièle, la jeune sœur de Mme Bloch, Gilles et Lysange, mes petits voisins que je garde parfois avec le bébé, quand leurs parents sortent, pour me faire un peu d'argent.

Saint-Clar est un village du Sud-Ouest, écrasé de soleil pour l'instant. Il était presque abandonné il y a quelques années. Depuis l'indépendance de l'Algérie, des Pieds-Noirs sont arrivés et ont relevé la région. Le Gers est maintenant le premier département agricole français. Ce manque d'industrie me plaît bien. Il paraît que c'est un signe de pauvreté. J'aime voir les champs cultivés à perte de vue, ces vallons fertiles, nullement interrompus par des cheminées d'usine.

*Les notes suivantes ont été écrites après le retour à Saint-Leu.*

## Saint-Leu retour

Saint-Leu dimanche 15 août 1965

Nous venons de rentrer de Saint-Clar. Tristesse incroyable ce matin. Et pourquoi ? pour un petit garçon ? pour Petrus ? Je n'ose me croire. Je préfère penser que cela est dû à la campagne et à Manas en particulier.

Mais je suis assez contente de retrouver mon cadre de Saint-Leu. La fenêtre ouverte sur les arbres. L'air doux. Le chant des oiseaux. J'écoute des cantates de Bach. Je viens d'ouvrir un livre sur Camus et je relis ces lignes de *Noces* :

*Je sais que jamais je ne m'approcherai assez du monde. Il me faut être nu et puis plonger dans la mer, encore tout parfumé des essences de la terre, laver celles-ci dans celle-là...*

*... Dans un sens, c'est bien ma vie que je joue ici, une vie à goût de pierre chaude, pleine des soupirs de la mer et des cigales qui commencent à chanter maintenant.*


Saint-Leu Lundi 16 août 1965

Depuis hier, j'essaie de reprendre mes habitudes. J'ai encore l'atmosphère de Saint-Clar dans l'esprit, le bruit de son calme dans l'oreille. Et j'ai peur de Saint-Leu, peur du travail qui m'attend, peur de la vie que je vais devoir affronter très bientôt. Oui, j'ai peur. À Saint-Clar, je pouvais fermer les yeux, penser « après ». Ici, je ne peux plus. Tout est à faire, avec imminence.

Je ne regrette pas mes vacances. Non, bien au contraire. Pourtant elles ont été étranges.

D'abord ce calme, cet équilibre de mon amitié avec Mme Bloch, cette compréhension mutuelle si douce, si facile.

Puis mon attirance physique pour le maître-nageur. C'est assez ridicule, je sais, mais j'aimais bien parler avec lui, j'aimais aussi qu'il m'écoute.

Et enfin ce flirt avec Petrus, ce gosse de 17 ans, deux années de moins que moi, incompréhensible.


*Mais j'ai des promesses à tenir*
*Et j'ai des lieux encore à parcourir*
*Avant de dormir*
*Des lieux encore à parcourir*

*Avant de dormir.*
(Robert Frost, cité par le président Kennedy pendant sa campagne)


*En rentrant, j'ai eu besoin d'écrire ces vacances qui m'ont ouvert des horizons nouveaux. J'espérais en faire un roman qui m'a accompagnée quelques mois en fin d'année 1965. J'insère ces notes dans la nouvelle version du* Vent d'Avezan. *(NdA 2021)*

## Sur Mme Bloch

Si je devais donner un prénom de roman à mon amie, je l'appellerais Beryl. Elle était comme une pierre précieuse, dure et douce, coupante et claire, rayonnante et sombre parfois. Je l'adorais, moi qui n'avais pas encore 20 ans cet été-là. Une de ses bagues portait un béryl. Le prénom issu de la pierre me rappelle la nouvelle de Katherine Mansfield, *Sur la Baie*, une des plus belles choses que j'aie jamais lues. Madame Bloch que nous appelions Jo, Joséphine de son vrai prénom, était une femme épanouie, comblée, heureuse, alors que la Beryl de *Sur la Baie*, se cherchait encore, toujours insatisfaite, avide de pureté irréaliste. Je crois que je ressemblais alors à cette Beryl éprise d'absolu, mais j'espérais plus tard ressembler à l'autre Beryl, celle que je connaissais, celle que j'admirais, celle que j'écoutais. Elle me fascinait. Malgré nos dix ans de différence d'âge, je sentais une vive ressemblance entre nous deux, j'espérais devenir aussi équilibrée, forte et heureuse enfin. Sa présence me rassurait. Les vacances auprès d'elle m'avaient stabilisée, dans ce petit village simple et attachant, où tout était calme, sans problème apparent.

Je ne pensais pas aux problèmes qui m'attendraient à Paris dès mon retour. Ma Beryl parlait, j'écoutais sa voix, grave et pleine, qui ne dépassait jamais une certaine note. Elle était pourtant passionnée, elle pouvait même devenir violente, mais sa voix était douce, veloutée, comme pulpeuse. Elle aimait parler, j'aimais l'écouter, je parlais aussi, elle écoutait toujours ; ça c'est plus rare, on trouve beaucoup de gens qui aiment parler et parlent sans cesse, mais des gens qui savent écouter, ça ne se rencontre pas tous les jours.

Elle avait une autre qualité, la mémoire. Elle n'oubliait jamais rien de ce que vous lui aviez dit, jamais. Il y a des gens à qui vous pouvez demander : « Tiens, tu te rappelles cette histoire que je t'avais racontée sur Machin ou Chose ? ». Ils répondent toujours sur un ton étonné : « Ah, mais non, tu ne me l'as pas racontée à moi ! » Vous savez ce que vous avancez, mais non, ils n'avaient pas vraiment écouté. Il faut que vous racontiez à nouveau plus de la moitié de l'histoire pour qu'ils commencent à se souvenir qu'un jour, en effet, à tel endroit...

Avec ma Béryl, ça n'arrivait jamais, elle se rappelait même certaines histoires que je ne me souvenais plus lui avoir racontées. Elle était extraordinaire. Entre nous, c'était un échange continuel, nous aimions les mêmes choses, les mêmes livres, les mêmes idées, les mêmes paysages, nous avions la même attitude en face des gens et des événements. Elle avait eu les mêmes réactions que moi à mon âge et je pensais que j'aurais les siennes à son âge.

J'étais très calme grâce à elle. La vie s'écoulait chaque jour, facile et agréable, un peu comme si j'avais dormi et rêvé.

Je me sentais bien dans ma peau. Elle m'avait offert des cours de natation avec le maître-nageur de la piscine de Fleurance où nous allions presque tous les jours en juillet quand nous étions seules toutes les deux avec son troisième enfant, le bébé Jean-Yves et son père M. Carricondo.

Ma maladie asthmatique m'avait tenue éloignée des bains de mer et à 19 ans, je ne savais toujours pas nager, alors que l'eau était l'élément de mes frères et cousins à Kerfany, notre plage d'enfance en Bretagne.

J'avais appris à nager et à plonger. C'était une révélation. Plonger me donnait un vertige délicieux. Sentir mon corps devenir fluide et se couler dans un élément qui l'accepte me donnait une euphorie que j'avais rarement connue.

L'eau m'a toujours fascinée, la Mer surtout. Quand j'étais gosse en Bretagne, je restais des heures regarder la Mer, les mouettes, le vent, les vagues, je restais anéantie chaque fois, un peu effrayée.

J'étais heureuse pendant les longues journées douces et chaudes passées auprès de Madame Bloch. C'est après que ça a changé.

Son mari, qui avait accompagné sa famille et moi dans la maison de Saint-Clar, avant le 14 juillet, était retourné travailler à Paris ; il est revenu début août.

J'étais un peu jalouse de la partager avec son mari ! Il était pourtant extraordinaire, un homme vrai, responsable, fort et je l'admirais beaucoup. Mais ce n'était plus comme avant, quand il travaillait à Paris. C'est fou ce qu'il travaillait, cet homme, tout le temps, même en vacances. Ce n'était pas toujours drôle pour sa femme, qui se sentait parfois abandonnée, mais c'était pour elle qu'il travaillait tant. Ils formaient un couple magnifique, très beaux tous les deux.

Tout en eux parlait d'amour, c'était fascinant. Mais ce n'était plus comme avant quand Beryl et moi nous étions seules avec le bébé Jean-Yves.

Puis, les enfants Lysange, 8 ans, Gilles, 3 ans, sont rentrés aussi de Nice où ils étaient partis avec leur tante Danièle, la plus jeune sœur de Madame Bloch et sa mère, en vacances quinze jours chez une sœur. La famille était nombreuse.

## Sur Danièle

Je n'avais vue Danièle qu'une fois en arrivant, avant qu'elle parte à Nice, nous ne nous étions pas vraiment parlé. Elle était timide. Je n'osais pas parler aux gens que je ne connaissais pas et Danièle m'impressionnait.

C'était une grande fille, hautaine. Elle était le genre de fille dont les petits gosses disent sur son passage : « Elle fait sa fière ! » Ou « elle est poseuse ! » Plus tard, les garçons évincés disent : «  Quelle bêcheuse ! » Je me sentais jugée durement, elle était coupante, d'un regard elle vous brisait. J'avais deux ans de plus qu'elle, mais c'est elle qui me paralysait. Elle était en fait timide jusqu'à la sauvagerie.

Nous étions obligées de partager la même chambre et le même grand lit dans une autre maison sur la route de Toulouse, pour le reste des vacances jusqu'au 15  août. L'atmosphère était froide. Nous n'osions pas nous parler, sauf des phrases du genre : « Avez-vous bien dormi ? » ou « Prenez-vous la salle de bains maintenant ou après moi ? » Car elle me vouvoyait et je n'osais pas changer la formule. J'avais l'impression d'être dans un hôtel étranger où la réception utilise un lexique pour les touristes.

Un soir, un incident a réussi à briser la glace.

Nous avons été réveillées au milieu de la nuit par les cris hystériques du petit vieux qui habitait l'appartement au-dessous de notre chambre. Il faisait une crise de jalousie à sa femme de 70 ans, imaginant des scènes orgiaques avec d'autres hommes. Nous étions terrifiées d'entendre à travers la nuit les cris et les insultes que subissait sa pauvre femme innocente.

C'est à partir de ce moment que Danièle et moi avons pu nous parler. J'avais même réussi à la convaincre de me tutoyer. Bien sûr, elle ne donnait pas dans les confidences, elle ne se livrait à n'importe qui. Elle m'a sondée d'abord, à fond, pour voir ce que je valais.

Je trouvais la situation un peu absurde, je faisais un effort pour parler. Parfois, je la sentais se refermer brusquement. Alors, je la faisais rire. Je riais toujours. J'amusais les autres. J'étais en forme. Même si je commençais à penser au retour et que la perspective me semblait dramatique. Plus que deux semaines à Saint-Clar, pas davantage. Et dès la rentrée, il me faudrait travailler.

J'avais raté mon examen de Droit en juin, je n'avais rien préparé, j'avais eu des angoisses quinze jours avant et je ne pouvais rien faire, sauf me coudre des vêtements pour tromper mon anxiété. Je ne savais plus où j'allais. Depuis la mi-juillet, depuis que j'étais arrivée à Saint-Clar, le matin, j'ouvrais le livre d'économie politique et j'essayais de travailler. La matière m'intéressait. Le soleil entrait déjà dans la chambre. Je lisais une demi-page. Un chat miaulait sur la place de l'église. Je ne peux pas résister aux chats qui miaulent. Je n'avais rien compris à ce que j'avais lu. Ça parlait peut-être de l'Âge d'Or d'Athènes ou des moines du Moyen-Âge, je ne parvenais pas à fixer mon attention sur le sens des phrases. Les chats encore. J'allais à la fenêtre. Je regardais le village et j'oubliais Athènes, les moines et toutes leurs histoires. Dans le soleil, le matin, tout était évident.

J'ai essayé de travailler le soir. Mais comme j'avais trop nagé et plongé à la piscine de Fleurance, je m'endormais tout de suite.

Le jour, ce n'était pas possible.

J'aurais voulu écrire. Quelque chose comme un livre sur Saint-Clar qui m'éblouissait. Je ne pouvais pas écrire, puisque je devais réviser mon Droit pour la session de septembre. Je ne pouvais pas travailler, parce que j'avais envie d'écrire. Alors, je ne faisais rien et ce vide m'effrayait.

## 5 août Surprise-Partie

Tout a commencé le jeudi 5 août au soir à la surprise-partie où j'avais été invitée un peu par hasard puisque je ne connaissais presque personne. Sans cette soirée, je n'aurais pas connu la bande de jeunes de Saint-Clar en été, ni Petrus ni Patrice

Il faisait très chaud, l'orage avait éclaté au début de la surprise-partie. Nous avions dû nous replier dans le salon éclairé aux bougies, le village était privé d'électricité. C'était joli et nous mangions. Je ne connaissais que Danièle.

J'avais aussi rencontré Sylviane, une fille qui passait ses vacances à l'hôtel Rison à Saint-Clar. Elle était blonde, souriante et elle portait au cou une médaille à l'effigie du président Kennedy. J'avais moi-même un dollar américain de 1964, monté en collier. Nous avions parlé spontanément. Je lisais alors le bouquin d'Hugh Sidey, *J.F.K. President*. J'avais revu Sylviane au tennis le matin avec Danièle. C'était agréable de parler avec elle, elle écoutait, elle semblait intéressée. Comme moi, elle se sentait un peu perdue, ne connaissant presque personne. À Saint-Clar, les jeunes se retrouvent pour les vacances, depuis des années souvent. Elle et moi étions des étrangères. Nous restions ensemble.

C'est alors que je l'ai remarqué. Il dansait. Une danse marrante, genre sauvage, avec des grands bonds de côté, une sorte de danse d'Indiens en avant et retour. J'ai oublié le nom de cette danse qui lui allait bien. Ce devait être une nouvelle danse américaine. Sa coiffure était un peu longue, avec de grosses mèches sombres au-dessus des yeux. Comme un gosse, comme mon petit frère ou Laurent Terzieff, ces gens qu'on a envie de bercer ou consoler. Il portait des jeans beiges et une chemisette à carreaux dans les tons beiges et bruns. Il ressemblait à un Américain.

Je l'ai dit à Sylviane qui s'est exclamée : « Oh ! Petrus, oui, il rentre des États-Unis. »

J'ai sursauté. Ma fascination pour ce pays date de l'époque où j'ai vu *La fureur de vivre, l'Équipée sauvage, Graines de violence* avec la chanson *Rock around the clock*, le premier rock, ça faisait un bruit terrible, on n'était pas habitué. J'étais toute gosse, mais mes frères et sœurs plus âgés étaient dans le coup, un peu zazous, avec des blue-jeans, les premiers aussi, et des cheveux longs. Mon frère aîné, artiste, passait ses journées au Vert-Galant à Paris. On ne distinguait pas l'apport du cinéma américain et de l'existentialisme, tout se mêlait avec plus ou moins de bonheur dans l'après-guerre.

Il y avait James Dean dont ma sœur me rebattait les oreilles, j'avais huit ans, il était mort peu de temps avant, je n'avais encore vu aucun de ses films, mais je l'adorais déjà. À dix ans, j'ai vu *Géant* (*Giant*). C'était grandiose. Le Texas était grand. Il y avait des histoires terribles, beaucoup de couleurs. On n'était pas déçu. Quand on le voyait dans sa vieille voiture, le stetson sur l'œil, on devenait fou. Un vrai cow-boy. Puis, il trouvait du pétrole, il devenait riche, il n'était plus cow-boy. Dans la scène finale, il était ivre, il discourait devant une salle vide, dans une solitude absolue. Il s'écroulait sur la table au milieu des bouteilles. Je l'adorais, Jimmy Dean. J'ai vu ses deux autres films plus tard, c'est *À l'est d'Eden* que j'ai préféré, je l'ai vu deux fois.

Oui, l'Amérique me fascinait. L'année dernière, quand je séchais les cours de droit, je passais mes journées à la Bibliothèque Benjamin Franklin, place de l'Odéon, je lisais un tas de trucs, comme les discours de Kennedy. Il parlait souvent de la Mer, de navigation, de vent favorable, d'horizon plein d'espoir, c'était un peu facile, mais ça faisait du bien. Son discours inaugural était très beau, je le connaissais presque par cœur. Il disait des phrases comme ça, qui me rendaient folle :

*Ask not what your country can do for you.*

*Ask what you can do for your country.*

Maintenant la Bibliothèque américaine est fermée. Manque de crédits sans doute. Ce doit être des histoires entre Johnson et De Gaulle, des dettes de guerre ; on supprime d'abord ce qui concerne la culture. Le plan Marshall ne doit plus marcher.

Les États-Unis me fascinaient et justement Petrus rentrait des Etats-Unis.

Après sa danse sauvage, on lui a demandé de diriger un surf. C'est lui qui mettait l'ambiance. Il évoluait avec aisance, parlait lentement, très assuré, il nous dirigeait et nous le suivions.

À un moment, je me suis trouvée devant lui, j'ai trébuché, j'ai failli tomber et il m'a rattrapée par le poignet. Il avait de la force, il m'a presque fait mal. Il demandait :

– Ça va mieux ?

– Oui, merci.

J'ai ri. Mais sa voix était vraiment vibrante, même dans trois seuls mots : « Ça va mieux ? »

Une fois au théâtre, j'avais eu le même choc. La voix de Delphine Seyrig demandait tout bêtement comme ça :

– Peut-on entrer ?

C'était dans une pièce de Pirandello et ça m'avait fait fondre. Je suis sensible au ton des voix.

Quand il a parlé, j'ai été surprise : sa voix était grave, profonde, une voix comme il est rare d'entendre, chaude, vibrante, très douce aussi, qui donnait des frissons.

Si sa voix m'a surprise, c'est parce qu'il semblait très jeune. Je ne lui aurais pas donné d'âge précis, mais il devait être très gosse encore. C'est rare une voix aussi belle.

Ce soir-là, c'était tout, je suis passée. Danièle et moi devions rentrer tôt selon les injonctions familiales.

Il n'était que 22 h 30, mais Madame Bloch venait nous chercher, sa belle-mère et sa mère craignaient que M. Carricondo rentre et ne trouve pas sa fille à la maison. Cela aurait fait un drame.

Je dis au revoir à Sylviane et je remerciai Doudou qui nous avait reçues.

Nous partîmes. J'étais contente de ma soirée, mais Danièle était très vexée. Madame Bloch nous fit un cours de morale, disant que nous étions trop jeunes pour sortir tard le soir, etc. Je compris que le cours était destiné aux belles-mères !

Nous parlâmes longtemps, le soir, dans notre lit. Danièle me parla de la plupart des jeunes de la bande. J'avais du mal à tout saisir. Il y avait tant de monde. Elle me parla d'Anne-Marie, qui travaillait dans la famille de Petrus, le jeune homme qui m'avait rattrapée par la main.

Elle me raconta qu'un des membres de la famille avait écrit un livre sur Saint-Clar, *Le Jour de Gloire*, qu'un autre était passionné de cinéma. Il y avait des gens intéressants à Saint-Clar.

## Sous la Halle

Quand ai-je revu Pétrus ?

Dès le lendemain. Il passait dans la rue, coiffé d'un drôle de chapeau. Marrant. C'était sous la Halle.

Petrus est arrivé, toujours coiffé de son drôle de chapeau dont il jouait. Il le portait sur l'œil, très en avant. Il arrivait, pas discrètement, en chef. Il y a des gens comme ça, qui sont chefs. Dans les cours de récréations, quand ils sont gosses, on les remarque, ils parlent plus fort que les autres, il ont le regard vif, acéré. Ils commandent, ils mènent la Bande, la Bande obéit. Plus tard, ça continue.

Donc Petrus jouait les chefs. Il avait l'avantage de sa voix plus forte, plus grave, plus pleine. Il portait une veste de velours noir. C'était surprenant. Joli. Il faisait le tour de la bande des filles et leur disait bonsoir en les embrassant. J'étais auprès de Danièle. Il s'est arrêté devant moi. Le vent était léger. Il disait :

– Bonsoir…

Il ne savait pas mon prénom.

– Marine, disait Danièle.

– Bonsoir, Marine.

Sa voix grave. Je frissonnais. Le vent sans doute. Il s'approchait et m'embrassait. Il passait. Ce n'est pas parce que je raconte ça que c'est important. C'est parce que je n'ai rien oublié, ça en devient même fatigant cette présence continuelle des souvenirs, de tous les instants, de ce que j'ai été, de ce que j'ai fait, de ce qui s'est passé. Si je raconte ce moment particulier, c'est parce que Petrus fait partie de l'histoire.


Ce soir-là, nous avons dansé sous la Halle, la vieille Halle de bois du centre du village cerné par son chemin de ronde.

Une grande personne nous avait demandé pourquoi nous ne dansions pas sous la Halle.

— De notre temps, nous le faisions.

La veille au soir, Madame Bloch nous avait suggéré la même idée.

Tout le monde fut emballé. Quelques-uns allèrent demander l'autorisation au Maire, qui accepta.

Danièle et moi rentrâmes à la maison pour prévenir Madame Bloch et nous changer. Je mis mon pantalon blanc et ma tunique en tissu tahitien gansé de blanc. Pas de chaussures.

Personne ne me parlait. Personne ne m'invitait. Je ne comprenais pas. Je ne cessais de me poser des questions.
— Mais qu'est-ce que j'ai qui les écarte ?
— Est-ce que je leur fais peur ?
— Savent-ils que je suis plus âgée ?
— Suis-je très laide ?
etc...
Heureusement, j'avais l'agréable compagnie de Sylviane. J'aimais sa voix chantante, un peu sophistiquée, assez pour être originale et retenir l'attention.

La musique qui m'a impressionnée ce soir-là était le disque des Rolling Stones, *Satisfaction*. Petrus l'avait rapporté des États-Unis d'Amérique.

Après un sirtaki, il y eut un slow. J'étais avec Sylviane, Danièle, Annie et une autre fille, Petrus s'approcha de nous. Ne sachant qui inviter ou faisant semblant de ne pas savoir, il sortit une pièce de monnaie de sa poche, joua à pile ou face et invita... Sylviane. Je trouvai le procédé amusant, mais nous étions ridicules, toutes agglutinées près de ce poteau. J'allai m'asseoir sur la table. Pierre invita Danièle, ils étaient en harmonie. Jean-Pierre était assis près de moi et il partit soudain.

Après la danse, Sylviane me rejoignit sur la table. J'observais de l'autre côté de la Halle, Mme Bloch qui elle aussi nous regardait, en compagnie de sa mère, de sa belle-mère et de son beau-frère.

Comme la veille, Pétrus dirigea un surf. Mais nous étions obligés de rentrer avec toute la famille. Danièle était aussi furieuse que la veille.

Georgette lui reprocha d'avoir accepté de danser avec Pierre, criant que Jean-Pierre était parti en pleurant !

J'en parlai plus tard avec Danièle et lui dit combien je trouvais Pierre plus intéressant. Je m'en tins là ce soir-là.

Le lendemain, Petrus était déjà là quand je suis arrivée sur le court de tennis avec Danièle. Il jouait, décontracté, débraillé.

Je lui ai adressé la parole la première. Il fallait à tout prix établir un contact, quel qu'il soit, avec n'importe qui. Petrus était là. Il rentrait des États-Unis. Il avait l'air marrant, j'ai parlé :

– C'est toi qui es allé aux U.S.A. ?

– Oui, j'en reviens.

– Ah ! Et qu'est-ce que tu y as vu ?

– Beaucoup de choses.

Voilà la première conversation. Rien de transcendant.

Je voudrais perdre cette sale habitude de ne rien oublier, même les plus petits détails sans importance. Mais tout reste en moi. Je représente la théorie vivante de Bergson sur le souvenir, nous sommes toujours influencés par nos souvenirs. Je veux bien, mais ça n'a rien de drôle d'être toujours présent, toujours conscient.

Après, nous avons parlé. Il commençait à pleuvoir doucement, nous nous sommes abrités sous un cerisier au bout de la route. Il a raconté les États-Unis, comment il y était allé. Il avait un frère à la Fac de Droit, en quatrième année, qui adorait le droit.

J'aimais sa voix, elle me suffisait et sa présence me rassurait. Il semblait jeune, mais il y avait en lui quelque chose de rassurant, solide et doux à la fois. Il avait un charme ineffable. C'est l'adjectif qui m'est venu à l'esprit.

J'avais envie de rester près de lui. Lui aussi, je crois. Il nous a invitées à prendre un pot au café sur la place des Arcades dans le village. Le tennis était hors du village, dans les champs sur la route de Fleurance, c'est par là qu'on allait à la piscine, il fallait tourner dans un petit chemin vers la droite.

Je plaisantais avec lui. Je riais tout le temps. Les autres se taisaient. Nous étions les seuls à parler.

Il m'a encore parlé de son frère, de la Fac de Droit. Il avait failli être collé à l'examen, il l'avait obtenu parce que ses notes de Travaux Pratiques de l'année étaient très bonnes.

Danièle et moi avons dû rentrer déjeuner. Petrus avait dit qu'il reviendrait l'après-midi.

Je travaillai un peu mes cours de droit.

Nous ne pouvions aller à la piscine, M. Bloch étant à Toulouse. D'ailleurs, il ne faisait pas très beau.

Le temps se découvrit vers le milieu de l'après-midi ; nous sortîmes alors sur la place avec Sylviane, Annie, Pierre et Élisabeth la cousine d'une fille qui dansait toujours le rock avec Pierre. Il y avait beaucoup de vent. Je montai me changer et mettre un pantalon, mon gros pull marin et mes Adidas. Lorsque je sortis, Petrus était là, portant une veste à rayures bleues et blanches en shearsucker. Il m'embrassa sur les deux joues.

Nous sommes restés longtemps sur la place, parlant de tout, de rien, écoutant Petrus mimer sa grand-mère en pinçant le nez :

— Jean, il y a du sucre dans cette farce !

Il racontait comment la nouvelle cuisinière avait sucré le poulet farci. Il nous parla de son voyage aux États-Unis, toujours avec des détails succulents et force gestes à l'appui.

J'avais envie de nager. Petrus nous a invitées à nous baigner chez lui, dans le déversoir. C'était un endroit de la rivière de l'Arratz, qui traversait la propriété de son grand-père.

À Saint-Clar, il y a plusieurs possibilités pour prendre un bain. À une dizaine de kilomètres, se trouve un lac artificiel, près de Lectoure, où la bande allait généralement. Madame Bloch, Danièle et moi préférions l'eau propre de la piscine de Fleurance à la même distance. Un autre point d'eau était la rivière de l'Arratz à un kilomètre ou deux du village. J'y étais allée une fois et l'eau m'avait paru trop boueuse pour m'y baigner. La plupart des jeunes allaient là, ou alors au déversoir, un plan d'eau dans la propriété des Cournot, la famille de Petrus.

C'est là que nous décidâmes d'aller après beaucoup de discussions inutiles.

Pierre avait pris la mobylette de Petrus pour repartir chez lui chercher son maillot. Je remontai aussi mettre le mien, je redescendis en courant puisque j'avais mes chaussures de tennis Adidas aux pieds, vers les autres. Petrus m'accueillit en ouvrant les bras, je me jetai contre lui, pour rire, pour jouer.

Nous étions près de la maison où nous logions, Danièle et moi, en haut de la côte, sur la route de Toulouse.

Pierre était revenu. Petrus avait passé son bras sur mes épaules et décida que Pierre ferait le voyage jusqu'au moulin, en portant une personne à chaque fois. Il désigna d'abord Danièle.

Pierre et Danièle partirent tous deux. Nous restions, Sylviane, Élisabeth, Petrus et moi.

Le ciel se couvrait de gros nuages et la baignade semblait compromise. La route était très belle, elle tournait à travers des arbres, puis à travers les champs, en descendant doucement. Je ne connaissais pas ce coin de Saint-Clar, mais fut tout de suite séduite.

Petrus me désigna les champs au loin et me dit :

— Tu vois, ça, ça, ça, c'est à moi !

Je crus qu'il blaguait. C'était vrai. Enfin, ça appartenait à son grand-père. Alors, je lui demandai s'il avait des moutons. Sylviane éclata de rire, elle savait que je cherchais un héritier à moutons. Petrus n'avait pas de moutons. Dommage, moi j'aime les moutons et j'aimerais en élever.

Sur la gauche, une butte, dominée par un château. Le château d'Avezan, qui appartenait aussi au grand-père de Petrus. Devant le château, une immense garenne. C'était magnifique.

Je dis plus tard à Petrus :

— J'aimerais vivre dans cette région.

Pierre, après avoir déposé Danièle près du moulin, était revenu. J'avais eu un mouvement vers la mobylette, très vite, Petrus m'avait rattrapée en disant :

— Toi, tu restes avec moi !

Sylviane partit.

Pierre revint prendre Élisabeth. Petrus et moi continuions seuls. Nous rencontrâmes le tracteur des Lafosse, remorquant des sacs de blé. Je trouvai M. Lafosse très beau. Nous grimpâmes sur l'arrière de la remorque, pour nous faire traîner un bout de chemin. Puis, comme ils rentraient à la métairie, nous sautâmes sur la route pour continuer à pied. Je remarquai les chevaux dans les champs au bord de la route.

Le paysage me plaisait. Je le sentais dans mon corps.

Je parlais. Trop. Maintenant que nous étions seuls, Petrus parlait moins et cela me désemparait. Je meublais le silence en disant des bêtises. Que penser de lui ? Il semblait si jeune, si fou-fou, si décontracté et si sérieux par moment. Je ne savais plus s'il était jeune ou vieux. Le matin même, il m'avait dit qu'il avait dix-sept ans et demi, en insistant sur les six mois de plus.

Je parlais. Trop. À vide.

Pierre revint. Petrus décida que nous pouvions monter tous les trois sur la mobylette. Pierre lui demanda de conduire. Je m'assis derrière Petrus, sur le siège et Pierre sur le porte-bagages.

Heureusement, nous n'étions plus très loin de Manas. Il aurait été drôle de rencontrer les flics à ce moment. En tournant dans le chemin, en face du silo d'Avezan, Petrus me fit remarquer à cent mètres de là, l'allée qui conduisait à Manas, avec le tennis sur le côté. Il me dit qu'il me montrerait tout.

Près du pont, nous attendaient les filles. Petrus ralentit, Pierre sauta à terre et Petrus continua jusqu'au moulin. Il arrêta sa mobylette et me conduisit jusqu'à la porte. Il voulut me faire entrer. Cela me parut très sombre et je pris peur. Peur d'étouffer brusquement. C'était irraisonné, involontaire.

Petrus dit :

— Viens, je vais te montrer ma garçonnière.

Je refusai. Il monta seul. Je me rendis compte, une fois la porte ouverte, que ce n'était pas si sombre. J'allai regarder par la fenêtre qui donnait sur la chute d'eau. Lorsque je ressortis, les autres arrivaient. Petrus apparut à une fenêtre du premier étage, coiffé de son chapeau. Nous sommes montés ensemble le rejoindre.

Nous avons d'abord visité la chambre à gauche de l'escalier, donnant sur l'arrière du moulin, sur le plan d'eau où boivent les vaches. Cette chambre était tapissée de motifs assez grands, repris sur le lit dans le fond. En face de la fenêtre un fauteuil attirant, tendu de velours rouge sombre. Une glace. Les dessins de la tapisserie étaient trop importants pour la taille de la chambre, mais j'aimais le fauteuil.

Petrus nous conduisit dans sa chambre. Là, changement de décor. Rien de commun avec le haut lit large et profond de la première chambre. Ici, deux lits de fer, étroits et bas, défaits, avec des draps sales. De la poussière par terre, des chaussettes dans les coins. Sur la table de nuit, une bouteille vide de Johnny Walker. Un *Chaix Région Sud-Ouest* traînait sous le lit avec des *Tintin*.

Sur la commode, des foules de choses dans la poussière. Un électrophone à piles. Des disques. Un petit magnétophone de poche. Des appareils électriques. Des lettres. Des papiers.

Une grande glace piquée. Devant, une chaise disparaissait sous des pantalons, des chemisettes...

Je me sentis bien dans cette chambre. Je me vautrai sur un des lits, plongée dans la lecture d'un *Tintin* ramassé dans la poussière. Tout le monde fit comme moi.

Le temps était gris dehors. Personne n'avait envie de se baigner. Moi non plus. Je ne voulais plus partir. J'étais bien.


Un garçon arriva. Il semblait plus vieux que les autres. Je l'avais remarqué à la surprise-partie chez Doudou, où il avait fait une démonstration de clutch avec Petrus. Il était vêtu de jeans beiges, d'un blouson assorti et d'une chemisette rose ! Très style américain, lui aussi. C'était Jean-François, le cousin de Petrus.

Il arrivait avec des papiers sur la chiromancie et étudiait ses mains. Elles étaient belles, longues et osseuses. Il nous passa quelques feuilles et je m'appuyai contre Petrus pour les lire avec lui.

Petrus ne voulait pas me montrer ses mains, car elles étaient sales. Il me dit qu'il me les montrerait le lendemain, dimanche. Parce qu'il voulait aller à la messe ! Il nous décrivit la tenue qu'il allait revêtir pour la circonstance : white jeans, chemise blanche, chaussettes marines, cravate bordeaux, veste de velours noir, ça promettait d'être adorable.

Il m'amusait beaucoup. J'avais l'impression d'être avec un petit cousin ou mon petit frère. Était-ce la coiffure ? Ses cheveux gonflés en mèches désordonnées au-dessus de ses grands yeux noirs ? Je me sentais fondre. J'avais envie de le battre et de l'embrasser.

Il était inquiet, car son père était rentré à Manas. Il nous a quittés pour aller aux nouvelles en laissant un *walkie-talkie* à Jean-François, pour pouvoir communiquer avec nous, lorsqu'il serait à la métairie de Manas. Il avait rapporté ça des États-Unis.

Il appela peu après, de la cuisine où il se trouvait avec Anne-Marie et Lucienne, les amies de Danièle qui habitaient à Saint-Clar. Entendant parler de cuisine, je dis à Jean-François que j'avais faim. Il le rapporta à Petrus qui demanda « qui » avait faim ? Jean-François répondit :

— La petite avec le pantalon rouge.

— Marine ! Elle est sous ma protection !

Il nous apprit que dans la commode, il restait un gros morceau de brioche.

La cousine de Petrus, Isabelle, qui venait d'arriver, me l'offrit.

Je minaudai avec une stupide voix de petite fille gâtée :

— Merci, Petrus !

Et lui sur le même ton :

— De rien, mon chou.

J'offris de la brioche à chacun, personne n'avait faim, je mangeai seule.


Jean-Yves était arrivé lui aussi. Il me parut plus calme que les autres soirs. Il lut aussi les papiers sur la chiromancie, puis *Tintin*. Je remarquai confusément qu'il se passait quelque chose entre Pierre et Danièle. Discrètement. Tacitement.

Je m'ennuyais sans Petrus. C'est là que je pris conscience de l'importance qu'il pouvait avoir dans la Bande.

Il revint.

Nous étions assis tous les deux par terre, au pied du lit, son bras passé autour de mes épaules. Je lisais *Tintin*. Lui ne disait rien.

Il nous fallut bientôt partir.


Jean-Yves partit vers Manas avec Isabelle et Jean-François. Le problème était de raccompagner tout le monde le plus vite possible à Saint-Clar. Petrus décida de porter deux personnes à la fois, en passant par des chemins détournés. Danièle et moi partîmes les premières, laissant Sylviane et Élisabeth avec Pierre.

Petrus conduisait très bien, mais malgré tout, nous fûmes très secouées, surtout moi qui étais sur le porte-bagages et qui craignais à chaque cahot de m'envoler.

Le paysage était splendide, d'une simplicité attachante. Je regrettais de n'avoir ni le temps ni la possibilité de l'apprécier dans de meilleures conditions.

Petrus nous déposa près du Pont Vieux au bas de la côte, au pied du chemin de ronde. Je courus pour monter les marches de la pente et j'étais encore essouflée en arrivant à la maison Carricondo. Madame Bloch s'inquiéta, mais tout allait bien !

Un peu plus tard, Sylviane revint. Petrus l'avait raccompagnée seule, jugeant que c'était plus prudent. Je ne restai pas avec elle, la brioche n'ayant calmé que provisoirement mon habituelle fringale, je dévalisai le réfrigérateur...

Il faisait froid lorsque Danièle et moi sommes sorties après le dîner. Nous avons retrouvé tout le monde sous la Halle, comme d'habitude. Il semblait que depuis la surprise-partie chez Doudou, la Bande regroupée ne veuille plus se séparer. Tous se serraient les uns contre les autres. Surtout ne pas se quitter ! Ne pas rester seul ! Que deviendrait-on sans la Bande ?

Et puis, il fallait danser. C'était indispensable. Rester ensemble sans danser, quelle aberration ! Il faudrait parler. C'est si fatiguant. Faire quelque chose à tout pris, pour ne pas penser à soi. Pas trop...

Voilà ! nous étions tous sous la Halle, à nous demander ce que nous pourrions faire...

J'aimais cette vieille Halle toute de bois. J'aimais les multiples nuances du gris de ses planches étroites labourées par le temps. J'aurais pu rester là, adossée à un de ses poteaux vermoulus, sans rien faire, juste en sentant le bois. Mais il y avait les autres. Et leur indécision.

Lorsque nous étions arrivées, Danièle et moi, Jean-Pierre était déjà là. Elle n'alla pas vers lui et resta très froide. Lui-même n'osa pas venir à elle. Georgette continuait ses insinuations.

Sylviane me dit qu'il s'était passé quelque chose entre Pierre et Danièle au moulin et qu'elle devrait choisir. Si Georgette n'avait rien dit, Danièle serait restée simple en face de Jean-Pierre et serait allée vers lui comme d'habitude. Là elle n'osait plus. Elle en parla avec Pierrot, son meilleur copain, elle qui se confiait si difficilement, Pierrot était tout mignon, tout simple, on pouvait se confier à lui.

Je considérais ces histoires comme des ragots de concierge de village.

Petrus arriva dans la nuit avec Jean-François.

Il vint vers moi et je m'écriai : « Ah ! » comme si je n'avais attendu que lui. Peut-être avais-je besoin de sa présence pour rire ou désirais-je inconsciemment quelqu'un qui décidât pour tout le monde. Seul Petrus semblait capable de tenir ce rôle.

Il m'embrassa rapidement et alla vers d'autres personnes.
J'avais froid.
Je m'assis à terre contre un poteau de la Halle. Petrus me demanda pourquoi. Je répondis que c'était la seule position sage, contre l'indécision. Il s'assit à côté de moi, contre l'autre face du poteau, et invita Christine à s'ennuyer avec nous.
Christine était la cousine d'Élisabeth. Assez brillante, on la remarquait très vite. Joli visage, de beaux yeux bleus, une coiffure courte, gonflée. Pas timide, elle parlait volontiers avec les garçons, restait distante avec les filles. J'avais remarqué que c'était elle qui invitait toujours Pierre à danser le rock !
Je ne la trouvais pas sympathique, mais elle était agréable à regarder, bien qu'un peu épaisse de corps et de traits.
Par contre, à côté d'elle, sa cousine Élisabeth disparaissait, éclipsée par son brillant. Élisabeth n'était ni belle ni laide, mais discrète et réservée, en fait plus distinguée que Christine.

Petrus décida que nous irions danser chez Cathy, une fille ressemblant à un garçon. Très jolie de tête. Taillée comme un garçon, bras musclés, toujours en pantalon, attitude déhanchée, cigarette à la bouche. Cathy était la sœur aînée, elle avait plus de vingt ans, de Titou, le petit ami de Doudou.

Petrus partit avec elle.

Il y eut quelques flottements. Un groupe n'était pas très chaud pour aller danser et préférait se promener sur la route de Toulouse. Sylviane et Pierre partaient chez Cathy, nous invitant à les suivre, Danièle et moi, puis les autres.

## Soirée chez Cathy

La maison de Cathy avait l'air bizarre ; la seule fenêtre ouverte était celle de la pièce où nous devions danser, au rez-de-chaussée. Tout le monde entra par le garage. Je restai derrière. Petrus apparut à la fenêtre, se pencha en me reprochant de ne pas l'avoir embrassé ce soir. Je l'embrassai simplement.

J'entrai avec Jean-Yves par le garage, très encombré ; il fallait traverser la cuisine, tourner au pied de l'escalier, qui conduisaient aux étages, puis entrer dans la chambre de Cathy, très encombrée aussi. Un grand lit, une cheminée avec une glace haute, une vieille armoire.

Les garçons avaient poussé tout ce qui encombrait le passage.

La pièce avait l'odeur des vieilles maisons, âcre, un peu piquante. Elle manquait de cachet. Je préférais le fouillis de la chambre de Petrus au Moulin, on s'y sentait mieux accueilli, plus accepté. Je me sentais mal dans cette chambre où tout le monde était assis par terre, contre les murs, où personne ne se décidait à danser.

Petrus nous fit écouter *Joshua fit the Battle of Jericho* par les Petits Chanteurs à la Croix de Bois, mais quelqu'un l'arrêta.

Christine et Pierre dansèrent un rock, seuls, bien.

Puis Jean-Pierre invita Danièle à danser un slow. Danièle accepta. Plus tard, le soir, elle me raconta qu'il lui avait reproché de n'être « plus pareille ».

Je restais assise, toujours près de Sylviane. Jean-François ne dansait pas non plus, il semblait ne voir personne, perdu dans un rêve lointain. En face de moi, Pierrot restait assis. Je remarquai que Petrus invitait la jeune sœur de Georgette... Je rageais intérieurement. Je me sentais toujours si peu acceptée...

On passa le disque de *Zorba le Grec* ; plusieurs me demandèrent de danser le sirtaki, je refusai. Personne ne dansa, nous écoutions.

Petrus s'occupait des boissons dans la cuisine.

Pierre invita Danièle à danser. Elle avait bien raison d'accepter. Déjà je pensais qu'elle devrait laisser tomber le gentil Jean-Pierre. Pierre était dur, intransigeant. C'était lui le plus grand, le plus beau, comme Danièle était la plus grande, la plus belle. Tous deux se ressemblaient, même allure, même froideur, même dignité. Je les trouvais magnifiques.

J'étais toujours assise et mortifiée.

Petrus passa des boissons. Il vint me servir un jus d'orange et continua sa tournée.

Il y eut un twist, qui me servit d'exutoire. Les plus âgés, Jean-Yves, Cathy et moi, le dansèrent.

Jean-François considérait mes pieds chaussés de *sneakers* marines avec étonnement, et demanda à Danièle si ma pointure était le 32... Non, le 35 !

Danièle me dit que M. et Mme Bloch étaient dehors, très mécontents. Une fois de plus, il nous fallait partir avant les autres, récupérées par la famille.

Très vexées, nous avions peur de sortir. Dans la cuisine, Petrus s'étonna de nous voir partir si tôt, il nous montra le chemin à travers le garage sombre et nous dit : « À demain ! »

Danièle et moi, nous sentions en faute, alors que nous n'avions rien fait de mal. Lorsqu'ils nous virent sortir, M. et Mme Bloch se détournèrent et partirent sans un mot. C'était nerveux, nous avions envie de rire.

Il n'était pas tard. Mme Carricondo nous avait demandé de rentrer vers 22 h 45. Lorsque Mme Bloch nous avait trouvées chez Cathy, nous nous disposions à rentrer. Nous ne comprenions pas ce que nous avions fait de mal. Pourtant l'attitude de M. et Mme Bloch nous accusait.

À la maison, Mme Bloch explosa. Elle était furieuse. Nous l'écoutions sans rien dire. Il valait mieux laisser passer l'orage. Je finis par comprendre ce qui s'était passé : Mme Carricondo, la maman de Danièle et de Mme Bloch, s'était assise, comme tous les soirs, devant la porte en compagnie de Mme Bloch-mère et de son deuxième fils. M. et Mme Bloch s'étaient promenés. Le soir, Danièle me dit les avoir vus passer quand nous étions sous la Halle, alors que j'étais assise par terre, près de Petrus. Ils étaient rentrés. Mme Carricondo avait eu froid et craignait que son mari rentre avant nous. M. et Mme Bloch étaient donc partis nous chercher. Sous la Halle, personne ! Ils avaient rencontré Mme Sollasol cherchant ses filles, Georgette et Anne-Marie, qui leur dirent que peut-être nous étions parties sur la route du cimetière. Que serions-nous aller faire au cimetière à dix heures du soir ? Ils avaient continué à nous chercher, jusqu'à nous trouver chez Cathy. Mme Bloch était furieuse d'avoir dû nous chercher. Ce qu'on nous reprochait était de n'avoir pas prévenu de l'endroit où nous allions. Nous n'y avions pas pensé un seul instant. Nous voulions seulement rentrer à l'heure indiquée par Mme Carricondo.

Mme Bloch nous fit encore un cours de morale, s'adressant plus à Danièle qu'à moi, mais Mme Carricondo s'adressait à nous deux et nous accusait de courir les garçons !

Il fut décidé que le soir nous devrions nous asseoir sur une chaise devant la porte et n'en pas bouger. Je n'y crus pas une seule seconde, mais je jugeai plus sage de ne rien dire.

Mme Bloch dit qu'elle ne voulait plus couvrir Danièle, car c'était Mme Carricondo qui devait répondre d'elle devant son mari. C'était vrai, mais nous avions l'impression pénible d'être accusées des pires choses, alors que nous ne nous sentions pas coupables.

Plus âgée que Danièle, je me sentais responsable d'elle. Je savais que toutes les accusations que l'on pouvait faire contre elle, s'adressaient en fait à moi.

Nous rentrâmes dans notre maison, très mortifiées, accompagnées du frère, qui se crut obligé de faire des commentaires idiots comme d'habitude. Il nous dit que sa maman s'inquiétait aussi quand il rentrait tard. Il ajouta :

— Et pourtant, j'ai vingt-sept ans !

Il aurait mieux fait de se taire. J'avais envie de l'étrangler.

Danièle était vraiment blessée. Pour moi, connaissant Mme Bloch, non comme une grande sœur, mais comme une amie, je savais que le lendemain cet éclat serait éteint et que tout redeviendrait comme avant. Danièle était persuadée qu'on lui en voudrait toute sa vie.

## 8 août

Le lendemain, dimanche 8 août, nous nous sommes réveillées tard. M. et Mme Bloch étaient allés jouer au tennis tôt le matin et lorsque nous sommes arrivées, ils étaient là.

J'avais décidé de rester simple et polie, de parler et d'agir comme si rien ne s'était passé. Danièle ne voulait ni ne pouvait rien dire.

M. Bloch, très sympathique, toujours chaleureux et ouvert, nous demanda si nous n'avions pas fait de cauchemar.

Je répondis : « Non », puis j'ajoutai en riant :

— Oh ! si, j'ai rêvé de la Reine Elizabeth.

Tout le monde éclata de rire. Ce n'était pas vraiment drôle, mais chacun ressentait le besoin de se détendre, de se libérer de l'atmosphère un peu lourde. Ma réflexion spontanée permit au climat de s'alléger. Après, tout fut plus facile.

Le matin, j'avais décidé d'aller à la messe, pour éviter l'ambiance orageuse que nous pressentions, Danièle et moi.

J'avais apporté à Saint-Clar dans mes bagages un très joli manteau en jersey marine que je m'étais fait pendant les révisions de l'examen de Droit. La messe était l'occasion toute indiquée de le mettre et j'avais besoin de me recueillir pour expier tous les péchés dont j'étais accusée !

Au petit déjeuner, seule catholique dans une famille protestante, je déclarai que j'allais à la messe. Mme Bloch acquiesça. M. Bloch nous avait apporté des brioches, « parce que les filles avaient été bien sages ».

Je me préparai pour la messe.

Lorsque je descendis, Danièle vint me dire :

— Petrus est devant la pâtisserie, c'est le moment de se faire offrir des gâteaux.

Je sortis devant la maison, où se trouvait Anne-Marie, la camarade de Danièle. Devant la pâtisserie, effectivement, Petrus parlait avec Pierrot qui vendait les gâteaux et avec Pierre, très élégant dans un costume de tweed écossais bien coupé.

Petrus vint vers moi et voulut m'embrasser. Je le retins et lui tendis la main, craignant qu'on me regarde de la maison.

Il était très mignon dans le costume qu'il nous avait décrit la veille : veste de velours noir, cravate bordeaux, impeccable.

Je lui demandai s'il allait à la messe.

— Tu parles, je viens d'y aller !

Il avait déjà assisté à la messe dans la petite église d'Avezan.

Sylviane arrivait et je la rejoignis. Pierre vint nous dire bonjour. Nous entrâmes toutes les deux dans l'église. La messe commençait. Beaucoup de monde y assistait.

Au sermon, le curé parla du bruit, de l'obsession des Parisiens ou des vacanciers, qui avaient leurs transistors partout avec eux. Il conclut en nous recommandant de dominer nos instincts.

Je faillis éclater de rire quand Sylviane me souffla :

— Regarde à l'harmonium, Mademoiselle Le Lombec...

Une vieille grue toute ridée, grise et pincée, dirigeait le cœur des Vierges, dont Monette, avec une voix de moineau étripé.

À la sortie de la messe, nous vîmes Jean-Yves, Christine et Élisabeth et nous fûmes rejoints sur le parvis de l'église par les autres, c'est-à-dire les trois Pierre, Petrus, Pierrot et Pierre. Je leur racontai le sermon du curé. Petrus était offusqué :

— Non, mais je vais lui montrer, moi, ce qu'est un Parisien ! Je vais l'attendre à la sortie.

Il ne tenait plus en place.

Un discret regard en arrière m'apprit que l'on me regardait de la maison. Je préférais rentrer. Mme Bloch semblait soupçonneuse et cela m'attrista. Je racontais une nouvelle fois l'histoire du curé, mais elle sonna faux. L'attitude de Mme Bloch me faisait perdre ma simplicité et je me sentais mal dans ma peau.

Pourtant Mme Bloch fut très sympathique ensuite.


Depuis plusieurs jours, il était question d'aller le dimanche soir au bal du Casteron, un petit village à dix kilomètres de Saint-Clar. Avec ce qui s'était passé la veille au soir, Danièle et moi n'espérions plus trop y aller.

Un peu avant le déjeuner, Mme Bloch demanda à sa jeune sœur si la Bande allait au bal de Casteron et si elle,

Danièle, voulait y aller. Butée, celle-ci répondit qu'elle ne savait rien.

Après le repas, alors que j'étais seule dans la cour, Mme Bloch vint me parler. Elle me demanda d'abord si Danièle avait été très vexée et pourquoi. Je lui expliquai comment tout s'était passé, l'enchaînement des coïncidences, etc.

Elle reconnut s'être emportée la veille. Tout fut mis au clair, je ne laissai rien dans l'ombre. Je lui parlai de la Bande, de mon étonnement de ne voir personne flirter, je lui parlai comme je lui avais toujours parlé avant ces derniers jours un peu étouffants, qui avaient changé notre relation. Elle m'expliqua qu'elle ne tenait pas à ce que Danièle soit considérée comme promise à Jean-Pierre. Je la rassurai aussi là-dessus, lui affirmant qu'il n'y avait plus rien entre ce gamin et Danièle.

Nous parlâmes de tout, franchement, comme nous avions l'habitude de le faire. J'étais ravie d'avoir retrouvé ma meilleure amie. J'avais été tellement angoissée par le climat des derniers jours, que j'aurais fait n'importe quoi pour Mme Bloch. J'aurais voulu lui baiser les pieds !

L'après-midi avait lieu un grand concours de boule auquel participait activement M. Carricondo. Il alla en finale et se fit battre par une équipe de plus jeunes. C'était quand même très bien et il fut enchanté pendant plusieurs jours !

Quelques jeunes de la Bande jouaient également, Jean-Pierre, Titou et Roger, un petit avec de beaux yeux bleus. Tous trois portaient des canotiers en signe de reconnaissance d'équipe.

Danièle et moi allions les regarder. Nous avons rencontré quelques autres, Pierre, Annie, Sylviane, Jean-Yves, puis Christine et Élisabeth. Anne-Marie, l'amie de Danièle, avait dit que les Cournot monteraient vers 15 heures avec Lucienne et elle, après le repas dominical à Manas.

Nous attendions, ne sachant que faire. Les boules ne nous passionnaient pas et nous voulions nous baigner. Christine et moi aurions voulu aller à la piscine de Fleurance, en stop s'il le fallait, mais les autres voulaient aller aux Quatre mètres, dans l'Arratz.

À quinze heures, les Cournot n'étaient toujours pas là. Un peu plus tard, nous vîmes arriver Isabelle, avec Anne-Marie et Lucienne, sans Petrus ni Jean-François.

Je montai mettre mon maillot blanc.

Danièle ne voulait pas aller aux Quatre Mètres, où nous avions finalement décidé de nous baigner. Elle restait avec ses amies Anne-Marie et Lucienne.

Je retrouvai Pierre et Jean-Yves devant la maison de Christine et Élisabeth, non loin de celle où nous logions, un peu en contrebas. C'était une très vieille maison, très encombrée aussi, comme celle de Cathy. Il fallait descendre des escaliers tortueux pour accéder à la chambre de Christine, où elle nous avait invités à écouter un disque anglais. La chambre s'ouvrait sur un parc étouffé de grands arbres.

J'aimais le carrelage rouge sombre de cette pièce, il devait être frais et mes pieds avaient envie de sentir cette douceur, cette fraîcheur de la pierre nue.

Je m'ennuyais, je ne participais pas à ce qui se passait autour de moi, j'avais l'impression de ne pas penser comme les autres.

Le disque ne m'intéressait pas, surtout quand Christine précisait, avec des regards langoureux, qu'il fallait l'écouter dans une boite, avec du whiskie et des cigarettes. Elle avait 16 ans ! J'avais la pénible sensation de n'être pas « dans le coup ».

Je me donnai la peine de parler avec sa cousine Élisabeth, assise près de moi sur le grand lit. Elle vivait à Marrakech, venait de passer son bac, à la prochaine rentrée, elle allait faire hypokhâgne. Je l'encourageai vivement. Nous parlâmes des études de lettres, de psychologie, de philosophie ; Jean-Yves vint alors participer à notre conversation, puis de droit, de sciences politiques, etc.

Christine voulut intervenir et me demanda :

— Et toi, la Julie, qu'est-ce que tu fais ?

Je la trouvais vulgaire et répondis avec froideur et réserve. Élisabeth me semblait plus intéressante, malgré les premières apparences, elle avait le mérite de rester simple.

Au cours de notre conversation, comme je disais où j'habitais, Jean-Yves s'exclama qu'il connaissait Saint-Leu-la-forêt, il y avait passé une année quand il avait onze ans. Il se rappelait encore très bien Saint-Leu, avec le libraire, le boucher et surtout son maître Monsieur le Bihan, qu'ont eu la plupart de mes camarades, dont Jean, et aussi mon petit frère

Philibert. C'était amusant d'essayer de retrouver des souvenirs communs, de personnes ou de paysages.

Madame Bloch avait été élève de l'École Normale d'Oran avec la sœur aînée de Jean-Yves ; toutes deux étaient les meilleures chanteuses de la chorale et chantaient en duo. Madame Bloch se rappelait l'avoir connu enfant, à quatre ans, avec de belle boucles blondes, si beau qu'elle avait donné son prénom à son dernier bébé. Je racontai l'histoire à Jean-Yves, qui trouva cela charmant.

Il nous fallut songer à partir.

Nous avions commencé à descendre la route. Je parlais avec Élisabeth de Petrus, je lui dis combien je le trouvais brillant et intelligent. Elle acquiesçait.

Petrus arriva sur sa mobylette. Il devait raccompagner son père à l'aéroport et ne pouvait pas rester longtemps.

Christine voulait qu'il la conduise jusqu'aux Quatre Mètres, mais comme j'étais plus proche de Petrus, celui-ci me dit : « Monte ! » et nous partîmes.

Près de l'Arratz, dans un mince rayon de soleil, se trouvaient déjà Isabelle et Pierrot, Doudou et une de ses amies Nicole, petite blonde mignonne et ouverte. Tout le monde était en maillot de bains et grelottait. Je regardai l'eau et la trouvai encore trop boueuse et trop glauque pour que je puisse m'y plonger. J'hésitai, puis m'assis près de Pierrot.

Il me plaisait Pierrot. J'aimais son visage toujours souriant, ses yeux noirs malicieux, ses cheveux noirs, ses tâches de rousseur, j'aimais son accent chantant du Sud-Ouest.

Isabelle, la cousine de Petrus, me déconcertait beaucoup plus. Je n'aurais su lui donner d'âge, 17 ans peut-être. Pas gracieuse, assez mal coiffée, mais bien faite, au corps mince souligné par un bikini écossais. Au premier abord, elle semblait très sûre d'elle, ensuite, moins. Elle semblait faire beaucoup d'efforts pour être considérée comme une grande.

Petrus conduisit Jean-Yves, puis Élisabeth, enfin Christine et Pierre.

Je me demandai soudain ce que je faisais là. L'eau ne m'attirait pas, le temps n'était plus très chaud. J'aurais dû rester avec Danièle. Brusquement, je demandai à Petrus de me reconduire, puisque de toute façon il remontait.

Nous avons rencontré Danièle et Anne-Marie, Petrus me laissa avec elle dans une rue débouchant sur le chemin de ronde.

Anne-Marie était justement en train de parler à Danièle de la famille Cournot, chez qui elle travaillait pendant les vacances. J'écoutai avec intérêt cette fois.

Elle parlait du père de Petrus, médecin.

Elle parlait du père de Jean-François, Michel Cournot, journaliste, qui rentrait du Festival de cinéma de Moscou.

Elle parlait d'Yves, le père d'Isabelle, avocat des célébrités.

Elle nous raconta que tous les fils Cournot avaient d'excellentes situations, que la plupart étaient divorcés et remariés à de plus jeunes femmes.

Elle vint ainsi à parler d'Isabelle, petite fille de 14 ans, très gâtée par sa mère et par son père, remarié. Elle exigeait d'eux des cadeaux comme des colliers et autres choses déplacées sur une gosse de cet âge. J'étais très étonnée d'apprendre l'âge d'Isabelle. Elle avait grandi trop vite.

Anne-Marie parla aussi de Patrice, le frère aîné de Petrus, dont il m'avait déjà parlé, puisqu'il faisait du droit comme moi. Elle semblait bien l'aimer. J'appris que Patrice avait 23 ans, était très intelligent et cultivé. Cela m'intéressait. Je désespérais tellement de me faire « accepter », je me sentais plus âgée que tout le monde dans la Bande, j'avais beau jouer la gamine, en me coiffant avec des couettes et des rubans, rien n'y faisait, il restait toujours une certaine distance.

Anne-Marie raconta beaucoup de choses intéressantes et je trouvais la famille Cournot très attirante.


Danièle et moi descendîmes à la maison où nous logions, pour nous faire une mise en plis pour le soir, puisqu'il avait été décidé que M. et Mme Bloch nous conduiraient à la fête de Casteron.

Pendant que Danièle souffrait sous le casque, je regardais par la fenêtre. Sur la gauche, je voyais descendre la route de Toulouse à travers les arbres, puis, loin, les champs, et, sur la butte, le château d'Avezan. Devant moi, la grande maison de Christine et Élisabeth, flanquée de deux ailes.

Justement Christine arrivait, raccompagnée en mobylette par Roger, elle me vit et remonta vers moi. Je lui parlai. Je cherchais à connaître les gens pour me faire accepter par eux.

Les autres rentrèrent ensuite. Je me coiffai.

Plus tard, Jean-Yves vint me rendre la serviette que je lui avais prêtée aux Quatre Mètres. Nous voyant encore avec quelques rouleaux sur la tête, il s'étonna, je le rassurai en lui affirmant que nous essayions de nous faire une beauté.

Il fit : « Ah ! » et ajouta :

— Nous attendrons le résultat avec impatience. À ce soir !

Il se montrait finalement sympathique. Danièle en était très étonnée, car Jean-Yves ne lui avait pas adressé la parole depuis l'an dernier. La veille, au Moulin, il avait enfin daigné s'intéresser à elle.

Nous avons passé beaucoup de temps à nous préparer. Nous avions décidé que le moment le plus agréable de nos sorties était celui où nous nous habillions, maquillions et coiffions. Il en était de même pour Madame Bloch, qui revêtit son ensemble de mousseline rose, très beau, trop beau même peut-être pour les circonstances.

Danièle hésita longtemps, entre toutes ses robes, tous ses tailleurs... Rien ne lui plaisait. Elle finit par remettre la robe qu'elle avait portée dans la journée, une robe imprimée dans les tons bleus en camaïeu, une robe sans manche, avec un col blanc. Elle était très jolie.

Pour moi, je ne voulais qu'être en blanc ou comme disait Victor Hugo : « revêtue de lin blanc et de probité candide ». J'aimais ma robe très sobre, sans col ni manche, légèrement galbée. Au bras, le bracelet berbère offert par mon frère Youennick d'Algérie et ma grosse chaîne d'or autour du cou.

J'étais très excitée. Madame Bloch aussi, une vraie jeune fille ! Je l'avais vue se préparer à sortir dans des cocktails à Paris, dans des dîners très élégants, quand je venais garder les enfants le soir dans leur maison voisine de la nôtre à Saint-Leu. Elle ressentait ce même émoi, ce même désir de plaisir. Elle était touchante. Je l'adorais.

Sylviane et Georgette devaient venir en voiture avec nous. Elles arrivèrent comme M. Carricondo rentrait de son concours de boule, très heureux de sa journée, malgré sa défaite finale.

## Bal à Casteron

Nous partîmes peu après 21 heures. La voiture traversa une campagne très étrange sous le clair de lune. Je m'écriai que je voulais trouver ce soir, au bal, un « paysan lyrique ». Et tous de rire !

Dans la salle des fêtes, quelques couples dansaient au centre, devant nous, des hommes endimanchés, gominés, ressemblaient à des guêpes autour d'un pot de confiture. Ils étaient rouges et suants. Je me sentis petite et vulnérable et je regrettai que Petrus ne soit pas encore là.

J'enlevai mes lunettes pour ne pas voir cette foule laide et je restai près de la fenêtre avec Sylviane. Dehors, l'air était doux et frais. Nous guettions l'arrivée des Cournot et du reste de la Bande.

Danièle disparut avec Georgette.

Enfin, Petrus arriva, suivi d'Isabelle. Il s'approcha de la fenêtre où nous nous tenions. Je lui dis combien l'ambiance était désespérante, combien nous comptions sur lui pour changer tout cela. Il ne répondit rien, soudain sérieux. Ses lèvres serrées ne souriaient pas. Ses grands yeux sombres se posaient sur tout le monde, avec étonnement. J'étais décontenancée.

Après, arrivèrent Pierrot, Pierre, Roger, toujours coiffé de son canotier de joueur de boule en triplette, Jean-Pierre et Jean-Yves, Cathy et son amie, toutes deux en pantalon comme toujours, et enfin Élisabeth. Christine ne semblait pas là.

En fait, sans lunettes, je devinais plus que je ne voyais leur présence, je flottais dans une sorte de brouillard.

Et il arriva une chose terrible : je perdis ma voix. Comment trouver un paysan lyrique sans ma voix ? J'étais désespérée et j'appelai mes camarades au secours pour m'aider à la retrouver. Petrus avait son *walkie-talkie*. Je le lui empruntai et, comme mes mains étaient encombrées de mon étui à lunettes, je le lui confiai.

Pierrot m'expliqua le maniement de l'appareil et je parlai à Roger dehors, mais il était difficile de me faire comprendre. Plus de voix ! Elle était devenue étrange, feutrée et rauque à la fois.

J'entendis Petrus prononcer mon nom, je sortis de mon brouillard, car, en levant la tête, je reconnus son frère

Patrice ! Je sus que c'était lui, bien qu'il n'y eût aucune ressemblance physique entre eux. Je sus aussi que je passerais la soirée avec lui.

Je me souviens avoir regretté, juste avant de voir Patrice, que Petrus ne m'invitât pas à danser et qu'il préférât la compagnie d'une des grosses filles que je ne pouvais supporter. J'avais été un peu vexée même, mais Petrus était bizarre ce soir-là. Il semblait ne voir personne. Je ne le comprenais plus. Il était peut-être mécontent de ne pas avoir la vedette.

Il dansait aussi avec Lucienne, qui semblait sa petite amie. Très mignonne, douce, naïve et pure. Je comprenais qu'on eût envie de la protéger.

Patrice était là. Enfin, quelqu'un de plus âgé, quelqu'un qui devait être intéressant ! J'étais décidée à ne pas laisser passer l'occasion : je m'étais ennuyée trop longtemps.

Patrice restait près de moi. Nous regardions la foule des paysans et je m'écriai une nouvelle fois :

— Je cherche un paysan lyrique.

Ce fut la première phrase qu'il entendit de ma bouche.

Je n'avais pas ma voix habituelle. Ma réflexion sembla pourtant plaire à Patrice, qui répliqua :

— Je ne sais pas si vous le trouverez. Mais si vous voulez d'un citadin sinistre, je peux vous aider.

Ensemble, nous avons examiné les paysans autour de nous. Le résultat n'était pas concluant. Patrice estima que ce n'était pas possible, un paysan lyrique n'existait pas. Or, moi je l'avais déjà trouvé dans Virgile, dans les *Bucoliques* et les *Géorgiques*... Il remarqua que c'était vrai. Je voulais un paysan à moutons en plus et là, le problème devenait insoluble.

Patrice me plaisait, il jouait et je jouais avec lui. Nous étions en dehors des autres par notre jeu.

Jean-Yves resta un moment avec nous, j'en profitai pour l'interroger sur le résultat de nos préparatifs de l'après-midi. Il m'examina sans parler, sembla d'abord déçu, mais lui aussi jouait, puis déclara que le résultat était très bon. Je le remerciai et me désintéressai de lui. Patrice et moi restions seuls.

Près de nous dansaient deux filles habillées de la même façon.

Patrice me demanda en me tutoyant :

— Peux-tu me dire pourquoi ?

Mais il se tourna brusquement vers moi, et, avec hargne presque, me posa cette question :

— Et toi, pourquoi es-tu en blanc ?

— Par symbolisme ou esthétique.

— De l'esthétique !

Il jouait encore.

Je cherchai encore mon paysan, puis constatai avec amertume :

— Tant pis, je vais devoir rentrer à Paris faire du droit au lieu d'élever des moutons !

— Tu fais du droit ?

— Oui.

— Et tu as échoué, bien sûr.

— Oui, bien sûr.

— Et tu repasses l'examen en septembre et tu redoubleras.

— Oui, oui.

Ses questions se succédaient. Il parla de ses propres études. Je l'arrêtai pour lui demander s'il était bien le frère de Petrus, parce qu'en fait, personne ne me l'avait présenté et mon intuition qu'il était Patrice pouvait être fausse. Il répondit oui rapidement et continua.

Lui aussi avait redoublé sa première année de droit, il avait failli abandonner et cela eût été dommage, parce que le droit était vraiment sa vocation. Il me restait donc une petite chance. Lui voulait continuer très loin, passer l'agrégation. Il était intéressant, intelligent, cultivé. J'étais enchantée. Une seule chose me gênait : la perte de ma voix qui ne me permettait pas de répondre à Patrice comme je l'aurais voulu.

Il trouvait quand même honteux mon échec, j'étais bien d'accord. Lui avait eu l'excuse d'avoir fait autre chose pendant la première année.

— Moi aussi ! Du théâtre !

— En tant que spectateur ?

Je rectifiai :

— Spectatrice et actrice un peu !

— Alors, ça se défend !

Patrice était assez beau et surtout il rayonnait. Il me semblait voir une aura autour de son visage. Ses yeux très bleus étincelaient. Je remarquai la mobilité de ses traits, les nuances de ses expressions.

J'avais l'impression de le comprendre, non pas de le découvrir, mais de le reconnaître, comme si je le revoyais après une longue absence, comme si je l'avais attendu. Il m'était familier, presque intime.

Nous ressentions la même répulsion physique devant la laideur des gens. Nous nous amusions comme des petits fous : nous seuls étions beaux, grands, intelligents. Les autres n'étaient que bassesse, vulgarité et avilissement... Nous ne tolérions pas les contacts ni la promiscuité et nous sursautions lorsque quelqu'un nous frôlait en dansant.

Tout cela faisait partie du jeu. Mais soudain, je craignis de l'importuner et je me forçai à m'arrêter, à ne pas dépasser certaines limites. Je le quittai sans rien dire, pour danser un slop auprès de Petrus et Sylviane. Patrice, appuyé contre le mur, nous regardait.

Après cette danse, l'orchestre joua un letkiss. Presque toute la bande se mit en rond pour le danser, dirigée par Petrus, près duquel je me trouvais. Ce fut un letkiss effréné. Nous nous déchaînions comme des fous, sautant, hurlant, claquant des pieds, faisant du bruit.

Patrice dansait cette danse en slow avec Anne-Marie. Il nous regardait d'un air désolé.

M. et Mme Bloch dansaient aussi en slow. En s'approchant de nous, M. Bloch se pencha entre Petrus et moi et s'écria :

— Go ! Go !

genre Guy Bedos dans son dernier sketch.

Petrus hurla :

— Voilà ! ça c'est jeune ! au milieu !

M. et Mme Bloch auraient très bien dansé le letkiss, mais il préférèrent s'éloigner en riant.

Enfin, nous fûmes épuisés, la ronde se sépara.

Petrus invita une des grosses filles à danser un slow. Je me sentis seule et m'éloignai vers la sortie où je rencontrai Patrice.

Nous sommes sortis un moment. J'allai parler avec M. et Mme Bloch. Nous rentrâmes dans la salle et fûmes entraînés dans une grande farandole conduite par Roger, toujours avec son canotier.

C'est alors que les choses se gâtèrent. Des couples se mettaient exprès sur notre passage et se faisaient bousculer. Brusquement, il y eut une altercation entre un homme de Casteron et Roger. Tout à coup, un autre se jeta sur Pierre et de sa main tendue heurta violemment son visage. Pierre était fou de rage. On dut le retenir.

Madame Bloch dit à son mari :

— Chéri, regarde, fais quelque chose ! Chéri ! Tu ne vas pas supporter qu'on abîme son joli portrait. Chéri !

Il y eut une violente discussion, le maire du village s'en mêla, après m'avoir bousculée. J'eus une sorte de nausée, de dégoût. Je me retrouvai avec Isabelle, nous nous sentions perdues, toutes petites parmi ces gens emportés ; nous avons essayé de sortir, mais tout le monde se dirigeait vers la porte.

Dehors, Madame Bloch dissertait avec éloquence sur la bêtise des paysans qui n'avaient jamais vu que leurs vaches. Cela me fit un peu mal, je la quittai pour rechercher Patrice. Je l'aperçus dans la foule, qui plaidait, avec forces gestes. Je me sentis lasse et allai m'asseoir sur le petit mur de pierre qui dominait la route. La lune était large et étrange, la pierre froide et sombre. Je frissonnais.

L'altercation semblait s'apaiser. Pierre était assis non loin. Élisabeth aussi. J'étais seule. Petrus vint s'asseoir, en me demandant de me pousser pour permettre à Lucienne de s'installer entre nous deux. Je lui dis qu'il me vexait. Patrice s'approcha. Son frère l'appela :

— Patrice, je veux te présenter une étudiante en droit.

Ensemble, nous lui avons répondu que nous nous connaissions déjà.

— Tu ne perds pas de temps ! me dit Petrus.

Je lui demandai pourquoi on l'appelait ainsi. Lucienne rit, parce que cela faisait cinquante fois qu'on l'interrogeait là-dessus.

Petrus répondit que son surnom signifiait Pierre en latin. Bien sûr, je savais cela, mais je voulais savoir pourquoi on l'appelait en latin. Il ne dit rien. Il semblait très loin, hors d'atteinte. Je n'insistai pas. Il s'éloigna avec Lucienne, pour danser le Williams, ou une autre danse moderne, genre sauvage.

Patrice vint s'asseoir près de moi sur le mur de pierre, constatant en regardant son frère, combien c'était jeune. Je l'admis avec lui et lui dis que j'aimais beaucoup Petrus. Il me répondit avec une ironie mêlée d'une infinie tendresse de frère aînée :
— Il est insupportable ! Insupportable !
— Oui et adorable !
— Comment l'as-tu connu ?
— Oh ! je l'ai vu à la surprise-partie jeudi dernier. Je l'ai pris pour un Américain.
— Oui, évidemment, il rentre des Etats-Unis.
— Oui, puis je l'ai revu au tennis. Il m'amuse beaucoup.

Nous avons ensuite parlé d'autres choses, plus sérieuses, très longtemps, sans jouer cette fois : de non-violence, d'économie politique, de la difficulté qu'on éprouvait parfois à se faire accepter. Il me raconta une histoire qu'il avait eue avec des blousons noirs, au Vert Galant à Paris. Je lui parlai de mon séjour à l'Arche auprès de Lanza del Vasto, disciple de Gandhi. Il me parla des États-Unis où il s'était rendu deux ans plus tôt et me raconta la Marche des Noirs sur Washington en août 1963.
Nous parlâmes aussi de la Fac d'Assas, de l'harmonie des couleurs, de l'architecture équilibrée de la Nouvelle Faculté de Droit, puis d'André Piettre, mon prof d'écopo, que tous deux nous adorions. Patrice dit :
— Alors, tu n'aimes pas l'économie politique !
En même temps, tous les deux :
— L'économie politique, c'est Marchal !
Marchal est un prof très technique, dont le cours n'est que statistiques, alors que Piettre est essentiellement humain.

J'avais froid, mon manteau était resté dans la voiture et il était trop léger. Je frissonnai. Patrice me prêta son chandail. Je me sentais bien.
Je retrouvai soudain ma voix, plus grave, bien placée. Je le lui dis.
— Oui, dit Patrice, je la reconnais !

Je le regardai, surprise, mais j'avais compris. Cette impression de déjà vu, de familiarité, ressentie un peu plus tôt.

Madame Bloch vint me prévenir qu'elle partait se promener avec son mari. Je la remerciai.

Je ne voyais plus personne. Tout le monde semblait embué, irréel. Seul Patrice rayonnait auprès de moi. Nous parlions. Les autres dansaient peut-être.

Nous nous sommes levés et approchés des autres, Danièle et Anne-Marie. J'avais faim, Patrice aussi, qui se mit à genoux devant Nanie et l'implora de lui donner à manger, puisque d'habitude c'était elle qui servait à table et s'occupait de le nourrir, Nanie était son « bon ange ».

Il recommençait à jouer devant les autres et je sentis une faille en lui. Il était sans doute l'intellectuel complet, d'une vive intelligence, d'une grande culture, mais il jouait pour cacher quelque chose. Oui, il y avait une faille quelque part, sous la force et l'écorce de son esprit. Peut-être une certaine timidité dépassée par l'ostentation ou une sensibilité excessive qu'il préférait masquer. Je le sentais intuitivement.

J'avais faim. Je me fis offrir une limonade par Petrus. Nous sommes rentrés dans la petite pièce adjacente à la salle de bal, où il y avait déjà moins de monde. Petrus acheta la limonade et nous allâmes la boire dans la grande salle, près de Patrice, accoudé à une cheminée. Je bus ma limonade avec Petrus, comme une petite fille, aspirant à la paille avec application. Petrus faisait de même, nous avions l'air de deux jeunes enfants sérieux.

Jean-Pierre avait des confettis, qu'il jeta d'abord sur Lucienne, puis sur moi. Il m'en mit plein la bouche, dans la pull, dans la robe, partout, c'était affreux, ce goût fade du papier. Écœurant !

Je dis à Patrice :

— Excuse-moi, pour le pull.

— Ça ne fait rien !

Il souriait.

Petrus enlevait délicatement les confettis des cheveux de Lucienne.

L'atmosphère de la salle était lasse et lourde. Il était plus de minuit. J'avais sommeil. Je m'appuyai sur le marbre de la cheminée, les yeux fermés, la tête sur mes bras croisés. J'étais bien ainsi. Lorsque je me redressai, Patrice était penché vers moi, s'inquiétant. Je le rassurai. J'étais légèrement fatiguée. Il était temps de partir, mais M. et Mme Bloch n'étaient pas encore rentrés de leur promenade d'amoureux. Nous avons attendu quelques temps, en silence.

Danièle vint me prévenir qu'ils étaient là. Il fallait trouver Georgette pour rentrer ensemble. Elle s'en occupa.

J'enlevai le chandail de Patrice et le lui mis sur les épaules en le remerciant ; il fit voler une des manches autour de son cou comme une écharpe. Il lui fallait aussi retrouver toute sa famille, dont il avait la charge. Il disparut un instant. Lorsqu'il revint, il se plaignit des femmes. Je constatai qu'en plus il était misogyne. Il dit, en se tournant vers Cathy, qui, par hasard, se trouvait près de moi.

— Les femmes ! Ça ne vaut rien ! N'est-ce pas Cathy ?

Il y eut quelque flottement. Georgette fut retrouvée. Patrice fit quelques pas vers la sortie, dit quelque chose que je ne compris pas, je lui souris et me détournai.

Ils partirent tous. Nous les suivîmes.


Dehors, Madame Bloch nous demanda si nous voulions rester. Toute la Bande était partie, nous n'avions plus qu'à rentrer.

Madame Bloch me demanda si j'avais trouvé mon « paysan lyrique ». Non. Je n'avais trouvé qu'un « citadin sinistre ». J'avais passé une excellente soirée.

Le lundi matin, Danièle et moi nous rendîmes les premières sur le court de tennis, avec Lysange, sa nièce de huit ans, que je gardais à Saint-Leu quand ses parents sortaient le soir. Nous devions y retrouver Sylviane et Annie. J'essayais de jouer, mais je n'avais pas mes lunettes, les ayant laissées la veille dans la poche de la veste de Petrus. Il devait me les rapporter au tennis, mais il les avait oubliées. Il avait mis une chemise Lacoste blanche et laissé sa veste de velours noir au Moulin.

J'échangeai des balles avec lui, mais je ne voyais rien et les ratais toutes. Je m'arrêtai.

Petrus jouait avec Annie et Sylviane avec Danièle. Je regardais du haut de la chaise d'arbitre. Lysange ramassait les balles et les donnait toujours à « Monsieur ». Monsieur, c'était Petrus. Lui, disait :

— Pas Monsieur, Petrus ! Ou Pierre !

Elle continuait :

— Voilà des balles, Monsieur Petrus !

Il plaisait même à une gamine de huit ans.

Je dis à Petrus :

— Pourrais-je te demander un conseil, tout à l'heure ?

Il comprit que je voulais lui donner un conseil et s'inquiéta :

— Qu'est-ce que j'ai encore fait ?

Comme un enfant pris en faute. Là encore, je sentis la faille. Je voulais simplement qu'il m'explique les prises de raquettes.

Petrus se rattrapa très vite et reprit sa belle assurance. Il parlait beaucoup et était souvent drôle. Il s'écriait fréquemment : « Vingt dieux ! » en émettant une sorte de rugissement, lorsque les autres n'agissaient pas comme il le voulait, qu'ils n'allait pas assez vite, ou juste pour le plaisir de rugir... Il m'amusait fort. Je lui rappelai que deux jours plus tôt, apprenant que j'allais à la fac rue d'Assas, il m'avait invitée à déjeuner chez lui, rue Guynemer, à côté. De sa belle voix grave, il me répondit qu'il n'oubliait pas et que je viendrai lui cuire ses œufs à la coque.

Nous échangions des phrases comme des balles. Arriva un couple qui joua en double mixte avec Annie et Petrus. Arriva aussi Michael, un jeune Anglais. Il regrettait de n'avoir pas apporté sa raquette personnelle en vacances, car le Maire avait dit à son père que les courts de tennis ne seraient pas finis à temps pour cet été et ils l'étaient.

Petrus lui demanda de le remplacer pour pouvoir jouer avec Sylviane sur le court voisin. Michael se tourna alors vers moi pour me prévenir :

— Ce n'est pas que j'aie le style, mais enfin faut bien jouer !

Im me rappelait Jacques Tati dans *Les Vacances de Monsieur Hulot*. Je le surnommai : Hu... Hu... Hulot !

J'eus peur de ne pouvoir maîtriser mon fou rire, d'autant que sur le court, Annie me faisait d'affreuses grimaces. Je préférai sortir et aller sur le court voisin regarder jouer les autres.

Là, je repris ma « dialectique » avec mon adorable Petrus. Je déclarai lui avoir trouvé un surnom à lui aussi : « L'ineffable » ! J'étais fière de ma trouvaille. Je parlais, je parlais. Je m'enivrais de mots. Petrus avait heureusement la réplique facile.

À un moment, après qu'il m'eût lancé un compliment pas très flatteur, je déclarai que je n'étais plus son copain.

— Attention, Marine. Tu le regretteras. Réfléchis dix minutes.

Je jouai le jeu et dix minutes plus tard, je sortis de mon silence.

— Petrus, j'ai réfléchi. Je veux rester ton copain. Je t'offre mon amitié.

J'ajoutai :

— Dis, Petrus, tu m'offriras une limonade ?

— Marine, tu es affreuse.

— Oh ! mon amitié vaut bien une limonade.

— D'accord !


Il nous fallut partir.

Les parents de Sylviane venaient chercher leur fille. C'était le dernier jour qu'elle passait à Saint-Clar, elle avait pris les dernières photos de son appareil sur le court et promettait de nous les envoyer.

Petrus me raccompagna à mobylette en passant par les Boizeaux pour éviter la gendarmerie et les flics pour lesquels il a une aversion aussi forte que celle de Georges Brassens.

Il me déposa au carrefour de la route qui descend vers Toulouse et Gramont, non loin de l'hôtel Rison.

Il me demanda :

— On vous voit cet après-midi ?

— Je veux bien, je voudrais surtout récupérer mes lunettes, elles me manquent.

J'aurais voulu convenir avec lui de l'endroit où nous pourrions nous rencontrer, mais il partit après un sourire rapide.

J'attendis Sylviane, Danièle et Lysange pour rentrer à la maison.


Après le déjeuner, Danièle et moi ne savions que faire. Il faisait assez chaud, avec du vent.

Nous sommes sorties sur la place, assises sur un banc à l'ombre des platanes.

Pierre passa à mobylette et je dis à Danièle :

— Tiens, voilà le beau, grand, méchant Pierre. Il pourrait s'arrêter !

En effet, Pierre était poli et vint nous dire bonjour. Nous parlâmes. J'étais étonnée de la facilité que j'avais pour parler avec les gens, facilité nouvellement acquise et qui devait un peu paralyser Danièle. Je voulais pourtant lui montrer qu'on pouvait parler avec tout le monde, sans préjugés ni inquiétude, juste en restant simple.

Pierre était en tenue de tennis et je m'étonnai de ne jamais le voir sur le court. Il répliqua qu'il n'avait pas un short de tennis, mais de course à pied.

— Et les chaussures de tennis ?

— Je n'avais pas assez d'argent pour m'acheter des Adidas.

— Z'en ai moi des Zadidas.

— Je sais, j'ai remarqué.


Ainsi Pierre faisait de la course à pied. Il était facile de déceler le sport qu'il pratiquait : il suffisait de regarder les jambes musclées finement et en longueur, son torse plus mince. Je le trouvais soudain infiniment sympathique et me mis à lui poser des questions. Il y répondit de bonne grâce.

Il nous apprit que la Bande irait se baigner à Lectoure. Nous devions, nous, aller à la piscine de Fleurance.

Il nous quitta. Comme une des grosses filles s'approchait, à vélo, je dis à Danièle en me levant :

— Viens ! Allons chez Jeannette acheter des journaux !

Nous nous éloignâmes.

Jeannette est la propriétaire d'une boutique où l'on trouve de tout. C'est elle qui reçoit tous les placements d'argent des enfants ; Gilles et Lysange, dès qu'ils ont un sou, se précipitent chez Jeannette acheter des bonbons. S'ils obtiennent deux sous, c'est-à-dire deux francs, ils peuvent s'offrir une petite voiture de la collection Matchbox. Voilà. C'est donc chez Jeannette que l'on pouvait s'approvisionner. Danièle et moi y achetâmes les derniers *Elle* et *Jours de France*, avec en couvertures les photos de Françoise Hardy et de Sylvie Vartan, les yéyés à la mode, très gracieuses. Lecture non intellectuelle, pas fatigante, l'idéal pour un jour chaud de vacances.

Nous avons donc lu sous les platanes. Puis, je me préparai à partir à la piscine. Danièle ne pouvait pas venir.

Avant que je monte en voiture, elle me dit qu'elle croyait avoir vu Petrus passer et qu'il devait être chez Villemur avec les autres, dont Pierre. Je dis :

— Tant pis, il n'avait qu'à venir plus tôt. Je ne veux pas aller jusque-là.

Je partis avec M. et Mme Bloch, Lysange, Gilles et le frère dans la 403. Monsieur Bloch et son frère continuèrent leur route jusqu'à Auch, après nous avoir déposés à Fleurance.

Le maître-nageur n'était pas là. Dommage ! Personne pour me distraire ! Je lus un peu, mais il faisait vraiment très chaud. Je parlai surtout avec Mme Bloch de son beau-frère que je trouvais crispant. J'avais envie de le contredire systématiquement, dès qu'il émettait un avis quelconque. Je n'avais jamais vu tant de différences entre deux frères. À vingt-sept ans, Pierre était encore dans les jupes de sa mère, une femme intelligente, mais aveuglée par son amour maternel pour son dernier-né.

Nous parlâmes ainsi au bord de la piscine jusqu'à ce que M. Bloch et son frère rentrent de Auch.

Le maître-nageur arriva aussi et vint tout de suite vers nous. Il m'incita à nager, mais je n'étais pas très en forme. Je n'y résistai plus en voyant Lysange prendre une leçon avec Francisque.

En sortant de l'eau, je parlai quelque temps avec le monsieur qui s'occupait de la piscine. Il avait de beaux yeux bleus clairs, je le trouvais très beau et il était très gentil, il aimait la Bretagne et nous aimions discuter ensemble. Ce fut la dernière fois que je le vis, ainsi que le maître-nageur. Hélas !


Après le dîner, Danièle et moi retrouvâmes Sylviane, qui allait passer sa dernière soirée avec nous, Annie et Georgette.

Devant chez Villemur, étaient assis Pierrot, Pierre et Christine. Tout comme moi, Danièle n'aimait pas Christine et je l'embêtai en parlant avec Pierre. Il se poussa pour me faire une place, je m'assis près de lui.

— Alors, tu es d'accord, demain nous courrons dans la campagne, à six heures du matin ?

— D'accord ?

Christine m'interrompit :

— Mais tu vas être crevée ! Tu as vu ses jambes !

— Oui, elles sont belles, hein !

— Mais ce n'est pas de ça que je parle. Elles sont longues !

— Oui, il doit avoir une belle foulée...

Je continuai avec Pierre :

— Alors, par où passons-nous ?

— Bon, je pensais descendre la route de Toulouse jusqu'à Manas...

— Oui, oui... (j'hésitais déjà un peu) c'est très bien, continue.

— ... et tourner sur la route d'Avezan, passer par le Moulin et rentrer par le chemin qui domine les champs.

— Ah ! oui, c'est très joli, effectivement.

Je n'avais plus du tout envie de courir dans l'air frais du matin, mais je jouais le jeu que je le croyais jouer, jusqu'au bout.

Puis, je me levai et les quittai, après leur avoir demandé, comme à toutes les personnes que je rencontrais, s'il n'avait pas vu Petrus. J'appris qu'il était bien venu à Saint-Clar, dans l'après-midi et qu'il m'avait cherchée. Ce soir, personne ne l'avait vu.

Avec Sylviane et Danièle, j'allai sur la route de Toulouse, en compagnie d'Annie, de Georgette, de sa sœur. J'étais très en verve. Je dus les saouler de mots. Je m'adressais surtout à Sylviane qui partait le lendemain matin de très bonne heure. J'avais chaud et je prêtai mon pull marin à Annie qui grelottait. Je continuai à disserter... sur la promotion des ventes, sur la corruption, sur la peinture socio-réaliste de mon frère Youennick qui ne peignait plus que des tracteurs, des locomotives ou des pelleteuses mécaniques depuis quelques temps. Je parlais. Je parlais.

Nous remontions vers Saint-Clar et nous arrivions sous la Halle sans que je m'en fusse aperçue...

Petrus arrivait en mobylette avec Jean-François.


Mon adorable Petrus vint vers moi et me prit sans douceur par les épaules !

— Marine !

— Petrus !

Nous parlions en même temps.

— Tu veux que je te dise ce que je pense de toi ?

— On ne peut pas compter sur toi...

— Ni sur toi...

— Je t'ai attendu toute l'après-midi.

— Et moi je suis venu et je t'ai cherchée partout.

— Ce n'est pas vrai, je ne t'ai pas vu.

— J'étais chez Villemur.

— Je ne fréquente pas les tripots !

— Tant pis, maintenant je suis venu et je n'ai pas tes lunettes, elles sont au Moulin.

C'était désespérant, je me sentais dénudée sans mes lunettes, si vulnérable.


Petrus passa doucement son bras autour de mes épaules et me guida vers le café Déré pour me présenter à ses oncles et tantes.

Je distinguai quelques personnes assises dans l'ombre, sans voir leur visage.

— Voici Marine !

Plusieurs bonsoirs s'élevèrent.

— Alors tu vois, continuait Petrus, voici mes oncles et mes tantes.

— Celui-là, c'est Jean-Pierre, il n'est pas sympa, enfin si, parce que demain il m'offre à déjeuner à Auch !

Je dis bonsoir, sans oser tendre la main au monsieur en question. J'estimais que ma tenue n'était pas adéquate pour ce geste, vue ma jeunesse.

— Voici Nicole et Monique.

Je disais toujours bonsoir.

— Lui, c'est Yves, il est avocat.

Et Petrus continuait, j'étais perdue dans cette avalanche de prénoms et de professions. Quand il eut fini, après m'avoir présenté Marc, je dis :

— Et toi ?

— Moi, Pierre.

— Enchantée !

En m'entraînant, il ajouta :

— Marine aussi, elle fait du droit.


Nous revînmes sous la Halle où je retrouvai Sylviane. Danièle et moi devions rentrer bientôt. Lentement, nous nous ébranlâmes vers la place de l'église.

Petrus fut interpellé par un de ses oncles. Il me quitta, nous rejoignit peu après. Je lui demandai :

— On t'a grondé ?

— Non, il m'a emprunté de l'argent. Voilà ! On m'exploite ! Ma famille m'exploite !

Je le plaignis de tout mon cœur. C'était scandaleux ! Je m'inquiétais cependant du sort de mes lunettes et demandai à Petrus quand il me les rendrait. Je pensai soudain qu'il serait drôle d'aller le réveiller tôt le matin avec Pierre. Je le lui dis, il sembla d'accord, mais en fait je n'étais pas sûre du tout que Pierre se levât à six heures pour courir la campagne, je n'en avais rien cru et je ne tenais pas à descendre seule au Moulin.


Nous nous étions arrêtés au milieu de la rue. Jean-Yves interrompit la conversation en contestant l'avis de Petrus sur la direction des ondes pendant la nuit, à propos du *walkie-talkie* qui devait servir à Petrus à appeler son frère quand Patrice aurait fini de courtiser la cuisinière !

Petrus s'excita et voulut démontrer qu'il avait raison et que Jean-Yves avec son bac philo ne savait rien du tout. Moi cela m'ennuyait, je n'aime pas les discussions et m'en évade toujours. Pendant ce temps, Sylviane nous photographiait au flash, avant de nous quitter.

Vint le moment des adieux. J'aimais bien Sylviane, c'était elle que je préférais, à part Danièle bien sûr, j'aurais voulu qu'elle reste avec nous. Je n'avais pas fini de lui traduire la recette de la Tarte aux Pommes imprimée sur sa chemise américaine, j'avais commencé sous la Halle, mais il faisait trop sombre pour terminer ma traduction. Nous l'embrassâmes tous plusieurs fois. Et Petrus, très sérieux, trouva le mot de la fin. Digne, il prononça :

— Sylviane, nous ne t'oublierons jamais !

Elle disparut.


Je n'avais toujours pas résolu le problème de mes lunettes. Le lendemain, Petrus devait aller à Auch et ne pourrait venir à Saint-Clar. Il me dit qu'il viendrait à neuf heures moins le quart.

Comme le frère de M. Bloch et Danièle descendaient déjà vers la maison où nous logions, je quittai Petrus pour les suivre.

Le problème restait latent pour moi. J'aurais voulu voir Pierre et le décider à venir avec moi au Moulin. Arrivées au premier étage, je me ravisai et au lieu d'entrer dans la chambre, je redescendis, entraînant Danièle à ma suite. Nous ne savions pas exactement où nous allions. J'avais une seule idée : voir Pierre et convenir quelque chose avec lui pour le lendemain. Danièle verrait avec lui pour me guider, puisque je ne voyais presque rien. Sinon, elle serait déjà rentrée dans notre chambre.

Par chance, juste en sortant, nous sommes tombées sur Petrus, qui était en mobylette, au carrefour de la route de Toulouse et de Gramont, devant la maison. Cela nous épargna la peine de rechercher Pierre.

Nous sommes restés encore discuter. Danièle rentra se coucher avant la fin de notre conversation.

À un moment, plaisantant avec Petrus, je lui dis :

— T'es bête !

— Tu parles ! J'ai un Quotient Intellectuel de 150. Petit génie !

Il nous raconta que sa maman était psychologue et essayait tous les tests sur lui. Je l'imaginais bien, jouant avec des petits cubes, cochant des cases, déduisant des suites logiques. J'avais passé les tests autrefois à l'école de Merville avant l'entrée en sixième au Lycée de Lorient et j'avais obtenu le même résultat. Adorable ! J'avais envie de le battre, puis de le consoler, en l'embrassant toujours. Sa grosse bouche de petit garçon faisait la moue. Attendrissant et irrésistible. Je me sentais fondre !

Une 404 blanche passa près de nous et un des oncles de Petrus cria :

— Petrus, rentre à la maison !

Bien sûr, il n'écouta pas ce sage conseil. Et nous avons parlé, parlé. Je lui dis qu'il était en fait ridicule de descendre au Moulin à six heures du matin, que ce n'était pas raisonnable et, tant pis, j'attendrais l'après-midi pour retrouver mes lunettes.

Il réfléchit et estima qu'il pourrait venir à Saint-Clar à dix heures quinze du matin.

Heure aussi farfelue que la première qu'il m'avait donnée.

J'acceptai et lui recommandai d'aller se coucher.

Je remontai à la maison.

# 10 août

Le matin suivant, le mardi, il faisait beau et je me sentis heureuse dès mon éveil. Euphorique à l'idée que Pierre avait peut-être battu la campagne de bon matin ... Non, je n'y croyais pas.

Mon humeur faillit se ternir quand, sous la douche, je tâtai mon cou et fus surprise de ne pas sentir ma grosse chaîne d'or. Je regardai à terre dans la salle de bain : rien, nulle part. Je m'inquiétai sérieusement et, après m'être habillée, je fis des recherches dans la chambre, dans le lit, sous le lit. Sans résultat ! Je réfléchis et tentai de me souvenir où j'aurais pu la perdre. Je me rappelai avoir fait attention, en me changeant la veille au retour de la piscine, à la laisser sous mon gros pull. Ce pull, je l'avais enlevé pour le prêter à Annie quand nous étions sur la route de Toulouse. Il y avait deux éventualités : ou ma chaîne était tombée dans la chambre de la maison Carricondo ou elle se trouvait sur la route de Toulouse. Avant de déjeuner, nous cherchâmes dans la maison. Le ménage avait déjà été fait par Mme Solassol et rien n'avait été trouvé. Nous avons déjeuné. La perte de ma chaîne m'ennuyait beaucoup. C'était une très ancienne chaîne de montre à gousset ayant appartenu à mon grand-père maternel, plus épaisse que les chaînes ordinaires, constituée de quatre chaînes fines. Maman serait très fâchée. Je n'avais pas connu mon grand-père, il était mort avant mes quatre ans. Je ne tenais pas à la chaîne en souvenir de famille, mais comme un bijou unique, parce que je la trouvais belle.

Nous nous rendîmes sur les lieux où je pensais l'avoir perdue. En descendant, une voiture nous croisa, à laquelle je ne prêtai aucune attention, juste que c'était une 4L bleue. Nous descendions lentement en regardant à terre. Sans mes lunettes, je ne voyais pas grand chose. Il était près de dix heures et Petrus devait bientôt arriver à notre rendez-vous.

Arrivées devant la fontaine, nous entendîmes une voiture s'arrêter derrière nous. Danièle se retourna et me dit :

— C'est Patrice !

Il nous avait reconnues et avait fait demi-tour pour revenir vers nous. J'étais contente de le revoir. Pas surprise. Je trouvais cela normal. Il semblait content aussi.

Il me demanda si j'avais vu son frère. J'allais lui poser la même question, car j'aurais été heureuse de retrouver mes lunettes. Petrus semblait avoir oublié notre rendez-vous. J'expliquai à Patrice que sans mes lunettes je me sentais vulnérable et perdue. J'aurais peut-être dû aller le réveiller moi-même au Moulin, mais il aurait peut-être fallu que je fasse son lit et je ne savais pas...

— Il faut apprendre, dit-il.

— J'ai déjà du mal à faire le mien. C'est comme la cuisine !

— Moi, j'ai des lettres à faire et j'ai horreur de ça.

— Moi j'aime, j'adore écrire.

Voilà, nous repartions déjà loin de Petrus et de mes lunettes.

Comme Patrice s'inquiétait de ce que nous faisions sur la route, je lui expliquai que nous cherchions ma chaîne en or, en constatant que j'avais peu de chances de la voir sans mes lunettes.

Et je recommençai à me plaindre de Petrus. Je demandai à Patrice s'ils allaient bien à Auch. Petrus avait dit vrai.

Patrice décida donc d'aller réveiller son frère.

— Je vais lui dire que tu es une pauvre enfant infirme et désarmée.

— Voilà, c'est exactement ça, répondis-je.

Il proposa de nous déposer quelque part, mais cela ne pouvait nous avancer, je le remerciai et il reprit la route de Manas.

Nous cherchâmes encore quelque temps, sans rien trouver et revînmes bredouilles. Pourtant mon humeur ne s'était pas altérée. Je restais aussi euphorique qu'à mon réveil.

Je ne pouvais croire à la perte définitive de cette chaîne d'or. Mon intuition ne me trompa pas : Georgette retrouva ma chaîne dans les gravillons devant sa maison, après mon départ. Madame Carricondo me la fit parvenir à Saint-Leu.


N'ayant pas retrouvé ma chaîne ce jour-là, j'eus du moins le plaisir de rentrer en possession de mes lunettes, peu après le passage de Patrice. Il n'était pas encore onze heures que Petrus arrivait, c'était merveilleux, si tôt !

Patrice avait eu l'amabilité d'aller immédiatement au Moulin où son adorable petit frère dormait encore d'un sommeil angélique. Petrus avait bondi de son lit, sauté sur sa mobylette et était venu directement vers moi. C'était beau, ce dévouement.

Je n'oubliais pas sa promesse de la veille de m'offrir une limonade, cette fois je lui demandai un jus de pamplemousse.

Désespéré, il constata :

— Heureusement que je n'ai pas attendu demain, elle m'aurait demandé un whiskie !

Mon amitié valait bien cela.


Nous nous rendîmes tous chez Déré, car Petrus invitait aussi les gens qui passaient par là et que nous connaissions, nous bûmes à notre amitié...

Petrus, assez mal réveillé, gardait sa verve habituelle et nous nous amusions comme des petits fous. Les autres étaient en dehors du jeu. Ou je ne les voyais pas. Je ne remarquais que Petrus et sa veste américaine à fines rayures. Je m'amusais à le coiffer, à faire gonfler ses grosses mèches sur le front.

Au moment de partir, il me dit :

— Je ne t'embrasse pas, je me suis mis de la crème ce matin !

Il n'y a que lui pour avoir des idées pareilles.

Comme il devait rentrer d'Auch dans l'après-midi, je lui dis :

— Je te ferai une grosse bise ce soir. Non, je t'en ferai trois, trois c'est plus harmonieux, selon la logique pythagoricienne.

— Oui, mais ce sont les bases, il faut les dépasser...

— Moi, je trouve ça harmonieux. Ça me suffit.


Il partit avec sa cousine Isabelle. Danièle et moi rentrâmes à la maison, où une lettre d'Hélène, mon amie de Saint-Leu, m'attendait. Cette lettre me réjouit beaucoup et j'y répondis immédiatement. J'étais trop heureuse ce matin, il me fallait un exutoire. Hélène me permettait d'exprimer mon trop-plein de joie.

Il ne se passait pourtant rien d'extraordinaire : je m'étais levée heureuse, j'avais été heureuse de revoir Patrice, heureuse de plaisanter avec Petrus. Je voulais être heureuse, je voulais profiter de mes derniers jours à Saint-Clar, je ne voulais pas penser aux problèmes qui m'attendraient à Paris une semaine plus tard, je voulais vivre. Il faisait beau, j'étais en vacances, j'aimais le village, la place déjà écrasée de soleil, la campagne, les champs, les arbres, j'aimais tout le monde, j'aimais Petrus, j'aimais Patrice, j'aimais Danièle et Sylviane, partie ce matin, j'aimais Pierrot et Pierre...

Au fait, Pierre ? personne ne l'avait vu ce matin, c'était inquiétant.

Je ne le revis que dans l'après-midi.


Madame Carricondo nous avait demandé de faire une commission pour elle au salon de coiffure. Nous y allions et pour ce faire nous passions devant le café Déré. Absorbées par notre conversation, nous parlions sans regarder la rue. Pourtant, je sentis qu'il me fallait me retourner : Patrice était là, assis à la terrasse du café, avec un de ses oncles.

Une fois de plus, je n'étais pas surprise de voir Patrice. Il me semblait normal de le rencontrer, inévitable.

Je ne parlai pas longtemps avec Patrice, l'oncle m'intimidait. Je le remerciai seulement d'avoir réveillé Petrus et partis.

En sortant du salon de coiffure, nous découvrîmes Pierre, assis devant un jeu devant le café Villemur, jouant aux échecs avec Pierrot. Il ne semblait pas ravi de me voir.

— Alors ? je n'aime pas qu'on se moque de moi.

— Ah ! (j'avais compris et déjà j'étais confuse)

— Oui, je me suis levé à six heures du matin et je t'ai attendue.

— Oh ! ce n'est pas vrai... (j'étais sincèrement désolée de ne pas l'avoir cru la veille).

Il avait couru sans s'arrêter jusqu'à Manas, avait frappé à la porte du Moulin, personne ne s'était réveillé, j'en savais quelque chose, il était revenu par la même route, en faisant des haltes tous les trois cents mètres... Il était crevé et avait dormi toute la matinée.

J'étais vraiment désolée. Il m'avait fait confiance et je ne l'avais pas cru. Je ne savais que faire pour être pardonnée. Je me sentais mal tout à coup. Je me pris à estimer Pierre encore plus qu'avant. Je décidai de courir avec lui le lendemain et d'entraîner Danièle, bien qu'elle ait déclaré le midi à Madame Bloch et moi qu'elle avait « un cœur fou-fou ». Bien sûr, avec Pierre !

Les autres jeunes de Saint-Clar étaient partis se baigner à Lectoure. Seuls restaient Pierre et Pierrot, jouant sagement aux échecs. Nous ne voulions pas les troubler dans ce jeu intellectuel, nous les avons quittés après avoir convenu de nous retrouver une heure plus tard.

Je voulais avoir le temps d'échanger mon pantalon contre une robe légère, mais aucune n'était repassée. Je n'eus pas le loisir de le faire, puisqu'au bout d'un quart d'heure, les deux Pierre arrivaient devant la maison. Je décidai alors de choquer délibérément. Mon humeur était toujours belle, j'avais envie de rire. Je leur demandai s'ils oseraient sortir avec moi si je portais une jupe-culotte. Ils acceptèrent de bon cœur.

Je me déguisai à plaisir : jupe-culotte beige, chemisette beige, Pataugas beiges et des chaussettes rouge flamboyant. Georgette monta nous voir pendant que je m'habillais et je sentis que ma tenue ne lui plaisait pas tellement.

De toutes façons, Georgette avait décidé qu'elle ne me comprenait pas. Je l'avais choquée en critiquant le très gentil Jean-Pierre et en défendant le grand méchant Pierre. Ce n'était pas normal de changer trois fois de tenue par jour, comme je le faisais et comme le faisait Pierre. Alors, si, en plus, je portais des horreurs de chaussettes et de jupe-culotte, c'en était trop !

Je descendis et affrontai les regards de Madame Bloch-mère et de Madame Carricondo qui trouvait pratique ma jupe-culotte. Jo, Madame Bloch, me trouva irrésistible !

Un problème se posa : Madame Carricondo ne voulait pas laisser sa fille sortir avec deux garçons. Moi, je pouvais faire ce qui me plaisait. À ses yeux, je devais passer pour la Parisienne émancipée, affranchie, un peu farfelue, pas très morale. Cela m'ennuyait pour Danièle, car je ne serais pas sortie sans elle. Mais je voulais sortir. J'étais trop heureuse pour rester enfermée. Je me serais cognée la tête contre les barreaux, comme une mouette prisonnière. Impossible de rester immobile, j'avais besoin d'air, d'espace.

Madame Bloch trouva un procédé pour nous permettre de sortir : nous devions faire semblant d'aller jouer au tennis. Ainsi Madame Carricondo serait tranquille et rassurée. Le procédé ne me plaisait pas, je n'aimais pas cette façon de tricher, de déguiser la vérité, pour cacher un mal inexistant, mais s'il fallait jouer à faire semblant, je pouvais jouer.

J'allai prévenir Pierre et Pierrot, qui apprécièrent ma tenue à sa juste valeur. Ils étaient d'accord pour aller se promener du côté du tennis.

Pierre alla se changer et mettre un pantalon plus adéquat d'après lui. Lorsqu'il revint, il était tout en beige, comme Pierrot et moi, style saharien. Difficile de passer inaperçus. Harmonieux dans un sens. Seule Danièle se distinguait.

Et voilà comment nous partîmes vers la route de Fleurance, les raquettes sous le bras, pour faire plus vrai...

Devant la gendarmerie, deux ou trois femmes regardaient mes pieds avec stupéfaction. Je leur jetai un regard froid, pensant à Petrus et à son aversion pour les flics. Nous remportions un certain succès.

Au tennis, nous avons confié nos raquettes à un des joueurs du court et nous avons continué notre promenade sur la petite route blanche à travers les champs. Nous nous sommes reposés au bord du chemin, près d'une vigne.

Nous parlions. Tous. Même Danièle parlait. Elle devait se sentir en confiance. Pierrot était son grand copain, elle connaissait bien Pierre, et moi je l'avais apprivoisée. Je les aimais tous les trois. J'aimais les deux Pierre, Pierrot C. pour sa simplicité, sa gentillesse spontanée, son manque de prétention, et Pierre F. pour sa forte personnalité, son exigence, sa dureté. Je le jugeais en égal. Auprès de lui, je ne me sentais pas plus âgée. Il était beau et je l'estimais, comme j'estimais Danièle et la trouvais belle. Ils se ressemblaient et s'harmonisaient. Je regrettais juste que Danièle fût si timide. Elle avait la volonté de tout refuser systématiquement. Si froide en apparence, alors que je la savais vibrante.

À notre retour, j'amusai encore la galerie. Danièle et moi dûmes nous rendre à l'épicerie et traverser la place des Halles, où les gens commençaient de sortir, après la sieste et la chaleur de l'après-midi. Beaucoup étaient assis sous les arcades et... tournaient leur chaise pour me regarder plus longtemps, les yeux exorbités. J'étais ravie. Un peu étonnée. Je me sentais si bien dans ma peau que j'oubliais ma tenue. Je disais à Danièle :

— Mais qu'est-ce qu'ils ont tous ?

Danièle riait.

Devant le café Villemur, Pierrot et Pierre, en compagnie d'Isabelle. Je lui demandai si Petrus était rentré. Non, il était toujours à Auch, et de très mauvaise humeur, car il ne trouvait pas ce qu'il fallait pour réparer sa mobylette.

À la maison, je continuai de faire rire tout le monde, surtout Madame Carricondo, qui, paraît-il, n'avait jamais vu un tel phénomène. Pourtant, son mari en est un rare et original ! Plus que moi, sans comparaison possible.

Après le dîner, je regardai à la télé *Le Médecin malgré lui*, que je connaissais presque par cœur, pour avoir joué le rôle de Lucinde, la muette, à la Croix blanche de Saint-Leu. Danièle ne resta pas voir la pièce et sortit devant la maison. Je restai pour voir Giani Esposito dans le rôle de Léandre. J'aimais sa voix timbrée si grave et je restais l'admirer jusqu'à la fin.

Vers 21 h 30, je sortis avec Danièle. Petrus était justement sur la place de l'église, parlant avec un petit gosse. Nous allâmes vers lui. Il écoutait le gamin et ce devait être important. Ma main était dans la sienne et il caressait machinalement mes doigts, ma bague aux hermines bretonnes, je retirai ma main et tentai de demander à Petrus où étaient les autres.

Nous avions cru apercevoir un groupe disparaître dans la nuit derrière l'église. Petrus affirmait qu'ils étaient tous sous la Halle.

Nous le quittâmes pour y aller. Il n'y avait personne. Nous partîmes sur la route de l'Aérium, où nous pensions qu'ils devaient être. Nous les avons enfin rattrapés, malgré les hésitations de Danièle qui ne voulait pas arriver après tout le monde. Je ne voulais pas avoir marché inutilement, c'était ridicule de rester derrière la Bande. Nous les rattrapâmes.

Là, se trouvaient deux couples, Pierre avec Christine, ce qui ne dut pas plaire à Danièle, et Pierrot avec Isabelle. Il y avait aussi Jean-Yves, Élisabeth et Jean-François, ivre paraît-il. J'avoue ne pas m'en être aperçue ce soir-là. Il me parlait de Paris, du café Le Lufac, à côté de la Fac et de l'appartement de la Rue Guynemer. Je discutai avec Jean-Yves.

Christine critiqua ma jupe-culotte. Ah ! mais, elle m'énervait cette fille.

Jean-François voulut me consoler, je ne savais plus de quoi, lui non plus.

Nous rentrions en chantant l'air de *La petite Musique de Nuit* devant la gendarmerie. Jean-François fredonna les premières mesures d'un concerto de Tchaïkovski, le N° 1 en si bémol mineur, en m'affirmait qu'il chantait une symphonie de Chopin. Bien sûr, là, ça devenait grave.

Petrus nous rejoignit devant le terrain de boule.

Jean-François continuait à débiter les gros mots de la ronde des jurons de Brassens.

Il commençait à me casser les pieds, j'allai vers Petrus, devant l'église.

Pierre arrêta Danièle.

Les autres continuèrent vers la Halle.

Je plaisantais avec mon adorable Petrus. C'est lui qui avait fait courir Pierre en lui affirmant la veille au soir, après qu'il m'eût quittée, que je voulais vraiment me lever à six heures du matin.

Sale gosse !

J'appelai Pierre, il s'approcha avec Danièle, nous nous mîmes d'accord pour courir le lendemain à sept heures, d'aller réveiller Petrus au Moulin et de rentrer à huit heures pour pouvoir partir une heure plus tard dans les Landes, où nous devions nous rendre avec les Bloch.

Je recommençai de jouer avec mon ineffable Petrus. J'avais l'impression de jouer dans *Ardèle ou la Marguerite*, comme deux ans plus tôt, alors que je venais d'avoir dix-sept ans, je tenais le rôle de Marie-Christine avec mon camarade Alain qui jouait Toto. Je me sentais jeune, comme Petrus, qui répétait :

— J'suis ineffable ! J'suis ineffable ! Na !

Il était irrésistible, je l'adorais.

En le quittant, je l'embrassai trois fois, comme convenu. Il fit de même.

## Les Landes

Le mercredi matin, nous nous réveillâmes très tôt. Les volets étaient restés ouverts, le soleil forçait nos paupières. De la fenêtre, je pouvais voir le château d'Avezan.

À sept heures, nous sortîmes sans bruit pour ne pas réveiller le frère. En bas, le « petit monsieur » chantait dans la lumière, en arrosant ses fleurs.

Pierre nous attendait, assis sur le parvis de l'église, tout habillé de blanc : short blanc à rayures rouges sur le côté, blouson américain blanc, tennis blanches. Nous partîmes sur la route de Toulouse. Nous commençames à courir. Pierre avait une très belle foulée, c'est sans doute pourquoi le cœur fou-fou de Danièle s'emballa.

Pierre très vite fut loin devant nous. J'attendis Danièle et me mis à son rythme. Je courais sans effort, sans fatigue, ayant trouvé mon rythme respiratoire. Pierre avait disparu et Danièle voulait s'arrêter. Cela m'ennuyait, car nous n'étions qu'à mi-chemin, nous ne pourrions plus courir si nous nous arrêtions un seul instant. Mais Danièle ne pouvait plus... Je m'arrêtai aussi.

La campagne était claire et douce, pas encore troublée. J'étais heureuse de cette quiétude qui n'appartenait qu'à nous. Pierre revenait à notre rencontre, courant toujours, très beau.

En marchant, nous arrivions au Moulin. Petrus avait promis de laisser la porte ouverte, mais Pierre ne put la pousser. Il lança des cailloux dans les volets de la chambre de Petrus. Pas de réponse ! Il recommença... Rien. J'appelai doucement Petrus :

— Petrus de mon cœur, ouvre-nous...

Le volet de bois s'ouvrit. Petrus parut, en robe de chambre bleue à pois blancs, les yeux petits, les cheveux ébouriffés. Il dit à Pierre que la porte n'était pas fermée à clef, qu'il fallait pousser très fort. Sa voix était encore plus grave que d'habitude.

Sous la poussée de Pierre, la porte s'ouvrit et nous pûmes monter. Pierre se trompa de chambre et frappa à celle de Jean-François. J'arrêtai Pierre avant qu'il l'éveille.

Petrus nous reçut dans ses appartements. Il s'était recouchée, les yeux embués de sommeil, encore plus mignon que d'habitude, décoiffé, les lèvres gonflées comme celles d'un enfant surpris au matin.

Pierre s'assit au pied de son lit, Danièle et moi sur l'autre. Petrus parlait :

— Marine, tu ne m'as pas encore embrassé.

Je fis un mouvement de tête sans répondre.

— Je boude !

Il enfouit son visage dans l'oreiller, le tournant imperceptiblement pour me regarder. Je voyais son œil vif et noir, sa moue.

Pierre et Danièle, l'un en face de l'autre, ne disaient rien.

Je me levai. Petrus saisit ma main et m'attira. Je restai assise contre lui.

Il me montra les cartes qui lui avaient permis de visiter le Congrès américain à Washington. La carte du Sénat était signée par Eugène Mac Carthy.

Puis il fit marcher son petit magnétophone acheté 50 francs à New-York, « pour enregistrer les conversations téléphoniques de ses petites amies ». Le son était atroce, terriblement déformé, c'était insupportable. Je ne pus tolérer d'entendre la belle chanson de Jean-Claude Annoux, *Aux Jeunes Loups* et dis :

— Éteins ça et fais-nous plutôt entendre tes petites amies.

L'appareil n'avait pas encore servi à cette usage.

Je voulus dire un poème.

À ce moment, Jean-François se manifesta, en tapant sur la cloison. Petrus dit qu'il cuvait son vin, depuis la veille.

— J'enregistre la voix de Marine, dit Petrus.

— M'en fous ! (Il semblait furieux.)

Petrus agrafa le micro au col de ma chemisette. Soudain, je n'eus plus envie de dire mon poème et je ne fus pas simple. Petrus crut m'aider en mettant les mains sur son visage, pour ne plus me regarder, mais je n'osais plus, et d'une voix artificielle, mal placée, je dis *L'Adieu* d'Appolinaire.

*J'ai cueilli ce brin de bruyère*

*...*

*Nous ne nous verrons plus sur terre*
*Odeur du temps, brun de bruyère*
*Mais souviens-toi que je t'attends.*

J'oubliai le second vers, il me fut impossible de le dire : *L'automne est morte, souviens-t'en.*

Freud aurait peut-être vu là le signe caractéristique de ma psychologie profonde, comme le refus du lendemain, le refus du retour à Paris, le refus de penser à l'avenir. Je me sentis ridicule.

Petrus voulut écouter l'enregistrement, par chance il s'était trompé de bouton et ma voix n'avait pas été captée.

Maintenant, Jean-François se manifestait avec bruit.

Pour le calmer, Petrus lui demanda :

— Tu veux que je te fasse gros Nounours, Jean-François ? (et de sa voix grave) Bonne nuit les Petits, bonsoir Nicolas, bonsoir Pimprenelle, sois sage Jean-François...

Rien n'y faisait. Jean-François ne cessait de râler, furieux d'avoir été réveillé si tôt. Je commençai de m'inquiéter, car nous avions promis à Madame Bloch d'être rentrées à huit heures.

Comme Jean-François s'excitait bêtement, Petrus ferma la porte à clef. Son cousin vint donner des coups. La porte s'ébranla, mais tint bon.

— Viens te battre Petrus !

— Non, Jean-François, ce n'est pas la force physique qui compte, c'est la force morale !

Petrus le narguait, lui reprochant même de n'avoir pas de voix.

— Moi, j'ai une voix de basse noble, c'est le curé qui l'a dit, na !

— Viens te battre, répétait seulement Jean-François.

Petrus semblait aussi décontracté que d'habitude et décida :

— Bon, Pierre, il n'y a qu'une chose à faire, c'est de le maîtriser et de le mettre au lit de force...

Jean-François avait sorti son couteau et faisait crisser la lame sur le bois.

L'intermède était original, mais je m'inquiétais sérieusement. Il nous fallait à tous prix rentrer. Il était plus de huit heures, cela devenait grave.

Petrus se leva et pour pouvoir s'habiller nous ordonna :

— Tous à la fenêtre.

Nous obéîmes et admirâmes la campagne. Pendant ce temps Jean-François continuait ses imprécations :

— Sors ! Viens te battre !

Après s'être habillé, Petrus ouvrit la porte. Jean-François se tenait devant, le couteau à la main, l'air méchant, mais pas si dangereux finalement.

Petrus se tint près de la porte et m'invita à descendre. Je passai devant Jean-François qui disait :

— Descendez vous autres ! Et vite !

Il retint Petrus :

— Toi, reste là !

Il jeta son couteau et poussa son cousin dans sa chambre qu'il voulut fermer à clef.

Nous sortîmes devant le Moulin. Petrus apparut peu après, suivi de Jean-François que j'essayai de convaincre de la beauté du paysage et de la matinée, qu'il fallait saisir en se levant tôt.

Il n'apprécia pas et s'éloigna sur le chemin de Manas, en nous menaçant encore :

— Et vous, que je ne vous revoie plus au Moulin !

Petrus me raccompagna en mobylette, puis retourna chercher Danièle et Pierre.

À 8 h 30, nous arrivions en haut de la côte de Saint-Clar. Je montai rapidement à la maison. Par chance, le frère n'était pas encore parti, on l'entendait dans la salle de bains, il ne nous avait donc pas vendues !

Madame Bloch n'était pas contente de notre retard. Je compris à demi-mot qu'elle était allée à notre maison et s'était inquiétée de ne pas nous y trouver. Il ne fallait surtout rien dire à sa mère. Elle me dit que Danièle finirait pas avoir des ennuis. J'étais navrée. Je savais que c'était à moi que s'adressait ce reproche. J'avais du mal à concilier politesse et liberté.

Mais à 9 h, nous étions prêtes à partir !


J'étais très joyeuse. Ma joie grandit encore en pénétrant dans les Landes.

Je n'avais de cette région qu'une connaissance littéraire par les bouquins de François Mauriac. Je m'en étais fait une idée merveilleuse. Je fus conquise et séduite dès le premier instant, envoûtée par l'odeur balsamique des pins.

Monsieur Bloch s'arrêta pour me permettre de respirer. Je bondis hors de la voiture, oubliant les autres, je me mis à courir à travers les pins sur le chemin sablonneux. J'aurais voulu courir ainsi, sans m'arrêter, jusqu'à tomber épuisée, parmi les bruyères.

Danièle m'avait suivie. Sa joie était loin d'atteindre la mienne. Elle n'était venue que pour m'éviter de supporter seule la lourdeur du frère...

En revenant vers la voiture, je cueillis toutes les bruyères que je pus rassembler dans mes mains. J'aimais ces fleurs par dessus tout, dures, sèches, fortes, vivant sans aide au pied des pins, ces arbres dont l'odeur m'enivrait. Leur plaie me faisait mal.


Nous allâmes jusqu'à Mimizan. La plage de Yaneck me déplut. Trop de monde ! Platitude. Rien à voir avec la sauvagerie de nos criques bretonnes. Ces maisons en rang d'oignons au bord de la plage dérangeaient l'horizon.

La Mer était belle, inaltérable, arrogante, dure.

Nous avons plongé dans les vagues. J'étais enthousiaste, comme Monsieur Bloch, mais Danièle restait sombre.

La ville ne me plut pas. Aucune personnalité !

L'après-midi, la Mer était trop mauvaise pour se baigner. Sur la plage, j'écrivais. Pour m'isoler de la foule. Lysange me demanda si j'écrivais à Petrus. L'idée était bonne et j'écrivis une carte farfelue adressée à mon adorable Petrus, abominable garnement et ineffable ami !

Nous avons quitté Mimizan en fin d'après-midi. Il faisait très chaud. Les vitres de la voiture étaient ouvertes. Je tenais dans mes doigts le bouquet des bruyères cueillies le matin, le vent en arracha les fleurs.

Nous nous arrêtâmes une dernière fois avant de quitter les Landes. Je jouai à cache-cache avec le soleil à travers les pins, puis je cueillis un énorme bouquet pour Madame Bloch qui était restée à la maison avec le bébé Jean-Yves. Mes bras n'étaient pas assez vastes pour enserrer toutes les bruyères que je voulais pour elle.

Ma peau avait gardé l'odeur de la Mer.

Nous sommes arrivés à Saint-Clar juste après le coucher du soleil. J'ai raconté avec enthousiasme notre journée à Madame Bloch, ravie de voir que j'aimais les Landes de la même façon qu'elle. Je regrettais seulement que Danièle ait refusé de s'intéresser à quoi que ce soit. Pour la dérider, j'avais plaisanté, en vain. Elle riait et... me pinçait. Je la mordais ! Mieux valait jouer. Je racontais cela à Madame Bloch et soudain, parodiant Averell Dalton dans *Lucky Luke*, je dis :

— Personne ne m'aime !

J'avais parlé devant Gilles, quatre ans, gosse tout rond, naïf et spontané. Il leva vers moi ses yeux noirs et sérieux.

— Mais... Mais moi, je t'aime !

C'était vrai, j'avais oublié un instant que j'étais « sa petite femme adorée »...

— Je suis ton petit mari chéri ! Je t'aime !

Plus tard, je me changeai avant de sortir dans la nuit avec Danièle. Je mis une jupe plissée claire, celle que j'avais faite avec sa veste, en plus du manteau marine, pour passer mon examen de droit au lieu de réviser.

Gilles voulut que je vienne l'embrasser dans son lit. Il murmurait :

— Je suis ton petit écureuil doré, moi ! Je suis ton petit chat et ton petit oiseau chéri, moi ! Je t'aime, tu sais !

Je l'embrassai. Il s'endormit en gazouillant comme un oiseau.

Dehors, je jouai avec Gamin, le chien du frère de Madame Bloch et, citant une nouvelle fois Averell Dalton, je m'exclamai avec émotion :

— Il m'aime ! Ce chien m'aime ! C'est la première fois qu'on m'aime !


J'aurais voulu voir Petrus. Danièle et moi nous dirigions vers la Halle, prises par notre conversation, quand nous fûmes arrêtées par des voix, venant de la terrasse du café :

— Bonsoir mesdemoiselles !

Nous fûmes surprises, ne reconnaissant ni les voix ni les visages. Et comme nos mamans-nous-avaient-toujours-recommandé-de-ne-pas-répondre-aux-Messieurs-que-nous-ne-connaissions-pas-dans-la-rue, nous n'avons même pas eu le réflexe de répondre Bonsoir ! Nous sommes passées...

Sous l'arcade, devant le café Villemur, Pierrot, Isabelle et Pierre vinrent à nous. Je leur demandai s'ils savaient qui était chez Déré.

Isabelle répondit :

— Mes oncles et mes tantes !

La gaffe ! J'étais furieuse de mon impolitesse. J'espérais qu'ils savaient que j'étais myope !


Monsieur et Madame Bloch vinrent chercher les clefs du tennis pour pouvoir jouer très tôt le lendemain. Ils nous rejoignirent sous l'arcade.

Les autres partirent en promenade. Fatiguées par notre longue journée, course du matin et excursion dans les Landes, Danièle et moi sommes rentrées.

Monsieur Bloch, qui tenait sa femme par les épaules, mit aussi son bras autour de Danièle. Je me retrouvai derrière eux, seule.

— Voilà, c'est bien ce que je pensais. Personne ne m'aime ! Il n'y a que les chiens qui m'aiment !

Madame Bloch m'attira à elle pour me consoler.

— Moi aussi, je vous aime. Et Gilles ! Et le maître-nageur !

... J'éclatai de rire.

En repassant devant le café Déré, j'esquissai un timide bonsoir, cette fois. On me répondit poliment.

Le soir, dans mon demi-sommeil, je crus entendre s'élever la voix du « petit monsieur » en bas, et, craignant une nouvelle crise, parlai à Danièle, qui s'endormait. Elle ne fut pas contente d'être réveillée et me dit :

— Ça m'énerve !

— Quoi ?

— Toi !

— Mais oui, c'est ça ! On ne m'aime pas. Je le savais. Personne ne m'aime. On ne m'a jamais aimée.

— Mais si, on t'aime !

— Qui ?

— Moi, je t'aime...

— Ce n'est pas vrai, je t'énerve.

— Et Petrus t'aime...

— Ah !

— Et Pierre t'aime...

— Mais non, c'est toi...

Finalement, je m'endormis, comme Danièle.

Le lendemain matin, nous avons essayé de jouer au tennis, mais c'était au-dessus de nos forces. Je me sentais lasse, mal dans ma peau. La crise de solitude, d'incompréhension ! Danièle qui m'avait dit en pleine nuit que je l'énervais, j'étais brimée !

La matinée se passa sans voir Petrus.

L'après-midi, je me fis une mise en plis pour passer le temps. J'étais avec Danièle à la maison où nous logions quand nous avons vu Pierre et Pierrot devant la maison de Christine. Ils s'approchèrent, suivis par Isabelle, Christine et Élisabeth. Ils descendaient à Manas.
Pierre me dit :
— Viens, tu verras ton « adorable » Petrus !
— Ah ! dans ce cas, j'y vais...
Danièle ne voulait pas venir.
Je leur dis de ne pas m'attendre et de partir sans moi.

Je remontais me préparer. Je m'habillai en blanc, pantalon et tunique sur mon maillot blanc. Seule touche de couleur, mes *sneakers* marines.
J'essayai de décider Danièle à venir avec moi. Elle ne voulait rien entendre et je ne savais plus que faire, car j'hésitais à la laisser seule. Elle avait décidé de rester et ne changea pas d'avis.
Je perdis beaucoup de temps à chercher mon porte-carte, contenant tous mes papiers, sans le trouver. Comme le dit Madame Bloch-mère :
— Marine est toujours à la recherche de quelque chose...
C'était très vrai !
Je pris mon bouquin sur Kennedy pour lire si jamais je m'ennuyais en compagnie des autres et je partis.

Il faisait chaud et lourd. Dehors, j'hésitais. Je me sentais seule et descendais lentement jusqu'à notre maison sans savoir que faire : continuer vers Manas ou rentrer. J'étais perdue.

Une voiture me croisa. Une 4 L bleue. Je reconnus Patrice au volant, mais pas les autres occupants qui me faisaient des signes de la main.

Là, j'hésitai, si Patrice était à Saint-Clar, j'avais moins de raison d'aller à Manas. Il faisait si chaud ! Je descendis jusqu'à la fontaine et me décidai à rentrer à la maison.

Sur la place de l'église, je rencontrai Petrus qui venait à moi. J'étais heureuse de le voir, mais il avait l'air triste. En m'embrassant, il me remercia pour la carte de Mimizan, qui lui avait fait très plaisir. Il m'expliqua que l'oncle de Lucienne venait de mourir, c'est pourquoi ils étaient venus à Saint-Clar.

Il me demanda ce que je voulais faire et me proposa de m'emmener au déversoir. J'acceptai.

La voiture était devant le café Déré. Patrice arriva, très froid, le visage immobile. Il me glaça.

Lucienne sortit d'une maison voisine, elle rentrait à Manas.


Je vis beaucoup de monde en arrivant là-bas : le grand-père d'abord, auquel je fus présentée, puis des oncles, des tantes, des gosses, et Anne-Marie, dite Nanie, qui travaillait là comme Lucienne pendant les vacances. Jean-François, coiffé d'un bob, habillé d'un tee-shirt sur un short de madras, était avec sa petite amie, Pascale, lumineuse. Jean-François, bardé d'appareils de photo, devait photographier les enfants au déversoir.


Manas me plut immédiatement. Beaucoup d'arbres, de soleil. La pierre fraîche des murs et des bancs m'attirait. Les habitants semblaient heureux, tranquilles et confiants. Je m'y sentis bien.

Quand les enfants ont été prêts, nous sommes descendus au déversoir. Ils sont partis loin devant nous, avec leur mère, Monique, une jeune femme très gracieuse.

Jean-François s'éloigna en compagnie de Pascale et d'Anne-Marie.

Petrus, qui consolait Lucienne, me rappela. Il retournait au Moulin prendre son maillot. Je les suivis.

Ensemble, nous avons traversé les champs pour aller au déversoir, où les enfants se baignaient déjà. De l'autre côté, se trouvaient déjà les autres : Pierre, Élisabeth, Christine, sur la berge ; dans l'eau Isabelle et Pierrot. Jean-Yves arriva aussi et prit part à la conversation que j'avais avec Nanie sur Danièle. Jean-François se joignit à nous. Petrus parlait avec Pascale.

Deux oncles arrivèrent.

Lucienne et Anne-Marie repartirent à Manas.

Je devais me baigner avec Petrus et j'attendais qu'il mette son maillot, lorsque je le vis apparaître, au pied de la cascade, tel un jeune dieu grec !

Je me sentis devenir nymphe et le rejoignis.

Il plongea devant moi, puis revint sur les rochers et m'aida à descendre dans l'eau. Nous nagions lentement, ensemble. Je voulus m'appuyer sur lui pour m'élancer sur le dos, mais ce fut raté. Je ne réussis même pas à le faire tomber. Il me portait dans l'eau, sans effort apparent, je restais allongée...

Il dit que mes yeux étaient verts dans les reflets de l'eau. J'étais béate.

Nous avons rejoint les autres sur l'herbe. Ils écoutaient des disques sur un électrophone à piles. Je trouvais dommage cette habitude d'écouter de la musique partout, dommage de ne pas savoir rester sans bruits artificiels, à s'écouter et à s'entendre. Je m'assombris, mais Petrus me promit de me faire visiter la ferme et le château d'Avezan.

Il me souleva dans ses grands bras pour me faire traverser la rivière. Je riais.

Je remis ma tunique sur mon maillot mouillé et allai reprendre mes vêtements laissés près des tantes et des bébés.

Petrus demanda à Monique :

— Tu connais Marine ?

— Non, mais j'ai vu une carte signée Marine.

Ah ! oui, la carte !

Petrus m'expliqua que sa famille se composait d'une cinquantaine de personnes ! Il aimait beaucoup ses cousins. Jean-François était un frère de cœur. Je lui demandai :

— Et Patrice, c'est un frère de sang ou de cœur ?

— De cœur !


Danièle m'avait parlé d'un livre écrit par Patrice, dont l'action se situait à Saint-Clar : *Le Jour de Gloire*. Je voulais absolument le lire. D'après Petrus, il n'en avait pas d'exemplaire à Manas. J'étais déçue.

Petrus me conduisit au Moulin, où nous nous rhabillâmes pendant qu'il me parlait du château d'Avezan et des souterrains, qui, paraît-il, conduisaient jusqu'au château de Saint-Léonard. Ils n'avaient encore jamais pu déblayer ces souterrains, mais ils espéraient le faire.

Il me raconta une légende sur Avezan : les cloches de la petite église d'Avezan, au pied du château, avaient été enlevées, je ne sais plus dans quelles conditions, et jetées dans l'Arratz. Depuis, à chaque Noël, les cloches sonnent dans la rivière. Mais il est dit que toute personne qui les entend en se promenant le long de la rivière mourra dans l'année. Alors, personne ne s'y promène !

Petrus tenait ce conte de la bouche du Docteur Sierres d'Avezan, le grand-père de Pascale, qui connaissait toutes les histoires, toutes les légendes sur la région.

Petrus promit de me faire visiter le château. Il me prêta un de ses pulls, un bleu, pour que je ne prenne pas froid. Il me conduisit à Manas, où étaient rentrés Jean-François et Pascale.

Assise dans un fauteuil devant la maison, sa grand-mère. Petrus me dit :

— Viens, je vais te présenter à ma grand-mère.

J'avais entendu parler du « tyran » du clan.

Mais quand elle sut que j'avais Marie dans mon prénom, comme elle, Marine étant un dérivé, Marie-Béatrice Cournot se montra très aimable :

— Les Marie sont douces, tendres et gentilles.

Elle voulut même me consoler en apprenant mon échec au Droit, m'affirmant qu'il y avait toujours une très forte proportion de déchet en première année.

Jean-François, l'entendant, releva :

— Mais oui, c'est ça ! Traite-la de déchet, ça lui fera plaisir.

Patrice était là, distant et froid, ou ironique et méprisant.

Petrus m'emmena à la métairie voir les veaux, puis les vaches dans le champ proche. J'étais déçue, elles me fuyaient.

Il dut ensuite raccompagner Pascale à Avezan et me laissa en compagnie du « tyran », d'un cynique, Patrice, et d'un petit marrant, Jean-François.

J'étais assise sur un banc de pierre adossé au mur de la maison, entre Jean-François et la grand-mère. Patrice avait pris le fauteuil et se désintéressait de notre conversation.

La grand-mère me posait plein de questions, se souciant de la maison où j'étais reçue à Saint-Clar, du jour de mon départ. Puis, elle se remit à écrire.

Jean-François se leva en lui conseillant d'écrire des grossièretés. Patrice s'approchait en disant :

— Moi, les grossièretés, je les réserve à Marine.

Il prit la place de Jean-François.

— J'écoute.

— Non, pas en public !

Il continua ses sarcasmes.

— Tu n'as pas honte ? Rater une première année de Droit !

Oh ! si, j'avais honte, je faisais partie des déchets.

— J'en ai conscience. C'est triste, la lucidité.

La grand-mère intervint :

— C'est triste lorsqu'elle est fondée. Mais il me semble que dans votre cas, ce n'est pas vrai.

Elle était trop bonne.


Le grand-père sortit, chargé d'un tas de papiers et Patrice le suivit.

Jean-François revint près de moi et constata que mes chaussures étaient snobs. Ensuite il m'emmena vers le tennis, où jouaient déjà trois de ses oncles.

Le temps était couvert maintenant, orageux avec beaucoup de vent.


Petrus enfin arriva. Il était resté parler avec le grand-père de Pascale. Il m'emmena à Avezan par une route sinueuse, contournant la colline.

Au pied du château, il arrêta la mobylette et me guida vers la terrasse dominant la garenne.

Il me fit descendre pour me montrer l'entrée des souterrains, bouchée par la terre, les débris, les broussailles.

Et nous sommes montés vers le château.

Avant d'y entrer, nous avons rencontré Pascale et sa chienne noire Lionne. Elle connaissait très bien le château et nous servit de guide, nous faisant visiter la plupart des pièces, dont certaines étaient très délabrées avec des planchers menaçant de s'effondrer au centre. Je vis ainsi les cuisines, les prisons, puis des salles au premier étage, après avoir gravi les marches d'un très bel escalier de pierre.

Pour monter tout en haut, il fallait emprunter une échelle branlante.

Petrus monta le premier. J'hésitais, craignant d'avoir le vertige, mais Pascale m'encouragea, c'était indispensable pour apprécier la vue magnifique d'en haut.

Je montai. Sans vertige. Pascale me suivit. Tous les trois serrés sur le rebord étroit d'une sorte de chemin de ronde, nous avons admiré le magnifique paysage qui s'étendait loin, loin. Au pied du château, l'église d'Avezan et les maisons pressées les unes contre les autres.

Petrus me montra l'emplacement initial des cloches qui avaient été jetées dans la rivière de l'Arratz et qui sonnaient à Noël.

Le temps était très orageux et Petrus m'effraya en me parlant des orages d'Avezan, toujours terribles. Je me sentais fatiguée et il crut que je m'ennuyais. Bien sûr que non, je ne pouvais pas m'ennuyer dans un lieu pareil. Mais je ne savais pas exprimer ce que je ressentais devant cette beauté. Tout cela était sans doute... ineffable. Avezan me laissait sans voix.

Nous avons suivi l'étroit rebord, plaqués contre les murs, jusqu'à l'autre côté, d'où l'on avait une vue splendide sur Manas, et plus loin encore sur le château de Saint-Léonard, où devaient conduire les souterrains.

Il se faisait tard, nous sommes redescendus par l'échelle et par le grand escalier.

J'étais émerveillée par le château, mais je ne savais plus le dire. J'avais perdu les mots.

Petrus me raccompagna, empruntant l'ancienne route d'Avezan qui descendait en pente raide vers Manas. Nous filions vite, c'était enivrant comme la vue de là-haut.

À Saint-Clar, toute la famille Bloch-Carricondo m'accueillit devant la maison. Je présentai Petrus rapidement et il repartit.

Je devais le revoir le soir à la séance de cinéma hebdomadaire.

Une fois arrivée, je me sentis mal. J'avais eu tort de garder mon maillot mouillé, plaqué sur le corps, je dus m'étendre, après m'être changée. Je pris un peu de repos, et j'allai mieux, toujours euphorique.

## Au cinéma

Le titre du film de la semaine était *C'est pas moi, c'est l'autre*, avec Fernand Reynaud, Jean Poiret, etc. La séance commençait à 21h15, dans une vieille salle, genre grange.

Je m'y rendis avec Danièle, M. et Mme Bloch et le frère. Le documentaire était presque terminé quand nous sommes entrés.

Je m'avançai dans la salle, me croyant suivie de Danièle. Jean-François m'appela et me dit que Petrus m'attendait au premier rang. J'allai vers lui, qui m'accueillit les bras ouverts.

Danièle ne m'avait pas suivie, elle était restée au fond, sagement assise entre les deux frères si différents.

Je restai avec Petrus, qui discutait par *walkie-talkie* avec Jean-François.

Les fauteuils de bois étaient très durs. J'étais mal et je ne voyais rien. Mes lunettes étaient très sales. Petrus demanda un mouchoir à Jean-François, comme il ne répondait pas, il se leva et alla vers Jean-François qui vint me voir. Il essuya mes lunettes avec son pull de cashmere, en constatant que ça aussi c'était snob. Comme ma voix, comme mes chaussures ! Je rageais, mes lunettes n'étaient pas mieux qu'avant. Je lui demandai de me les laver avec son tee-shirt, en ayant soin de souffler sur les verres avant d'essuyer. Là, ce fut parfait ! Il me fit rire un peu et me quitta. Je retrouvai Petrus.

C'était inouï, on pouvait traverser la salle sans que personne ne se plaignît. Nous avons vu ainsi Titou traverser deux ou trois fois, sans qu'on le lui reprochât.

Le film était gros, très gros, un peu facile, toujours la même chose, les mêmes gags. C'était fatiguant, le son, l'image. J'étais mal assise, je dis :

— Je préfère les fauteuils de l'Empire.

J'y avais vu *My Fair Lady*. Il est vrai que ce n'était pas le même folklore. Petrus me prêta ses bras et je me sentis beaucoup mieux. Lui, par contre, le bras coincé contre le dossier très dur, ne devait pas être très bien !

À la sortie je retrouvai Danièle, mécontente. Ses camarades Lucienne et Anne-Marie n'étaient pas venues, elle était furieuse d'être restée toute la séance entre les deux frères ! Ceux-ci s'éloignaient avec Jo. Je restai un peu avec Petrus.

Il demanda à Jean-François s'il y avait un exemplaire du *Jour de Gloire* à Manas. Oui, dans la bibliothèque. Petrus m'invita à aller lire le livre là-bas le lendemain. J'acceptai, bien sûr.

Il fut question que je descende le matin réveiller Petrus au Moulin. Je voulais faire le chemin en courant sans m'arrêter cette fois. Je lui dis que je descendrai à 9h ou 10h, puis je quittai ses bras pour rejoindre la famille Bloch.

## Manas

Le lendemain matin, le temps était couvert. Il pleuvait presque. Je perdis beaucoup de temps à discuter avec Danièle, qui refusait, butée, de m'expliquer pourquoi elle ne voulait pas venir à Manas. Elle prétextait qu'elle ne connaissait personne. Elle me mettait hors de moi. Pour me calmer, j'aidai à éplucher des pommes de terre. Elle restait impassible, murée dans son silence et sa volonté inflexible... de ne rien faire. J'hésitai longtemps.

Elle me dit avoir vu passer Petrus. Ce n'était plus la peine que je descende à pied en courant.

Petrus avait tourné en rond, m'attendant depuis 9h, c'était idiot que nous ne soyons pas rencontrés plus tôt. Il m'emmena à Manas.

En chemin, il lâchait le guidon, mettait ses bras en arrière, enserrait ma taille. Il conduisait bien, sa machine lui obéissait, il faisait corps avec lui. Il dit :

— Elle t'obéit aussi.

Nous vibrions au même rythme.


La première personne que je vis en arrivant à Manas fut la grand-mère.

— Ma chère petite Marine ! Vous êtes revenue ! Comme vous avez raison !

Elle s'extasiait même sur mon gros pull marin breton déformé.

Elle s'engouffra dans la D.S. noire conduite par son mari, pour aller faire des courses à Saint-Clar.


Je vis rapidement dans la cuisine Lucienne et Nanie, j'aperçus Patrice entre deux portes, toujours aussi glacial, indifférent ou distrait. L'intellectuel parfait ! Dommage !

Je cherchais avec Petrus *Le Jour de Gloire* dans la bibliothèque, sans le trouver. Je voulais absolument le lire. D'abord parce qu'il était écrit par Patrice. Et puis, Saint-Clar et ses environs présentaient beaucoup d'éléments intéressants pour servir de cadre à un livre.

Petrus m'emmena voir les veaux dans l'étable. Trois petits veaux adorables, surtout un, brun, de la même couleur qu'un de mes tailleurs ! Il avait d'immenses yeux sombres, comme ceux de Petrus. Je prenais sa tête dans mes bras, j'espérais qu'il m'aimait, puisque personne ne m'aimait, sauf Gilles et les chiens ! Moi, je les aimais ces veaux, ils devaient le sentir !

Petrus m'arracha à eux. Il me fit remarquer l'asymétrie du hangar, immense, en pente raide d'un côté, douce et longue de l'autre. De loin, cela faisait très ferme du Middle West américain.

Puis, Petrus me demanda de lui laver les cheveux. Cela ne m'enchantait pas, mais comment lui refuser quelque chose ? Même ça !

Dans la salle de bains, sa tante Monique faisait de la lessive ; elle nous céda un des deux lavabos. La douche eût été plus pratique, mais Petrus aurait reçu de l'eau sur le dos, quelle horreur ! La tête, c'était déjà bien suffisant...

Je me servis donc du lavabo qui ne fermait pas et Petrus devait appuyer sur la bonde pour que l'eau ne s'écoule pas. Il ne cessait de râler, surtout quand par hasard l'eau mouillait son cou. J'aurais dû le noyer, cela nous aurait évité d'entendre ses plaintes !

Ses tantes semblaient l'adorer ; devant elles, comme devant sa grand-mère, il jouait le rôle du sale gosse insupportable et tout le monde était fou de lui !

Lui, grondait comme un jeune chien, mais disait avec extase :

— Mmmm ! Marine, tu as des mains...

J'étais obligée de lui pardonner.

Quand le supplice fut terminé, il poussa tout le monde et s'ébroua comme un chiot fou-fou. Il s'essuya les cheveux avec un vieux peignoir de bain trouvé, mais comme cette opération n'était pas suffisante, il m'entraîna au premier étage dans la chambre des filles : Isabelle, Lucienne et Nanie, il prit une serviette de toilette qui traînait là et frictionna énergiquement sa jolie petite tête toute propre désormais.

Puis, il me demanda ce que je voulais faire. Je n'en savais rien et j'attendais qu'il décide pour moi. Je le suivrais. Il hésitait. Je ne reconnaissais plus ce Petrus réservé, presque timide.

Nous descendions au rez-de-chaussée comme la D.S. noire de M. et Mme Cournot s'arrêtait devant la porte. Je sortis saluer le grand-père de Petrus. Madame Cournot avait oublié quelques objets à Saint-Clar et Petrus devrait les lui acheter en me raccompagnant.

Petrus demanda à sa grand-mère si elle n'avait pas *Le Jour de Gloire*. Elle nous recommanda de chercher dans la bibliothèque, nous l'avions déjà fait en vain. J'étais désolée. Dans une chambre ouverte sur le couloir carrelé, Patrice écrivait, assis au bureau devant la fenêtre. Petrus l'interrogea aussi, mais d'un ton méprisant, il répondit qu'il ne savait pas, qu'il n'avait pas son livre.

Alors que je désespérais de jamais lire son roman, Madame Cournot vint vers moi, tenant à la main le livre retrouvé, et citant l'Évangile, me le confia :

— Ma chère petite Marine, ne désespérez pas. « Demandez et l'on vous donnera. » Voici ! je vous prête ce livre, auquel je tiens beaucoup, car il m'a été dédicacé par mon petit-fils. Prenez en grand soin.

Puis, ouvrant les premières pages pour y chercher la dédicace, elle ajouta :

– Ah ! ce n'est pas le mien. J'ai dû le laisser à Paris. Cela ne fait rien alors, mais ne le prêtez pas à des personnes de Saint-Clar !

J'acquiesçai en souriant, devinant que l'esprit mordant de Patrice n'avait pas dû épargner ces braves Saint-Clarais. Je remerciai Madame Cournot.

Il était déjà tard et je pensais à rentrer. Attendant Petrus devant la maison, je vis Patrice sortir, toujours très froid. Il jeta un regard rapide sur le livre que je tenais à la main et passa sans rien dire. Je ne savais à quoi attribuer l'attitude méprisante qu'il adoptait en face de moi. Il me paralysait.

Il prévint son frère qu'il allait chez le docteur Sierres et partit en voiture à Avezan.


Petrus m'emmena au Moulin. Là, il se coiffa d'un bob atroce, formé de grosses bandes tordues bleu marine et rouge. Les couleurs s'harmonisaient avec celles de mes vêtements, mais je ne voulais pas qu'il se ridiculise ainsi. Monsieur prétextait que le vent le décoiffait lorsque ses cheveux étaient encore mouillés. Je dus accepter. Avant de partir, je repris le livre sur Kennedy que j'avais laissé la veille sur son lit. Je lui rappelai qu'il devait faire des courses pour sa grand-mère. Il prit de l'argent.

Je remarquai ma carte des Landes glissée dans la poche arrière gauche de ses jeans. Cela me toucha.

À Saint-Clar, Danièle parlait devant la maison avec Georgette. Petrus sans complexe me conduisit jusqu'à elles et me dit qu'il reviendrait me chercher à trois heures de l'après-midi.

Je quittai rapidement les filles pour lire le livre de Patrice.

Le début me plut beaucoup, mais je dus interrompre ma lecture pour mettre le couvert et déjeuner avec la famille.

Je ne perdis pas un moment ensuite, je m'absorbai dans le roman en attendant Petrus. Il pleuvait doucement sur le village. Allongée en travers du grand lit, je lisais. Danièle regardait la place de l'église depuis la fenêtre ; à côté d'elle Lysange jouait avec ses poupées.

*Le Jour de Gloire* me passionnait. Je reconnaissais bien Patrice dans le personnage de Christophe. Je retrouvais Patrice adolescent, tel qu'il m'avait parlé de lui, au bal du Casteron le dimanche précédent, avec sa révolte, sa volonté de changer le monde, son désir de se réaliser, d'aider les autres à se réaliser, tout en constatant les nombreuses incompatibilités dues à des différences de classe, comme avec les paysans par exemple. Je retrouvais Patrice avec sa provocation et son jeu constant.

De temps en temps, je m'exclamais, faisant tout haut des réflexions à l'adresse de Danièle.

— Quelle idiote !

Je parlais de Sarah, à qui Christophe demande :

— Est-ce que tu peux me sauver ?

— De quoi ?

— De rien, de moi...

Et elle en riant répond :

— Alors non, je ne peux pas.

Et elle l'a perdu, lui, Christophe.

J'étais furieuse. A sa place, j'aurais répondu oui, sans hésiter, car je me sentais capable de sauver Patrice. Déjà !

Je vivais avec lui, intensément, en retrouvant la communion, la compréhension, la familiarité ressenties auprès de lui lors de notre première rencontre. Il exprimait ce que j'avais moi-même éprouvé à dix-sept ans, à l'âge de Christophe, peut-être même avant.

Je remarquai en riant qu'il avait préféré faire mourir sa grand-mère dans son livre, plutôt que de l'assassiner au cours du roman. Il ne mettait en scène que son grand-père et une invisible arrière-grand-mère. Qu'aurait-il pu dire de ce terrible chef de clan féminin en quelques lignes ? À elle seule, elle pouvait être le sujet d'un livre.

Le centre du roman c'était Christophe, donc Patrice. Patrice seul. Christophe seul.

Le style était excellent par moments, surtout dans les phrases courtes, mais manquait de maîtrise dans les longs développements. Patrice n'exprimait que l'essentiel et cela supprimait le relief de nombreuses idées.

*Le Jour de Gloire* m'intéressait beaucoup, parce que j'avais rencontré son auteur et que j'y retrouvais les lieux de Saint-Clar et Avezan qui m'avaient séduite.

Quand Petrus vint me chercher, il me dit tout de suite que Patrice était parti à Morgat. J'étais déçue, j'aurais aimé parler avec lui de son livre.

Nous roulions sous la pluie et, en arrivant à la métairie, nous étions trempés.

Manas était très calme. Nous n'entendions pas de cris d'enfants. Les animaux restaient sous la grange. Seul le bruit doux et léger de la pluie d'été sur la terre et les toits.

Dans la cuisine, Lucienne et la tante Monique de Petrus.

Petrus m'entraîna dans la chambre des filles pour nous sécher. Nanie fumait, allongée sur le lit. Elle me prêta son peigne. Pendant qu'elle parlait à Petrus de sa grand-mère, je choisis des disques. Petrus voulait emmener l'électrophone à pile au Moulin pour écouter de la musique tandis que nous poserions une antenne de radio. Il voulait que je l'aide à poser une antenne ! Je souriais en choisissant les disques, car la veille au soir à table j'avais fait un discours sur la désagréable habitude des jeunes de ne pouvoir se passer de musique ! Monsieur et Madame Bloch avaient vivement manifesté leur approbation, et moi, là, cet après-midi, je choisissais des disques ! Pour faire un compromis, j'écartai le plus possible les yéyés, pour ne garder que des chanteurs comme Barrière ou Ferrat. Petrus vérifia si j'avais pris le disque des Animals, *The House of the Rising Sun*, oui, l'essentiel selon lui.

Nous marchâmes sous la pluie jusqu'au Moulin. Petrus me tenait par les épaules. Au pied de l'escalier, il réfléchit à l'endroit où il pourrait poser son antenne. Il m'entraîna pour visiter le Moulin.

## Le Moulin

La porte s'ouvrait sur la vieille salle des machines, commandant les vannes. Par la fenêtre, nous voyions la dénivellation de la chute d'eau et sous nos pieds, les planches vibraient. Au premier étage, les meules, où restaient encore des grains de maïs. Tout était sombre et poussiéreux.

Soudain, je vis des chauve-souris accrochées au plafond. Éveillées par notre entrée, quelques-unes voletaient au-dessus de nos têtes. Effrayée, je me serrais contre Petrus. Ce vol mal dirigé, hésitant, brisé, qui pouvait à tout instant s'abattre sur nous, me paralysait. J'avais envie de crier. Mais la chaude présence de Petrus, très calme, me rassurait.

Il me fit descendre au rez-de-chaussée, puis voulut me faire remonter par un autre escalier, latéral. Je ne voulais pas, morte de peur. Il monta, et, injonctif, me pria de le rejoindre. Hésitant à rester seule, je préférai monter vers lui, tremblante. Il me serra dans ses bras. J'étais sauve.

Après avoir réfléchi, il dut constater l'impossibilité de poser une antenne radio dans cette partie du moulin. Nous redescendîmes dans l'entrée. En face de nous se trouvait une autre porte. Je lui demandai de l'ouvrir. C'était la cuisine, située juste au-dessous de la chambre de Petrus, une vieille pièce fermée, très noire, avec une grande cheminée, c'était tout ce que je pouvais distinguer.

Craignant encore de rencontrer d'autres chauve-souris, je préférai sortir. Nous prîmes les disques, l'électrophone et le *walkie-talkie* que j'avais posé en arrivant sur les marches d'escalier. Nous montâmes à la chambre.

Petrus posa le disque des Animals sur le plateau et se mit à réfléchir.

En face de la fenêtre, à cinquante mètres, se dressait un grand arbre, vieux. Petrus décida de tendre l'antenne de sa fenêtre à cet arbre.

Nous discutions aussi. Danièle ne voulait plus venir, car elle était gênée à cause de nous, d'après Petrus. Il défendait aveuglément le personnage de Christophe dans *Le Jour de Gloire*. Le héros était devenu sacré.

Je restai écouter les disques, Sandie Shaw : *Pourvou que ça doure* et Alain Barrière : *La Maison vide.*

Jean-François arriva avec Pascale. Ils portaient des cirés, vert et noir. Jean-François était très joyeux comme d'habitude, sauf quand on le réveille. Nous les avons quittés pour aller à Manas chercher du fil électrique.

Petrus fureta partout et finit par trouver ce qu'il voulait près de la grange. Il alla embêter sa tante Monique à la cuisine, prit les pistolets James Bond de ses petits cousins Pascal et Philippe. Il jouait comme un gosse et je jouais avec lui. Nous avons tué tout le monde et la grand-mère deux ou trois fois sans qu'elle s'en aperçût.

Dans la cuisine, Petrus me proposa de manger, mais je craignis de déranger la vieille cuisinière et je refusai. Je parlai un peu avec sa tante Monique, calme, douce et jeune, elle me reposait.

Je la quittai et retournai au Moulin avec Petrus. Il déchargea sur Jean-François et Pascale les derniers pétards des pistolets. Ils nous laissèrent seuls.

J'aidai Petrus à poser cette fameuse antenne. Je dus grimper à l'arbre, dont certaines branches étaient pourries, pour arrimer le fil de nylon servant à maintenir le fil électrique, le plus haut possible.

Et voilà comment, moi, jeune fille de dix-neuf ans, étudiante en droit à la Faculté d'Assas de Paris, je me conduisais avec Petrus, dix-sept ans, comme si j'en avais douze : je jouais aux Indiens, je grimpais aux arbres, je posais une antenne. Je me souvins qu'à quatorze ans, j'avais vu un psychologue renommé, René Zazzo. La seule question intelligente qu'il m'avait posée était celle-ci :

— Aimez-vous grimper aux arbres ?

Les yeux brillants, j'avais répondu :

— Oh ! oui.

J'avais été garçon manqué au port de pêche de Lorient, entraînant ma bande de petits voisins dans les terrains vagues. Sous l'influence de Petrus, je retrouvais mon personnage de sale gosse. J'aimais son manque de sérieux, sa fougue, sa jeunesse. Il savait ne pas se prendre au sérieux. Il savait être fou-fou quand les autres l'attendaient de lui. C'était ce dont j'avais besoin, pour échapper à mes problèmes d'avenir. L'épaule de Petrus était accueillante, il m'était facile d'y laisser reposer ma tête.

En attendant, moi j'étais dans l'arbre. Je dus recommencer l'opération, car j'avais laissé tomber la bobine. Petrus la trouva dans les broussailles et je dus remonter, en faisant attention à ne pas poser les pieds sur les branches dénudées, mortes.

La pluie tombait toujours, douce et fine.

Le bordier passa avec les vaches.

Enfin, je pus descendre.

Petrus relia les deux fils. Je montai dans la chambre, il me lança l'autre extrémité du fil de nylon. Ensuite, il grimpa le long du poteau électrique pour fixer un deuxième fil, permettant de soutenir l'antenne. Il avait fait à haute voix les calculs de pression, tension et poids, je n'avais rien compris.

J'écoutais la mélodie d'Alain Barrière :
*Moi j'aimais trop ton rire et j'aimais trop ta voix*
*Et je cours à la porte au moindre bruit de pas*
*Mais le vent se déchaîne...*
*... Et je prends ma source aux parfums d'autrefois...*
*... Ou fuir la maison vide et trop grande sans toi.*
J'imaginais la maison en Bretagne, battue par la pluie et le vent au bord de la Mer, et j'entendais le rire et la voix de Petrus.

Il me rejoignit comme Jean-François et Pascale revenaient, sous la pluie toujours.

Nous leur fîmes admirer notre œuvre.

Puis, Jean-François parla de son père.

— Dans quel journal il écrit ? *Le Monde* ?

— Tu vois, tu es snob ! Tu lis *Le Monde*. Non, il écrit dans *Le Nouvel Observateur*.

Ainsi Michel Cournot était le critique cinématographique du *Nouvel Observateur*. Je ne m'étonnais plus d'avoir vu traîner cet hebdomadaire dans la voiture de Patrice et dans le salon de Manas. Je me souvins qu'on m'avait plusieurs fois parlé au cours des derniers mois à Paris des critiques de films de ce journal. Je n'avais jamais fait attention au nom de l'auteur.

Michel Cournot venait d'assister au Festival de Cinéma de Moscou.

Petrus essaya son antenne en appelant par *walkie-talkie* Christine qui se trouvait à Saint-Clar avec l'autre *talkie*. Pas de réponse.

Il raconta que j'avais eu peur des chauve-souris et ils partirent voir ces affreuses bestioles dans l'autre partie du Moulin. Quand ils revinrent, Jean-François avait une immense épuisette, où se trouvait accrochée une chauve-souris, recroquevillée, qu'il me mit sous le nez. Je me reculai, effrayée, prête à hurler.

À force d'agiter son épuisette, la bête s'éveilla et voleta à travers la chambre.

J'étais tétanisée.

Enfin, elle sortit par la porte, dans l'escalier.

Malgré mon amour pour les animaux, je ne pouvais supporter cette bête, aveuglée, inconsciente. Cela me faisait le même effet que la crise de folie du « Petit Monsieur » dans la maison où nous logions. Dans l'un et l'autre cas, on ne pouvait prévoir les réactions. C'était paniquant.

Ils descendirent l'escalier et je restai seule. Je me calmai et, m'allongeant en travers du lit pour éviter de poser mes pieds sur l'oreiller, je lus des *Tintin*. Petrus revint peu après et s'allongea près de moi.

Il m'embrassa les cheveux. J'aimais sa chaleur, sa force. J'étais bien là, protégée par ses bras. Dehors, la pluie tombait toujours. Je laissai tomber le *Tintin*, et restai immobile, couchée sur le côté, le long de Petrus. Mes cheveux couvraient mon visage.

Petrus se mit aussi en travers du lit, sur moi, son bras m'enserrait le dos pour atteindre ma main posée au bord du lit.

Petrus parla :

— Marine, embrasse-moi !

— Mmf ! C'est trop fatiguant !

Il grognait. Je gardais le visage tourné.

— Marine, tu sais que je t'aime beaucoup ?

— C'est vrai ? Eh ! bien, je suis très contente.

Je ne voulais pas montrer que j'étais touchée. En réalité, j'avais conscience du danger de la situation, je refusais de me laisser aller. Je voulais pouvoir m'arrêter à temps.

J'étais bien, près de Petrus. Je pouvais dormir avec lui, mais c'était tout. Lui aussi était bien, il se serrait contre moi, enfouissait son visage dans mes cheveux.

Pour me punir de je ne sais quel compliment peu flatteur de ma part, il me tapait sur les fesses. J'étais furieuse, mais trop engourdie pour réagir. Il disait :

— Tu sais que tu as des petites fesses adorables. Elles sont faites pour ma main.

Cette phrase me suggéra une réminiscence de *Zazie dans le Métro*, ouvrage littéraire que nous aimions à citer, Petrus et moi. En fait, c'est à Minou Drouet que je devais plus exactement ce souvenir. Elle écrivait :

*Le derrière des petites-filles, c'est tout de même un sacré cadeau du ciel pour calmer les nerfs des mamans. Je sais bien que ça a été inventé pour ça, la main a un creux et la fesse une bosse.*

Petrus continuait :

— On t'a déjà dit que tu avais des petites fesses adorables ?

— Attention, tu deviens indiscret et porno.

J'aurais dû partir, m'arracher à l'étreinte des bras de Petrus, mais il m'était plus facile de rester.

— Qu'est-ce que tu as sous ton pull ?

— Un tee-shirt, marine.

— De quelle couleur est ton soutien-gorge ?

— Il est assorti à mon pull.

— Et ton slip ?

— Assorti à mes chaussettes.

Je parlais d'une voix ensommeillée.

Il regarda mes chaussettes, elles étaient rouges, comme mon pantalon.

Mais il me cassait les pieds, ce n'était plus intéressant.

Je lui parlai du *Jour de Gloire*, rapidement, car je n'avais pas beaucoup de courage, même pour parler. Je lui expliquai que j'avais beaucoup de difficultés à m'exprimer en écrivant. Ce que je pensais était toujours simultané, spontané, visuel, non réfléchi ni intellectuel. Il me semblait que le cinéma me permettrait de transmettre plus exactement la successions des images, des « plans », des « séquences », constituant ma pensée.

Petrus pensait comme moi qu'on pouvait faire un bon film à partir des éléments offerts par Saint-Clar, et surtout Manas, le Moulin, Manas. Il décida que le lendemain, il me photographierait, s'il faisait beau. À Paris, il avait un studio de photo, où il travaillait avec Jean-François. Le matin même, dans le salon de Manas, il m'avait montré des photos de ses petits cousins, prises et développées par lui. Elles étaient très bonnes. Petrus était doué, il s'intéressait à beaucoup de choses et me semblait plus complet que Patrice.

J'avais senti une certaine faiblesse en Patrice, dès le début, alors que je ne trouvais en Petrus que solidité et équilibre.

Son grand-frère était sans doute exceptionnel. J'avais cru préférer Patrice à Petrus. Je l'estimais, j'avais aimé parler avec lui, j'avais aimé l'écouter parler, il était intéressant et je croyais bien le comprendre. Mais je le trouvais trop intellectuel. Il lui manquait une chose que Petrus possédait : la sensualité.

Je l'estimais beaucoup. Je me plaisais en sa compagnie. Lui aussi se plaisait près de moi.

— J'aimerais dormir avec toi, toute la nuit. Tu ne peux pas rester ?

— Mais non, je suis sous la responsabilité de M. et Mme Bloch.

— Et à Paris ?

— Je ne sais pas. Mes parents me laissent une grande liberté, en principe...

— Je te reverrai à Paris ?

— Si tu veux...

Petrus s'écarta de moi, s'allongea sur le dos, il rit :

— Si les Saint-Clarais nous voyaient, ils ne voudraient pas croire...

Jean-François surgit alors dans la chambre et sembla gêné un moment de nous trouver allongés l'un près de l'autre. Petrus dit :

— Oui, oui, nous avons dormi ensemble. Ça t'étonne, hein ?

Jean-François s'assit sur le lit près de nous et plaisanta à propos des mélanges de salive. Nous n'avions pas été jusque là.


Petrus passa le disque de Christophe : *Aline.*
*Et j'ai crié, crié, Aline*
*Pour qu'elle revienne*
*Et j'ai pleuré, pleuré*
*Oh ! j'avais trop de peine...*

Il était tard, nous devions rentrer à Manas. Il pleuvait très fort et Monique me prêta son imperméable lorsque je partis. Petrus emprunta le ciré de Jean-François.

Je gardai la photo du sourire du petit Pascal.

Alors que nous arrivions à Saint-Clar, le ciel commençait à se dégager vers l'ouest, bientôt la pluie cesserait. J'admirais ces pays du Sud, où il ne pouvait pas pleuvoir pendant une journée entière.

Je donnai un baiser rapide à Petrus, sur la joue, lui remis l'imperméable de sa tante et rentrai vite à la maison.

Tout le monde était déjà à table, car Madame Bloch-mère et son second fils devaient partir dans la soirée. J'arrivais à temps !

Après le repas, nous leur dîmes adieu rapidement, car Danièle et moi voulions rejoindre la Bande le plus tôt possible.

Madame Bloch-mère me souhaita bonne chance pour mon examen.

Je sortis vite, après avoir dit bonsoir à Jo qui montait se coucher.

Il n'y avait personne sous les arcades. Sous la Halle, quelques joueurs de ping-pong, dont Roger et Annie. Je m'assis avec Danièle devant le café Villemur et je lui parlai de Petrus, lui disant que je le croyais doué, intelligent, etc. Je me demandais pourquoi il n'arrivait pas, quand il sortit du café et vint à moi. Depuis longtemps déjà, il attendait, en regardant la télé. Nous l'accompagnâmes à l'intérieur, auprès de Jean-François. Mais j'avais oublié mes lunettes et je ne voyais rien. Je m'amusais pourtant, car Petrus avait sorti de la poche de sa veste de velours noir, le pistolet James Bond à silencieux !

Danièle était mal placée et ne voyait rien à la télé. Je la sentais tendue et mécontente, sans que je sache pourquoi.

À 22 heures, Petrus sortit pour appeler Christine par *walkie-talkie*. Il m'invita à le suivre. Pierre arriva à ce moment et s'assit près de Danièle.

Nous marchions dans une petite rue parallèle au chemin de ronde. Petrus parlait avec Christine dans son engin. Ce n'était pas très passionnant. Christine avait la prétention des gosses de 16 ans, qui s'imaginent avoir tout découvert, alors qu'ils ne font que répéter ce que d'autres ont dit avant eux. Elle affirmait ses théories avec un grand sérieux. Elle me crispait et je ne comprenais pas pourquoi Petrus faisait tant de concessions avec tout le monde.

Tout en marchant, nous arrivâmes sur la route de Gramont, juste devant la maison de Christine où nous la rencontrâmes avec Élisabeth. Les appareils furent mis de côté.

Christine sembla étonnée de me voir avec Petrus qui me tenait toujours par l'épaule. Elle nous entraîna vers sa maison. Elle fit une réflexion qui m'étonna :

— Je ne comprends pas ce qui se passe. Je suis prise dans une toile d'araignée et c'est ma cousine qui m'ouvre les yeux : j'ai l'impression que tout le monde me prend pour une... putain !

Savait-elle que je lui reprochais sa conduite ostentatoire avec Pierre ? Sans aller jusqu'à la qualifier de putain, je n'appréciais guère son attitude provocante et déplaisante. Elle devait le sentir. Je ne dis rien.

Elle nous conduisit à sa chambre pour montrer à Petrus d'où elle l'avait en vain appelé la veille au soir. Elle essayait de retenir Petrus et lui se vantait d'avoir dormi avec moi l'après-midi.

Je lui demandai de me raccompagner et l'entraînai au dehors. Christine ne me plaisait vraiment pas. Plus je la connaissais, plus elle me semblait grossière, dans ses attitudes, ses paroles, mais aussi dans les traits de son visage, que j'avais d'abord trouvé joli.

L'horloge sonna la demie de dix heures du soir, lorsque nous sommes arrivés sur la place des Arcades, mais Danièle n'était plus chez Villemur. Pierre me prévint qu'elle était rentrée.

Je me dirigeai vers la maison, toujours accompagnée de Petrus. Jean-Yves nous rejoignit et s'étonna lui aussi de nous voir ensemble. Il devait être étonnant de voir une fille de dix-neuf ans avec un gosse de dix-sept. Mais contre son épaule, je pouvais oublier tout, jouer à l'autruche.

## Dernier jour à Saint-Clar

Mon dernier jour à Saint-Clar. Qu'il m'effrayait !

J'aurais voulu retenir pleinement chaque instant et dans le même temps, une angoisse montait en moi, qui me disait :

— C'est fini, fini. Demain tu pars. Tu quittes Saint-Clar et Manas, Petrus et Patrice.

Je n'avais pas encore pris conscience du départ de Patrice. En entendant le nom de Morgat, je n'avais pas osé comprendre. Etait-il parti si loin, en Bretagne ? Non, il allait surgir, bientôt. Aujourd'hui, je le reverrais.

Petrus, je ne pouvais pas le quitter. J'aimais sa compagnie. Je ne pouvais rester seule.

Je l'attendis toute la matinée. Au tennis, je vis beaucoup de monde, mais pas mon petit gosse adorable. Je m'ennuyais.

L'angoisse encore ! Ce déjà plus !

Je regardais chaque visage sans comprendre : Philippe, Roger, et aussi Gérald, « autochtone blond, joli, gentil » selon l'expression juste de Patrice dans *Le Jour de Gloire*, et Bibiche, le grand frère de Pierrot, cité dans ce même roman.

Tacitement, je les interrogeais :

— Je ne vous connais pas. Ce n'est pas vous que j'attends.

Qui attendais-je ?

Je rentrai à la maison pour faire ma valise.

Je finis aussi de lire *Le Jour de Gloire* et je fus déçue. La fin était en-dessous de ce que j'avais pu espérer. Le style n'était plus maîtrisé. La provocation de Christophe était trop ostentatoire, pas assez nuancée. Manifestement, c'était la « crise », celle de tous les garçons de 17 ans, à un degré exacerbé, car Patrice était supérieurement intelligent.

Tout le livre tournait autour de Christophe. Les autres s'estompaient. Cela eût pu être très bon, mais Patrice dominait mal son personnage. Entre les quelques instants de génie restaient trop de flottements.

Je reprochais à Patrice ne n'avoir pas su utiliser mieux les éléments du cadre. Quant aux personnages, je ne les connaissais pas, mais *Le Jour de Gloire* ne m'apportait pas grand chose sur leur psychologie.

La fin était indigne du héros à mon avis.

Malgré mes critiques, j'estimais Christophe, ou Patrice, cette fin, accident, suicide ébauché raté, me révoltait.

Patrice, d'après ce qu'il m'avait dit lui-même, devait renier actuellement son *Jour de Gloire*. Il avait vécu ce moment, comme je l'avais vécu au même âge, mais c'était dépassé. Un mot revenait à mon esprit : adolescent.

J'attendais toujours Petrus. Je ne comprenais pas, il m'avait promis de venir à Saint-Clar dans la matinée.

Je vis passer la D.S. noire de M. et Mme Cournot.

Devant la maison, place de l'église, une jeune femme me salua, au volant d'une 404. C'était Nicole, la femme d'Yves Cournot.

Mais Petrus ?

Je sortis sur la place avec Pierre et Pierrot. Je leur parlai du *Jour de Gloire*.

Pierrot, qui l'avait lu, constata avec indifférence :

— Oh ! *Le Jour de Gloire*, c'est un bouquin, quoi !

Au moins, lui ne se posait pas de questions. Pas de problème ! Il faisait chaud, n'est-ce pas, on n'allait pas se fatiguer la tête en plus !

Patrice le déconcertait. Pour Pierrot, il était un peu fou, pas vraiment normal, presque déséquilibré. Il me semblait à moi si bien comprendre Patrice que j'en vins à douter de mon propre équilibre.

Mais je fus choquée en apprenant de la bouche de Pierre la mort réelle de Michel, un des héros du *Jour de Gloire*.

Je leur posais des questions sur les personnages du livre de Patrice, Michel était le meilleur ami de Christophe, donc de Patrice. Pierre dit brutalement :

— Il est mort !

Je ne voulais pas d'abord comprendre. En lisant *Le Jour de Gloire*, j'avais vécu avec Christophe et Michel. Je vivais encore avec eux, j'avais fini le livre la veille. Ils pouvaient encore surgir devant moi.

— Il est mort !

Ce n'était pas vrai. Je rêvais.

Dans le livre, Christophe croyait avoir abattu Michel d'un coup de carabine, mais en fait il l'avait raté, Michel s'était laissé tombé à terre, il vivait toujours. Et il avait tenté d'éviter la mort de Christophe.

Je rêvais. Il vivait toujours en moi.

— Il est mort ! Il y a deux ans ! Dans un accident de voiture, venant à Paris, près d'Étampes. Il était avec sa sœur Lucienne.

Sarah dans le livre.

Lucienne vivait toujours, que Patrice avait aimée...

Petrus n'arrivait pas. Pourquoi étais-je si triste ? Parce que je ne le voyais pas ou parce que je partais le lendemain ? Une angoisse m'étreignait. Je tournais en rond dans ma chambre, cherchant en vain quelque chose à faire. Je ne pouvais me fixer. Je me disais : *Je n'ai pas le temps. Je n'ai pas le temps...*

Je passai ma robe blanche et me coiffai. Cela me calmait toujours. Je sortis avec Danièle qui voulait aller se promener vers le Pont Vieux. Mon corps se tendait vers Manas.

Nous avons rencontré Élisabeth et Christine, qui m'apprit que Petrus s'était levé à 11 heures seulement et qu'il devait revenir d'Auch à 16 heures. Pourquoi savait-elle où se trouvait Petrus et moi pas ? Ah oui, le *talkie*, sans doute !

Nous retrouvâmes sous les arcades Isabelle, Pierrot, Pierre. Tous décidèrent d'aller à Manas. Je les accompagnais, laissant Danièle avec Annie.

Il faisait beau, chaud même, et nous marchions lentement.

Christine prétendait avoir mal aux pieds. Les deux garçons marchaient loin devant nous et parfois s'asseyaient au bord de la route pour nous attendre. Isabelle parlait de sa famille et je l'écoutais volontiers, donnant à l'occasion mon opinion, sur la grand-mère, sur sa tante Monique. J'appris que Petrus avait invité Christine à venir lui faire du riz cantonnais, pendant l'absence de sa mère en septembre, comme il m'avait demandé de venir lui cuire des œufs à la coque quand j'aurai repris la fac de Droit. Pauvre Petrus, il manquait d'imagination !

En face du silo d'Avezan, Isabelle et Christine nous quittèrent pour passer à Manas prendre des disques. Je restai avec Élisabeth. Je parlai plus volontiers avec elle que je ne l'avais fait avec sa cousine. Avec son attitude provocante et son brillant superficiel, Christine ternissait Élisabeth qui était vraiment intéressante. La présence constante de sa cousine l'étouffait et ne lui permettait pas d'exprimer sa personnalité. Christine était le genre de personne que l'on pouvait supporter un mois en vacances. Élisabeth on aimerait la connaître progressivement, en la découvrant et l'estimant toujours plus.

Elle constatait les différences qui les séparaient aux yeux des autres et en souffrait. Elle me dit :

— Christine plaît beaucoup aux garçons !

Je la rassurai, estimant qu'ils voulaient bien s'amuser avec elle, mais aucun ne tenait vraiment à elle, surtout pas Pierre auquel elle se raccrochait, et qui, lui, ne pensait qu'à Danièle !

Élisabeth avait si peu confiance en elle que j'aurais aimé lui dire qu'elle était bien plus intéressante que sa cousine, qu'elle avait le mérite d'être réservée, plus distinguée. Mais il m'était assez difficile de me faire comprendre.

Nous étions assises, près de l'eau. En face de nous, de l'autre côté de la rivière, Pierre et Pierrot. Christine et Isabelle revinrent, furieuses de n'avoir pas trouvé l'électrophone. Évidemment, Petrus l'avait emprunté la veille et l'avait laissé au Moulin que le grand-père venait de fermer, comme nous passions Élisabeth et moi.

Nous traversâmes l'eau, en passant au-dessus des vannes du déversoir, et rejoignîmes les garçons.

Il était 16 heures. Christine brancha son *talkie*, mais ne reçut pas de réponse de Petrus.

Nous attendions. J'attendais, toujours sous l'emprise de mon angoisse, inquiète, troublée, sans raison. Je parlais peu.

Christine parlait et me donnait la pénible impression de vivre une vie artificielle. Je la trouvais ridicule et prétentieuse.

Isabelle, par contre, m'amusait, touchante sans sa simplicité et sa naïveté de petite fille grandie trop vite.

En face de nous, arrivèrent quelques-uns de ses oncles et tantes. Son père aussi. Nicole était donc sa belle-mère.

Monique se baigna avec ses enfants Philippe et Pascal, petit garçon de 6 ans, si beau, avec ses grands yeux bleus sérieux et ses cheveux blonds. Je m'approchai de l'eau et Monique me dit bonjour. Quelle était jolie ! Son visage rayonnait, clair, comme l'eau jaillie de la source. Les oncles me saluèrent d'un signe de la main. Le petit Pascal me sourit timidement.

Je revins m'allonger près d'Élisabeth. Isabelle trépignait d'impatience, furieuse d'être surveillée par son père. Dès qu'il partit, elle se réfugia dans les bras de Pierrot.

Pierre s'était baigné, seul, étendu à l'écart, il grelottait et claquait des dents.

Christine continuait de m'exposer ses théories, j'écoutais à demi, perdue au loin, un peu partie, déjà en allée de Saint-Clar.

Elle m'appela encore la « Julie » et, sentant que je n'appréciais pas ce surnom, me demanda très vite :

— Est-ce que ça te gène si je t'appelle Julie.

— Je trouve que ce n'est pas très distingué. Je crois que l'on peut se passer d'un langage grossier. Il est si facile de faire attention.

Elle tenta de se rattraper en affirmant qu'elle pouvait parler très bien, quand elle le voulait.

— Alors, pourquoi ne pas le vouloir toujours ?

— Oh ! en vacances !

Elle ne dit plus rien.


Nous attendions toujours Petrus.

De temps en temps, Christine l'appelait.

Je dis :

— Dis-lui que je l'adore ! Qu'il revienne !

En vain. Aucune réponse ne nous parvenait.

Christine me prévint gentiment :

— Méfie-toi, tu vas tomber amoureuse.

Je ne croyais pas l'être. Non. Je ne pouvais pas aimer un garçon qui avait deux ans de moins que moi.

Alors, pourquoi me sentais-je si seule ?

Pourquoi avais-je si peur soudain ?

Pourquoi m'avait-il laissée tomber toute la journée ?


Enfin, vers dix-huit heures, le *walkie-talkie* grésilla. Petrus arrivait au Moulin. Il traversait les champs. Je dis à Christine :

— Dis-lui que je le déteste.

Mais il n'entendit pas. Je restai étendue sur le ventre, regardant l'herbe proche.

Christine lui parlait :

— Je te vois. Tu es dans le champ. Là, tu traverses la rivière. Tu arrives.

Je tournai la tête.

Petrus était là, tout près, semblable à lui-même, son sourire un peu crispé, tandis qu'il s'approchait de moi et m'embrassait.

Était-ce lui que j'avais attendu toute la journée ? Je ne savais plus, mais sa présence chaude et confiante me rassurait. J'aurais voulu vivre ces instants, importants, car c'était les derniers de mon séjour à Saint-Clar. J'aurais voulu retenir l'éphémère, garder sur ma peau la fraîcheur de l'herbe, puis le chaud contact du corps de Petrus, allongé tout contre le mien, retenir la douce clarté du ciel, l'ombre des feuillages gorgés de soir déjà, le bruit de l'eau, étincelant...

Peut-être Petrus ressentait-il aussi cette angoisse devant le fugitif.

Mais je brisai tout, par pudeur, par provocation. Je refusai d'être tendre, je fus ironique, laconique.

Petrus était sensible au fait que je m'habillais souvent en blanc, comme l'avait été son frère. Et moi je lui parlai de Patrice ! Puis du *Jour de Gloire*. Je dus le choquer, car pour lui Christophe était « le » héros. Ils avaient le même âge. Petrus s'identifiait à lui. Je compris alors que j'étais plus proche de Patrice que de son petit frère. Patrice avait dépassé *Le Jour de Gloire* et le reniait. Petrus défendait aveuglément cette première œuvre de son frère.

— C'est génial, disait-il. Mon frère est un génie !

Il m'énervait.

Je ne pouvais discuter avec lui.

Pourquoi Patrice n'était-il pas là ?

Ah ! oui, Morgat !

C'est en Bretagne, Morgat.

Mais c'est très loin !

Je gardais au fond de moi l'impression ressentie dès le premier instant de notre rencontre au bal du Casteron : je devais revoir Patrice.

Là, j'étais avec Petrus, Petrus qui parlait peu et ne pouvait étancher mon éternelle soif de vie.


Pierre s'était approché de nous. Christine posa sa tête sur sa poitrine. Isabelle était dans les bras de Pierrot, toujours conciliant. Élisabeth restait seule.

Christine aurait dû être heureuse auprès de Pierre. Des trois garçons, il était le plus beau, le plus intéressant. Pourquoi se glissait-elle entre Petrus et moi, par l'intermédiaire du *walkie-talkie* ? Je le détestais ce petit appareil noir ! Elle parlait à Petrus et voulait aussi me parler, me transmettre ses grandes idées sur la vie, l'amour, la religion. Elle me fatiguait. Et Petrus lui répondait ! Pourquoi faisait-il ces concessions ? Pourquoi se prêtait-il à son jeu ?

J'aurais voulu avoir Petrus pour moi seule, comme une enfant qui refuse de prêter sa poupée. J'avais si peu de temps. Elle aurait dû comprendre. Je ne lui disputais pas Pierre moi. Cela m'eût été facile. Je savais que Pierre m'estimait.

L'angoisse revenait, invincible, grandissant en moi.

Nous nous levâmes pour rentrer. L'air était frais et léger. Petrus nous fit prendre le chemin par lequel il était venu. Il fallait pour cela traverser la rivière, très étroite à cet endroit, en sautant d'abord sur un tronc d'arbre au milieu. Je marchais pieds nus à travers les broussailles au bord de l'eau, tenant mes chaussures à la main, des chaussures blanches vernies à petits talons !

Petrus sauta sur l'arbre et me tendit la main. Je m'avançai alors sur une pointe de terre pour assurer mon élan. Pendant quelques secondes, mon esprit n'eut pas conscience de ce qui se passait, je me retrouvai dans l'eau, jusqu'à la taille et Petrus était revenu à l'endroit d'où il avait sauté. Je ne compris qu'après : la pointe de terre meuble s'était affaissée sous mon poids, pourtant léger. Instinctivement, je m'étais accrochée, en me sentant glisser, à la main tendue vers moi, entraînant Petrus dans ma chute. Mais lui avait eu le réflexe de sauter sur le bord, avant de se laisser tomber. Il n'était donc pas mouillé. Moi, si !

La première surprise passée, je me mis à rire, à rire, à rire. La situation était trop drôle, si inattendue. La jolie demoiselle en robe blanche, dans l'eau boueuse de l'Arratz...

Sur le bord, riaient aussi Pierre et les autres, préférant faire le grand tour pour revenir au Moulin, plutôt que de renouveler mon exploit.

Je me hissai, entre deux éclats de rire, sur le tronc d'arbre, puis sur l'autre rive. Petrus me suivit. Là, nous avons admiré le résultat de la catastrophe. Ma robe blanche était salie et collait, transparente, sur mes cuisses. Je détestais ce contact. Je m'étais un peu fait mal aux pieds, mais ce n'était pas grave.

Je voulais que Petrus me prête une chemise et un pantalon, car je ne pouvais pas rester comme cela.

Il m'énervait à parler toujours avec Christine, qui se plaignait d'avoir mal aux pieds.

Petrus m'emmena au Moulin et me passa les jeans de Jean-François et sa chemisette noire. Il me dit de me changer dans la chambre de son cousin. La chambre était petite et claire, les derniers rayons du soleil y pénétraient, elle était tapissée de papier blanc à motifs rouges, style toile de Jouy. Le lit était tendu de tissu rouge. Aux murs des photos qu'il avait faites de Pascale.

J'enlevai ma robe et mon jupon mouillé et passai les vêtements de Jean-François. Le pantalon était très large et je ne pouvais assez serrer la ceinture. Petrus m'aida. Je ressemblais à un petit clown.

Isabelle et Christine qui arrivaient éclatèrent de rire avec nous.

Petrus m'emmena très vite en mobylette. En chemin, il criait aux oncles que nous rencontrions :

— Elle est tombée dans le Déversoir ! Toute habillée !

Il s'arrêta devant la maison de Manas, pour prévenir Jean-François, surpris de me voir déguisée avec ses frusques.

Le grand-père, très digne, le tuyau d'arrosage à la main, nous regardait passer.

— Elle est tombée dans le Déversoir !

Petrus me déposa rapidement à la maison et promit de me revoir après avoir raccompagnés Elisabeth et Christine.

Je me changeai et mis mon pantalon rouge, mon tee-shirt et mes *sneakers* marines.

Lorsque je redescendis, je trouvai Pierre sur la place. J'allai vers lui en riant.

La soirée était une apothéose.

Mes vacances se terminaient en beauté, dans le Déversoir de Manas !

Demain, nous reprenions la route vers Saint-Leu-la-Forêt.

...

# Rentrée 1965

Saint-Leu-la-forêt 17 août 1965

Tout s'oublie vite, si j'attends, je ne pourrai exprimer tout ce que je sens vibrer en moi.

Voilà, je suis rentrée à Saint-Leu, hélas ! J'étais toute triste de quitter Saint-Clar. Pourquoi ? Je ne sais pas le définir. Voyage affreux, temps gris. Je pensais à tous ceux que j'avais laissés derrière moi, tous réunis sur la place ensoleillée. J'étais poursuivie par la mélodie d'Alain Barrière, *La maison vide :*

*Moi j'aimais trop ton rire et j'aimais trop ta voix...*

Je me suis souvenue où je l'avais entendue, au Moulin, chez Petrus ! Et tout m'est revenu. Le Moulin, les champs, l'Arratz où j'étais tombée, Manas, les animaux, le château d'Avezan.

Je suis rentrée. C'est difficile de retrouver mes habitudes, je ne sais pas m'organiser et il faut que je travaille. Maman vient de me prévenir que si je rate mon examen, je devrai me débrouiller seule cette année. Que vais-je devenir ? Car j'ai peu de chances de réussir, à moins de travailler comme une folle pendant un mois et demi.

Je me sens comme un « déchet » selon la belle expression de la grand-mère de Petrus. Je me trouve en face de mes responsabilités, je ne peux ni reculer ni fermer les yeux.

J'ai retrouvé ma maison, mon jardin, mes arbres, mes chats, mon chien. Surtout Pyrrhus, mon chat noble et digne. Le fils de ma chatte, Œdipe, vient parfois nous rendre visite.

La maison est encore assez vide. J'ai deux frères au large, l'un en Irlande, l'autre en Bretagne. Nous ne sommes que six.

C'est dur de rentrer en plein mois d'août. Normalement, je serais allée en Bretagne jusqu'en octobre. Ici, j'ai la sensation d'être traquée, j'étouffe. Que Petrus revienne vite me faire rire ! J'aime sa jeunesse et son manque de sérieux. En regardant jouer Sammy, j'ai compris qu'il ressemblait à un jeune chien fou-fou. Il me plaît comme ça.

D'habitude, j'ai horreur des jeunes. Quand j'ai été introduite dans la Bande, après un mois de séjour à Saint-Clar, je m'ennuyais parce que tout le monde était plus jeune que moi. J'ai été contente de connaître son frère Patrice, à

Casteron, au bal. Enfin, quelqu'un de plus âgé, intelligent et cultivé. Je crois le comprendre assez bien, mais il est trop intellectuel.

Petrus est plus sensuel. Il est brillant et doué, il a du charme. Il doit réussir tout ce qu'il entreprend. C'est lui que j'ai trouvé le plus intéressant de la Bande. Il ne se prenait pas trop au sérieux, au contraire des autres qui jouaient aux grands. J'aimais bien Pierre F. aussi, dur et intransigeant, je l'estimais. J'aimais bien Pierrot C., mignon, pas prétentieux, simple. Côté fille, j'aimais bien Sylviane, elle vient de m'écrire. Les autres m'énervaient un peu. Jean-François, le cousin, je l'ai trouvé sympa, mais je ne le connais pas vraiment. Peut-être qu'à Paris, je le connaitrai mieux.

Ce ne sera sans doute plus pareil, « le charme sera peut-être rompu » comme a dit Petrus, mais il me fera rire. J'en aurai besoin.

Il m'est pourtant difficile de l'imaginer ailleurs qu'à Manas. Quand je pense à lui, je pense au Moulin, aux chauves-souris, au château. Mais je l'aime aussi pour lui seul. Au début, j'avais envie de lui donner des claques et de l'embrasser, en même temps. Maintenant, j'ai envie de l'embrasser, surtout quand il boude.


Le 21 août

Dans mon lit, fenêtre ouverte sur la nuit, je crois qu'il pleut, ça sent très fort la terre, les feuilles. Je me suis livrée dans ma lettre à Petrus. J'ai souvent peur de m'être trop « donnée ». C'est pourquoi je ne relis jamais mes lettres. Mes lettres correspondent à un « moment » spontané, fugitif, éphémère. Si j'accepte de le traduire, c'est pour le transmettre à quelqu'un d'autre. Le moment ne m'appartient plus. Je n'envoie pas toujours mes lettres.

Il y a une semaine, nous étions tous ensemble. Tout a passé trop vite. C'est idiot de se rappeler tout ça. C'est de la mièvrerie, de la sensiblerie. Comment y échapper ?

Sylviane vient de me répondre. Elle a la même maladie que moi, celle d'écrire. Mais elle acquiesce trop à ce que je lui ai écrit. Ça me fait penser aux *Dialogues* de Platon, qui sont de vrais monologues. Socrate parle, parle, et de temps en temps le disciple, Criton ou Phedon acquiesce : « Oui, cher

Maître, cela est tout à fait vrai. Comme tu as raison, Socrate, etc. »

J'ai passé une semaine affreuse, j'ai failli appeler Petrus au secours et lui écrire un mot désespéré, genre : « Petrus, fais-moi rire ! » J'ai réussi à me redresser, depuis hier, je travaille, je sens que ça marche. J'espère tenir le coup jusqu'à l'examen. Mes chances restent quand même minimes.


Dimanche 22 août 1965

Je ne crois pas que Petrus « manque de sérieux », au sens où on l'entend d'habitude, il a des principes et j'apprécie. Il sait ne pas se prendre au sérieux quand il le faut. On doit vieillir vite quand on se prend au sérieux. Je ne voudrais pas vieillir. De toutes façons, ce doit être un état d'esprit. C'est dans ce sens que j'en ai parlé pour Petrus. Je n'aurais pas perdu mon temps avec lui s'il avait été creux et vide. Et quand je pense à mes vacances entières, ce qui a le plus d'importance, à part l'amitié que j'ai eue avec Madame Bloch, quand nous étions seules et que j'ai appris à nager avec le maitre-nageur de la piscine de Fleurance, Francisque, c'est la dernière semaine, pendant laquelle, j'ai fait partie de la Bande.

Mardi 7 septembre 1965

Je viens de relire *Climats* de Maurois, au cours de cette journée calme et forte où je suis restée dans mon lit.

Ma surprise en constatant la vérité de la phrase d'Huguenin, que me citait Patrice il y a quelques jours et que j'ai retrouvée ce matin :

*Nous cherchons presque toujours dans une nouvelle liaison à jouer le rôle que tenait notre partenaire dans la précédente.*

J'ai noté dans ce livre plusieurs idées pouvant expliquer l'attitude actuelle de Patrice (les mettre au clair).

Ma surprise aussi de me reconnaître en partie dans ce petit animal instinctif, lumineux qu'était Odile.


Citations

*C'est le charme des êtres nouveaux que cet espoir de transformer pour eux, en le niant, un passé que l'on eût voulu plus heureux.*

*Ce qui divise le plus les êtres, c'est peut-être que les uns vivent surtout dans le passé et les autres seulement dans les minutes présentes.*

*Rien ne donne plus de cynisme qu'un grand amour qui n'a pas été partagé, mais rien ne donne plus de modestie.*

*Il conquiert parce qu'il a été vaincu.*

*Vaincre les êtres et les conduire au désespoir est facile. Maintenant encore, après l'échec, je continue à croire qu'il est plus beau d'essayer de les aimer, fût-ce malgré eux.*

(André Maurois, Climats)

Lundi 13 septembre 1965

Depuis une semaine je suis punie.

Pour la première fois de sa vie, Maman a osé contrecarrer mes projets. Elle en est aussi étonnée que moi.

Je voulais partir en Bretagne pour échapper à mes problèmes, retrouver mon enfance près de ma grand-mère et de Marraine, surtout me fuir, mais avec la volonté de me « refaire », de travailler sur moi, d'écrire peut-être. Maman semblait d'accord, et puis, dimanche, elle a réfléchi avec Papa !

Ce soir-là, j'étais sortie avec Jean et Hélène à Paris où nous avons retrouvé Petrus rue Guynemer. Jean avait été choqué de voir les cages d'oiseaux sur la commode dans l'entrée. Il nous dit ensuite :

— C'est malheureux de tirer à l'arc sur une commode Louis XVI.

Nous étions allés place des Vosges, chez les amis de Petrus. Un lapin se promenait en liberté dans l'appartement. Un grand miroir reflétait la place dans le coucher du soleil.

À 2 h 30 du matin seulement, je rentrais à la maison.

À mon réveil, Maman me parla sérieusement : puisque je n'avais plus de volonté pour prendre moi-même une décision vitale, elle l'avait prise avec Papa. Je n'irais pas en Bretagne, je n'avais plus le droit de sortir à Paris, je resterais dans ma chambre à travailler jusqu'à l'examen. Elle était consciente du fait que rien ne pouvait m'obliger à travailler, mais au moins je ne pourrais pas sortir.

Ma première pensée fut de m'enfuir. Il n'était pas possible que l'on puisse ainsi entraver mes perspectives. On ne l'avait jamais fait. Je voulais partir.

Puis je réfléchis.

Je ne passerais pas l'examen de toute façon. Patrice avait voulu me faire travailler et j'avais refusé. Peur d'être prise au piège, peur d'être la mouche étouffée dans la toile d'araignée.

Et puis, je ne pouvais plus travailler. Je n'avais pas assez de temps. Je ne savais plus travailler. Je ne savais même plus lire. J'étais tombée à un niveau très bas. Tous ces problèmes matériels qui se posaient à moi m'effrayaient. Je me sentais traquée. Maman m'acculait. J'étais folle de rage.

J'ai réfléchi, seule dans ma chambre. J'ai fini par trouver la solution très drôle... Mon optimisme naturel reprenait le dessus. Je commençais d'être sauvée.

Dans l'après-midi, j'eus la compagnie de Madame Bloch et d'Hélène, qui m'aidèrent à mettre mes idées au clair. Ma « punition » me faisait moins peur désormais. Et même, je me pris à estimer Maman. Toujours mes paradoxes...

Le lendemain mardi, je restai au lit toute la journée. Maman étant absente, Philibert fit la cuisine et je fus servie dans ma chambre comme lorsque j'étais malade.

Je lus et réfléchis.

En fin d'après-midi, Hélène vint me voir. J'allais mieux.

À 19 heures, je me levai, euphorique. J'étais sauvée. J'avais envie de vivre, dans l'élan que je ressentais vers la fin de la journée lorsqu'une crise d'asthme m'avait terrassée, étouffée, angoissée. Le soir, je me levais, heureuse, pleine de désirs pour le lendemain, avec cette soif de vie, inextinguible. Je me retrouvais enfant, confiante, dévorante, délirante.

Je n'en voulais plus à Maman de m'avoir punie.

J'étais presque heureuse.

Je découvris que c'était de Patrice dont j'avais besoin. J'avais jusqu'ici refusé de m'avouer cet amour, par peur d'être prise au piège.

Lorsque j'allais à Paris rejoindre Petrus à Paris dans l'appartement de la rue Guynemer, c'était avec Patrice que j'avais le plus de plaisir à parler. En dix minutes, nous communiquions plus intensément qu'en trois heures avec Petrus. Nous nous comprenions bien.

Quelque chose en moi disait non, non, je ne voulais pas qu'il fît de moi la pâle réplique de la fille qu'il avait aimée avant moi. J'avais peur de son cynisme, tout en sentant que ce n'était qu'une façade...

J'étais aussi sensible au charme de Petrus, j'estimais son intelligence, sa force, sa solidité malgré sa jeunesse.

C'était cela qui me gênait en Patrice : une certaine faiblesse.

Moi qui me sentais si vulnérable, je demandais l'aide de Petrus, logique et stable.


Petrus m'invita à venir dîner chez lui le vendredi suivant avec Jean-François, son cousin, et des amis de Saint-Clar, Jean-Yves, Cathy, Élisabeth, Titou, Christine, etc.

Je parlai vaguement à Maman de cette invitation, craignant son refus. Et puis, le jeudi soir, Petrus m'appela et dit :

— Passe-moi ta mère !

Je demandai à Maman de répondre au téléphone. Il lui expliqua que c'était une réunion de tous les Saint-Clarais qui devaient ensuite partir et se disperser. La cuisine serait faite par son cousin Jean-François. La soirée promettait d'être amusante.

Maman accepta de lever la punition à titre exceptionnel. Mais il se posait un problème, celui de ma rentrée à Saint-Leu. D'après Petrus, Patrice était très fatigué en ce moment et ne pourrait pas me raccompagner en voiture.

Le lendemain midi, il me rappela. Toujours d'après lui, Patrice était malade. Je lui posais plusieurs questions sur son frère et il se mit presque en colère. J'étais inquiète. Patrice « n'avait rien », mais « était malade ». Puisque personne ne pouvait me raccompagner, je refusai d'aller au dîner.

Dans l'après-midi, je téléphonai à Patrice et m'enquis de son état. Il finit par m'avouer que c'était « son moral » qui était très bas et il me demanda de l'aider. J'acceptai. Il décida que je viendrais au dîner et qu'il me raccompagnerait.

Je lui dis qu'il pourrait rester dormir à la maison, ainsi que Maman l'avait proposé.

Je partis à Paris, très heureuse, sans vraiment penser à Petrus.

Jean-François vint m'ouvrir lorsque j'arrivai rue Guynemer et m'embrassa amicalement. J'étais contente de le revoir. Lui aussi. Il m'introduisit auprès des invités : Cathy, la sœur de Petrus, Titou, le frère de Cathy, Jean-Christophe, un copain de Jean-François et Agnès, une amie que je ne connaissais pas.

Patrice n'était pas là, il m'avait prévenu qu'il ne passerait peut-être pas la soirée avec nous. Petrus arriva peu après moi, accompagné de Claudine, une fille jeune, un peu touchante, que j'avais eu l'occasion de voir deux fois avec lui.

Petrus était étonné de me voir. Jean-François avait été avisé par Patrice de ma venue, Petrus l'ignorait. Il voulait savoir comment j'avais fait pour venir et surtout comment je rentrerais. J'hésitais à le lui apprendre et finalement lui avouai que Patrice me raccompagnerait.

Plus tard, Jean-Yves arriva, puis Christine et Élisabeth. Petrus était très tendre avec Christine.

Je m'ennuyais sans Patrice.

Nous passâmes à table. Petrus présidait à un bout, en face de lui sa sœur.

À la gauche de Petrus, Claudine, à sa droite, Christine, j'étais entre elle et Jean-Christophe. En face de moi, Agnès, Jean-Yves à côté de Cathy, puis Jean-François. Près de Jean-Christophe, Élisabeth, Titou fermait la table.

Le dîner fut très agréable. L'ambiance était amicale, chaleureuse, les plats préparés par Jean-François et Jean-Christophe, délicieux. Entre chaque plat, nous chantions ou nous écoutions Jean-Christophe chanter en s'accompagnant à la guitare.

À côté de moi, je sentais Christine très sombre, qui refusait de prendre part à notre joie. Je compris brusquement une phrase entre elle et Petrus : Petrus lui avait promis de l'emmener en voiture à Manas l'été prochain. Je lui fis remarquer qu'il m'avait fait la même promesse et qu'il devrait envisager un transport en commun.

Petrus voulait être gentil avec tout le monde et finissait par manquer d'imagination. Il ne pouvait rien me donner, il ne savait que se partager entre ses petites amies, Claudine, Christine ou d'autres !

Je me retirais de la compétition, sans regret, mais pour que le choc ne soit pas trop brutal, je jouai la comédie, disant que je n'étais plus son copain, que je ne lui parlerai plus, na !

À la fin du repas, nous avons chanté, Jean-François et moi avec Jean-Christophe : *Le Testament* de Brassens, *File la laine*, etc. Puis Claudine prit la guitare et se mit à chanter les chansons de Marie Laforêt, dont *The House of Rising Sun*. Je fis constater à Petrus que The Animals n'avaient pas la primeur de cette chanson, tirée du folklore américain.

Puis, comme je me tournais vers la porte, dans l'ombre, je devinai la présence de Patrice, qui arrivait. Je murmurai, assez fort, car Petrus l'entendit, je crois :
— Oh ! Patrice !
et restai à le regarder.
Il me regardait lui aussi.
Il contourna la table pour venir à moi. J'étais penchée vers Jean-Christophe pour continuer la conversation au sujet de son prénom, car Jean-François l'appelait Christophe. Pour moi il n'y avait qu'un seul Christophe, celui du *Jour de Gloire*, le premier roman de Patrice.


Patrice arriva à moi et me tendit sa joue. J'approchai mes lèvres. Il dut sentir le choc léger de mes dents sur sa peau. Il s'assit sur le bord de ma chaise en me poussant un peu et se mit à me parler. Du roman qu'il écrivait.
Je me sentais calme, forte, auprès de lui.
Puis je m'aperçus que les uns après les autres, les invités quittaient la pièce.
Nous sommes restés seuls tous les deux, assis sur le canapé. Il s'allongea en posant sa tête sur mon ventre. Et nous avons parlé, parlé, parlé. En étroite communion. En compréhension mutuelle fine et nuancée. En équilibre...
De temps en temps, quelqu'un traversait la pièce, le plus souvent c'était Petrus. Je sentais qu'il était inquiet, qu'il souffrait même peut-être. Je n'avais pas de remords. Je lui reprochai d'avoir promis à Christine de l'emmener à Manas en voiture l'an prochain. Petrus voulut répondre. Mais Patrice l'arrêta, en disant qu'il m'emmènerait moi à Manas, qu'il allait acheter une Sunbeam pour nous deux. Petrus partit.


Le temps s'écoula, intense. Nous étions de plus en plus étroitement rapprochés. Patrice m'enserrait dans ses bras, sa tête reposant sur ma poitrine.
Il disait qu'il était bien.
Il me parla de la fille qu'il avait aimée, qu'il avait même voulu épouser. Elle l'avait refusé, car « elle l'aimait bien ». Abominable. Il avait souffert et ne parvenait pas à effacer ces trois dernières années. Il me demandait de l'aider à oublier

cette triste période. Avec moi, il pouvait revivre comme j'allais pouvoir vivre avec lui.

Il m'embrassa. Passionnément. Sa bouche passait sur mes yeux, mon cou, mon front. Ses mains caressaient mes bras, mon dos, mes hanches. Je vibrais. Intensément. J'aurais voulu crier.

J'avais honte quand même, car il savait que j'avais flirté avec son frère. Je me demandais ce que Patrice attendait de moi. M'aimait-il vraiment comme il me le laissait entendre ou essayait-il de retrouver en moi le souvenir de cette fille ? Je n'étais sûre de rien. Il me faisait peur.

Pourtant nous étions bien ensemble. Comme je l'avais senti dès la première fois où nous nous étions vus. Nous devions nous revoir, c'était inexorable.

À ce bal de campagne à Casteron, dans le Gers, en nous rencontrant, nous nous sommes reconnus. Je lui disais que je cherchais « un paysan lyrique » ou « bucolique », à la Virgile. Ça le faisait rire.

Les jours suivants à Manas, j'avais refusé de reconnaître qu'il m'intéressait, et comme Petrus s'occupait beaucoup de moi, avec sa gentillesse et ses attentions, il m'était plus facile de rester avec lui.

Patrice était si froid, si méprisant, que je croyais qu'il me dédaignait. Je préférais la compagnie du bouillant Petrus, « mon ineffable » comme je l'appelais, à la voix de basse noble, selon l'expression du curé de Saint-Clar.

Lorsque je revis Patrice à Paris, je crus encore qu'il dédaignait ma présence. Il me dit bonjour sans sourire d'abord. J'eus peur encore, puis je souris volontairement pour briser la glace de son visage. Il me sourit alors. Ce n'était donc qu'un masque.

Cet après-midi-là, nous avions aussi longtemps parlé, seuls, car Petrus s'occupait de sa petite amie Claudine ! Je lui fis la critique de son *Jour de Gloire*, critique que Patrice approuva entièrement, et il me fit lire sa dernière nouvelle *Les Cartes Postales*, qui me plut beaucoup, supérieure à son roman.

Il proposait aussi de m'aider à travailler, il voulait « me prendre en main », m'aider à me réaliser psychiquement, moralement. « Me sauver ». Mais j'avais peur d'être prise au piège, mise en cage.

J'essayais de travailler, mais ça m'était impossible. Je ne savais plus ni ne pouvais plus travailler. Personne ne pouvait me sauver. J'étais angoissée par le temps. Je décidai donc d'abandonner le Droit, un peu désolée de décevoir ainsi Patrice.

Je le revis le samedi 4 septembre, seul, à Paris, avant le déjeuner. Il me parla encore sincèrement. Je lui avouai que j'avais toujours soif et il m'expliqua que Saint-Exupéry avait été poursuivi par cette idée : il avait soif et quelqu'un lui donnait à boire.

— Je comprends.

— Moi aussi.

J'aimais l'écouter parler de littérature et de son œuvre en cours.

Mais quelques réflexions de sa part me gênaient, comme lorsqu'il me reprochait de n'avoir pas les cheveux plus longs. Il me semblait qu'il plaquait sur moi ce qu'il avait aimé sur d'autres et cela m'était très désagréable.

Il me dit aussi qu'il aimerait connaître Maman. Il me posait des questions sur elle. Je lui parlai de Madame Bloch, femme belle et intelligente. Il m'interrompit :

— Je n'aime pas les femmes intelligentes !

— Alors tu m'aimeras, car je ne réfléchis jamais...

Ce soir-là, après le dîner offert par Petrus et Jean-François, nous reprîmes le même sujet de conversation : il me dit que, bien que ne me connaissant pas beaucoup, il était certain que je « cogitais ».

— Alors tu seras déçu ! Car je ne pense ni ne réfléchis jamais. Ce que je dis est toujours spontané.

— Au contraire, je ne serai pas déçu. Je préfère que tu sois un petit animal instinctif et irraisonné.

S'il était animal, il serait chat, un chat a un regard clair, un chat est souple, intelligent, un chat vibre, un chat est tendre, digne et noble.

— Alors, je serai chat.

— Et moi, demandai-je après un silence, si j'étais un animal, que serai-je ?

— Une mouette !

Jamais je ne lui avais dit que j'avais joué *La Mouette* de Tchekhov, jamais je n'avais dit que j'étais obsédée par ce personnage et par cet oiseau de mer qui me fascine depuis des années. Jamais il n'avait su que j'allais en Bretagne pour observer les mouettes, pendant des heures, assise sur un rocher, dans le vent.

Toujours, entre nous, s'échangeaient des correspondances secrètes, des accords vibrants. J'étais étonnée par mon calme intérieur, avec le sentiment d'être équilibrée et responsable de mon propre équilibre.

Le soir du dîner rue Guynemer, presque tous les invités étaient partis. Restaient encore Jean-Yves à moitié ivre, Jean-François et Jean-Christophe, Cathy et son frère Titou. Jean-Yves restait coucher dans la chambre de Patrice. Les autres partaient. Je sentais Petrus malheureux, mais je ne pouvais plus rien pour lui. Qu'il affrète son autobus !

Patrice et moi partîmes. Sa voiture nous attendait devant la porte : une Fiat 1500 remplaçait sa 4L bleue habituelle.

Nous avons trouvé difficilement le chemin de Saint-Leu dans la nuit. Nous nous amusions beaucoup.

Arrivé devant la maison, il me dit :

— Dors bien !

J'étais inquiète de le laisser repartir seul à trois heures du matin. Je l'invitai à entrer dans la maison, il accepta et finalement resta coucher, sur le lit du salon. Il semblait se sentir bien. Je le quittai après un rapide baiser dans le cou.

Je l'éveillai à 8 h 45. Il déjeuna avec nous, Maman, Philibert, Bruno et moi. Il parla beaucoup avec Maman, simplement. Puis, arrivèrent Youennick et Louis. Il semblait se plaire là.

Il partit à 9 h 30, car il devait voir un ami dans la matinée à Anthony. Il demanda quand il pourrait me revoir. Je répondis que j'étais punie jusqu'à l'examen. Il était désolé.

Après le déjeuner, Petrus m'appela et me fit beaucoup de reproches. Sa sœur m'avait jugée comme « n'importe quelle fille des rues ». Il m'accusait et accusait son frère. Et pour cacher son immense tristesse, il devenait cynique, moqueur, méchant, me reprochant de « faire du cinéma ».

Je ne savais plus que penser. Je regrettais d'avoir laissé croire à Petrus que j'étais attachée à lui. Que croyait-il ? Que je m'étais donnée à Patrice, sans scrupule, sur le canapé du salon ? Non, ce n'était pas possible. Ainsi, tout le monde pensait que... C'était affreux. Il était peut-être étrange que Patrice me prenne si vite dans ses bras, mais quelque chose s'était passé entre nous depuis le premier moment de notre rencontre et cet instant remontait au 8 août. Petrus le savait, l'avait toujours su.

Je me demandais alors ce que Patrice pensait de moi, si j'avais donné à tous une telle impression de facilité. J'étais effondrée.

Et pourtant je me sentais encore calme et forte. Je portais en moi le poids de Patrice. Et j'estimais que ma retraite était bénéfique.

Maman, qui avait pourtant apprécié Patrice, me dit :
— Tu ne le reverras peut-être plus !
— Alors, répondis-je, c'est que je ne devais plus le revoir et je l'oublierai. Finalement, ma situation est très bien, car s'il veut vraiment me revoir, il se manifestera d'une façon ou d'une autre.

Effectivement, dans l'après-midi du dimanche, Patrice me téléphona. Il voulait me revoir. Je répétai que j'étais punie jusqu'à l'examen. Il me conseilla d'avancer la date. Je ne sais pas mentir, je ne pouvais pas faire ça, ce n'était pas honnête et j'étais certaine que lui-même ne l'aurait pas fait.

Il me demanda de venir travailler avec lui. Je refusai encore. Cela m'était impossible.

Il lui semblait que ces quinze jours à attendre étaient « une éternité ».

Cette manifestation de Patrice me rendit heureuse. Ainsi, il tenait à moi. Il avait besoin de moi, comme j'avais besoin de lui. J'en étais sûre désormais.


16 septembre 1965
Je suis à Saint-Leu depuis un mois déjà. Pour travailler en principe. J'abandonne le droit. En fait, j'ai tout abandonné. Je ne sais plus travailler depuis ma guérison de l'asthme, dès le début de ma première année de droit, qui a

bouleversé toutes mes habitudes. J'ai perdu toute ma belle volonté, mon beau courage d'asthmatique.

J'ai trouvé un boulot provisoire, j'aide une amie de 35 ans dans son magasin de fleurs. L'après-midi, je suis sortie avec Patrice.


22 septembre 1965

Je suis sortie plusieurs fois la semaine dernière avec Patrice, mais toujours très rapidement et cela m'use les nerfs.

Cette situation n'arrange rien, je suis toujours dans un état d'instabilité, d'insécurité, qui me déprime. Je ne sais plus où j'en suis. Parfois, je voudrais ne plus jamais le revoir ou je voudrais vivre toujours avec lui.

Patrice ne cesse de me parler mariage, pour lui comme pour moi, cela lui semble le seul moyen d'accéder à un équilibre. Lorsque je m'inquiète sur ce que je vais faire cette année, il dit que ce n'est pas à moi d'y penser, mais à un homme, il me dit aussi que je devrais ne rien faire, mais me laisser guider et qu'il faut que je me marie. Il ne cesse de faire des projets à longue échéance pour nous deux.

Je n'ose croire qu'il me veut pour la vie. Cependant, toutes ces allusions !

Très bien, mais qu'il se décide. Vite. S'il attend, je serai trop fatiguée. Je suis déjà tellement lasse. Je voudrais me reposer.

En y réfléchissant, nous nous connaissons depuis un mois à peine ! C'est peu. Tout va plus loin que cette vulgaire notion de temps : nous ne nous sommes pas connus, mais reconnus, nous gardons l'impression d'avoir déjà vécu ensemble.

Il me déconcerte aussi. Il ne m'embrasse pas quand je suis avec lui, sauf au moment de partir. Il m'attire brusquement à lui et il m'embrasse sur le front ou dans les cheveux. Quand nous marchons dans la rue, il ne me tient pas et je me sens perdue. Je pense que dans une demi-heure, je vais le quitter. Je me dis : *Ce n'est pas la peine de lui parler de ça, nous avons si peu de temps.* Je reste paralysée, alors que je vibre intérieurement.

Lorsqu'il m'interdit de me couper les cheveux ou qu'il me demande de porter du noir ou du rose, je me défends, prétextant qu'il « n'a rien à m'ordonner ».

Quel dommage que je sois si peu en forme ! En temps normal, je l'aurais mieux aidé et il m'aurait aidée plus facilement. Là, je suis lasse, sans courage, sans imagination.

Mais j'ai besoin de lui. Il peut « me sauver » comme je peux « le sauver ». Pourquoi perdons-nous ce temps ?

Bien sûr, il craint d'essuyer un nouvel échec et hésite plutôt que de s'entendre dire qu'on l'aime bien. Mais il devrait comprendre que je suis prête à lui dire oui. Pourquoi n'ose-t-il pas ? Cette attente me fatigue tant. Qu'il se décide, vite !


Il paraît que Petrus fait tous les jours des scènes à Patrice : si quelqu'un téléphone à son frère, il croit que c'est moi, il demande sans arrêt de mes nouvelles.

J'aime toujours Petrus. Je lui garde toute mon estime. Je ne peux pas lui en vouloir, sinon d'être trop gentil.


J'ai revu Petrus.

Patrice avait longtemps hésité avant de me faire venir chez eux, craignant le courroux du petit frère. C'était il y a une semaine. Petrus était moins vindicatif que nous l'attendions. D'ailleurs, il était en compagnie de Claudine et je ne regrettais plus rien.

Il y a eu un incident que nous avons trouvé drôle, mais qui ne l'était pas.

Quand je suis arrivée dans leur salon, Petrus était dans sa chambre, à côté. Le téléphone a sonné, Patrice a décroché dans le salon. Petrus a demandé aussitôt :

— C'est Marine ?

Patrice a dit oui pour le taquiner. Petrus s'est mis en fureur :

— Ah, l'ordure ! Je veux la voir !

Je me tordais de rire, pourtant ce n'était pas vraiment drôle. Quand il m'a vue, juste après en sortant de sa chambre, il s'est calmé, car il est très orgueilleux, et il s'est conduit avec moi comme si rien ne s'était passé entre nous.


Je lui aurais appris une chose, c'est que tout ne lui est pas dû, fût-il un Cournot. Patrice le sait depuis longtemps, à ses dépens.

Il est vrai que la famille est intéressante. J'aime beaucoup les articles de Michel Cournot dans le *Nouvel Observateur*. Un style percutant, très particulier. Il révèle assez bien l'esprit

Cournot, vivant, coloré, mordant, comme Patrice, Jean-François et même Petrus, plus jeune. D'ailleurs, en lisant les phrases de son oncle, je crois parfois l'entendre, ce sale gosse insupportable et adorable !


Vendredi 24 septembre 1965
*Incertitude, ô mes délices*
*Vous et moi, nous nous en allons,*
*Comme s'en vont les écrevisses,*
*À reculons, à reculons.*
Apollinaire


Incertitude... Incertitude...
Que vais-je devenir ?
Patrice va me tuer, m'anéantir. Je suis dans un état de tension constante. Mes nerfs vont craquer. Depuis le début de la semaine, il me laisse espérer sa venue à Saint-Leu. Chaque jour j'espère : *Aujourd'hui il vient.* Chaque fois il a une excuse : d'abord il était grippé, ensuite sa voiture était toujours au garage, hier il devait aller chez le dentiste, puis emmener sa chienne chez le vétérinaire. Il m'a dit : « Peut-être ! » pour aujourd'hui. Mais je ne l'espère plus. Je crains que cela l'ennuie, qu'il ait peur d'être lui aussi « pris au piège » en étant reçu par ma famille, que cela l'engage.

Je lui ai demandé hier s'il ne se moquait pas de moi, il a semblé désolé et a affirmé qu'il n'en était rien. Il ne fait pas de concessions. Pourquoi m'en ferait-il en acceptant de me voir de temps en temps ? Il peut très bien sortir avec des filles plus intéressantes que moi, pourquoi s'attacherait-il ainsi à moi s'il n'avait pas quelque sentiment pour moi ?

J'espérais encore un peu. Mais tout à l'heure, Maman m'a dit que j'avais tort de m'attacher à lui. Cela m'a fait très mal.

J'avais tant à dire à Patrice. Hier, j'ai décidé de jeter mes complexes, ma dépression, mes hésitations, mes tergiversations à tous les vents. Je dois relever la tête et me sauver moi-même. Puisque Droit ne me plaît plus, je vais faire Propédeutique, me remettre à la Philo, au Latin, à l'Anglais.

Je ne dois pas, moi une des meilleures élèves du lycée, laisser annihiler mes dons et mes possibilités. J'étais littéraire, je peux le redevenir.

En décidant cela, hier, je me suis sentie libre, de nombreuses portes s'ouvraient devant moi, que j'avais laissé se refermer récemment.

Depuis quelque temps, j'étais trop déprimée en pensant à toutes mes camarades de lycée, qui ont passé Propé ou Hypokhâgne. Ces filles, qui n'étaient pas plus douées que moi, souvent bien moins même, font des études supérieures alors que je stagne dans la médiocrité, comme un « déchet ».

J'étais comme un oiseau qui bat de l'aile. Je dois reprendre mon vol et ne pas me laisser arrêter.

Le vent, le vent d'Avezan…


Patrice, j'aurais tant de choses à te dire.

Mais si j'allais à Paris, pour te voir, dans un café, je serais étouffée et ne pourrais plus te parler. Je serais traquée par le temps, par les autres. Ici la fenêtre est ouverte sur le vent et je suis seule. Tu serais seul avec moi, toi qui hier encore m'affirmais que tu t'ennuyais lorsque tu te trouvais en présence de plus d'une personne.

Je te dirais mon désir de vie, mon besoin d'espace, ma soif de toi.

Oh ! Donne-moi à boire, Patrice.


Mais que veut-il de moi ?

Je ne crois pas Patrice capable de n'entreprendre qu'un « flirt » avec moi. Il connaît ma sensibilité et sait que je serais blessée. Il aurait abandonné depuis longtemps devant les difficultés que nous avons à nous voir.

Je ne crois pas que ce soit aussi banal.

Toutes ses allusions, que je n'ose croire.

Dimanche, je lui disais que j'étais très éprouvée de ne le voir que si rarement. Il a dit :

— Nous passerons beaucoup de temps ensemble. Vingt ans, si tu veux !

Puis, comme s'il regrettait d'être allé trop loin, avec pudeur, son rire s'est un peu crispé, il a rectifié :

— Oh ! non, c'est peut-être un peu trop long...

Peut-être doute-t-il de mes sentiments. Hier, il me disait :

— Je ne sais pas ce qui se passe dans ta tête !

C'est la première fois de ma petite vie que je voudrais me donner entièrement à quelqu'un et non prendre, égoïstement, sans rien donner. Je veux l'aider, le sauver.

Cette phrase que je trouve dans l'introduction à L'*Histoire de l'Art* d'Élie Faure, sur l'artiste.
*Nul n'a plus besoin que lui de la présence et de l'approbation des hommes. Il parle parce qu'il les sent autour de lui et dans l'espoir souvent déçu et jamais découragé qu'ils finiront par l'entendre.*
Citée je crois par Belmondo dans le film *Pierrot le Fou*, tant aimé de Michel Cournot.

J'écoute une chanson de Barbara, entendue une première fois avec Patrice, il y a quinze jours.
*J'ai le mal d'amour*
*Et j'ai le mal de toi.*
*Oh ! quand reviendras-tu ?*
*Au moins le sais-tu ?*
*Car tout le temps qui passe*
*Ne se rattrape guère,*
*Car tout le temps perdu*
*Ne se rattrape plus.*

Patrice, allongé près de moi sur le canapé du salon, me disait :
— Elle me rend fou, cette fille... Fais quelque chose.
Et moi, je n'ai pas osé.
J'aurais voulu prendre sa tête sur mes seins,
caresser ses cheveux doux,
plaquer mes mains sur ses oreilles.
Mais je n'ai pas osé.
J'ai simplement tourné vers lui mon visage.
Ma main s'est crispée sur son épaule.
Tout mon être tendu vers lui.
Mais, je n'ai rien osé.
Il a caché son visage au creux de mon épaule...

le soir
Je vais devenir folle. Tendue vers une hypothétique sonnerie de téléphone... Rien ! Rien !

Hier, je lui ai dit de m'appeler quand il en aurait envie. N'a-t-il donc pas envie de me voir ni même de me parler ?

M'a-t-il oubliée ?

Mes nerfs vont craquer. De nouveau le noir, le trou ! Moi qui hier espérais ne plus jamais retomber. Il fallait pour cela un petit soutien de sa part.

Qu'il m'aime !

J'ai tellement peur de ne pas être aimée.

C'est peut-être la seule vraie terreur de ma vie.

J'ai peur, par orgueil, que mes sentiments aillent au-delà des sentiments d'autrui.

Mes paradoxes !

J'ai honte d'aimer plus. Je préfère partir si on ne m'aime pas autant que j'aime.

Patrice, comprends-moi, toi qui crains tant de ne pas être « accepté ». Comprends ma peur. Je t'accepte pleinement. Mais aime-moi. Je n'en puis plus d'être seule. J'ai toujours été seule, sans doute parce que je ne voulais rien donner de moi-même.

Avec Patrice tout est différent.

Je le voudrais tout de suite.

Et il me prendrait

Tout entière.


Les phrases magnifiques de Juliette à Roméo :

*Si tu m'aimes, proclame-le loyalement, et si tu crois que je me laisse trop vite gagner, je froncerai le sourcil, et je serai cruelle, et je te dirai non, pour que tu me fasses la cour ; autrement rien au monde ne m'y déciderait... En vérité, beau Montagüe, je suis trop éprise et tu pourrais croire ma conduite légère ; mais crois-moi, digne gentilhomme, je me montrerai plus fidèle que celles qui savent mieux affecter la réserve. ... Et alors je déposerai à tes pieds toutes mes destinées, et je te suivrai, mon seigneur, jusqu'au bout du monde !*


J'ai presque fini le récit de mes vacances à Saint-Clar. Il y a deux jours seulement que j'ai pu le reprendre. Cela m'a fait du bien. Peut-être cela pourra-t-il servir de base à une « création » plus importante.

Un titre : *Celui qui passe* d'après une phrase de Jean-René Huguenin énigmatique :

*Quel est deux celui qui passe ?*

Je me rappelle les paroles de Patrice, à Paris, sur son œuvre :
— Je n'ai pas écrit cette nouvelle, car je n'avais pas de titre. Très important, le titre.
— Bien sûr, ainsi que les noms et prénoms des personnages.

À propos de *La Côte Sauvage* de Huguenin :
— Je ne serai jamais écrivain. Je ne dis que l'essentiel.

Finir ce soir le récit me permet de m'abstraire, pour ne pas me tendre en vain vers la pensée de Patrice. D'ailleurs, je suis sans doute très ridicule de m'inquiéter ainsi. Il n'a aucune notion du temps ! Si jamais je le lui reprochais, il serait sincèrement étonné.

23 h 30 le soir Il y a quinze jours, je reposais dans les bras de Patrice. Mais maintenant... De quoi, de qui, puis-je être sûre ? Je voudrais tant être sûre enfin de quelque chose et surtout de quelqu'un.
Je viens d'arrêter d'écrire. Je n'ai pas fini. Je dois encore relater toute ma longue conversation avec Pierre le dernier soir, puis la soirée chez Christine et ma conversation nocturne avec Danièle. *(Jamais rédigés)*
Enfin le départ au petit matin.
Peut-être citer Huguenin :
*Je reverrai toujours ce ciel vert du petit matin, ce soleil qui se levait au bout de notre dernière aube, le jardin surpris par la première lumière, l'étang si noir et si lourd, plus immobile que le désespoir...*

Je m'interroge encore sur cette phrase d'Huguenin :
*Quel est deux celui qui passe ?*
Demander à Patrice ce qu'il en pense.

Je ne crois pas pouvoir aimer quelqu'un qui ne m'aimerait pas.
Par orgueil peut-être.
Je comprends pourquoi Patrice ne veut pas venir à Saint-Leu. Il réagit comme moi quand j'ai refusé de travailler chez

lui. Il craint d'être mis en cage, de perdre sa liberté. Comment le lui reprocher ?

« Laisse-le souffrir, il aime ça ! » m'a dit Hélène.


25 septembre 1965 8 h du matin

Je suis dans mon lit, fenêtre ouverte sur le vent. J'ai envie d'écrire à Françoise Baqué, ma camarade d'Hélène Boucher, qui était plus jeune que moi et tellement plus brillante. Qu'est-elle devenue ? Quelles sont ses études. S'est-elle réalisée, elle qui voulait écrire ?

Je suis malade à la pensée que d'autres travaillent, font des études intéressantes, dites supérieures, quand moi je stagne dans la médiocrité et le vide ! Moi qui avais tant d'ambitions, je me rate systématiquement. Je voudrais sortir de ce trou noir. Son exemple peut m'aider. Je crois en elle, en ses possibilités, en ses réalités. Fait-elle khâgne ?

Je croyais être sortie de la crise d'adolescence, je me demande si j'y suis entrée. Je ne suis qu'une enfant, une petite fille à qui on demanderait de se conduire en grande personne, d'être « responsable », de faire face à de nombreux problèmes. C'est trop rapide. On exige que je grandisse trop vite. J'ai fait enfant si longtemps, sans doute en raison de ma maladie asthmatique, que je refusais d'être adulte. Je me réfugiais dans un univers enfantin protégé. Et on voudrait que je passe brusquement de l'âge de 12 ans à celui de 20 ans ! C'est trop difficile pour moi. Je ne suis pas capable de faire face et je préfère renoncer, abdiquer, jouer à l'autruche.

Je suis guérie de mon asthme depuis le mois de décembre dernier. J'étais déjà moins malade depuis quelques temps ; n'étant plus habituée à avoir des crises, j'étais d'autant plus ébranlée, surtout sur le plan psychique, lorsque j'en avais. Je ne travaillais donc pas beaucoup. De plus, j'étais libre, pour la première fois depuis des années d'internat. J'en profitais. Le régime de la fac me convenait. Le Droit m'intéressait. Mais, à partir de janvier 1965, complètement guérie, ma vie fut bouleversée, transformée.

Depuis quatorze ans, j'étais malade. Le choc, lorsqu'enfin je suis devenue « comme les autres » ! Je prenais du poids, je devenais presque jolie : j'eus soudain envie de vivre. J'avais toujours eu cette envie, cette soif, cet enthousiasme, devant ce que la vie pouvait m'apporter. Enfin, tout m'était possible.

C'est alors que je suis devenue folle. Je crois que beaucoup d'asthmatiques passent par cet état. J'ai pris la plus mauvaise voie : j'abandonnai tout travail. Je sortais beaucoup. Rien de positif. La seule chose que je ne regrette pas, c'est que je suis allée beaucoup au théâtre.

Je suis sortie un moment avec un type de la Fac de Droit, très gentil sans doute, qui ne m'apporta rien. J'avais un tel besoin d'affection. Ne plus être seule. Je l'avais été si longtemps. Je suis devenue tributaire des autres. Je ne me posais plus de questions. Je devins vite vide et creuse.

Je perdis l'habitude de travailler et même de lire. Moi qui avais tant lu jusque-là, je ne savais plus lire. Je ne comprenais plus rien. Moi qui, malade, me concentrais si bien, je ne me fixais plus, je m'éparpillais, me dispersais et ne m'intéressais plus à rien. Était-ce ça vivre ?

De temps en temps, se réveillait en moi ce petit goût amer, impératif : ma « soif » de vie, de connaissances. Mais je me laissais flotter, sans but certain, je dérivais sans gouvernail et je retombais dans le vide.

Je n'ai pas vraiment préparé l'examen de Droit. Juste avant, pendant la période que j'aurais dû consacrer aux révisions, je me suis découvert un don manuel pour la couture. Sans avoir jamais appris, sauf en faisant des modèles pour mes poupées quand j'avais dix ans et en voyant coudre ma mère et ma grand-mère, je me suis mise à faire un manteau, le manteau marine en jersey que j'avais emporté en vacances à Saint-Clar ! Une des choses les plus difficiles à réussir. Je me suis mise à créer de nombreux vêtements, dont un tailleur d'été en  toile beige, veste à manches trois-quarts et jupe à gros plis, style Jackie Kennedy, que je voulais mettre pour passer l'examen.

Dans un sens, ma soif trouvait un exutoire ; je ne pouvais pas travailler, au moins je faisais quelque chose ! Hélas, cela ne comblait pas le vide de mon esprit. J'ai échoué à l'examen. J'étais seule responsable de mon échec, mais je gardais encore cette estime de moi-même qui me faisait espérer me remettre à travailler. Je proclamais que je réussirais la session de septembre.

J'étais sûre de ce que j'avançais. Je croyais encore en moi, en mes possibilités. Ces dernières années, mes profs n'avaient-ils pas exprimer leur confiance en mon « intelligence », en ma « personnalité », comme c'était écrit sur mon livret scolaire. Je revois encore la grosse écriture enthousiaste de Canac, mon prof d'Anglais : « élève très intelligente, excellents résultats. » Et je me rappelle la confiance de la directrice du lycée des Maraîchers, Madame Fortunel…

Si j'ai besoin d'écrire tout ça, ce n'est pas par vantardise, mais pour retrouver mes repères.

Je ne me laissais pas encore envahir par l'angoisse, j'avais encore confiance en moi. Seulement, je ne savais plus me « fixer » sur un sujet d'étude. J'étais fatiguée nerveusement.

C'est alors que mes voisins m'emmenèrent en vacances dans le Gers.

J'étais heureuse seule avec Madame Bloch, calme, dans ce petit village ensoleillé si beau, dont j'étais tombée amoureuse tout de suite.

Physiquement, je reprenais des forces. J'allais tous les jours à la piscine de Lectoure, exutoire à mon besoin de mouvements, où je passais d'agréables moments en compagnie d'un charmant maître-nageur de 35 ans, qui comblait mon besoin d'adulation. J'étais belle à ce moment, parce que je me sentais admirée. Je n'étais plus maigre comme avant, j'étais finement musclée, mince, moulée dans un maillot de bain blanc, contrastant avec ma peau brunie. Je me sentais en accord avec moi-même. Intellectuellement, cet homme attentif me permettait de m'exprimer, comme Madame Bloch, qui m'avait appris à écouter les autres. Tous les deux, en suscitant mes paroles, m'apprenaient à me livrer. Jamais auparavant, je n'avais su écouter et jamais on ne m'avait écoutée. Je me révélais donc physiquement et psychiquement.

C'était une période d'équilibre retrouvé, de plénitude, d'accord et d'harmonie. J'essayais de travailler parfois. En vain. Alors l'angoisse remontait.

Et puis, au début du mois d'août, la jeune sœur de Madame Bloch revint de Nice avec les enfants aînés et leur grand-mère. M. Bloch était rentré de Paris pour une quinzaine de jours de vacances.

Danièle me fit connaître tous les jeunes de Saint-Clar. Jusque-là, je n'avais pas eu besoin de leur présence, tant la compagnie de Madame Bloch m'enchantait. Mais le moment de la rentrée approchait avec sa cohorte de problèmes à affronter. Je devais rentrer le 15 août à Paris et j'avais conscience que ce retour ne serait pas facile. L'angoisse de nouveau. Il fallait agir, ne pas rester seule.

J'entrai dans La Bande, je voulais être acceptée. Ils avaient en moyenne 18 ans et je me sentais plus « vieille », pas dans le coup. Différences d'études, de culture, de goûts, de pensée. Pour eux, j'étais trop exigeante, je semblais sûre de moi, alors qu'au fond j'étais encore vulnérable. Je me sentais rejetée. Un seul semblait m'accepter : un gosse de 17 ans et demi, deux ans de moins que moi. Petrus. C'était un jeune chien fou, décontracté, accueillant, il rentrait des U.S.A. Puis, j'ai connu son frère Patrice, 23 ans, en quatrième année de Droit. Comme Petrus s'occupait gentiment de moi, je restais avec lui. Malgré son jeune âge, il était solide, équilibré, complet. Son frère me semblait trop intellectuel avec une certaine faiblesse. Moi-même, me sentant fragile, je recherchais la stabilité de Petrus. C'était précaire, comme tout équilibre, mais je ne voulais pas penser trop loin ni anticiper. Je vivais en fermant les yeux sur l'avenir. Je faisais l'autruche.

Je rentrai à Saint-Leu pour travailler. C'est là que la crise commença vraiment. Je vacillais, je chancelais, je ne pouvais pas travailler. Je tentai d'étudier des sujets faciles comme l'O.N.U., que j'avais su. Rien ! Rien ! C'était comme si je lisais cela pour la première fois. J'oubliais tout au fur et à mesure.

Petrus rentra et je le vis à Paris. Ce n'était plus la même chose qu'à Avezan. Je vis aussi Patrice. De nouveau la compréhension mutuelle, fine et nuancée. Il était désolé de me voir dans cet état de vacuité. Il voulait me « sauver ». Il emploie cette expression dans son premier roman *Le Jour de Gloire* (Gallimard). J'ai compris qu'il m'estimait et tenait à moi. Il voulait me faire travailler. Mais j'ai refusé par peur d'être prise au piège et mise en cage. C'était très bête. J'ai essayé de travailler seule. Je n'ai pas pu. Je ne savais plus travailler. Malgré mon bon vouloir, sincère, cela m'était impossible. Tout mon être refusait. Quelque chose se bloquait en moi et c'était le trou noir dans mon cerveau. Une vraie paralysie.

Alors, tout s'est écroulé. L'orgueil que j'avais eu n'était que de la vanité, de la prétention. Mes ambitions s'éloignaient. Les buts à atteindre s'estompaient. Je n'étais rien. Je n'avais jamais rien été. Que l'on me laisse tranquille.

Dormir !

Ma famille ne comprenait pas que je venais d'assister au délabrement complet de ma personnalité. Tout le monde me fatiguait. Un tas de problèmes matériels et financiers se dressaient devant moi et je ne voyais d'issue nulle part. Je ne pouvais pas réfléchir. Tout se brouillait. Je ne voyais que mon vide. Comment survivre quand j'avais toujours compté sur mon intelligence ? Or, je m'étais leurrée à ce sujet. On m'avait leurrée ! Je me révoltais à la pensée de tous ces gens qui m'avaient fait confiance. Ils s'étaient trompés. Je leur en voulais. J'étais minable. Ratée, ratée, ratée ! J'étais désespérée comme jamais je ne l'avais été. La dépression complète. Tout me faisait peur. Je restais inerte. Sans force. Paralysée. Anéantie.

Je pensai même à me suicider. L'idée ne m'effleura pas longtemps, car je ne connaissais pas la vie. Pourquoi la refuser par avance ? Mais j'y pensai pour la première fois de ma vie. Je ne savais plus où aller ni vers qui me tourner. J'étais traquée de tous les côtés.

Je ne croyais pas aimer Patrice et me raccrochais à Petrus, à sa voix surtout, sa voix chaude et grave, qui m'appelait chaque soir, me soutenait et promettait de m'aider.

Je voulais fuir. Partir en Bretagne, me replonger dans mon enfance sans souci ni problèmes. Alors, je revis Petrus. Il ne pouvait rien pour moi. Qui pouvait m'aider si ce n'était moi-même ?

Et Maman prit la décision de me punir. Décision autoritaire rare dont elle était aussi étonnée que moi. Puisque je n'avais plus de volonté et que je ne décidais plus rien, elle le faisait pour moi. Pour la première fois ! Je devais rester à la maison, ne plus sortir et travailler jusqu'à l'examen.

Je lui affirmai tout de suite, que je n'en ferais rien. J'abandonnais le Droit (au grand regret de Patrice), je ne passerais pas mon examen. Elle savait qu'elle ne pouvait pas m'obliger à travailler, mais au moins je réfléchirais et, peut-être, me calmerais.

Elle avait raison. Seule, pendant cette retraite forcée, je réfléchis. La situation finit même par me sembler drôle. Mon optimisme reprenait le dessus. J'allais déjà mieux. Je lisais, je recommençais à pouvoir lire.

J'aimais Petrus comme j'aime mes petits frères. J'avais plus besoin de Patrice que de Petrus. Me sentant plus forte, j'ai même pensé pouvoir l'aider. Je crois que Zorba dit : *La seule façon de te sauver toi-même, c'est de lutter pour sauver les autres.*

Petrus obtint de Maman la permission d'aller à un dîner offert chez eux par Jean-François, le fils de Michel, le critique de cinéma du *Nouvel Observateur*.

Je suis tombée amoureuse de Patrice.

Je le vois peu.

Quand nous nous voyons, c'est toujours rapidement et je me sens traquée encore.

Je sens vaciller de nouveau mon équilibre. Je voudrais me reposer. Je suis tellement fatiguée. Je passe d'un extrême à l'autre. Tantôt, j'ai soif, je veux vivre, je ne tiens plus en place, toutes les portes s'ouvrent devant moi. Puis, tout retombe dans le noir, mon vide et mon inertie. De nouveau l'angoisse, je ne vois plus d'issue. J'ai peur. Je vais craquer.

C'est pourquoi j'écris pour m'abstraire et faire le point.


Il y a deux jours, j'étais dans une forme éblouissante, je décidais de reprendre mes études. J'avais un moment voulu me lancer dans la couture, mais j'ai pensé à toutes mes camarades de lycée qui font propédeutique ou, comme Françoise Baqué, hypokhâgne et khâgne.

J'ai décide de faire propé cette année. Je voulais me remettre à la philosophie, au latin et à l'anglais, les trois matières de cette année. Je voulais redevenir semblable à moi-même. J'étais toujours passée pour une fille intelligente et cultivée, il n'était pas possible qu'en si peu de temps, tout soit annihilé et renié. Je voulais travailler. Puisque j'avais été littéraire, je pouvais le redevenir.

Et puis, hier, la chute, à cause d'une réflexion brutale de Maman : « Tu ne devrais pas t'attacher à lui ! » à propos de Patrice.

Le doute. L'incertitude. L'angoisse. Le vide.

Pendant les longues après-midis, je vacille, je suis perdue !

Alors, j'ai écrit. Ce soir, je vais mieux.


25 septembre 1965 20 h

Quelle joie ! Quel bonheur ! Il a téléphoné. Je savais bien que tout n'était pas fini. Sur quoi Maman se basait-elle pour m'affirmer qu'il ne fallait pas compter sur lui ? Je suis trop heureuse pour écrire clairement.


28 septembre la nuit

Je ne dors pas et je suis déprimée.

Avant de voir Petrus cet après-midi, je ne l'étais pas, aucun événement nouveau n'est venu justifier cet état de dépression, je crois que c'est Petrus qui me déprime. Il me désole.

J'ai été bouleversée hier en apprenant son état. Je croyais qu'il « survivrait » toujours et je l'admirais pour ça. Lui, Pierre, si solide, si fort, si équilibré, se conduit comme n'importe quel intellectuel détraqué ou faux-intellectuel, je parle aussi pour moi. Je voudrais tellement l'aider. Il disait au Moulin qu'il y avait toujours quelque chose à faire pour aider les autres.

Lui écrire ? Le voir ? Dans le contexte de S.L.C. (Salut Les Copains sur Europe N°1) avec ses petites amies, cela me paraît difficile.

Et puis, ma position est fausse, je résisterais à l'envie de le prendre dans mes bras pour le consoler. Même si je ne sais pas de quoi. Mon opinion sur lui n'a pas changé, il est toujours mon « ineffable », je l'estime et je l'aime. Comme avant. Autant qu'avant. Je voudrais le voir sortir de cette impasse. Je ne peux pas supporter l'idée qu'il souffre. Cela m'effondre. Que faire ?

J'avais pensé que la cour de ses petites amies pouvait lui être utile, mais finalement non. Il se disperse et se gaspille. Il vaut tellement plus. Il devrait tout envoyer balader, rompre les ponts, larguer les amarres.

Si je lui disais ça, il dirait peut-être que je suis jalouse. Non, j'ai pour ses petites amies une indulgence de grande sœur.

Le soir du dîner, leur situation était assez ridicule et m'a permis de ne pas regretter ma conduite. Ce qui s'est passé avec Patrice était indépendant de notre volonté.

Petrus a des qualités rares, pourquoi les perdre ? Pourquoi se galvauder ? Je ne peux pas croire qu'il est dans un tel état. Lui en qui j'avais mis toute ma confiance, lui en qui j'espérais, lui qui était si stable, si ferme.

Que se passe-t-il ? Qu'est-ce que nous avons tous ? Sylviane, moi, lui, nous faisons une dépression nerveuse. Si Petrus craque, où allons-nous ? Je comprends son état actuel, mais il m'effraie. J'aimerais être solide pour l'aider. Je vacille encore un peu.

Pour moi, c'était une crise d'orgueil. J'avais peur de ne pas être digne de moi, j'ai préféré abdiquer, renoncer à tout avant d'être déçue effectivement.

Je me retrouve un peu. Mais lui ? Je ne comprends pas ce qui lui arrive.

Je repense à certaines de ses paroles.

Cet après-midi, il m'a dit que j'avais tout déclenché, que j'étais la cause de ce qui arrivait. Je ne peux pas croire que je suis la raison de son état. Je ne vaux pas cela. Non, ce n'est pas possible.


Saint-Leu le 29 septembre au matin

Ce matin encore, je doute de mes possibilités. Il fait beau, Petrus devrait se promener. Si ma situation n'était pas si ambigüe, je l'inviterais bien à venir à la maison, il se reposerait, ferait le point.

Il m'a aidé, le très cher Petrus. Alors que je ne savais plus où aller, vers qui me tourner, le jour où je lui avais écrit, je pensais à me suicider. Ce qui m'a retenue dans l'immédiat ? La pensée que le soir-même, il m'appellerait, me parlerait, me bercerait. Je me raccrochais à sa voix désespérément. Bien sûr l'équilibre était précaire, comme aime à le dire Patrice. Me sentant si vulnérable, je recherchais sa présence, sa stabilité, sa sûreté. Les soirs où il me parlait, il promettait de m'aider et c'était beaucoup. J'espérais toujours trouver une issue.

Si je ne me suis pas suicidée, c'est parce que j'ai réalisé qu'il restait tant de mots du vocabulaire français que je ne connaissais pas encore !

Depuis, je me suis replongée dans mes anciennes études, je lis, je traduis du latin, je fais de la philo.

Petrus aimait son travail, il doit continuer à faire ce qu'il aime. Il faudrait qu'il parle avec des gens en qui il a confiance, Pierre peut-être, ou Jean-François son cousin, qui semble solide et sain. Ou une petite amie. Mais qu'elle soit valable et qu'elle soit unique. Pas plusieurs à la fois, même si je comprends que beaucoup de filles soient attirées vers lui. Il faut qu'il rejette ce qui n'est pas vraiment digne d'intérêt, ce qui est faux, sans complaisance.

Je suis navrée. J'ai tellement conscience de ce que ma conduite a eu d'équivoque et d'indigne. Mais c'est peut-être sa faute. Il m'avait dit que je lui donnais beaucoup. Il n'a pas voulu me dire quoi. Je n'ai jamais cru lui apporter beaucoup. S'il m'avait fait prendre conscience de l'importance que j'avais pour lui, je ne serais pas partie ainsi, sans regrets. Je n'étais qu'une parmi les autres, sans plus de valeur ni de place.

S'il m'avait aimée seule, je l'aurais aimé seul.

Maintenant, il est trop tard. Il vaut mieux ne plus nous revoir, nous oublier.

J'espère qu'il ne va pas gâcher ses belles qualités. Je suis sûre qu'il sera un homme formidable. Après cette période de vide, il peut repartir sur de nouvelles bases solides et justes. Je reste son amie.

# Octobre 1965

3 octobre 1965

Je me suis réveillée angoissée. Le soleil filtrait déjà à travers mes volets, il était donc tard et le jardin avait commencé de vivre sans moi. J'étais abandonnée. Et dans le vague, je percevais des phrases d'un Concerto de Bach pour clavecin et orchestre, le *N° 5*, mon préféré.

Sans moi, la musique.

L'angoisse folle de n'être plus concertée, à peine concernée.

Ma chambre ressemblait à une plage déserte après la tempête sur l'île de Glenan,

des vêtements entassés, immobiles, en taches de couleurs,

à terre, la ceinture de mon manteau élongée comme une algue,

les fleurs fanées dans le vase,

moi jetée en travers du lit, en épave.

Tout était trop vide.

J'ai eu peur. J'ai eu soif.

Peur de n'avoir pas assez de temps pour vivre.

Cette soif que je ressens si souvent. Cette soif de vivre, d'apprendre. Soif d'aimer, soif de musique.

Sensation d'abandon à mon réveil...

J'ai tout essayé pour me calmer, même la douche glacée : j'aime le contact sur ma peau nue de l'eau pure, j'ai couru dans l'herbe mouillée, avec le vent déjà froid, sur mes bras découverts, ma peau vibrait dans l'air frais et doux.

J'ai cueilli des roses...

J'étais vêtue de blanc.

Mais l'angoisse est restée,

comme un animal familier.

Lundi 4 octobre 1965

Je crois être redevenue normale. J'ai retrouvé presque entièrement mon ancien équilibre. Il me faut désormais développer mes anciennes capacités de travail et je serais sauvée.

Je crois aussi avoir vieilli.

J'ai pris conscience il y a deux jours de ce vieillissement. Chez Petrus : Patrice et moi avec deux filles, dont une petite amie de Petrus, 17 ans, deux excitées. Je pense que j'ai été ainsi il n'y a pas si longtemps. Mais là, aucun point de contact ! Elles m'ont fatiguée, à peine amusée. Je me suis sentie vieille soudain, pas dans le coup ! Désagréable impression.

En rentrant, je m'en ouvris à Patrice qui ne fut pas étonnée. À son contact, les gens vieillissent toujours.

En tous cas, je suis inquiète. Je ne comprends pas pourquoi je suis si calme en sa présence. Moi si passionnée, si vivante, si enthousiaste, je deviens calme et vide quand je suis avec lui. Par timidité ? Par disponibilité ? Je me demande si je ne préférais pas mon personnage, exalté, tellement plus vivant.

Je ne sais plus ce que je veux, je ne sais plus ce que je pense de Patrice ni ce qu'il peut penser de moi.

Nouveau problème : Petrus.

Au début de cette dernière semaine, je parlais avec Patrice de la phrase d'Huguenin : *Quel est des deux celui qui passe ?* Nous étions rue Guynemer, Petrus était absent, j'étais venue le voir, car Patrice venait de m'apprendre qu'il refusait d'aller en classe. Il abandonnait tout, comme je l'avais fait un peu plus tôt. J'étais inquiète. Celui qui passe, c'est celui qui reste intact, mais laisse l'autre blessé.

Patrice disait :

— Petrus joue à ce petit jeu. Il passe. C'est un jeu qui peut durer longtemps, jusqu'à ce que l'on tombe sur un bec.

Ce bec, il l'a trouvé avec moi. J'ai préféré m'offrir le luxe de passer que de rester blessée.

Leur mère vint nous parler de l'état de Petrus : « trop nerveux, incapable de travailler, car obsédé par des pensées parasites ». Il avait des tics, se mettait à loucher.

Je me sentais accusée de cet état de choses.

La façon dont j'avais traité Petrus était choquante, mais j'avais cru qu'il dominerait ça. Je n'osais pas croire qu'il était déprimé à cause de moi. Cette histoire me touchait.

J'aime toujours Petrus, je l'estime beaucoup et je ne peux pas supporter l'idée de le faire souffrir. C'est la première fois que je fais souffrir quelqu'un à ce point et j'en suis bouleversée.

Mardi après-midi, je suis allée voir Petrus. J'ai cru qu'il allait s'effondrer en me voyant. Il était anéanti, sans force, sans parole, complètement à plat.

Je l'ai secoué en lui reprochant de me copier. J'espérais ainsi toucher son amour-propre (effectivement deux jours plus tard, il retournait en classe), je lui ai reproché son insupportable carrousel de petites amies, fait comprendre que s'il m'avait perdue moi, c'était à cause de ces filles, béates devant lui. Trop gentil pour les repousser, ça le perdra. Ça l'a déjà perdu.

J'étais bouleversée par son état. Sans ressource.

Quand j'étais avec lui, il parlait de son frère, obsédé par la pensée qu'il m'avait prise à lui.

Mais je ne voulais toujours pas croire qu'il était malade à cause de moi.

J'en ai parlé à Patrice qui l'a sondé.

Avec son frère, Petrus ne parle que de moi.

D'après Patrice, notre histoire lui a fait un grand coup, un choc terrible !

Le lendemain du dîner, il lui avait fait une scène genre :

— Salaud ! tu m'as pris ma nana !

D'après Patrice, c'est l'aboutissement logique d'une jalousie qui dure depuis toujours.

Le fait que j'ai d'abord préféré Petrus à Patrice lui a redonné confiance en lui comme une revanche sur son frère. Puis, j'ai préféré Patrice. Ce choc a été le prétexte d'une révolte.

Je conçois que cela puisse être terrible, surtout à l'âge de Petrus, où l'on est entier, où l'on voudrait tout. J'étais peut-être pour lui une femme idéale. Madame Bloch m'avait prévenue à Saint-Clar, je n'avais pas voulu la croire. Elle m'avait dit que je jouais avec le feu. Elle avait même ajouté que deux corps frottés l'un contre l'autre ne pouvaient que s'enflammer. Bien sûr, c'est vrai, même si j'ai trop tendance à ne voir les choses que sur le plan intellectuel.

J'aurais voulu sincèrement l'aider. C'est pourquoi j'ai écrit à Pierrot C., son ami de Saint-Clar, il est intelligent et fort, il pourrait le soutenir. Je connaissais quelques amis de Petrus, Antoine et François. J'ai pensé aussi à Jean-François, son cousin, qui semble solide.

J'ai vu Jean-François jeudi. Patrice m'avait déposée non loin de la rue Guynemer, où j'ai trouvé plein de monde. Surtout des filles, son ami François et sa petite amie Marie-Claude, un copain, Claudine et la dernière petite amie de Petrus, Catherine et enfin Jean-François, ravi de me voir. Heureusement qu'il était là, car je me suis sentie perdue, plus âgée de deux ans, un gouffre !

Lorsque je suis arrivée, j'avais à la main le dernier numéro du *Nouvel Observateur*, dans lequel Michel Cournot, le père de Jean-François, parlait de Manas à propos du film de Minnelli *The Sandpiper*. Je venais de lire l'article avec Patrice. J'en ai parlé avec Jean-François. Nous étions très enthousiastes. Nous sommes restés ensemble, les deux plus âgés.

Petrus faisait des maths au son de Bob Dylan (*Like a Rolling Stone*). Il ne semblait pas remarquer ma présence, il avait toutes ses petites amies autour de lui.

J'ai parlé de Petrus avec Jean-François. Il pensait que j'étais la femme de la vie de Petrus, mais que pour moi il n'était qu'un petit frère. Il a raison. J'adore Petrus comme j'adore mon jeune frère Philibert. Exactement. Je ne m'étais pas doutée de l'importance que j'avais pour Petrus, je croyais être une parmi d'autres. Sans plus.

Patrice avait décidé qu'il valait mieux que Petrus ne sache pas que nous sortions ensemble, ainsi sa jalousie tomberait. J'étais d'accord. Patrice acceptait aussi que j'aille voir Petrus de temps en temps pour le calmer, lui faire plaisir.

Samedi, je suis retournée voir Petrus. Jean-François était là avec Jean-Christophe. Ils devaient, aidés de deux ou trois amis, transformer le plafond de la chambre de Petrus, en style Pop Art.

Beaucoup de monde est passé au cours de l'après-midi, dont Isabelle, la cousine, très souriante et ouverte. Elle m'a parlé simplement. Plus gracieuse qu'à Saint-Clar, coiffée court, avec un joli manteau en vinyle blanc, de Michèle Rosier, elle était adorable. Et puis Claudine, Catherine et Marie-Claude, les petites amies. Enfin, un tas de yéyés.

Cette fois, j'étais à l'aise.

Quand ils ont commencé à faire le plafond, ils ont mis toutes les filles dehors, me permettant à moi de rester, car d'après Jean-François, j'étais trop supérieure pour m'abaisser en la compagnie de ces filles inintéressantes. Charmant ! Mais je suis sortie par solidarité et j'ai écouté les doléances des petites amies de Petrus, qui parlent de le plaquer, mais reviennent toujours.

Claudine m'a un peu mise hors de moi. À un moment, elle voulait savoir à quel Cournot je donnerais « mon cœur et mon corps » et j'ai cru comprendre que cette fille de 15 ans donnait déjà son cœur et son corps à ce gamin de 17 ans. Quel gâchis ! Quelle inconscience ! Elle s'étonne que Petrus ne s'occupe pas assez d'elle, mais elle ne se rend pas compte qu'une de ses camarades de classe (Catherine) est aussi la petite amie de Petrus. Elle me dit naïvement :

— Petrus ne me fait pas confiance, il est nerveux en ce moment, il est déprimé et il ne m'en parle pas.

Eh bien, elle me plaît cette gosse, touchante dans son désir de l'aider, je la comprends.

Quant à Catherine, elle est jalouse de Claudine, je me demande bien pourquoi.

La seule sensée était Marie-Claude, « amoureuse », selon son expression, de François, un des amis de Petrus. Elle croyait, comme Catherine, que je sortais avec Jean-François. Décidément ! Elles ont été surprises d'apprendre que je sortais avec Patrice, mais à ce moment, Petrus est venu nous rejoindre au salon.

Puis Patrice est arrivé.

Je me demande s'il n'est pas à son tour jaloux que je vienne voir Petrus. Il faut peut-être que je cesse ce jeu. À un moment je suis allée voir où en était le Pop Art. Je revins en affirmant que j'étais inviolable. Marie-Claude expliqua que toute fille qui pénétrerait dans la chambre serait violée et Petrus poursuivit en ajoutant que moi seule avais été autorisée à rester pour les inspirer !

Et Patrice laissa tomber :

— Alors, tu es la pépé de tout le monde !

Je ne sais s'il était vraiment sérieux, mais sinistre sûrement.

Ce qui me plait pourtant dans la relation entre Patrice et moi, c'est que jamais nous ne posons de questions, sur ce que nous avons fait ni sur les endroits où nous sommes allés. Nous sommes libres, réservés, discrets.

Huguenin : *Se raconter est fat, s'expliquer est vain, se justifier est lâche.*

Mercredi 6 octobre le soir

J'ai reçu une lettre de ma camarade de lycée Catherine Le Moal, qui m'a fait du bien. Elle m'a secouée, j'en avais besoin. Je crois pouvoir affirmer que je suis redevenue normale, je me sens plus équilibrée, plus forte. Surtout, de nouveau, j'ai soif, j'ai soif ! J'ai un désir dévorant de tout et j'ai envie de travailler.

Voilà, je reprends ma belle confiance en moi. J'ai la volonté de sortir de cette impasse où je me suis égarée. La volonté avait été une de mes meilleures qualités avant ma crise d'orgueil. J'étais devenue aboulique. De toute façon, je me suis fourvoyée en faisant Droit. Je n'étais pas assez mûre pour cela, dans un an ou deux peut-être je retrouverai ces études avec intérêt, mais pour l'instant, j'ai besoin de changement.

Je vais faire Lettres Supérieures par correspondance en même temps que j'enseignerai. J'attends ma nomination à un poste de suppléante d'institutrice à Saint-Leu-la-forêt ou Taverny. Je sais que ce sera dur, mais cela vaut mieux, je serai absorbée par les autres et me poserai moins de questions sur ma petite personne.

C'est aussi la solution à mes problèmes financiers.

Catherine m'a rappelé que j'aimais les enfants. C'est vrai. Je crois que je me laisserai prendre par ce travail.

J'ai hésité à accepter cette solution que me proposaient beaucoup de personnes, dont maman et ma sœur, très inquiète à mon sujet. J'avais peur. Je ne me croyais même pas capable de faire cela. J'avais peur de tout. Et puis, j'ai été dépassée par les événements, forcée par ma famille, pressée par mon amie Mme Bloch, elle-même institutrice, à demander un poste.

Évelyne, une camarade du groupe de théâtre m'a conseillé de le faire. C'est la cousine de Jocelyne, ma meilleure amie de Saint-Leu. Elle a fait une dépression terrible l'an dernier, elle a raté son suicide et a dû faire une cure de sommeil (qu'elle m'a formellement déconseillée).

J'étais souvent dans leur famille, j'avais pu suivre, malgré elle et malgré moi, toute sa maladie nerveuse, grave, presque désespérée. Elle s'en est sortie. Elle faisait hypokhâgne, elle a réussi propédeutique. Elle est rentrée de vacances forte, équilibrée, éblouissante. Elle nous a tous étonnés, en bien. Elle a été désolée de ne trouver qu'une lavette à la place de mon ancienne personnalité. Pour elle, m'intéresser à d'autres serait essentiel. Je crois maintenant qu'elle a raison.

Le mariage n'est pas une solution. Le mariage entre deux personnes déprimées ne peut conduire qu'à un échec. Patrice et moi avons fort à faire. Je crois d'ailleurs qu'il est plus atteint que moi. C'est donc à moi qu'il incombe de nous redresser. Je me sens plus forte pour le faire.


Catherine ne peut m'imaginer en femme d'intérieur. Elle dit que « c'est à hurler de rage ! » Non, j'espère ne jamais devenir bobonne.

Elle m'imagine mal sans bouquin. Non plus. J'ai toujours vécu avec eux. Il n'est pas possible d'abandonner de vieux amis fidèles.

J'ai pensé un moment me lancer dans la Haute-Couture. Hier, je me suis fait un manteau d'hiver, très beau, un lainage en tweed écossais épais, je l'ai presque fini. J'ai craint de devenir trop vide intellectuellement. J'ai travaillé deux jours dans un magasin de fleurs, j'ai compris qu'un métier manuel fatigue beaucoup plus vite et qu'ensuite on n'a nulle envie de se plonger dans des livres un tant soit peu ardus. Je n'aurais pas supporté longtemps. Maintenant, de nouveau, j'ai envie de faire de la philo, du latin, de l'anglais. Oui, envie vraiment. Je commence à être « sauvée ».

Je dois bientôt voir le Docteur Fleury, d'Enghien-les-Bains, j'espère qu'il m'aidera à remonter la pente.

Pour Petrus, c'est désolant. J'ai reçu la lettre de Catherine après l'avoir vu. Elle me disait que Nicole (Hantcherian) l'avait aidée en lui téléphonant régulièrement. C'est juste. Petrus m'avait aidée en me parlant longuement chaque soir, en promettant de m'aider. J'espérais toujours, jusqu'à ce que je m'en sorte moi-même.

J'aurais voulu aider Petrus, mais ma situation est délicate, si c'est à cause de moi qu'il se rend malade. Je regrette de n'avoir pas compris plus tôt. Il paraît que j'étais « la femme de sa vie ». Je ne le savais pas. C'est abominable d'être responsable de la souffrance de quelqu'un. La semaine dernière a été très pénible. J'aime toujours beaucoup Petrus, je l'estime, mais j'ai choisi son frère et veux lui rester fidèle.

Petrus n'était pas pour moi. Sa dépression a fini par me rendre plus forte, j'ai compris que je ne pouvais plus me laisser aller, sinon nous allions tous devenir dingues. Je vois trop de déprimés, partout. Cela ne peut plus durer, c'est malsain.

Je suis en train de garder les enfants de Madame Bloch et je dois donner le dernier biberon au bébé.

La lettre de Catherine m'a beaucoup aidée.


Jeudi 7 octobre 1965 le soir

Chez Agathe, l'amie de la boutique des fleurs, au milieu des plantes, des coquillages exotiques, avec le *2e Concerto brandebourgeois* de Bach. Je garde sa fille, la petite Valérie.

Journée intéressante.

Peu de choses pourtant.

Vu Patrice, au café Saint-André-des-Arts. Je l'ai écouté parler, très en verve.

Je l'ai revu plus tard chez Petrus, que j'ai aperçu entre deux portes, car là, toujours autant de monde. Les habituées : Claudine, Catherine et Marie-Claude, très excitées.

Vu Antoine de G., désolé par l'état de Petrus, « partagé entre ses deux nénettes », comme il dit.

Je ne comprends pas pourquoi tous se posent autant de questions sur leur vie sentimentale. En même temps, cela me rassure, car je n'ai jamais été comme cela. Jamais je n'ai été mesquine, basse, banale, vulgaire, grossière. Et même, quand j'écoute Marie-Claude ou Catherine, je me sens grande, noble et digne, rien que ça ! Elles sont déjà tellement bobonnes sous leurs airs je-m'en-foutistes et sans convention que c'est du mauvais mélo.

Ainsi je parle peu, je joue les « supérieures », leurs petits problèmes n'ont que peu d'importance en définitive. De temps en temps, lorsque la situation m'est insupportable par son ridicule, je fais volontairement des gaffes, confondant les prénoms de Claudine et Catherine. Il paraît que c'est important que l'autre ne sache pas ! Ou je laisse tomber une phrase percutante, qui attire immanquablement l'intérêt de

Patrice. Généralement, personne ne la comprend, sauf lui bien sûr, et je me délecte.

Dieu que j'ai de la chance d'être moi-même intacte, délivrée des conventions petites-bourgeoises !

Cela me rappelle la conversation de Patrice au café Saint-André-des-Arts sur les personnages de Françoise Sagan, si conventionnels dans leur anti-conformisme qu'ils en deviennent caricaturaux.


Dans tout cela finalement disparaît Petrus. Seul Antoine, son ami blond de la Place des Vosges, semble s'inquiéter pour lui. J'aimerais lui parler, ainsi qu'à Petrus d'ailleurs, mais avec cette foule dans l'appartement, il est inutile d'y songer. Je crois que Petrus craint une conversation avec moi...

Tant pis, après tout.

J'ai déjà fort à faire en aimant Patrice et en l'aidant. C'est une tâche délicate, tout en nuance, en sensibilité, en subtilité. Il faut que j'aille jusqu'au fond de moi-même, pour me donner à lui pleinement, avec avidité, retenue, dignité, tendresse, calme. Vaincre toute timidité. M'épanouir en lui. Surtout, n'être pas mièvre, ni facile ni commune.

J'ai eu par hasard leur mère au téléphone, ce soir. Nous avons parlé quelques instants. J'ai été étonnée qu'elle se livre à moi.

Elle s'est plainte de la conduite de toutes les filles qui se vautrent sur les divans de sa maison, alors même que Petrus n'est pas là. Elle m'a fait mal en m'expliquant qu'elle se sentait traquée chez elle. Une fois dans sa chambre, elle n'ose plus sortir, craignant d'être épiée, prise au piège ! Elle voudrait fuir, partir, se reposer. À Tokyo, dit-elle. J'ai pensé que ce n'était pas la bonne solution, elle y trouverait encore plus de monde !

Quant à Petrus, « son état n'est que baratin ».

Cela me rassure au moins sur mes propres responsabilités en cette affaire.

Mais je comprends cette femme, n'ayant de place nulle part, hormis sa chambre, le reste étant envahi par les Walkyries de son fils dernier. Elle souffre, c'est évident. Je ne sais ce qu'elle pense de moi, mais je n'aimerais pas qu'elle me confonde avec les excitées.

Vendredi 8 octobre 1965

Avec Patrice, il me semble parfois être un magnétophone. Il parle, il parle, je suis là, j'écoute, j'enregistre, et, fidèlement, je me rappelle chaque phrase, presque chaque mot, chaque nuance, chaque expression de son visage, de son jeu. Et moi qui parlais tant, qui jouais aussi, pour les autres comme pour moi, qui méprisais tant ce rôle négatif que j'imposais aux autres, à ceux qui m'écoutaient, moi qui m'enivrais tant de mes propres phrases, de mes propres mots, moi qui m'écoutais parler avec tant de complaisance, j'accepte ! J'accepte ce rôle inférieur auprès de Patrice. Je ne comprends pas pourquoi, mais j'accepte qu'il ait besoin de moi pour s'épancher, se raconter. Cela ne durera peut-être pas, mais pour l'instant cela me suffit, du moins en sa présence. Car dès que je le quitte, je retrouve ma verve, ma supériorité verbale sur les autres et j'écoute, ravie, le timbre plein et grave de ma voix, belle en ce moment. Je retrouve mon excitation et mon enthousiasme habituels.

Alors pourquoi ce calme près de Patrice, pourquoi, pourquoi ?

Immobile et sereine, je me sens devenir « lac ». Je suis un creuset, qui n'attend que l'amour de Patrice pour s'emplir. Je suis la mouette près du lac et lui la tempête.

Patrice au café Saint-André-des-Arts :

— J'ai horreur de profiter des occasions. C'est vil et bas. Indigne.

Patrice au café Saint-André-des-Arts:

— Ce café est émouvant. C'est ici qu'à 17 ans, nous avons inventé le monde, réinventé Dieu...

Patrice : un écorché vivant. Son être exprime sa blessure, sans qu'il lui soit besoin de le crier, ni même de le dire.

Parfois c'est trop fort. Je vibre. En pensant aux caresses de Patrice, le premier soir... Il y a un mois déjà, justement ce soir. Et pendant quelques instants, tout mon corps l'appelle. Le vent. Si avidement.

Il m'effraie souvent, car il a une vue perçante, pénétrante, sur tout. Il semble deviner l'esprit des femmes, ce genre de personnage que je me refuse à être, mais qui est peut-être, même pour moi, inéluctable.

J'aimerais n'être pas semblable aux autres.

Le silence est sans doute ma meilleure arme.

Pour Patrice, j'espère être un être éthéré, nimbé de mystère, un peu fascinant.


13 octobre 1965

Petrus est bizarre. Je ne le comprends pas très bien.

Avant-hier, j'ai eu un coup de cafard dans le métro, en sortant de l'école de coiffure, après avoir quitté Hélène à qui j'avais servi de modèle pour un chignon. Je devais téléphoner à Patrice à 3 h ou à 4 h 30, mais il était déjà parti. Je me suis sentie perdue. J'ai téléphoné rue Guynemer. Personne. J'étais perdue complètement, d'autant que j'avais vu Hélène très déprimée elle aussi. Je l'avais aidée, en plaisantant, mais une fois seule, la dépression m'a abattue à mon tour.

Ah ! je devais être belle, dans mon manteau superbe, sous mon très beau chignon, pleurant presque. Ravissant spectacle. Plus ou moins consciemment, je suis allée chez Petrus, espérant le voir, ou retrouver Patrice. Toujours personne.

J'étais affolée, me sentant abandonnée, rejetée.

J'ai rencontré Joëlle, une camarade d'internat, qui, me voyant tellement à plat, m'a invitée à dîner le soir avec elle.

Mais j'ai voulu revoir, soit Petrus, soit Patrice, et je suis retournée chez eux.

Seul Petrus était là. D'abord il ne m'a pas reconnue. J'avais servi de modèle à Hélène dans son école de coiffure et je crois que j'étais belle ce soir-là. Vulnérable aussi.

Il m'a dit qu'il était tombé amoureux de moi.

J'ai dit qu'il aurait dû me le dire plus tôt.

J'étais très touchée.


Pourtant hier, il a été violent, choquant. Une attitude déplorable.

Moi j'allais bien, je venais de voir Patrice. Je rentrais du cinéma Celtic, où passait *Le Knack*. Je m'étais promenée dans l'air doux et léger du soir. J'étais heureuse.

Petrus a senti que je n'étais plus aussi vulnérable que l'autre jour, alors il a joué les types blasés et j'ai horreur de ça. Quand je suis partie, car je ne suis pas restée, il a été presque violent en apprenant la venue à Paris de Sylviane, notre amie des vacances à Saint-Clar !

Je ne comprends pas.

Hier en sortant de chez lui, je pensais calmement : *Bon, c'est une affaire réglée. Je n'ai plus rien à attendre de ce côté-là.*

Hier aussi, Patrice m'a appris qu'il avait déjà voulu se marier une fois et que cela lui avait servi de leçon, il ne recommencerait pas avant dix ans !

Je comprends très bien qu'il ait actuellement peur d'essuyer un nouvel échec, il est trop orgueilleux pour ça, mais cette notion de dix ans n'a pas de sens.

En fait, je ne pensais pas à un éventuel mariage avec Patrice, à cause de notre manque d'équilibre actuel. J'ai été moins blessée que lui, je suis plus en accord avec moi-même. Je me sens juste un peu responsable de lui, mais c'est difficile de le sauver.

Il aime sa souffrance.

Il est si sensible, susceptible même, tout en nuance, finesse, délicatesse, que je me demande parfois si je suis capable de tenir ce rôle de femme. Seule une femme peut le sauver. Mais est-ce moi ? Je crois bien le comprendre ou le « savoir », mais je ne me sens pas encore assez forte moi-même. Même si je sens que je reprends mes anciennes possibilités, si je suis moins vide que je l'ai été, si je retrouve mon orgueil, mon intuition « d'appartenir à une élite intellectuelle », comme le dit Patrice.

Quand je vois les autres dans le train, le métro, la rue, je ne peux m'empêcher de les trouver ternes et tristes. Mais je me demande parfois s'il ne vaut pas mieux, pour être heureux, ne pas être « l'élite », ne pas se poser de questions, juste accepter les choses superficiellement.

Je vois certaines filles : elles aiment ou croient aimer des garçons, les garçons les aiment ou croient les aimer. Pas de problème. Ils se marient. Sans question. Ça semble facile.

Non, je ne veux pas d'une vie terne et creuse. Mes aspirations sont plus hautes. Comme le dit Patrice :

— Ce n'est pas le mariage, l'essentiel.

Mais quel est cet essentiel ?

Nous n'avons pas su y répondre encore.


17 octobre 1965

Comme il est seul !

Sa solitude m'émeut.

Comment l'atteindre ?

Il souffre.

Et moi je voudrais crier.

J'étouffe dans les cadres trop étroits qui bornent ma vie. Rien n'est à ma mesure ni à celle de mon amour, de mon éternelle passion, jamais assouvie, à jamais altérée.

Je voudrais vivre à ma hauteur, mais j'ai peur du temps. Tant de choses m'appellent et je reste là, immobile, sans agir, sans répondre. Je n'adhère pas. Je sais que Paul Valéry a écrit : *Il n'y a que les huîtres et les sots qui adhèrent.*

Je reste en deçà des événements, je ne participe pas, je les regarde parfois sans les pénétrer ni les comprendre. Pourquoi vivre si je ne dois être qu'une spectatrice ?

J'ai soif.

J'ai soif.

Je me sens un peu morte souvent. Non concernée. Je me sens double. Je vis dans un état second. Je me regarde marcher, parler, rire, comme je regarde les autres marcher, parler, rire. Pourtant je ne regarde pas les autres. Je me regarde seule. Je contemple mon autre personnage, sans le comprendre.

L'autre jour, chez le Docteur Fleury, à Enghien-les-Bains, je parlais et riais souvent en lui racontant ma vie. Comme s'il n'avait pas été question de la mienne, mais de celle d'une autre personne, assise près de moi, dans le fauteuil vacant. Je m'adressais presque à cette fausse présence, en me moquant d'elle, gentiment, car j'avais une certaine estime pour elle.

C'est étrange de me sentir ainsi dédoublée.

Hier au théâtre, ma sœur me parlait pendant l'entracte de la pièce *L'Otage* de Claudel et affirmait qu'elle « la sentait ». Je répondais que je n'étais pas concernée et je m'écoutais parler, sans saisir vraiment mes paroles, leur portée. Je me noyais en même temps dans les harmonies de la 6e symphonie, *La Pastorale*, de Beethoven et je me sentais partir loin de ma sœur, loin de Claudel, en étant là près d'elle, je m'évadais.

Je ne coïncide plus avec moi-même, avec le rôle que je m'étais attribué, celui que je dois tenir.

Mais parfois de grands moments de soif m'emportent et là je me mets en accord avec moi-même. Alors je voudrais tout, tout de suite. Je voudrais dévorer, déchirer, lacérer, posséder enfin, mais j'ai si peu de temps. Tout est tellement évanescent. J'ai conscience de mon éphémère et j'ai peur.

Deviendrai-je une femme ?

J'aimais la force et la lutte pour moi, j'étais mordante, dévorante. Maintenant je voudrais me laisser flotter, porter par la vague.

*Des Vagues pour Rien* (c'est un titre possible de Patrice).


19 octobre 1965

Je suis seule. J'ai froid. J'ai soif. Je suis perdue, abandonnée.

Patrice n'a pas besoin de moi, c'est certain.

S'il m'aimait un tant soit peu, il ne me laisserait pas dans l'état où je suis actuellement.

Je n'ai aucun but. Je marche seule des heures dans les rues de Paris, sans savoir où je vais. Trop souvent, mes pas me rapprochent du Jardin du Luxembourg, puis de la rue Guynemer, où pourtant, je le sais, Patrice ne se trouve pas. Je m'arrête au Lufac, et là, devant mon livre ouvert, mais je suis incapable de lire, je fixe à travers les vitres, l'entrée de l'immeuble en face, une voiture est arrêtée devant, je déteste cette 4 L bleue, immatriculée 3835 QT 75, je la déteste et je la fixe sans fin, partout je vois cette 4 L bleue, quand je ferme les yeux, quand je les rouvre, dans le métro, dans la rue, je la vois de face ou de profil, arrêtée à un feu rouge, derrière d'autres voitures, démarrant brusquement, tournant le coin du Jardin du Luxembourg, jamais je ne distingue le conducteur, mais je le sais, c'est lui, dur, fier, méprisant et seul.

Qui passe, qui passe, et me laisse désespérément échouée sur le bord du trottoir.

*Je suis celui qui passe, qui traverse. Qui me suivrait ?*
écrivait Huguenin.

Patrice pourrait le dire sans que cela m'étonne.

Je me raccroche à lui, à sa voix. Je voudrais pouvoir me raccrocher à sa présence. En vain. Il fuit évanescent devant moi.

A-t-il compris, cet après-midi, ma désespérance quand je l'ai appelé ?

Implacable et inexorable, il disait comme hier :

— Je ne peux pas te voir aujourd'hui.

A-t-il compris que tout s'écroulait autour de moi, que mon corps même vacillait ? A-t-il compris que je pleurais ? J'ai essayé de rire, mais cela a sonné faux. Et lui disait :

— Je te téléphonerai ce soir.

Et je disais comme en rêve :

— Oui... Oui...

Mais je pensais : *Ce n'est pas vrai, il oubliera.*

C'est fini.

Je m'en voulais de pleurer ainsi dans les rues de Paris. Je serrais les lèvres, parfois un sanglot m'échappait, j'aurais voulu poser ma tête sur l'épaule de quelqu'un et pleurer, pleurer, sans retenue, sans pudeur, pleurer jusqu'à ce que ma soif soit étanchée.

Je voudrais dormir.

Me reposer. Me reposer.

Je suis une mouette égarée.

J'ai froid.

J'ai peur.

Je voudrais être aimée.

Qui m'aime comme je le voudrais ?

Personne.

Je suis odieuse avec ma famille, qui ne le mérite pas, je le sais, car elle m'aime, mais ce n'est pas cet amour que j'exige.

Je voudrais que quelqu'un me prenne dans ses bras et me serre jusqu'à ce que toute peur me quitte.

Je voudrais que l'on m'embrasse jusqu'à « plus soif ».

Il ne m'appellera pas ce soir. Je le crains. Je le sais. Il oubliera. Et si moi je l'appelais demain, il essaierait de se justifier :

— Oui j'ai dû aller tard au garage pour ma voiture...

Pourquoi se justifie-t-il ? C'est lâche.


Il avait dit :

— Huit heures.

Huit heures viennent de sonner à l'horloge du salon.

Il ne m'appellera pas.

Pourtant, j'attends, j'attends.

Je l'attends, je l'attends.

Je t'attends.

J'ai très soif encore.

Déjà je sens les effets du somnifère, je vais sombrer brusquement dans le sommeil, pour ne pas l'attendre désespérément.


21 octobre 1965

Patrice est un faible qui s'aime.

Mon silence l'attirait plus que mes paroles.

Il aime le mystère.

Il fait peut-être des concessions pour moi, par gentillesse, pour ne pas me blesser.

Mais ça ne me suffit pas !


22 octobre 1965

9 heures du matin

Je me lève très altérée soudain alors que mon réveil m'avait attristée : je dois commencer à travailler comme institutrice aujourd'hui. Je craignais que cela me borne, c'est certain. Si seulement je pouvais écrire à Patrice. Il part au Burundi le 12 novembre.

Il m'a demandé d'assister avec lui au mariage d'un de ses copains le 30 octobre.

Mais d'ici là, pensera-t-il à moi ?

Questions toujours sans réponse.

Je suis poursuivie par Huguenin :

*La déchirante question de l'amour qui ne recevra qu'à la fin sa réponse : quel est deux celui qui passe ?*

Actuellement, c'est Patrice qui passe, intact, moi qui m'accroche, vulnérable toujours, blessée déjà.

Patrice, heureusement que je t'adore sinon je te détesterais tellement.

Je ne sais même pas si je distingue mon aversion de mon adoration.


Rêves cette nuit dont un avec Patrice que j'ai oublié (il y était question de train), l'autre avec Petrus : je pleurais, pleurais, à Paris, et à bout de forces, je me réfugiais chez lui, dans ses bras.

Il ne faut surtout pas que je revois Petrus. C'était une erreur. J'ai tenté l'autre jour d'expliquer mon attitude à Patrice au téléphone, lui affirmant que je n'étais pas tout à fait consciente, et que, lorsque je me sentais abandonnée, j'étais malgré moi conduite vers la rue Guynemer, où je me laisse enserrée par l'atmosphère chaude et douce.

Je ne dois plus me laisser déséquilibrer comme ces derniers jours? C'est seule que je dois me sortir de là. En travaillant, ce sera plus facile.

Patrice me parle souvent de Petrus, pour me sonder sans doute. Je dois réagir. Il est trop facile de rester avec Petrus.


23 octobre 1965

Je travaille depuis deux jours et déjà je me sens mieux, moins désespérée. Cela ne pouvait plus durer, cet état de détresse perpétuelle, d'attente vaine de l'impossible ; là je suis absorbée au cours des heures par les gosses et elles m'intéressent, ainsi je ne pense plus, ni à moi ni à Patrice ni à Petrus.

Ce soir, je suis chez Madame Bloch. Jean et Hélène sont restés longtemps avec moi, ils sont partis à 21 h 30. Il est 23 heures déjà.

Ce soir, je pense à Patrice, je voudrais tant être avec lui. Mais Monsieur chasse !

Je suis partagée.

D'un côté, je n'ose pas croire que je pourrais le revoir, j'y songe enfin sans désespoir, mon travail serait un éventuel exutoire, tant à l'école avec mes gamines, que dans mes études littéraires et philosophiques, que je reprends maintenant, me sentant assez forte pour cela.

D'un autre côté, je crois devenir assez solide pour pouvoir nous sauver. Je ne pouvais rien gagner par mon déséquilibre. Et surtout, je comprends les problèmes qui se posent entre nous : nous nous sommes écartés de ce que nous aurions voulu. Ma conduite en est la cause. Patrice n'a que faire d'une fofolle, inconsciente, insouciante. Je dois être responsable... Si je le revois !

J'admire la confiance qu'il me donne en me racontant comment dans ses sorties il repousse toutes les filles. Je ne lui demande rien pourtant. Il me parle aussi parfois, toujours brièvement, de ses fiançailles brisées. Je n'éprouve aucune jalousie, heureuse qu'il me juge digne de l'écouter.

J'ai eu tort de me disperser, me gaspiller devant lui, nous avions si peu de temps.

Il exige de moi mon personnage réel exact et non l'artificiel joué pour les autres.

Il me veut telle que je suis, avec mon « sens moral », qu'il feint souvent de me reprocher (mais n'est-ce pas une manière de l'estimer), avec mon amour de la dignité, de l'harmonie, de la grandeur, de la noblesse.

Que cela va m'être difficile, l'équilibre est tellement délicat !

Comme il dit :

— Tout équilibre est précaire. Tu te crois debout, je te pousse, tu tombes !

Je dois aussi vaincre une grande part de mon orgueil pour m'abandonner. Être calme, douce et tendre contre lui...


Dimanche 24 octobre le soir

Je me rappelle ce jour de la semaine dernière où tout s'est écroulé. J'étais dans une cabine de téléphone vitrée du Boulevard Saint-Michel, isolée et tellement seule soudain. Je ne voyais plus rien. Les bruits autour de moi étaient feutrés comme dans un rêve. Ma vue était troublée. Seuls les mots de Patrice résonnaient en moi, m'emplissaient. Je balbutiais :

— Ça ne fait rien, ça ne fait rien.

et je pleurais doucement, dans cette cage de verre...

Je ne parlais pas, je n'aurais pas pu,

lui, d'une cruauté inconsciente, demandait :

— Alors, quand est-ce qu'on se voit ?

Ironie ! Mauvais goût ! Je pleurais malgré moi et j'essayais de rire pour qu'il ne s'en aperçoive pas.

Je suis sortie, hagarde, sur le Boul' Mich' et j'ai traversé les rues, sans savoir où aller, ne sachant plus que faire.

Pourtant, je vais beaucoup mieux et je serai bientôt sauvée. Il me fallait réagir moi-même, sans attendre quelque aide. Voilà c'est fait. Il était temps. Je me sentais partir, malgré moi, vers une pente désespérée...

Mon état s'est aggravé après avoir consulté le Docteur Fleury à Enghien. Je lui ai raconté ma vie et j'ai presque réussi à me persuader que j'étais malade. Le fait de l'exprimer, de l'étaler, a concrétisé mon état, l'a stigmatisé, cristallisé. Comme il m'a donné des somnifères, je me suis sentie gravement atteinte. J'en ai abusé pour voir ce que ça ferait. C'était plus facile de me laisser aller et j'aimais ce moment où mon corps s'annihilait, où je ne me sentais plus, où je flottais sans pesanteur. C'était étrange et agréable.

Mais j'étais trop odieuse.

Je parlais, parlais, je saoulais tout le monde de mots. Obsédée par les mots, je les faisais vivre. Il y a une semaine en attendant l'effet du somnifère, je lisais *Le Larousse* ! J'essayais de réagir, je prenais un bouquin de Morale de ma classe de Philo, je rencontrais un mot philosophique, connu déjà, je voulais en connaître tous les sens possibles, je reprenais le Dictionnaire pour voir, je continuais à lire les mots suivants... sans pouvoir m'arrêter...

L'autre jour, je crois que je me serais raccrochée à n'importe qui. Mais je n'ai rencontré personne.

Ma hantise de la solitude devenait une véritable panique. J'aurais voulu voir Petrus, en sachant que c'était dangereux à l'égard de Patrice. J'ai si peur parfois de rester seule...

Il est difficile de faire comprendre ça à Patrice et il lui-même est trop orgueilleux pour tenter de me « reconquérir » s'il me sent partir vers son frère, il a trop peur d'être à nouveau blessé et se blinde.

Même si j'ai conscience de ce qu'il faudrait faire, je n'ai pas le courage de réagir. J'agis comme en rêve, comme lorsqu'on voit le danger et qu'on voudrait s'enfuir, mais que cela devient impossible, car on est anéanti, paralysé, endormi. C'était ma situation ces derniers jours. Une incapacité à réagir. Obnubilée, je ne pouvais déchirer le voile, le nuage, qui me cachait la réalité des choses, des événements...

J'ai su mercredi matin que j'allais travailler, peu avant midi, alors que j'étais au lit, sans force, sans courage, tellement morte. Cela m'a réveillée, m'a permis de penser à autre chose qu'à un hypothétique Patrice Cournot.

L'après-midi, j'ai dû aller voir Monsieur A..., représentant de l'Inspecteur Primaire, qu'il fallait l'impressionner pour qu'il me nomme à un poste d'institutrice remplaçante de l'école de Madame Bloch, la plus proche de la maison. Je me suis habillée, coiffée, maquillée. Et ça allait beaucoup mieux. Le naturel féminin reprenait ses droits !

Ma vie est désormais organisée, donc équilibrée. Elle est remplie, je n'ai plus le temps de m'ennuyer ni de me déprimer. Ce travail est une solution aux problèmes qui m'ont submergée au retour de Saint-Clar, sans doute à l'origine de ma dépression. Socialement, j'ai une place, financièrement aussi. Cela va me permettre de me refaire psychiquement et intellectuellement.
Oui, je vais mieux. Encore un peu fatiguée, mais cela va sans doute passer.
En retrouvant mon équilibre, je retrouverai Patrice. Je sais maintenant que tout peut aller mieux pour nous deux. Si Patrice se décide à m'appeler ces prochains jours, si je peux le voir le jeudi et le week-end, nous sortirons de cette impasse.
Maintenant que je travaille, j'accepte beaucoup mieux de ne pas le voir et je pense que si lui-même supportait si bien de ne pas me voir, ce n'était pas par indifférence comme je le craignais, mais parce que son travail l'absorbait et lui permettait de ne pas sentir toute la lourdeur du temps. Comme moi, maintenant !
Mais le reverrai-je cette semaine ?
Rien n'est changé pour moi, c'est toujours lui que j'ai dans le cœur. Je me sens plus forte, c'est tout.


Vendredi 29 octobre 1965
J'en ai assez, j'abdique, je renonce. Tant pis pour moi, pour lui, pour moi surtout, certainement, mais cela ne peut plus durer.
Pas de nouvelles de Patrice depuis plus d'une semaine, depuis le jeudi précédent. Là c'est explicite : il n'a pas besoin de moi. Attend-il que je l'appelle ? Il est possible, de sa part. Me souvenant qu'il m'avait demandé de le prévenir la veille quand je venais à Paris, je l'ai appelé mercredi à 1 h.
C'est Petrus qui m'a répondu, situation très gênante.
Je ne m'en suis pas trop mal sortie.
Je n'ai pas osé rappeler, espérant que Petrus aurait prévenu son frère et que Patrice m'aurait rappelée. Mais non !

Hier, je suis allée à Paris, j'attendais Hélène devant le Lufac, j'ai vu Jean-François arriver rue Guynemer, je suis allée vers lui, lui dire bonjour simplement. Petrus était chez lui, il partait, il a bien précisé qu'il allait déjeuner au Drugstore « avec son frère et Anna ». Connais pas.

Je suis partie. J'ai compris que je n'avais pas de place parmi les Cournot. Je suis un peu amère, car Patrice avait promis de m'emmener déjeuner au Drugstore. Qu'il y aille ! Qu'il y aille sans moi !

C'est ce qu'il fait malheureusement. J'ai été touchée hier, c'est vrai, d'autant plus que je me suis retrouvée seule. Hélène n'est pas venue. Mais je ne me suis pas laissée aller.

Maintenant j'ai d'autres centres d'intérêt que Patrice : j'ai mon travail, très prenant, surtout en temps, je ne suis plus seule, puisque j'ai mes gosses, je sais où je vais, je sais ce que je suis. Je me suis retrouvée.

Alors, hier, j'ai bien supporté de ne pas voir Patrice : je suis allée chez Tinker, la boutique de mode en bas de la rue Saint-Jacques, avec Jane, notre fofolle de cover-girl anglaise, que j'adore. J'ai passé l'après-midi dans la boutique, à l'aider à faire un ourlet pour raccourcir un manteau ! Le travail était affreux, j'ai honte de l'avoir laissée faire ça, j'ai rectifié autant que possible, mais je ne pouvais plus faire de miracle au stade où je l'ai trouvé. J'ai vu passer des gens de toutes nationalités, très sympathiques. Je ne me suis pas ennuyée un seul instant... J'ai ri, j'ai parlé anglais, j'ai montré des robes, j'ai essayé le manteau...

J'ai vu des photographes, des peintres, des mannequins...

Des Suédois, des Américains...


Mais cette nuit j'ai rêvé et mon subconscient révèle tout ce que je refuse de reconnaître à l'état conscient.

Je ne me rappelle plus le rêve exactement, mais j'en ressens encore le climat. Il était question d'un château en ruines (sans doute le château d'Avezan, au-dessus de Manas, près de Saint-Clar), de toute la famille Cournot (sans distinction particulière de l'une ou l'autre personne), de Patrice très loin et de Petrus très proche.

En fait, j'avais devant moi le clan Cournot et je me sentais rejetée. Petrus voulait me retenir. Je sentais que ma place n'était plus là, même si j'étais encore partagée entre les deux frères.

Pourtant ce rêve ne m'a pas attristée.


le soir

Il y a quelques jours j'ai fait un rêve un peu semblable, mais plus précis. Avec Patrice. Je le sentais s'éloigner sans comprendre pourquoi.

Je revoyais plusieurs amies de lycée, des filles intelligentes et intéressantes, comme Jacqueline Le Groignec et Monique Demarle.

Je voulais leur présenter Patrice et lui, brusquement, refusait, sans s'expliquer. J'essayais de lui raconter quelle vie avait été la mienne jusqu'à lui, quelle avait été ma personnalité auprès de ces filles au lycée, comment nous formions ce qu'il appelle « l'élite », le noyau d'intellectualisme, un groupe d'une douce folie, agréable, charmante, euphorique.

Et lui disait non. Il ne voulait plus !

Que ne voulait-il plus ? Il ne m'expliquait pas. Je comprenais lucidement, presque objectivement, que c'était moi qu'il ne voulait plus. Il ne voulait pas me blesser comme lui-même l'avait été. Sa famille s'opposait à moi, pas directement, non, il restait une grande sympathie entre nous, mais je me sentais rejetée. Et lui se dressait contre eux, refusant qu'ils me blessent comme ils l'avaient blessé lui, par leurs paroles, craignant que je ne sois atteinte par des « obsessions » comme lui, c'est un mot qui revenait souvent dans sa bouche. Et moi, constatant qu'il gardait pour moi son estime, j'attendais qu'il me dise s'il voulait de moi.

J'ai dû m'éveiller, car mon rêve s'est évanoui.

Je ressens quelque chose d'étrange encore à m'en souvenir.

Il y avait une certaine faille dans l'harmonie, à cause de Petrus, je suppose.


Un choc tout à l'heure, mais bien supporté, simplement une prise de conscience un peu brutale parce que le sujet reste brûlant.

J'ai entendu chez Madame Bloch le dernier disque d'Hugues Auffray. Je l'aimais ce disque pour diverses raisons.

La chanson *Je croyais*, entendue chez Petrus plusieurs fois, chez lui, correspondait à lui, à sa crise, sa dépression.

Cette autre : *L'Homme Orchestre*, entendue avec Patrice dans sa 4 L bleue, me rappelait cet instant.

*Les Yeux fermés*, c'est plus vague, cela m'évoque un certain endroit de Kerfany, un petit mur de pierre moussu dominant la rivière, je sens l'atmosphère, l'odeur du ciel, de la mer...

Et puis, j'ai entendu pour la première fois ce soir cette chanson : *Laisse-moi petite fille*. Terrible. Cela m'a fait mal, comme si elle m'avait été adressée personnellement, ces mots « laisse-moi », cette façon d'être écartée, évincée !

*Je ne suis qu'un musicien*
*Une pierre sur le chemin*
*Moi je suis comme le vent*
*Ne pleure pas ma douce enfant*
*Je n'ai pas le droit de t'aimer*
*J'espère qu'à ton réveil demain*
*Tu m'auras déjà oublié...*

N'ai-je été pour lui qu'une petite fille, qui l'a un peu étouffé, qui lui a caché la vue et qu'il écarte sur le chemin pour aller plus loin ?

Toujours la phrase d'Huguenin :

*Je suis celui qui passe, qui traverse, qui me suivrait ?*

Je ne pensais pas que cela s'évanouirait si vite, alors que tout n'était encore qu'ébauche, esquisse...

C'est comme un avortement !

Ce silence de sa part...

J'en serais devenue folle si je n'avais pas été occupée.

Il est grand, il est loin.

Je ne sais comment l'atteindre.

Pourtant, je ne peux plus me laisser aller.

Mais il m'est effrayant de penser que je ne le reverrai peut-être plus.

Non, au fond de moi, je sens que je le reverrai. Je dois le revoir et tout redeviendra harmonieux.

Samedi 30 octobre 1965 le soir

Vu cet après-midi le film : *Paris vu par...*, des sketches de Chabrol, Godard, Rouch, Rohmer, Pollet, Douchet, dont Michel Cournot écrivait :

*Le seul film complètement intelligent, complètement neuf, complètement courageux, et pourquoi mâcher ses mots, complètement génial que nous ayons à portée de la main depuis quelques lustres.*

Dans le sketch de Chabrol, *La Muette*, on voit même Patrice apparaître et prononcer une phrase :
*Votre fils est arrivé.*
Assez semblable à lui-même.

Que devient-il ?
Quand, dans les rues du Quartier latin, je vois des couples, j'ai mal. En présence de Jean, j'ai mal de voir sa sollicitude à l'égard d'Hélène et je l'envie elle d'être si passionnément aimée. J'ai mal, je ne peux pas rester seule.
Et je crains d'accepter n'importe qui, par peur de cette solitude, de cet abandon...

Patrice, qu'es-tu devenu ?
Soudain, tu es étranger,
très grand,
et embué.
Tu me fais peur.
Tu es si loin...
C'est pourquoi j'oserai peut-être
t'écrire...

# Novembre 1965

Mardi 2 novembre

Je déteste le temps de Toussaint, je déteste Paris, je déteste les gens dans Paris, je déteste Patrice, je me déteste...

Trois jours d'angoisse latente.

Qui n'a trouvé un exutoire que dans les larmes hier soir... pour un motif futile : j'avais perdu un gant en sortant du Musée d'Art Moderne, où se tient la Biennale, Jean m'a fait une réflexion désobligeante, j'ai éclaté en sanglots et j'ai pleuré, pleuré, jusqu'à plus soif.

Je pleurais sur moi, je pleurais sur Patrice.

Je pleurais sur tout ce qui aurait pu être vécu avec Patrice en ce soir doux et humide comme un baiser, ce soir empli d'odeurs de feuilles mortes craquantes et vaines, je pleurais sur ce qui n'était pas...

Paris était beau, mais Paris sans Patrice, c'est insupportable.

*À présent me voici presque sereine, je ne désire rien, parce que je désire l'impossible... J'espère seulement qu'un jour, de nouveau, vous poserez votre main sur la mienne... Et j'attends..., j'attends...*

*Une seule chose te donnait une consistance particulière : ton silence total sur ta vie. Tu ne cachais rien. On eût dit que tu avais tout oublié, comme si tu venais de naître, adulte, pour me consacrer ces quelques semaines.*

Citations tirées de *Cet Animal Étrange* de Tchekhov, adapté par Gabriel Arout

*I've seen the has been,*
*The could have been*
*An' the should have been*
*In the glazed gaze of passers by.*
Donovan

Quel drame de ne pas savoir s'exprimer, de ne pas savoir communiquer ce que l'on sent !

Patrice disait que l'essentiel était de sentir... Cette possibilité de sentir permet de saisir tout ce que l'on perd en ne s'exprimant pas. Est-ce suffisant ?

Comment l'atteindre ?

Je ne veux pas lui téléphoner.

Je ne peux pas, car je risque d'entendre Petrus, qui, pendant le voyage de sa mère au Japon, habite chez son père, rue de Varenne. En appelant INV etc. etc., je ne suis pas sûre de parler à Patrice, puisqu'il m'a dit habiter rue Soufflot ce dernier jour où je l'ai vu. Lui écrire est délicat à cause de Petrus toujours et des différents domiciles de Patrice.

Que faire, sinon attendre ?

J'attends, j'attends.

Et j'espère qu'un soir, il m'appellera.

Il me demandera comme d'habitude :

— Quand puis-je te voir ?

sans se justifier, et ça me plaira, et moi je répondrai :

— Quand tu veux Patrice, tu le sais ! Je suis à toi, demain si tu veux...


Presque chaque nuit je rêve qu'il m'appelle au téléphone. C'est obsédant.


Hier, nous avons attendu. Il y avait beaucoup de monde à la maison : Jane, Marianne, Béatrice. Jane avait invité Tinker et son boy-friend et un autre Américain, un homme aux cheveux longs, qui veut être un Nouveau Christ !

J'attendais le Christ. J'espérais être sauvée par le Christ. Mais ni Tinker ni le Christ ne sont venus. Et l'angoisse est montée en moi, désespérante.

J'ai voulu partir à Paris le soir. Nous sommes allés rue Saint-Jacques. Tinker était au restaurant. J'ai vu le Christ. Un peu décevant. L'air assez idiot. Je ne crois pas qu'il puisse me sauver...

Ce n'est pas non plus un milieu pour moi. J'y suis bien avec Jane, Jane m'amuse toujours. Cela me permet de ne pas penser à Patrice. Mais c'est un dérivatif éphémère, une solution de facilité.


Paris ! Paris ! Brillant et vide. Sur chaque visage rencontré, je cherche le reflet de Patrice... J'espère le voir apparaître à chaque pas...

J'ai peur...

S'il est aussi orgueilleux que moi, il n'osera peut-être plus appeler...

Pourtant, je ne peux pas encore croire que tout soit fini. Ainsi. Bêtement. Il m'appellera...

Je dois le revoir. Je ne sais quand. Peut-être pas tout de suite, mais nous nous rencontrerons. Et tout sera plus facile.

Et j'attends, j'attends.

le soir
J'écoute la chanson d'Hugues Auffray : *Laisse-moi petite fille*.

*Qu'as-tu imaginé*
*Je ne faisais que passer*
*Ne pleure pas ma douce enfant*
*Que demain dans le soleil,*
*Que demain à ton réveil*
*Tu m'aies déjà oublié.*
*Oh ! Laisse-moi petite fille...*

Demain, je vais à Paris.

Si seulement par hasard, un peu, je rencontrais Patrice.

Demain, je voudrais sortir, marcher dans les rues de Paris, sans but, puisque je serais avec lui.

Mais je serai seule sans doute et j'errerai dans l'espoir insensé de le rencontrer.

À Paris, je scrute chaque visage avec violence, je dévore chaque visage pour le trouver, lui, enfin. Mais je suis déçue. Aucun n'est celui que je cherchais.

Quand j'étais avec Patrice, auprès de lui, tout le reste s'estompait, je ne voyais plus les autres, les murs s'écroulaient, les rues se voilaient. Seul, lui. Maintenant, les autres, les murs, les rues, reprennent leur vraie place, grise, trop grande...

J'étouffe.

Et j'ai tellement soif.

Je voudrais le rencontrer et que, sans un mot, il m'emmène, n'importe où, j'accepterais.

*J'espère seulement qu'un jour, de nouveau, tu poseras ta main sur la mienne. Et j'attends, j'attends...*

Demain, j'irai dans l'après-midi rue Guynemer. Je sais que Petrus a cours, il ne sera pas là. Et peut-être, par chance...

Jeudi 4 novembre 1965

Une de mes obsessions : la crainte de la facilité, de la mièvrerie. J'en ai peur parce que je la sens très proche de moi cette facilité.

J'aimais en Patrice le refus de toute sensiblerie.

Ce qui me dégoûte chez les autres, c'est leur laisser-aller.

Avec Patrice, tout était beau, car tout était pur, difficile et grand.

Patrice était une barrière, un écran, à la facilité. Il m'isolait. Je pouvais alors être dure, grande, belle même parfois.

Si nous avions eu le temps...


Vendredi 5 novembre 1965

Ai téléphoné tout à l'heure à Patrice, comme ça sans réfléchir. J'ai eu soudain envie de savoir ce qu'il devenait. Il n'était pas rue de Varenne. Mais le charmant monsieur (son père ?) qui m'a répondu m'a dit qu'il rentrerait peu après. Effectivement, au bout d'une demi-heure, Patrice a rappelé. Très naturel et enrhumé ! J'ai demandé :

— Tu survis ?

— Oui, c'est assez facile au fond.

Ça confirmait ce que j'avais écrit dans ce journal.

Il a fini par dire :

— On se voit un jour ?

— Si tu le veux.

Mise au point : d'accord pour jeudi à 2 heures. Nous irons voir *Pierrot le Fou* ensemble.


Dernière critique délirante de Michel Cournot sur le *Nouvel Obs* :

*Marianne où es-tu, cette ivresse de chaque seconde à regarder, à écouter, cette frénésie à découvrir parce que nous nous tenons la main, Pierrot cinéma du cœur, couleurs du monde qui tournaient, bruits du jour qui changeaient de cap, rose des vents, pivoines des dents, eucalyptus du bonheur, l'amour c'était toi cinéma, ... quelle heure est-il, si tard déjà, mais avec toi, mon cinéma, nous nous aimons encore, du sang, du rouge, la musique gronde et se tait, les paroles enjambent les images, Marianne je t'aimais.*

*... Je n'entends plus cette jolie musique, les plans sont durs, les nuages me sautent aux yeux je ne les vois pas venir, les couleurs ont perdu leurs grandes coulées chaudes, Marianne où es-tu ? Avec qui ? Qui est-ce ?*

*L'image tremblait, j'avais la mer dans le dos et le soleil dans la figure quand je leur ai tiré dessus, Marianne deux trous rouges sur ta robe, la mort, la mer, débarrassez-moi l'écran, j'écris sur le tableau blanc de l'écran "mer, mort, amer, amour", cinéma tu sers à tout, Pierrot j'ai mal, Marianne il ne fallait pas faire ça !*

*Le soleil rentre dans l'écran, on ne voit plus rien, c'est la mort, c'est la mer allée avec le soleil, quelle heure est-il ? Je n'entends plus cogner le temps, c'est tout blanc l'écran, avait-elle ouvert les volets, Pierrot n'est plus là, non ne partez pas encore, ayez au moins la décence d'attendre quelques secondes, un film ne meurt pas comme ça, ne bougez pas, il fait tout noir, cinéma du reposoir, carrefour des rendez-vous. Marianne t'attend, je ne sais où, Pierrot le Fou.*

signé Michel Cournot

Et ce n'est qu'une petite partie. J'aime cette passion, cette souffrance latente et contenue, cet immense amour, cet oubli du temps, cette beauté enfin. Et j'aime Michel Cournot.

Patrice m'a semblé triste au téléphone ou fatigué.
Je ne saurais discerner ce qu'il peut penser de moi.
À jeudi le verdict...
À jeudi Pierrot.
À jeudi le Fou.

Mais je ne suis plus malade. Je suis une femme, j'ai une classe sous ma responsabilité, provisoire, mais effective.
Demain, je vais voir *L'Obsédé*. Demain je reverrai peut-être le Christ, comme cette nuit.

Samedi 6 novembre 1965
En classe, je fais répondre les élèves par écrit sur un texte de Louis Pergaud. Je suis très à l'aise.

Je devrais être fatiguée, je ne dors que très peu depuis des semaines. Mais ça va bien, je suis en forme, de nouveau enthousiaste, heureuse de vivre.

Quel dommage que je ne voie pas Patrice ce soir !

Mais peut-être le Christ, ou d'autres Américains, ou d'autres farfelus dans le genre.


Dimanche 7 novembre 1965

Sortie hier soir à Paris avec Hélène et Jean. Vu le Christ chez Tinker et Stéphane très beau et des Américains. J'ai gardé la boutique *Chez Tinker*. Sheila (son vrai prénom, Tinker est son surnom) m'a laissé les clefs. Elle ne m'a vue que deux ou trois fois... Elle ne s'embarrasse pas de préjugés ni craintes inutiles. Elle part, sans tourner la tête, sans penser à ce qu'elle laisse derrière elle. Il doit être bon de vivre ainsi, sans s'inquiéter, d'être toujours disponible pour ce qui peut arriver. À 9 h, lorsqu'il m'a fallu partir, j'ai laissé les clés à son ami Stéphane, qui revenait, aussi simplement.

Le Christ avait une vieille veste râpée, des jeans blancs et ses hautes bottes, comme l'autre nuit, les cheveux noués sur la nuque. Le sourire de ses yeux semblait dire :

— Vous croyez que je me prends pour le Christ ? Oui c'est ça, n'est-ce pas ! Eh bien ! vous vous trompez, je m'amuse, je me fous de votre gueule, vous y croyez, tant mieux, je m'amuse, si vous saviez comme mon rôle est marrant !

Et il rit en me parlant et je ris en l'écoutant. Il manie bien les mots, et comme, d'après Jane, je suis obsédée par les mots, j'apprécie assez sa conversation.

À vrai dire, je ne sais s'il est sérieux ou non. Je ne le crois ni bête ni fou...


Lorsque Jean est arrivé, nous sommes allés voir *L'Obsédé*. Le film m'a plu, oui, j'ai vibré toute la soirée. Je ne sais pas ce qui s'est passé après en moi pour que je trouve des critiques à y faire. Sans doute pour des raisons qui n'ont rien à voir avec le film. L'attitude de Hélène m'énerve et me gêne, Hélène que j'estime et admire tant, Hélène si belle, Hélène que j'aime...

Jean évidemment m'ennuie, c'est une chose entendue.

Ce n'est pas une raison pour être de mauvaise foi !

Lundi 8 novembre 1965

D'où vient ce malaise que j'éprouve toujours avec les autres ? Je crois être avec eux et brusquement, je ressens une cassure, aucun échange n'est possible, je me sens repoussée, laissée pour compte, surtout je me sens laide, ce n'est peut-être qu'un vieux complexe héritée de mon enfance souffreteuse et maigrichonne.

L'autre soir au cinéma Celtic, je me suis séparée de Hélène et Jean pour m'asseoir plus près de l'écran, leur demandant de m'attendre à la fin du film. J'étais dans les dernières personnes à sortir, car je déteste partir avant la fin du générique, comme l'écrit Michel Cournot à propos de *Pierrot le Fou* :

... un film ne meurt pas comme ça, ne bougez pas...

Non, un film ne meurt pas aussi vite, je me suis levée après les autres, j'ai vu Jean et Hélène debout à leur place, ils m'attendaient. J'aurais voulu les rejoindre, mais il y avait les autres entre nous, j'étais retenue, je les ai vus s'éloigner tous les deux dans la foule, j'étais repoussée, seule...

Pourquoi cet instant, si bref, m'a-t-il autant ébranlée, je ne comprends pas encore, mais en sortant du cinéma, en les retrouvant souriants et heureux, je n'étais plus comme avant, quelque chose se tordait en moi, alors, par provocation, j'ai critiqué le film.

Est-ce que cela me rend malade de voir des couples, parce que je suis seule, que je désespère d'être aimée jamais ? J'ai peur des autres, ils ont l'air heureux ensemble et je suis toujours seule. Ce n'est pas juste, je suis aussi intelligente, aussi cultivée que beaucoup, qu'y a-t-il de différent ? Je ne sais pas et cela m'obsède. Quand serai-je délivrée ? Qui me sauvera de moi-même ?

Mais comment fait Hélène ? Elle est toujours belle, tous ses gestes sont beaux, ses expressions sont belles, ses grimaces parfois même sont belles. Moi je me sens mal dans ma peau, fripée.

J'en voulais à Hélène samedi soir d'être aussi rayonnante, aussi douce, aussi féminine, je lui reprochais son attitude avec Jean, ses chatteries. Tout en elle m'énervait soudain. Serais-je jalouse ?

Dimanche, elle m'a téléphoné dans l'après-midi, simplement, naturellement, et, bien sûr, j'avais oublié mon animosité, elle est venue avec Jean et nous sommes partis à Paris.

Jean n'a dit que des bêtises pendant le parcours, je riais, j'étais bien dans ma peau, en pantalon et gros pull marin.

Nous sommes allés voir :

*PIERROT LE FOU*

et tout a été bien.

Beau.

Trop de choses à dire sur ce film et puis Cournot a déjà si bien écrit tout ce qu'il faudrait dire.

Si riche.

Je suis envoûtée.

Depuis hier soir je vis avec Pierrot.

Les Couleurs.

La Musique.

L'Amour.

La Mer.

La Mort...


Jane, *chez Tinker*, avec Stéphane. Là encore, la cassure, l'impossibilité d'échanges, je me sentais à part, assise dans mon fauteuil pendant qu'Hélène évoluait dans la boutique, virevoltait si belle dans les manteaux.

Moi rien ne m'allait. Je suis maigre et laide.

Que puis-je pour échapper à moi-même ?


Heureusement Pierrot.

J'ai regretté pourtant d'y être allée sans attendre Patrice. Effroi hier soir en m'avouant que si j'avais accepté d'aller voir Pierrot c'était... parce que je craignais que Patrice ne se désiste au dernier moment jeudi. Qu'il me dise :

— Je ne peux pas aller voir *Pierrot le Fou* avec toi, j'ai du travail, des rendez-vous importants, etc., etc.

Ainsi je pourrais en face de lui garder la tête haute et répondre froidement :

— Tant pis, j'ai déjà vu *Pierrot* !

Bête orgueil insensé de ma part, non justifié, en fausse dignité.

La dignité, disait Patrice, il est facile d'être digne. La dignité, c'est ce qui reste quand il ne reste plus rien...

Avait-il raison ? Est-il vrai qu'il ne me reste plus rien ? L'ai-je perdu ? Je me pose la question avec objectivité et recul. Ne l'aimai-je plus ? Je devrais être en proie à une panique accablante et je suis calme, raisonnable. Que se passe-t-il ? Je croyais l'aimer, je crois l'aimer encore. Est-ce parce que je travaille et que je n'ai pas le temps de m'ennuyer que sa perte a moins d'importance, ou parce que je suis sûre de le retrouver un jour ? Quelque chose s'est cassé pourtant.

Tant de choses à faire encore avec Patrice.

Oh ! Pierrot...

La dernière phrase du film, chuchotée sur la mer par Marianne :

*C'est la mer allée avec le soleil.*


Et ces réminiscences artistiques, poétiques, littéraires, Velasquez, Renoir, Marianne, Renoir, disait Pierrot, Modigliani, Picasso... Et Lorca :

*Ah! quelles terribles cinq heures du soir !*

*Le sang, je ne veux pas le voir !*

puis Rimbaud, Une saison en enfer, et puis, et puis, des couleurs, des vibrations, des odeurs...

Marianne courant dans les herbes, Marianne, sa robe rouge, dansant parmi les pins, la Mer derrière, toujours la Mer derrière,

*c'est la mer allée avec le soleil*, le silence soudain si grand si plein, Marianne chantant :

*Ma ligne de chance... Ma ligne de hanche...*

*Si peu de chance dans ma main*

*Ça me fait peur des lendemains...*

Et Pierrot ?

Plus difficile de parler de Pierrot, pourtant c'est lui que j'aime. Je les comprends tous les deux, dans leur impossibilité d'échanges, elle veut vivre, lui veut écrire, elle veut voir du monde, lui veut être seul...

elle est au bord de l'eau lançant des cailloux :

*Qu'est-ce que je peux faire / J'sais pas quoi faire / Qu'est-ce que je peux faire / J'sais pas quoi faire...*

et lui écrit, en rouge, en bleu, près de son perroquet coloré, il lit, il dévore,

elle s'ennuie, lui l'aime toujours, installé dans son bonheur aveugle, elle fuit, elle est partie déjà, il ne le sait pas encore...

*Je te crois, menteuse !*
*Pierrot j'ai mal.*
*Marianne, il fallait pas faire ça !*
... trop tard pour Marianne, et pour Pierrot,
*Je m'appelle Ferdinand !*
au dernier moment :
*Je suis idiot... ah ! merde !...*
le bruit, les flammes, c'est fini, le silence très pâle, la Mer seule, brillante et calme, très douce, leurs voix murmurées :
*Une saison en enfer, c'est la mer allée avec le soleil...*


9 novembre 1965 en classe

Cette étrange difficulté de communication parfois, on croit être compris et soudain il apparaît que rien n'a été saisi, qu'on a parlé seul, dans le vide, que l'on n'a rien donné, que l'on n'a rien à offrir, qu'il est impossible de forcer la barrière et qu'il n'y a pas d'issue.

J'ai parfois cette impression en classe.

Par chance, il y a toujours une élève qui a saisi, pour qui tout est clair, évident, qui a parfois même compris avant les explications. Mais à quoi cela est-il dû ? À l'intelligence, à l'intuition, à la culture ? Pourquoi ne pas être senti et pénétré jusqu'au bout de la soif ?

c'est la mer allée avec le soleil,

cette phrase vibre en moi, les couleurs de la Mer vibrent en moi, la Musique vibre en moi

c'est la mer allée avec le soleil


Le soir

Pourquoi ai-je tellement aimé *Pierrot* ? Pourquoi suis-je depuis deux jours emplie de sa musique, sa couleur ?

*L'Obsédé* est plus frappant, plus suggestif, ses idées sont exposées sans détour, belles, nuancées et vibrantes... Il est facile d'aimer *L'obsédé,* explicite, tout le monde aime *L'Obsédé*, c'est grand et beau.

Alors, pourquoi est-ce *Pierrot* qui m'envoûte ?

Pierrot, on l'adore ou on le déteste.

Comme Patrice, on ne peut l'aimer bien.

Il faut deviner, sentir, derrière les mots, les images, parfois surprenantes, toute cette souffrance prête à éclater, cette douleur latente qui serre les dents, la déception d'un homme qui a mal, mais ne peut pas pleurer, Marianne, il ne fallait pas faire ça, sa déchirure, il se peint en bleu, quelques personnes rient dans la salle, ironie, Pierrot fait rire, Pierrot rit aussi, ne pas se prendre au sérieux, la dynamite, les bâtons rouges, ah merde... je suis idiot.

Trop tard. Les flammes grandes sur le ciel. La musique se brise, se fracasse, on n'ose plus respirer, tant tout est calme, soudain trop calme,

quelques uns se lèvent déjà pour partir, bandes d'abrutis, vous ne savez pas ce que vous perdez, tant pis pour vous, ils ne regardent plus, je reste, je deviens la mer grande et pâle...

c'est la mer allée avec le soleil, elle bascule, c'est fini, leurs voix flottent sur l'eau dans le ciel, c'est la mer allée avec le soleil, elle bascule...

Je reviendrai. Il faut revoir Pierrot, il nous dit tout.


Je reviendrai. Ne serait-ce que pour cette image, ce silence immense sur la Mer, le soleil qui fuit, la mer déjà en allée.

Je l'aimerai encore plus avec Patrice.

Je lui disais l'autre jour :

— J'ai horreur de la facilité, alors j'aime *Pierrot*, car *Pierrot* n'est pas facile. *L'Obsédé* est plus facile.

Patrice a répondu :

— C'est bien, mais ça ne mène nulle part.


J'aime Patrice, car il n'est pas facile. Il est vrai que cela ne me mène nulle part.

Pierrot, Marianne, Renoir, *Velazquez, le monde où il vivait était triste...*


Donovan parle du Vietnam dans sa chanson : *Ballad of a Crystal Man.*

Dans Pierrot aussi, il est question du Vietnam, lorsqu'ils roulent dans la nuit, au début, Pierrot au cinéma, pendant les actualités, les bombardements au napalm, le nain qui menace Marianne de lui faire prendre un bain au napalm comme au Vietnam, Pierrot et Marianne mimant pour faire rire les amerloques la guerre au Vietnam, ça j'avoue c'est un peu facile, mais bien introduit, et puis le sang toujours, pas du sang du rouge, du rouge, toujours, un homme étendu, des ciseaux dans la nuque, le nain tué par Marianne, allongé les yeux ouverts, du sang du rouge partout, affreux, mais supportable, c'est trop affreux pour nous ébranler, nous sommes comme Pierrot, dépassés, nous n'y croyons pas, où est Marianne ? Ploum, ploum, tralala, où est-elle ? la douche, il étouffe, ploum ploum tralala, la douche encore, le Dancing de la Marquise, c'est fini, il peut respirer, mais *quelles terribles cinq heures du soir, le sang je ne peux pas le voir...* qu'a-t-il fait, où est Marianne, il ne comprend pas, Marianne où es-tu ? Il l'a perdue, il est perdu, il la retrouvera comme ça par hasard, c'est toujours par hasard avec Marianne, je te crois menteuse, il l'a perdue, avec qui est-elle, Pierrot ne pose pas la question, mais il se ronge, elle est loin, elle fuit devant lui, il la voit partir loin déjà sur la mer, dans le bateau, il reste seul sur le quai, Raymond Devos : *est-ce que vous m'aimez, je lui ai demandé, vous l'entendez cette musique, vous l'entendez dans le ciel, dans la Mer,* non ne riez pas dans la salle, ce n'est pas drôle, elle ne l'aimait pas et il entend toujours la musique dans le ciel, dans la mer, immense, qui l'emplit, l'emplit... Non Pierrot n'entend pas, vous êtes fou, ah ! bon, j'aime autant ça... et Pierrot s'en va, il saute dans un bateau, qui part vers l'île, il veut la retrouver, la rejoindre, avec qui est-elle, elle a menti, il court dans les herbes, dans l'odeur, les couleurs, il ne sait où aller ; il se rappelle les paroles du fou, sa chanson est-ce que vous m'aimez, non il ne veut pas comprendre ; il court soudain, c'est eux, il les voit enfin, il tire, il tire... le soleil s'éclabousse dans la mer, il ne voit plus rien, nous non plus, qu'a-t-il fait, il ne sait pas, il sait qu'il ne devait pas le faire, il sait qu'il a tout perdu, il sait que tout est fini pour elle et pour lui, il porte Marianne dans ses bras, du rouge sur sa robe, le sang je ne veux pas le voir, *Pierrot j'ai mal, je m'appelle Ferdinand, je te l'ai déjà dit... y avait qu'à pas faire ça,* il répond comme un enfant qui a tort et regrette déjà, mais ne sait pas l'avouer, il regrette pourtant, mais y avait qu'à pas faire ça... *donne-moi de l'eau Pierrot j'ai mal,* c'est fini...

J'écris n'importe comment, sans ordre, et je me rends compte que toujours je reviens à la fin... pour cette phrase de Rimbaud chuchotée sans cesse en moi :
     c'est la mer allée avec le soleil
     ce grand calme très pâle au-dessus de l'eau, cette retenue du souffle, pour ne rien troubler,

pourquoi des gens se sont-ils levés,

ce n'est pas facile d'aimer Pierrot, c'est trop rapide, on a du mal à suivre le rythme, déconcertant, violent souvent, parfois même grossier, et si passionné, difficile de suivre la passion, si nuancé et délicat soudain, on sent brusquement l'angoisse entre Marianne et Pierrot, on ne peut pas parler avec toi, on sent que tout ne tient qu'à un fil, vibrant, un accord plaqué sur la mer derrière, si petit, si mince, si fragile.

Alors, comment accepter tout ça en même temps ? On s'essouffle vite derrière Pierrot, les couleurs sont trop vives, elles font mal, la musique est trop puissante, elle nous pénètre trop fort, tout cela nous déchire, nous dévore. Taisez-vous, écoutez tout ce qui reste chuchoté, murmuré, derrière la violence... Le tourbillon des sentiments, des sensations...


Mercredi 10 novembre

Je suis en classe, cours moyen 2, pédagogie primaire, primate, esprit primitif.

Dommage il y a beaucoup de choses intéressantes à faire.

Manque un certain air de jeunesse, de fantaisie, de couleur...

Moi j'aime *Pierrot le Fou*, je sens sur ma peau l'odeur de la mer, du vent, du sable, des eucalyptus, j'entends le bruit des vagues, la si grande musique, je sens en moi, dans mon ventre, la couleur du ciel, du soleil. J'ai sur moi le goût de Pierrot, sur ma bouche, sur mes yeux...


Les articles de Michel Cournot sur Pierrot et Godard

Cournot depuis des mois profite de la moindre occasion pour en parler. Quand j'étais à Saint-Clar, après le Festival de Moscou, il avait fait un grand article sur Godard, il parlait de Pierrot, j'avais vu le numéro du *Nouvel Observateur* dans la salle de Manas, puis au moment du Festival de Venise, un autre article très beau, passionné, déchiré, déchirant, coloré avec beaucoup de rouge, je me souviens l'avoir lu chez Petrus, avec lui, Patrice dans la pièce à côté. La semaine suivante, la semaine du dîner rue Guynemer, comme ma mémoire est claire, il a fait un article intitulé : *Les Épinards du Grand Canal*, toujours sur Venise, la première phrase :

*Une chance que je n'aime pas les épinards ! Sinon, j'en mangerais ! Et justement j'ai horreur de ça, dit à peu près Belmondo dans Pierrot le Fou.*

Toujours il fait des citations du genre : *Allons-y Alonso !*

Et au cours d'un article sur *Paris vu par*, il écrit que ce film console ceux qui n'en peuvent plus d'attendre *Pierrot le Fou...*

Il est délirant et j'aime ce délire, j'adore Michel Cournot, je lis avec avidité toutes ses critiques, qui sûrement m'influencent.

Pour Pierrot, j'avais lu son dernier article : *Pas du sang, du rouge*, il n'a pas intitulé sa chronique Cinéma, mais Poésie, un article rare, sublime, envoûtant, vivant, qui renferme une passion ineffable, un immense amour, une souffrance aussi, latente, retenue, qui serre les dents pour ne pas hurler. J'aime tout. Je le connais presque entièrement ce poème, en voyant le film, les mots, les phrases chantaient en moi...

*...tiens j'entends gronder le temps, la musique est à l'orage, le ciel se lance dans une colère et puis ça tombe d'un seul coup... vive le son du canon et vive la paix du soir, oh oui un peu de paix taisez-vous, j'entends justement Pierrot lire un beau livre dans le texte, Elie Faure en livre de poche, écran livre ouvert, la poésie est invitée, Éluard et Rimbaud, vous pouvez entrer, profitez-en, parlez tous en même temps je vous en supplie, qu'enfin le cinéma devienne une belle chose !...*

*... Pierrot meurt d'envie d'aller marcher la nuit, d'aller lire ailleurs, tu as les clefs de la tire, merci adieu, ouf on respire, tiens Marianne c'était vous, vous étiez là ?...*

*... les couleurs ont perdu leurs grandes coulées chaudes, Marianne où es-tu ? Avec qui ? Qui est-ce ?*

*L'image tremblait, j'avais la mer dans le dos et le soleil dans la figure...*

*... Un film ne meurt pas comme ça.*


Pierrot ressemble fort à cet article, à ce cri d'amour et de désespoir. Il faut lire plusieurs fois ce poème comme il faut voir plusieurs fois Pierrot pour en saisir, sentir, toutes les nuances, les délicatesses, en capter toute la beauté.

J'ai peut-être été influencée par ce délire.

Mais lorsque j'ai vu *Paris vu par...*, *La Douceur du Village* et *L'Obsédé*, j'avais lu les critiques, excellentes, qu'en faisait Michel Cournot. Pourtant je n'en ai pas gardé le goût dans la bouche, sur ma peau, dans mon ventre. Pierrot est plus riche, plus coloré, plus vivant, plus rapide, plus difficile et je l'aime...

La dernière image surtout, la chute des couleurs, de la musique, les images qui savent se taire soudain et rester là, sans parler, immobile, seule la voix de Marianne au-dessus de l'eau, il ne reste que le silence, la mer bascule, c'est fini.


en classe

La musique me fait vibrer, onduler comme sous une caresse, je deviens alors une vibration tout entière et j'ai mal partout dans mon corps. Les chats doivent souffrir de volupté quand on les caresse.


le soir

Demain, je vais revoir *Pierrot le Fou* avec Patrice. Excuse-moi, Patrice, j'aurais tant voulu que tu me donnes Pierrot le premier, pourquoi n'es-tu jamais là au bon moment ? Tu fuis, tu crois que je mens, je ne mens jamais, je ne savais pas être moi, mais maintenant je le saurai, je te le promets...


Jeudi 11 novembre 1965 le soir

Je suis furieuse, nous n'avons pas pu voir *Pierrot*, c'était complet, je suis navrée, désolée, irritée, à la place nous avons vu un navet de la plus belle eau, *Trois Chambres à Manhattan* de Marcel Carné, avec deux très bons acteurs pourtant, Maurice Ronet et Annie Girardot, un film sorti à Paris hier, vu en exclusivité sur les Champs Élysée, non non et non, c'est trop bête, même la présence de Patrice à mes côtés ne suffisait pas à étancher ma soif de Pierrot, j'aurais tant voulu voir Pierrot avec lui, vibrer près de lui, avec lui, trop bête tout ce temps perdu, je me révolte, j'aime la folie de Pierrot, mais pas cette grisaille new yorkaise, cette facilité des phrases, on est toujours seul, seul, mais nous le savons tous, pas la peine de le dire et redire, ça manque de pudeur à la fin, ça donnerait presque mauvaise conscience, je préfère l'extrême délicatesse godardienne sous la violence de certaines scènes, Pierrot aussi est seul, il a perdu Marianne, comme Godard est seul, il a perdu Karina, mais ils le disent autrement, tout le film n'est qu'un immense cri qui ne s'abaisse jamais au lieu commun, à la facilité banale.

Patrice.
Semblable à lui-même, beau, oui, ses yeux, bleu rayonnant, habillé comme le soir du dîner, sa veste de velours noir, comme à Saint-Clar, je lui ai fait remarquer que Pierrot portait la même, la pochette rouge, la chemise bleue assortie à ses yeux, le même pantalon, il avait aussi pris la Fiat à la place de l'habituelle 4L bleue que je déteste tant, oh ! Patrice, si tu savais comme je déteste les 4L bleues, je préfère la Fiat 1500, merci, mais quelle importance au fond, tout est pareil, c'est-à-dire qu'il n'y a rien.
Je ne sais plus très bien si nous avons besoin l'un de l'autre.
Je voudrais tellement plus. Quand je suis avec Patrice j'oublie tout, tout ce que j'aurais aimé faire, voir, entendre, plus rien ne compte, seule sa présence, que je sens d'ailleurs très loin, je suis calme, résignée, le temps n'a plus d'importance, j'oublie, mais lui doit partir très vite, j'ai du travail, je dois passer à l'étude chercher un dossier, où est-ce que je te dépose, ah! oui c'est vrai, alors c'est fini, il va me quitter comme ça, quand le reverrai-je, non il parle encore, est-ce qu'on ne devait pas faire quelque chose à la maison, avant le retour de ma mère, je ne sais pas moi, je me sens soudain si peu concernée par leur vie, il parle, je vais demander à Petrus et Françoise... qu'est-ce que cela veut dire, serai-je invitée à ce nouveau dîner, je ne sais pas trop si j'ai envie de revoir Petrus, ça a suffi comme ça, le double jeu, pourquoi les blesser davantage, et puis j'ai été moi-même trop blessée.
D'ailleurs nous sommes encore trop vulnérables, nous ne pouvons rien l'un pour l'autre. Cela me fatiguerait trop de remplacer sa "fiancée"...
Il ne m'a pas expliqué son silence des trois dernières semaines, je ne lui ai rien demandé non plus, il m'a seulement dit qu'il travaillait beaucoup dans plusieurs études, voulait-il se justifier, qu'il travaille, tant mieux, qu'il se justifie, tant pis, je déteste. Il a fini par me poser les questions :

— Que fais-tu de tes journées ?

j'ai parlé de mes gosses,

je ne sais pas si cela l'a intéressé,

je ne crois pas.

Je devrais avoir le courage de m'avouer qu'il
égocentrique à outrance, qu'il n'écoute pas les autres, qu'il ne
s'intéresse qu'à lui-même, qu'il est peut-être mythomane,
pédant, snob et méprisant,

mais j'ai besoin de lui

sans doute.

Devant le cinéma où se projetait Pierrot, il disait

— Les salles ne devraient être ouvertes qu'aux
privilégiés !

— Qu'est-ce que tu entends par privilégiés ?

Il dit :

— Moi... les autres, on verra après.


Mais qu'est-ce qui ne colle pas entre nous ?


Samedi 13 novembre

en classe : tout à l'heure une élève s'est blessée, du sang,
du rouge, le sang je ne veux pas le voir.


Patrice je t'aimais, je n'aimais que toi,

pourquoi...


plus tard

J'aime Pierrot parce qu'il traite de deux de mes
obsessions : la crainte de la facilité et celle de
l'incommunicabilité des consciences, qui se dresse devant
moi comme une barrière, un mur même, sur lequel je me
heurte sans cesse, je voudrais, ne voulant déjà plus, briser les
écrans et les obstacles, que ce soit avec Patrice ou avec mes
gosses, mais je reste surprise chaque fois de ne pas trouver la
brèche, l'issue possible pour communiquer, communier, je
reste étonnée, incrédule, les yeux écarquillés, quelque part je
peux l'atteindre, mais je ne le veux plus, lui est comme moi,
il voudrait que tout lui soit donné, offert...

Patrice je t'aimais,

Patrice toi et moi seuls au monde

tu te souviens, tu parlais d'une île déserte, tu disais :

— Tu viens avec moi ?
Je disais :
— Oui, sur l'île déserte !

Patrice, je t'aimais.

le soir
Je viens d'appeler INV etc...etc... La bonne espagnole, il n'est pas là Patrice, zut zut, je m'ennuie, je suis seule, je veux voir Pierrot, je veux voir Patrice, ou au moins l'entendre. Impossible.

Je garde les enfants dans la maison voisine. M. et Mme Bloch sont partis voir *Pierrot* sur mes conseils enthousiastes, moi je reste, moi qui aurais tant aimé le revoir ce soir, puisque la semaine prochaine sera trop chargée et ne me permettra pas de sortir. Je suis folle de jalousie, d'autres voient Pierrot à ma place, et moi je suis là, près de mes bouquins, mes papiers, d'accord je les aime, mais je peux travailler ou écrire chaque jour de la semaine, pas le samedi soir.

J'aime tant errer dans Paris la nuit, je voudrais tant marcher dans les feuilles mortes du Jardin du Luxembourg, près de Patrice, courir dans le froid avec lui, boire Pierrot en lui, et puis courir, courir, mes cheveux en liberté, le vent, rire aussi, je te voudrais Patrice, là à l'instant, je te voudrais Patrice, tout entier disponible,
mais tu n'es jamais disponible...

Je déteste cette insécurité perpétuelle, ne jamais savoir, quand le reverrai-je, c'est angoissant, éprouvant, intolérable, je n'en puis plus.

Hélène vient de me téléphoner. Sauvée, elle vient me voir, avec Jean, je ne serai plus seule.
Une critique sur Pierrot :
*On n'en finirait pas de parler de* Pierrot le Fou, *allez le voir, ses richesses sont inépuisables et en prime Godard vous offre Belmondo, parfait, et Anna Karina sous toutes les faces de son talent, Karina qu'il aima et qui ne l'aima plus et pour laquelle il a fabriqué cet énorme pétard qui explose comme un défi au nez du spectateur médusé.*
G. Michel

Dimanche 14 novembre 1965

Hier soir, j'ai écrit à Patrice, sans savoir pourquoi, j'avais simplement envie de lui parler, ma lettre n'a pas de sens, elle correspond à un moment évanescent, j'aurais pu ne pas l'envoyer, je verrai bien.

Jean et Hélène viennent de partir, ils la posteront demain à Paris, que va-t-il arriver, je ne sais pas !

J'aurais aimé ce soir encore sortir à Paris, je reste seule, toujours, écrire peut-être, lire... je suis très lasse soudain.

J'aimerais voir Jane.

Patrice bien sûr.


Lundi 15 novembre 1965

Hier j'ai écrit un grand passage de *Celui qui Passe*, ça m'a permis de ne pas trop désespérer, ça marche assez bien, je vois ce qui est à développer ou à supprimer. C'est mon meilleur exutoire à l'angoisse, Marianne, l'amie de ma sœur, avait raison quand elle me disait que l'essentiel est d'écrire.

Intelligente Marianne, c'est peut-être elle qui m'a fait tant aimer Pierrot, à sa sortie de l'IHDEC elle a travaillé cet été au montage, comme stagiaire-monteuse, Pierrot est sa chose, elle le défend avec passion, pour le Festival de Venise, elle était aussi furieuse que Michel Cournot.

Hélène m'a apporté le premier article de Cournot sur Pierrot, déjà délirant.


Mardi 16 novembre 1965 en classe

Je dois m'organiser, rationaliser mon temps, partagé entre mes préparations scolaires, la suite de *Celui qui Passe* et mes études de Lettres. Je veux réussir en Philo, Latin, Anglais, réussir l'examen et peut-être existerai-je enfin à la fin de cette année.

Je me souviens de ce jour de septembre, Patrice me disant :

— Je voudrais tellement que tu réussisses ton examen de droit, c'est ce qui me ferait le plus de plaisir en ce moment, ce serait très bon pour toi, ce serait essentiel,

mais j'ai abdiqué, peut-être est-ce pour ça que...

Il ne comprenait pas mon manque d'ambition vis-à-vis de l'argent, m'en sortant tous les noms en argot :

— Mais enfin, tu ne veux pas gagner du blé ?

Comme j'avais l'air de ne pas comprendre, il précisait :

— Des ronds, du fric, du pognon, du flouz, du pèze, de l'oseille ?

Je devais avoir l'air idiot, mais non ce n'était pas ça qui pouvait me motiver.


le soir

Ce matin, le soleil m'a consolée de tout, de n'être que moi, de n'être pas Dieu, le soleil s'était déjà habillé en hiver, son nez était tout rouge et ses yeux brillaient, mais ce soir il était métallique, tout nu déjà perdu dans l'immense pureté d'un ciel aux arbres bleus...

Je suis beaucoup trop tendue, j'ai failli me trouver mal quand j'ai entendu la sonnerie de téléphone, c'était Madame Bloch, mais pendant quelques instants je ne pouvais plus respirer, mes narines étaient crispées, je ne pouvais plus écrire, oh ! qu'il m'appelle, Patrice, j'ai froid, je m'ennuie, je suis déjà perdue comme le soleil.


Mercredi 17 novembre 1965

Je me sens mal dans ma peau, c'est affreux, j'ai la nausée, je n'ai pas la force de réfléchir, de penser, ni même d'écrire, j'ai mal

Patrice j'ai mal

et je dois travailler...


Samedi 20 novembre 1965 fin de journée

Voilà, je ne peux pas encore sortir, pour aller où, avec qui, bien sûr je peux toujours aller rue Saint-Jacques, à la boutique *Chez Tinker*, mais si Jane n'est pas là, qu'y ferais-je, où pourrais-je passer la nuit, qui me raccompagnerait à Saint-Leu ? Une fois de plus je me retrouve seule, sans but, bloquée, traquée, étouffée, ici, à la maison, sans qu'il me soit possible de bouger, personne n'a besoin de moi, besoin de me voir, besoin de ma présence, personne ne m'appelle, ne me dit viens et je ne vais nulle part, moi qui répondrais au premier appel.

J'en ai marre de cette vie minable, végétative, je refuse l'acceptation, mais n'ai aucun moyen de m'en sortir, alors je finirai peut-être par me résigner et ce serait la fin, dramatique. Non, même pas : je serais magnifiquement ratée. Ratée ! Ratée !

J'en ai marre d'attendre, je déteste attendre, je ne sais pas attendre. Si je pouvais crier, hurler et qu'on n'en parle plus, non je ne sais pas et je passe mes journées à parler, à gémir même, à m'étourdir de mots, à étourdir tout le monde, je m'écoute parler, les autres n'écoutent pas, ça les ennuie mes grincements de dents, je les comprends, que faire, je ne sais plus rien, je n'existe pas, les mots seuls permettent un instant de croire en une certaine forme d'existence, mais ça part si vite et je me retrouve démunie, avec cette seule consolation dérisoire d'avoir bien parlé, quelle ironie !


le soir 11 h

J'ai écrit un long passage de *Celui qui Passe*, pour ne pas penser à ce que j'aurais pu faire si j'étais sortie à Paris, j'ai écrit pour ne pas me désoler. Ça va mieux, je ne pense pas. J'ai bien écrit, je suis contente, c'est rare.

J'ai trouvé un style, sans doute pas très personnel, sans doute influencé par Michel Cournot, je dois admettre que ce style, je le maîtrise depuis que j'ai vu *Pierrot le Fou*, et que je me suis pénétrée du magnifique article de Cournot. Ce nouveau style correspond à quelque chose de juste en moi, j'en ai pris conscience depuis Pierrot parce que ça m'a déchirée, exacerbée. Je suis très physique, je ne réfléchis pas, tout ce que je peux penser, c'est par intuition, sensation. Je cherchais depuis toujours à traduire cette façon de parler, fondée sur des élans spontanés, relatifs à des objets, des couleurs, des odeurs, des sentiments et des êtres, sans réflexion, seulement une appréciation immédiate, simultanée, de la vie, en instants souvent éphémères.

Tout à l'heure, en rentrant de l'école, je pensais à des tas de choses logiques et même intellectuelles et au milieu d'un raisonnement que je tentais d'établir, je me suis dit :

— Tiens, il faut que je pense à couper mes ongles de pied.

C'est une phrase possible dans un roman, elle est vraie cette phrase, je sentais vraiment mes ongles me faire mal dans mes chaussures et j'ai pensé ça.

Voilà ce que je voudrais montrer et j'y arrive, peu à peu, à force d'écrire, plus régulièrement aussi dans ce Journal.

D'après ce que j'ai entendu à propos du Nouveau Roman, ça me semble un peu ça. Montrer sans qu'on s'y attende, des flashs de sensations, de jugements, de sentiments, parce que c'est ainsi que nous pensons. Du moins c'est ainsi que je pense.

En tout cas, ça marche, je vais enfin pouvoir écrire, m'exprimer et créer ce à quoi j'aspire.

J'ai réussi ce soir à exprimer tout ce que j'avais senti au cours de cet après-midi du dimanche à Saint-Clar, le 8 août, juste avant la rencontre avec Patrice, mon ennui, ma soif de découvrir, de chercher ailleurs, plus loin, ne pas rester là, si je ratais quelque chose, ma soif, ma sensation de l'extérieur, la fraîcheur du carrelage, la douceur du jour, le vent...

Je sais que je dois travailler pour me délivrer, me sauver. Je considère la poursuite de *Celui qui Passe* (mauvais jeu de mot) comme un travail, agréable sans doute surtout ce soir, mais c'est un travail.

Patrice disait en me parlant des points importants dans une vie qu'écrire un livre pouvait être essentiel et surtout finir un livre. Oui aller jusqu'au bout, si je finissais *Celui qui Passe*, mais déjà son titre conduit à l'évanescence, je serais équilibrée, j'aurais créé.

C'est long je sais.

Et puis trop de choses me réclament, mes devoirs de Lettres Supérieures, avec le Centre de Télé-Enseignement de Vanves, il m'est difficile de m'y remettre, après tant de temps perdu. *Celui qui Passe* peut m'aider à me concentrer et me permettre de mieux travailler ensuite. Je l'espère.

Dimanche 21 novembre 11 h du matin
Curieux je me suis éveillée il y a une heure avec une envie rare, celle de travailler. Vraiment. De faire mon boulot de classe d'abord, puis de l'anglais et de la philo. L'ennui, c'est que je n'ai pas encore commencé. Alors je me demande si je ne devrais pas faire comme Françoise Mallet-Joris. Me lever à 6 heures tous les matins et écrire. Me forcer à écrire, prendre des notes, clarifier mes idées, les exprimer, leur donner une existence. Paul Valéry aussi faisait ça, tous les

matins, deux heures de 5 h à 7 h. Il avait des difficultés à écrire, il se forçait.

Patrice écrit lentement. Moi aussi. C'est un drame. Cette envie et cet élan qui nous creusent, cette aspiration inéluctable à l'écriture qui nous soulève, puis la barrière qui nous laisse parfois très vides. Mais l'envie reste, désespérée.

le soir 10 h

Soirée perdue, partie à 6 heures avec Hélène et Jean, panne à Saint-Prix, réparation, trop tard pour aller à Paris, nous restons à Enghien, dans un café bêtement pendant deux heures, puis nous mangeons des gâteaux au bord du lac jusqu'à la nausée. J'aurais dû rester ici et travailler, mais je sais que je n'aurais pas pu rester, c'est comme les gâteaux au chocolat, j'ai une envie folle d'en manger et quand je les mange, je n'en veux plus, ça m'écœure, me dégoûte, mais si je ne peux pas en manger, je suis malheureuse et tout mon corps se tend vers la pensée d'un gâteau au chocolat, j'ai vraiment un esprit à sens unique, si je ne sors pas je veux sortir, si je sors je m'ennuie, je voudrais plus, toujours plus.

*Tendre et cruel*
*Réel et irréel*
*Solite et insolite*
*Effrayant et marrant*
*Beau comme tout*
*Pierrot le Fou...*

28 novembre 1965 dans le soleil du matin

*À présent me voici presque sereine, je ne désire rien parce que je désire l'impossible... J'espère seulement qu'un jour, de nouveau, vous poserez votre main sur la mienne... Et j'attends, j'attends...*

Patrice est mort, un soir d'automne, il y a longtemps déjà, je l'ai tué, il est mort, je suis libre et je dois vivre...

Je n'ai pas oublié, non, il est toujours en moi comme une soif inextinguible, mais il est mort, je l'ai tué, je suis calme, et seule, je suis toujours calme et seule maintenant,

Patrice est mort.

Pourtant il m'a fait vivre.

Patrice m'a créée sans le savoir.

Il m'a libérée, délivrée, peut-être même sauvée, moi qui désespérais tellement de l'être jamais, il a effacé malgré lui les frontières qui me limitaient, fait sauter les barrières qui me traquaient, sans le vouloir non plus, il ne m'aimait pas assez pour le vouloir, il ne m'a jamais aimée, ou peut-être un soir seulement, ce premier soir, pendant quelques instants fragiles, éphémères, déjà en allés, dramatiques.

Moi-même, ai-je jamais su l'aimer...

Maintenant tout est fini, c'est trop tard.

Je parle souvent de lui, sans tristesse, comme s'il vivait encore, comme s'il allait derrière ces visages dévorés dans la rue apparaître soudain et parler, parler seul devant moi comme avant, les hommes seuls parlent toujours trop, disait Pierrot.

Patrice parlait toujours trop, maintenant je ne l'entends plus et c'est moi qui parle trop, il écrivait, j'écris, je peux enfin écrire, il a libéré mon écriture, ma pensée n'a plus de limite, elle s'exprime comme ça toute seule, sans point, Patrice m'a délivrée du point, cet arrêt de la pensée, de la mémoire, du souvenir, mon souvenir n'a pas de point, il est grand et plein, il coule librement, calmement en moi.

Patrice est mort, mais je vis, je n'ai jamais vécu aussi intensément.

Pourtant malgré moi, j'attends, j'attends...


Lundi 29 novembre 1965

Il suffit que j'aille à Paris pour sentir que Patrice vit encore, hier soir, après la représentation de *La Folle de Chaillot*, au T.N.P., dans les petites rues du Quartier latin, le Théâtre de l'Odéon, le Jardin du Luxembourg, la rue de Médicis, la place Saint-André-des-Arts, j'ai ressenti avec angoisse l'absence de Patrice, j'ai pensé qu'avec lui j'aurais pu marcher dans ces rues au lieu d'être seule toujours, avec Hélène et Jean, au lieu d'avoir froid, je marcherais près de lui,

alors cette question insensée : l'ai-je assez tué, l'ai-je seulement tué ?

Je dois repartir à zéro maintenant.

J'ai tout détruit, j'ai tout raté, j'ai brisé plusieurs personnes par provocation, prétention, négligence, bêtise, ennui. Je me suis brisée aussi. J'ai tout raté, sciemment, par inconséquence, insouciance peut-être, mais toujours lucidement. Je suis toujours exactement lucide, écrivais-je l'autre soir à Patrice, a-t-il compris tout le drame de ces deux mots...

J'ai détruit Petrus, parce que j'aimais trop son frère, Petrus qui m'aimait, moi aussi je l'aimais. Ai-je détruit Patrice, je ne crois pas, il ne m'aimait pas assez pour ça, c'est atroce de pouvoir me dire ça après tant de jours d'attente, d'angoisse, de désespoir. Je me suis détruite toute seule, parce que je m'aimais trop, par lâcheté, parce que je ne me sentais plus aussi forte que je l'avais été, j'ai préféré abdiquer.

Je dois faire un bilan complet, comprendre pourquoi je m'étais laissée couler si bas, pourquoi j'avais renoncé à mes aspirations, pourquoi j'avais tout détruit.

Il ne reste plus rien en moi, sauf cette petite idée qui décide que ça doit changer... mais devant moi se présentent des éléments positifs : mon travail de classe, ma vie régulière, mes études nouvelles, et puis mon bouquin, *Celui qui passe*, si je finis ce livre, je serai sauvée, grâce à moi-même.

J'espérais naïvement que Patrice pourrait me sauver de tout, de rien, de moi.

Au fond, il m'a sauvée de lui...

Je l'ai échappé belle, ça me fait penser à *Pierrot le Fou* :

*Une chance que je n'aime pas les épinards, sinon j'en mangerais, et justement les épinards je ne peux pas supporter ça...*

J'ai eu de la chance d'être sauvée de Patrice, je m'y serais laissée prendre, j'en aurais vite eu assez, j'en aurais trop souffert, il m'aurait usée.

Au début, je lui avais dit :

— Tu vas m'user !

Heureusement j'en ai réchappé et je garde en moi cet espoir grandissant de retrouver mes ambitions, ma volonté de travail, de puissance presque, pour ne plus me livrer aux turbulences des contingences, ne pas abdiquer ni renoncer, agir, provoquer les événements, non m'y soumettre,

c'est ce que je me disais il y a deux ans,

il y a deux ans Kennedy...

retrouver l'atmosphère pleine de cette année de Philo, ma volonté ambitieuse, retrouver la grandeur de cette année,

je ne veux pas d'une vie petite,
je veux vivre en grand,
j'en étais capable,
ne plus reculer,
ne jamais retomber,
je rêve d'une vie à l'échelle du monde,
ne jamais séparer le rêve de la réalité,
je veux être ambitieuse,
ne pas faire de concessions,
ni aux autres ni à moi,
trier, sélectionner,
refuser la facilité quelle qu'elle soit.

Je n'ai pas encore 20 ans, c'est dur d'avoir 20 ans, Patrice citait Paul Nizan :

*Je ne laisserai personne dire que c'est le plus bel âge de la vie.*

Pourtant, j'ai déjà la responsabilité d'esprits jeunes et c'est magnifique, j'ai une chance folle, être sauvée de Patrice en devenant responsable, depuis le temps que je voulais sans l'oser être responsable, c'est fait et ça me grandit, j'en suis capable, j'enseigne à des gosses de 12-13 ans, je leur apprends à réfléchir, à penser, à parler, à écrire même, c'est passionnant, il faut de l'autorité pour ça, je parle devant eux, je parle de tout, de la guerre entre le Pakistan et l'Inde, du *Petit Prince*, du *Livre de la Jungle*, des nouveaux styles littéraires, du Douanier Rousseau, des incidents de frontière entre l'Afghanistan et l'U.R.S.S., je parle sans gêne, sans effort, j'explique, ils m'écoutent, je suis heureuse et je les aime.

Il me faut aimer,
essayer d'atteindre l'idée que j'ai de moi,
être digne de moi.
Alors là peut-être serai-je sauvée !
Tout cela dépend de l'exigence que j'aurai de moi et du but à atteindre, en refusant la médiocrité,
j'admirais Madame Kennedy,
je l'ai un peu oubliée,
Patrice m'a fait tout oublier,
je retrouve ce que j'avais écarté,
j'apprends à vivre seule,
je retrouve mes ambitions, mes aspirations.

Mardi 30 novembre 1965

J'ai fait un rêve très étrange, j'étais à Kerfany, dans les pins, la mer proche, je conduisais une voiture de course blanche, petite, panne d'essence, je rencontrais un ami qui m'accompagnait à travers les pins jusqu'à la plage...

Après je me trouvais dans une maison délabrée, dont les planchers s'effondraient devant mes pas, je sentais près de moi la présence de la famille de Patrice.

J'ai déjà rêvé ça.

J'avais eu très peur dans les salles du château d'Avezan, les planchers s'effondraient vraiment. J'étais alors avec Petrus, dont la présence me rassurait.

Bizarre, ce rapport avec leur famille que je croyais avoir écartée de ma vie définitivement.


L'après-midi

Je viens d'allumer la radio : la voix de Bob Dylan, *Like a Rolling Stone*, ce disque entendu si souvent chez Petrus, il y avait une atmosphère étrange chez lui, je crois encore l'entendre, Petrus. J'aimais beaucoup cette atmosphère chaude, douce, enveloppante, on s'y laissait prendre, on ne pouvait plus partir, on était bien.

*Like a rolling stone...* un peu affreux de penser que tout ça, c'est fini, cassé, que jamais plus je ne connaîtrai la douceur de cette chambre ni le charme ineffable de Petrus,

Zut, c'est Patrice ou Petrus que j'aimais ?

Le drame de mon histoire est que je n'ai jamais pu trancher la question et que Patrice a pu avoir des doutes sur ma sincérité...


Je suis un peu accablée : depuis plus de deux heures, je travaille à une version latine, en vers, je traduis du Sénèque, sur les tourments de Phèdre, c'est interminable, je ne comprends rien et c'est désespérant.

moi qui veux retrouver ma volonté de puissance, c'est mal parti, je ne sais plus travailler,

je veux me recréer une éthique.

J'ai commencé à lire *Citadelle* de Saint-Exupéry, Patrice m'en avait parlé, un jour où il m'avait longuement parlé de Saint-Exupéry parce que j'avais dit : « j'ai toujours soif ».

À méditer cette phrase du chapitre III :
*Ce n'est point être libre que de n'être pas.*

# Décembre 1965

Mercredi 1er décembre 1965 le soir

Ce matin j'étais furieuse, j'ai dû retourner à l'école des filles, plus primaire que jamais, à mon sens, avec cette directrice bornée, je me suis sentie étouffée et traquée, c'était horrible, la sensation que ma place n'est pas là, que je ne suis pas concernée par cet esprit petit, étroit, de peu d'envergure, ce n'est pas pour moi, si assoiffée de connaissances plus larges.

Heureusement, mon stage se fait chez Madame Pestel, intelligente, jeune, dans le vent, ouverte, belle aussi, son visage a quelque chose de fascinant. Je m'entends bien avec elle.

Ce matin, j'étais surtout triste et démoralisée de quitter mes élèves de 5e, dont Alain, Didier, Guy, avec qui j'aimais parler de littérature.

Je crois qu'ils m'aimaient bien mes garçons, ils m'ont suivie longtemps des yeux ce matin, quand je traversais la cour. Je portais mon si beau manteau en tweed, celui que j'ai fait en septembre au lieu de réviser mon examen de Droit ; comme en juin, pour tromper mon angoisse j'avais occupé mes mains. Je leur souriais, en ayant envie de pleurer. Guy si jeune, si fragile même, près d'Alain et Didier, tous les deux ayant déjà conscience de leur force, mais aussi de leurs limites, j'aimais ça. J'estimais aussi Patrick, sa voix un peu gouailleuse, ses yeux rieurs, ses réflexions marrantes, il savait m'amuser. On me les a enlevés. Mais, avec mon acuité habituelle, j'ai déjà pénétré l'esprit de plusieurs gosses de ma nouvelle classe, en m'intéressant d'abord aux plus fragiles, qui me touchent.

Dans ma classe de 5e, je n'étais pas tenue de rendre des comptes à qui que ce soit, j'étais seule responsable et je me passionnais pour mon travail. Là, comme ma bornée de directrice veut vérifier tout ce que je fais, ça me donne envie de tout bâcler. J'ai décidé de la détester, je me fous de l'inspecteur, je n'ai pas l'intention de rester dans le primaire, je ne me vois pas institutrice, pour l'instant, ça me situe socialement et financièrement, ça me donne des cadres, qui ne doivent pas être des limites, je peux devenir adulte en allant plus loin que ces apparences,

tiens encore une réminiscence de Pierrot,

*Nous traversâmes la France comme des apparences comme un miroir.*

C'est ce que je fais, je traverse les apparences, ne pas m'y arrêter, mais les dépasser après en avoir retiré l'essentiel.

Écrire, je voulais écrire ce matin, j'ai dû obéir à l'esprit étroit d'une directrice, être arrêtée dans mes désirs, quoi de plus agaçant ?


5 décembre 1965

Un mot que je commence d'aimer : apparence.

Platon -> Les Idées

Hegel -> L'apparence créée par l'esprit est un miracle d'idéalité, une sorte de raillerie et d'ironie aux dépens du monde extérieur.

Et Pierrot bien sûr :

— comme des apparences,

pensait-il à Hegel,

— comme un miroir,

pensait-il à Platon,

c'est possible.


Le soir

Je viens d'écrire une quarantaine de pages pour *Celui qui passe*, c'est insensé de ma part, alors que j'ai tant de travail, ma version latine, ma dissertation de philo sur Platon, ma dissertation de pédagogie, je n'ai rien fait... il me fallait écrire, j'en tremble encore, ça me laisse anéantie, mais assez contente, c'est enivrant, en même temps c'est épuisant, car je vis ce que j'écris.

Là je vais écouter les résultats des élections présidentielles, ça aussi c'est grisant.


6 décembre 1965

Cet après-midi, Mme Bloch :

— Qu'est-ce que vous faites pour les Fêtes, vous sortez, vous allez danser ?

Ça m'a fait mal, j'ai failli hurler de douleur, j'exagère tout en ce moment, car je veux, selon la belle expression de Jean-René Huguenin, « dramatiser ma vie », j'ai failli crier :

— Mais non, avec qui sortirais-je, je suis seule, on m'a laissée, abandonnée, oubliée

pour justifier cette solitude, j'aurais voulu pouvoir dire :

— Patrice est mort.

Là, j'ai compris que j'étais seule en effet, mais qu'il vivait.

J'ai encore parfois des moments de désolation, rares, c'est vrai, car je travaille et je suis heureuse de travailler et d'écrire aussi. J'espère bientôt retrouver ma capacité d'étudier comme avant, avec la même facilité de concentration, je sens que ça revient assez vite.

Pourtant je crois que j'attends j'espère encore...

Saint-Michel, sur la place Saint-André-des-Arts, près du café, la douceur du métal des volutes froides, l'époque Modern Style, 1900, comme l'immeuble en face du café, lourd et chargé, mais un peu attendrissant dans sa prétention. Patrice me disait :

— Viens habiter là, je t'apporterai des fleurs, des livres, de la poésie, tout ce que tu voudras...

Patrice avait horreur des guillemets.

Toujours au Café Saint-André :

— Rien de plus affreux que les guillemets. Tant pis pour les gens s'ils ne comprennent pas que les paroles ne sont pas de moi...

Patrice disait souvent :

— Je t'expliquerai.

Mais il n'expliquait rien.

Patrice n'aimait pas les subtilités de ma part, il préférait mon silence et mon incompréhension partielle.

Le premier soir, il était fou de joie quand je disais :

— Oh ! Ne m'en demande pas trop !

avec une moue qu'il trouvait adorable...

Ça lui donnait le sentiment de sa puissance.

Le ton de Patrice (que j'emploie de plus en plus) : employer de très grands mots, parler sans cesse, jusqu'à l'épuisement, pour ne pas se prendre tout à fait au sérieux, pour pouvoir encore un peu fermer les yeux sur la triste réalité commune, les grands mots, les belles phrases, les attitudes étudiées, les sourires en coin sont encore de beaux écrans.

Notre drame, en règle grammaticale latine :
*Doctior quam Petrus sum.*
La culture a de ces ironies.

Patrice - Nietzsche : être de l'air pur, amour de soi, volonté de puissance
Nietzsche in Zarathoustra :
*Mon âme a soif d'étoiles.*
S'il existait des dieux, comment supporterais-je de n'être point Dieu ! Donc il n'y a point de dieux.
Patrice in *Le Jour de Gloire* :
*Mon ardente volonté de créer me pousse toujours vers les hommes.*

*Il est une soif en moi, une soif altérée de votre soif.*
Qui a dit cette phrase, Friedrich Nietzsche ou Patrice Cournot ?

Citations de Patrice :
*Il est des personnes à m'avoir poussé, elles ne s'en sont jamais relevées.*
*Il est difficile de vivre parmi les hommes, parce qu'il est difficile de se taire, surtout pour un bavard.*
*Il est vrai que je suis allé chez les hommes, mais je ne les ai pas encore atteints.*
*On est terriblement seul dans un baiser.*

Sa position : assis de côté sur sa chaise, son corps presque démantelé, le bras cassé sur le dossier à partir de l'épaule, la main, sa belle main longue, pendante, ouverte, sur le vide !

La Fiat, la nuit, tous les deux, un certain soir nous nous étions perdus...
ses yeux, la Fiat, sa veste de velours noir, ses mains, sa voix...

la Fiat, ses yeux, mes gosses, je suis si fatiguée, je l'aimais, c'est trop tard, il ne m'aimait pas...

Platon, oui Platon, c'est le meilleur exutoire,

le livre, la couverture bleue, prendre des notes, les mots, s'instruire c'est se souvenir, l'éveil est un réveil, l'amour est philosophe, les mots qui deviennent phrases malgré tout, Patrice aimait les mots, il parlait toujours, trop d'ailleurs, il le savait, la pérennité de l'âme, le flot destructeur du devenir, que disait l'auteur du livre sur Platon, François Châtelet :

*La réflexion de la mort permet non seulement de vivre de façon différente sa propre vie, mais encore de s'exercer dès maintenant à éprouver cette immortalité, gisant divinement et en dépit des apparences, au creux de nos agitations sensibles.*

les apparences... traverser les apparences, travailler, penser à autre chose, mes gosses tout à l'heure, Platon, Socrate et les autres,

ce n'est pas possible,

le lit devant moi, l'appel doux de sa plage, non, ne pas tomber, ne pas craquer, prendre les livres, je me souviens, la façon qu'il avait de sourire en parlant, un peu de côté parfois, agir comme hier, comme ce matin, comme avant... au fond rien n'est changé, l'air est pur, le ciel grand, tout est très clair, on peut même avoir envie de courir, non, avec les talons hauts ce n'est pas facile, tant pis, l'herbe verte du parc, le soleil de diamant, il aurait pu aimer cet instant à la mesure d'un amour,

les questions sont vaines, vides de sens, et il n'est pas de réponse qui désaltère, c'est Saint-Exupéry dans *Citadelle*, Patrice m'en avait parlé, longuement, un jour où je lui disais : « j'ai toujours soif »,

ne pas poser les questions, travailler,

Platon, les apparences, le monde des idées, le souvenir, c'est beau, Platon, c'est à la mesure d'un amour,

lire toujours,

sourire pour les autres,

c'est facile de survivre,

mais ce n'est pas moi qui ai dit ça, c'est lui, facile...

La Rose du Petit Prince, Patrice l'aimait, la détruisait comme tout ce qu'il aimait, il s'était détruit lui-même...

l'herbe, les dalles, le soleil très seul dehors, tout nu, très métallique, les arbres bleus...

continuer comme avant, rien n'est changé d'ailleurs, travailler peut-être un peu plus qu'avant, ne rien dire surtout, garder les yeux ouverts, toujours, malgré tout,

ne pas parler, c'est trop fragile ce calme apparent, précaire comme un équilibre comme il le disait, on risque de tomber,

des gens partout, des visages, pas des noms,

tout s'est arrêté, tout est suspendu, comme un soupir qui n'oserait s'exhaler, un sanglot réprimé, les rues mouvantes, le bruit, les visages dévorés toujours avec l'espoir désespéré de découvrir derrière eux, enfin, le visage tant aimé...

non ce n'est pas possible, fermer les yeux, courir n'importe où et se cacher, ne plus rien voir, ne plus savoir.


Là-bas, le Jardin du Luxembourg, les rues familières, les arbres, la rue qui longe le jardin, entrer, sonner, attendre, des pas, entrer.

Devant la porte ouverte, les cages, les colombes, les tourterelles de Patrice...


J'imagine la chambre, la fenêtre est fermée, le dessus-de-lit est mal tiré, sur l'oreiller la chienne est roulée en boule, la chambre petite croule sous les livres, au mur des journaux collés en guise de papier peint avec les nouvelles du monde entier, étouffantes, sa table de travail, c'est là qu'il travaillait ses manuels de Droit, d'Économie, il écrivait là aussi, âprement, désespérément sans doute, comme tout ce qu'il faisait,

il m'avait dit un soir qu'il écrivait avec difficulté, ça le laissait chaque fois épuisé, alors il s'écroulait sur son lit et restait là, inconscient,

je me souviens, la dernière fois que je me suis assise là, je lisais sa nouvelle, ma robe était blanche, il attendait. Son sourire alors...

Quand il était petit, il vivait là aussi, il travaillait dans la salle à manger, dans le salon on peut voir une photo qui le représente assis derrière un grand bureau, devant la cheminée, il écrit, il fait la grimace parce qu'une de ses colombes gratte son cahier, les autres oiseaux volettent autour de lui...

Près de sa table de travail, son portrait, grand, il a l'air désespéré, comme toujours, dramatique.

Sur l'étagère, la petite statue de bois, Don Quichotte, il a perdu sa lance, mais il reste droit, lui qui disait :

*Je suis né dans cet âge de fer pour y ressusciter l'âge d'or.*

J'aime ce Don Quichotte, perdu lui aussi...

J'imagine l'appartement silencieux après lui.

La cuisine est toujours encombrée,

c'est doux, il fait bon, on est bien, le thé est chaud, on ne parle pas, le silence de l'appartement, il y avait toujours du bruit avant, il y avait toujours du monde,

je n'écoutais que toi, tu étais dur, mordant, dévorant, tout était exacerbé, dramatisé, oh ! Patrice parle encore... ton sourire cassé parfois...

Marcher dans les rues, sans savoir où aller, où est-il lui, si loin déjà, comment l'atteindre, on ne pouvait jamais l'atteindre, jamais le suivre, où aller maintenant, que faire sans lui, il fait froid.

J'imagine l'air pur à Saint-Clar, le vent un peu froid chasse les nuages, le soleil va apparaître bientôt, quand on regarde par les fenêtres, on voit là-bas la route qui descend vers Manas, à travers les arbres, et puis la butte et le château d'Avezan, comme cet été,

il va faire chaud, on ira se baigner dans l'Arratz, tous ensemble, comme avant,

non l'air est plus clair, plus transparent, la terre est ouverte, brune et rousse, labourée, offerte.

*Je voudrais dormir, mais tu dois danser.*

Je t'avais donné cette phrase de Thomas Mann dans *Tonio Kröger*, tu la trouvais extraordinaire, tu me demandais de la redire, je voudrais dormir, mais tu dois danser, elle était vraie la phrase, tellement trop vraie...

Jeudi 9 décembre 1965 midi

Zut, je suis furieuse, je viens d'apprendre tout ce que cette garce de directrice a divulgué sur mon comportement en classe.

Ça m'attriste, je déteste ce qui est faux et je déteste son attitude. Pourquoi ne pas me faire ces reproches personnellement ? J'aurais pu me défendre et lui prouver la fausseté de ses arguments. Je la hais, comme je n'ai jamais eu l'occasion de haïr auparavant, je vais lui vouer une antipathie à mort, plus de concessions, à bas les conventions, elle me donne même envie de devenir grossière, quelle garce ! Je veux la battre sur ses propres terrains, faire le plus consciencieusement mon travail en ce moment puisque je suis seule dans une classe, puis chez Mme Pestel, pour lui prouver que si elle n'est pas satisfaite de mon travail, elle doit s'en prendre à elle-même, une auditrice ne fait que reproduire le travail de l'institutrice, je la déteste...


Vendredi 10 décembre 1965 au matin

J'ai rêvé de Petrus, Petrus comme avant avec moi, aussi aimant qu'avant, sa présence chaude et douce comme avant, j'étais fatiguée, je voulais rester dormir avec lui, je ne pouvais plus partir, mais des tas de gens arrivaient, un tas de jeunes yéyés, comme on disait cet automne et j'apprenais que mon ancienne camarade d'internat à Fontenay-sous-Bois, Sophie-Françoise Th., était aussi une amie de Petrus, je pensais qu'au lycée j'avais peut-être déjà entendu parler de leur flirt, ça m'amusait, mais j'étais furieuse de ne pas pouvoir rester seule avec lui, je me consolais avec un lever de soleil sur Paris, dramatique et sanglant, j'étais désolée de ces intrusions et je me mettais à regretter Patrice, Patrice que j'avais vu juste avant de retrouver Petrus, mais j'avais senti que tout était fini, je n'étais plus bien avec lui, nous n'avions plus rien à nous dire, je me réfugiais auprès de Petrus, qui lui m'aimait toujours.

le soir

À la tombée de la nuit j'ai vu une étoile, une seule étoile dans le ciel, très brillante, trop même pour une seule étoile, je l'ai d'abord prise pour un satellite, car les nuages couraient légers devant elle et je croyais qu'elle bougeait et s'enfonçait dans le ciel, brillante et rapide tel un satellite artificiel, brusquement je me suis rappelé le dernier soir à Saint-Clar, près de Petrus, que je ne voulais pas quitter pour rentrer, Petrus parlait du satellite dans la nuit encore chaude de la mi-août, j'avais trop de choses à dire, je n'osais pas, lui non plus, nous regardions le satellite courir à travers les étoiles et nous fondions l'un devant l'autre sans oser un mot ou un geste, presque tremblants...

C'était la même atmosphère que dans mon rêve ce matin, toute la journée je l'ai sentie en moi. Pourquoi est-ce maintenant que je pense à la présence de Petrus ?

Trop tard ma belle !

Le choix...


Samedi 11 décembre 1965

Ce matin j'ai réalisé : il y a trois mois très exactement, j'étais heureuse aussi, trois mois déjà, tant de choses depuis, tant de visages, tant de désespoir, tant d'angoisses et de bonheur aussi, tout ça pour un baiser, un unique baiser.

Patrice je te hais.


S'il est une chose que les Cournot m'auront apprise, c'est le délire, je leur en suis reconnaissante. J'aime le délire, j'aime *Pierrot le Fou*, j'aime Michel Cournot, j'aime bien sûr Patrice !


Déception il y a deux jours, pas d'article de Cournot dans le *Nouvel Observateur*, je n'ai pas ma dose de délire hebdomadaire.


Dimanche 12 décembre 1965

Angoisse tout au long de cette journée, angoisse de ces heures fluides, lentes et courtes, vaines, sans rien qui les retienne, j'attendais quelque chose, peut-être un coup de téléphone insensé, comme il y a trois mois, je me suis rappelé, mais si je me mets à vivre parmi des souvenirs, je suis foutue, je risque de prendre très vite un côté jeune veuve...

Pour la première fois, j'ai eu envie de relire les lettres de Petrus, je les ai recherchées au fond d'un de mes tiroirs, j'ai lu, j'ai pleuré parce que tout était fini, je pleurais sur ce qui n'était plus, sur ce qui n'avait jamais été, comment font les gens pour rester ensemble, pour se parler si longtemps, je n'ai jamais connu ce genre d'amour et parfois dans la rue, dans un café, moi qui critique tellement la facilité, je me surprends à envier cette mièvrerie apparente de l'amour que je ne connais pas...

Enfin, c'est bien la première fois ce soir que j'ai envie de pleurer parce que je suis seule depuis... depuis... ça n'a pas d'importance. Je ne dois plus me laisser aller de cette façon, la journée a passé, je n'ai rien fait, j'avais soif ce matin au réveil et j'ai laissé fuir le temps, les choses, j'ai lu un truc loufoque et génial de Salvador Dali et une plaquette de Gauguin, c'est tout, alors que j'avais tant à faire. J'attendais quelque chose qui n'est pas venu, oui, quelqu'un a téléphoné, c'était Jean et les instants fuyaient plus rapides que jamais.

Toute la semaine dernière, j'ai beaucoup travaillé, je ne pensais pas à Patrice ou si je pensais à lui, c'était comme en un rêve, impossible, très loin et flou. Hier soir, Paris m'a jeté au visage les dimensions vraies de la réalité. J'ai revu les traits exacts de Patrice, sa démarche bizarre, presque gênante, celle d'un pantin, cassé, blessé, désaccordé, son visage grinçant, douloureux. Patrice m'a toujours un peu effrayée, ce n'était peut-être que de l'incompréhension de ma part, je sais seulement que j'ai tout raté, alors que j'aurais pu comprendre, aimer, Patrice. J'aurais pu, mais je n'ai pas su et maintenant c'est trop tard...

Lundi 13 décembre 1965

C'est surtout à travers moi que je retrouve Patrice, à travers les autres ce n'est pas possible, sans doute m'a-t-il influencée, parfois je sens sur mon visage une expression qu'il avait souvent, un sourire un peu de côté, c'est involontaire, je le sens après, lorsque cette expression ou ce sourire ont déjà fui, je parle trop moi aussi, je parle de la même façon que lui, en m'écoutant et je suis insupportable.

Je me souviens de cette phrase d'Huguenin que Patrice m'avait citée, au début du mois de septembre :

*Nous cherchons presque toujours dans une nouvelle liaison à jouer le rôle que tenait notre partenaire dans la précédente.*

C'est juste et je joue le jeu de Patrice, la seule chose qui n'aille pas dans cette équation, c'est que je n'ai pas de « nouvelle liaison », à moins que ce soit la mienne, oui, je me suis retrouvée !


Mardi 14 décembre 1965

Rêvé encore une fois de Madame Kennedy, son tailleur rose, la mort de son mari, je la regarde, dans un éclat de soleil. Il fait chaud, tout est lourd comme dans le sommeil, tout est inexorable, on est accablé, il n'y a rien à faire, un tailleur rose sanglant, un visage douloureux.


Je lis en ce moment, rapidement, faute de loisirs, le livre d'Alain Robbe-Grillet, *Pour un nouveau roman*, je suis intéressée par cette littérature, j'essaie de l'étudier, ça peut me servir pour ce que j'écris, c'est un peu ce que je cherchais, ce style, cette forme, ce sens.

En même temps, je me souviens que Patrice critiquait le Nouveau Roman, il me racontait qu'à un déjeuner de mariage, il était toujours au mariage de ses copains, il avait fait un discours terrible contre le Nouveau Roman. J'imagine son speech, sa véhémence, son aveuglement, je suis sûre qu'il n'entendait plus les autres, il existait par ses seuls mots, brillants sans doute, Patrice était toujours brillant. Mais contradiction profonde ou mauvaise foi absolue, il m'avait avoué ce jour-là n'avoir jamais lu d'ouvrages du Nouveau Roman.

Moi ça m'intéresse et j'aimerais maintenant savoir quels reproches il leur faisait à ces écrivains. J'ai confiance en ses jugements, même dans ses apriorismes, et j'aimerais avoir son opinion à ce sujet.

En attendant (Godot ou Cournot !), je dois travailler en vue d'une inspection.


Mercredi 15 décembre 1965

Désespoir, énervement, ce matin, j'avais peur de n'être pas à la hauteur de ce que l'on attendait de moi, je pleurais en partant dans l'air froid, pourtant le ciel était pur, d'habitude un ciel pur me console de tout. Mes leçons avaient mal marché hier. J'avais peur. J'ai failli me mettre à pleurer en voyant

Madame Bloch, je ne voudrais pas la décevoir, je sais combien elle m'estime, mais quand je sens cette animosité, non, pis que ça, cette condescendance de la directrice à mon égard, ça me déprime et me déresponsabilise.

Je suis montée dans la classe pour ne plus voir personne, là il y avait des enfants, je n'ai plus eu envie de pleurer. Ça a marché. J'allais mieux.

En allant en classe à 13 h 30, comme l'air était beau, j'ai fait un détour, j'ai pris le chemin des élèves, Alain P. était assis sur un banc de pierre non loin de l'entrée du parc, dès qu'il m'a reconnue, il s'est levé, apparemment heureux de me voir :

— Bonjour Madame !

J'aime ce mot de Madame. C'était suffisant pour me consoler de l'étroitesse d'esprit de la directrice, qui me traque et vole mon temps, mon temps fragile comme du cristal, une seule fêlure et il se casse en morceaux.

J'ai de l'estime pour ce garçon, le plus intéressant, c'est indéniable, presque un adulte déjà, un être pensant, intelligent, sûr, je peux discuter avec lui comme je parlerais avec Hélène, avec la même force de pénétration. Il reste bien sûr entre lui et moi la distance prof-élève, mais il est bien élevé et pour rien au monde il ne se permettrait une familiarité, les autres non plus, je dois le reconnaître. En fait, quand je parlais dans la classe, seul Alain me suivait vraiment, surtout quand il était question de style, de puissance d'évocation, de suggestion, seul lui et Didier, qui m'avait montré un de ses poèmes, pouvaient me comprendre. Didier reste plus scolaire, limité par des conventions archaïques, Alain a dépassé ça et il a été heureux de pouvoir l'exprimer avec moi.

Sur le moment, je n'ai pas compris que j'étais heureuse de le revoir, ça fait deux semaines que j'ai quitté cette classe que j'aimais, mais plus tard, après avoir fait mes leçons, j'ai senti cette communion entre Alain et moi et j'étais consolée de tout...

Il s'est levé brusquement, nous nous sommes serré la main, j'ai parlé un peu de lui, de la classe, puis je me suis éloignée en disant :

— Je vous regrette beaucoup, vous étiez une classe très sympathique.

— Nous aussi, nous vous regrettons, beaucoup, oui, sincèrement.

Un peu ému de dire ça. Touchée par cette sincérité exprimée, j'ai un peu bafouillé en le quittant :

— Peut-être aurai-je l'occasion d'avoir encore votre classe, ce serait intéressant.

Il a répondu :

— Oh ! oui, j'espère.


16 décembre 1965

L'angoisse est une réaction évanescente résultant essentiellement de l'ennui, de l'inaction.

Ça monte brusquement en soi parce qu'on n'a rien à faire et qu'un souvenir vient mordre le cœur.


*Et j'ai crié, crié...*
*Et j'ai pleuré, pleuré*
*Oh j'avais trop de peine.*
*Et j'ai crié Aline pour qu'elle revienne...*


On ne devrait jamais se laisser aller à la mélancolie des mélodies d'été, trop faciles, trop mièvres, il faudrait être toujours actif, travailler, écrire, rester en alerte. L'angoisse ne dure pas, après des instants de violence, ça passe, tout passe.

Christophe et sa chanson *Aline* m'ont fait penser à Petrus, on l'écoutait au Moulin de Manas, au-dessus de l'Arratz, dans le lit profond, en face de la toile de Jouy tendue sur les murs. Ça m'a rappelé une réaction de sa part, le respect qu'il avait pour moi, qui peut expliquer bien des choses.

J'appréciais sa façon de m'entourer, de me protéger. Jamais Petrus n'a forcé ma volonté. Dans sa continuelle sollicitude à mon égard, il gardait son respect. Jamais il ne profitait des situations, j'aurais trop détesté, c'était un accord tacite entre nous.

Un jour, j'ai fait une erreur, j'ai tout de suite regretté d'avoir parlé. C'était un soir, un soir où j'étais belle, c'est si rare que je peux le noter ici, je n'avais pas vu Patrice, je venais de rencontrer Joëlle de l'internat qui m'invitait à dîner, pour me sortir, car mon état l'inquiétait. J'allais chez Petrus, rue Guynemer, sa surprise, il m'accompagnait dans la rue, un moment, j'avais froid et me serrais contre lui, il disait :

— je crois que je suis tombé amoureux de toi,

pourquoi disait-il cela maintenant, après tout ce temps de désespoir,

quelques instants plus tard, il parlait encore :

— pourquoi ne viens-tu pas me voir plus souvent ?

j'ai, bêtement, répondu :

— mais tu es fou, tu me violerais,

sa réponse était bien plus noble que ma réflexion stupide et grossière :

— en me disant ça, tu te rabaisses à un niveau où jamais je n'ai voulu te placer.

C'est le dernier soir où je l'ai vu.


Ça devient un exercice de contrôle de ma mémoire, cette volonté de me souvenir me permet d'écrire. Je n'écrirai jamais assez, ces notes que je prends de façon plus suivie qu'avant dans un vrai cahier, relié, à petits carreaux, où j'écris serré, pour prendre toute la place, ces notes n'ont qu'une valeur objective, elles me permettent de garder pieds dans la réalité en balisant les chemins.

Je me refuse à regretter l'impossible, je l'ai dit souvent, à Patrice et Petrus, je ne regrette jamais rien, je préfère n'y plus penser pour ne pas avoir trop mal.

Je n'ai plus tellement mal, ça prouve que je suis sauvée, c'est comme si j'étudiais le comportement d'une autre personne, quelqu'un que j'aimerais, car je m'aime, de là venait la difficulté de communication entre Patrice et moi à la fin, quand je recommençais de m'aimer. Ça ne me fait plus mal d'analyser les comportements d'autrui, de Petrus ou du jeune Alain. Avant, je ne m'étais jamais intéressée qu'à moi-même. Idiote !


Le soir

Ai beaucoup pensé à Patrice, aujourd'hui, j'étais à Paris, en bus près des Invalides, la rue de Varennes, Sèvres-Babylone :

— c'est près de chez moi, avait-il dit un jour que je demandais dans sa voiture, « où sommes-nous ? »

Arrêt Guynemer-Vavin, rue d'Assas, je descends, la fac proche, je n'y vais plus, je traverse la rue, des rais de lumière derrière les volets de Petrus, devant l'immeuble sa mobylette, il vit sans moi, pense-t-il encore à moi ?

Puis, je remonte le boulevard Raspail, j'attends Hélène dans un café, *Le Raspail vert*, atmosphère douce, lumière feutrée, sièges d'osier, j'ai demandé un chocolat.

Un jeudi à la même heure, Patrice m'avait emmenée là, ce jour-là j'avais froid, j'avais demandé un chocolat, il disait :

— tu as moins froid maintenant ?

question bizarre de la part de Patrice, se souciant soudain de moi...

Près de moi, un type travaillait avec sa petite amie, j'ai eu envie de travailler avec quelqu'un, comme eux, c'était harmonieux et grave.

Si j'avais voulu, j'aurais pu aussi travailler avec quelqu'un, avec Patrice, mais j'ai refusé...

Maintenant, je suis seule dans ma chambre, c'est plus âpre, plus difficile, mais je commence à l'aimer cette chambre du cèdre, avec mes livres, ils sont essentiels et me comblent.

Mes leçons ont marché aujourd'hui, j'étais contente. *I hope it will be all right tomorrow.*

Cet après-midi, j'ai rencontré le jeune Alain, qui m'attendait, l'air de rien, à l'entrée du parc, ça m'a flattée, je suis beaucoup plus puérile que lui, il ne l'est pas du tout, nous avons discuté de pas mal de choses, j'ai compris qu'il devait écrire, il a raison, nous sommes montés ensemble, Guy est venu me dire bonjour, et des tas d'autres, tant les filles que les garçons.

Après les cours, je suis allée au C.E.G. demander des nouvelles d'Annie, malade, Alain s'est trouvé devant moi, comme par hasard, quand j'ai quitté la sœur d'Annie, je me suis retournée vers lui et lui ai demandé :

— est-ce que tu écris ?

il a d'abord fait semblant de ne pas comprendre, puis il a acquiescé.

Il veut bien me montrer ce qu'il écrit.

François est venu me voir, il n'est pas banal non plus, je lui ai donné ainsi qu'à Alain un bonbon à la menthe qu'une des filles m'avait offert.

Faut-il que je sois seule pour rechercher l'admiration d'un enfant, je devrais savoir combien ce petit jeu peut être dangereux.

Petrus si triste, si attendrissant, saurai-je jamais à quoi tenait son charme, irrésistible, auquel j'ai résisté pourtant, ce jour pluvieux de septembre, quand il semblait si vulnérable, j'avais envie de le consoler, quand il criait presque :

— aime mon frère, oui, il a tellement besoin d'affection mon frère, moi ça n'a pas d'importance !

C'était dramatique, j'aurais dû refuser de le voir, je ne pouvais pas partir, il était difficile de quitter Petrus, j'aurais dû ne pas le blesser davantage et je le déchirais.

Je devrais me souvenir des paroles de Pierrot C., que j'estimais et écoutais, il me reprochait le dernier soir à Saint-Clar d'avoir influencé Danièle.

Qu'y pouvais-je, nous vivions sous le même toit et discutions beaucoup ?

Je me rappelle sa véhémence :

— mais tu te rends compte, est-ce que tu as le droit d'influencer le choix de quelqu'un, est-ce que tu as le droit d'être responsable de son choix, être responsable ?

Il était furieux. Il avait raison, avais-je le droit de jouer avec les sentiments de Petrus, presque un enfant à dix-sept ans.

Pierrot disait juste, je suis inconséquente, insouciante.

Petrus affirmait que je ne comprenais jamais rien, il m'accusait de ne pas l'avoir compris. C'est vrai, j'ai souvent eu l'impression, physique même, de suivre des chemins parallèles et de ne pouvoir jamais les rencontrer, selon le principe physique des droites parallèles.

Avec Patrice c'était très net, nous regardions dans la même direction, l'un près de l'autre, sans nous rejoindre.


Samedi 18 décembre 1965

d'où vient cet immense vide qui tout au long de cette soirée m'a emplie et creusée et m'a laissée à l'instant écrasée de sanglots au pied de mon lit ?

même dans ma peine je reste lucide, toujours trop lucide, presque logique, c'est ma partie non féminine, je me demandais pourquoi je pleurais,

était-ce la fatigue, cette lassitude extrême qui s'est abattue sur moi,

ou était-ce la pensée que Patrice ne m'avait pas aimée,

j'ai préféré attribuer mes larmes à une nervosité exacerbée ce soir et j'ai cessé de pleurer, en toute logique...

Je manquais sans doute de public

et déjà je me suis calmée en écrivant dans ce Journal

je lisais *Sparkenbroke* de Charles Morgan et je retrouve beaucoup de traits propres à Patrice,

je ne mérite pas un si grand amour.


Dimanche matin 19 décembre 1965

Rêvé encore de Petrus, je sens encore la chaleur douce de ses bras autour de moi. Je raconte souvent mes rêves dans ces notes toujours hâtives, par eux je retrouve la violence de mes sensations, comme lorsque j'étais en Philo au lycée et que je pouvais vivre mon rêve pendant la journée, plusieurs jours parfois. Maintenant je dois repousser toutes les pensées qui ne concernent pas mon travail et la nuit mes obsessions remontent à la surface.

Je me suis promenée vers le Bois de Boissy en fin de matinée après avoir lu un peu *Sparkenbroke*,

zut, je n'arrive pas à écrire, ce que j'exprime est toujours en dessous de ce je ressens,

tant pis, je ne tiens pas en place, je voudrais faire tant de choses,

peut-être irai-je mieux tout à l'heure.


Lundi 20 décembre 1965

Samedi après-midi, ça a fait un vrai drame pour plusieurs gosses d'apprendre que je partais à Taverny et que je ne reviendrais plus dans leur classe.

Moi aussi, je les aime.


Mardi 21 décembre 1965 le matin

J'ai peur des jours proches de Noël, peur d'être seule, terreur même, j'aimerais pouvoir hurler, crier j'ai mal, comme Pierrot après la mort de Marianne, je crains de retrouver l'angoisse de ces derniers mois,

j'étouffe,

de quoi ai-je besoin, je n'en sais rien, je sais que je recevrai des livres à Noël et c'est ce qui me satisfait le plus, mais j'ai soif de cette soif indéfinissable, j'aimerais n'être plus seule, j'aimerais que cette Nuit de Noël compte, qu'elle ait un brillant différent de celui des jours mornes et sombres, j'aimerais être emportée, enlevée presque, comme dans un conte de fée. Yaneck (*le surnom que j'avais donné à mon premier flirt à la fac de droit qui habitait aussi près du Luxembourg, mais de l'autre côté, près de la fontaine Médicis, NdA)* Yaneck avait raison, je ne suis qu'une petite fille qui rêve d'un prince charmant. Yaneck faisait partie de mon rêve avant mon éveil ce matin, un cauchemar même plutôt, l'angoisse était latente, comment ai-je pu le supporter ? Ça me fait penser à *Zorba le Grec*, il avait aimé le film, moi j'avais aimé le livre de Nikos Kazantzaki. J'ai vu le film et, après le livre, j'ai été déçue. Zorba était une de mes idoles depuis des années, là, par le truchement d'un cinéma facile, il devenait l'idole de tout le monde. Toute la pureté de Zorba s'enfuyait, il devenait un personnage commercial, avec de bonnes choses comme la musique de Mikis Theodorakis quand même, qui nous faisait danser cet été. Si je pense à son film *Électre*, il me semble que le génie de Cacoyannis aurait pu rendre mieux le sublime du roman de Kazantzaki. Yaneck avait aimé le film, moi pas tellement.

Plus tard, j'avais trouvé dans un article de Michel Cournot ces mots sur *Zorba* :

*Un des films les plus putains, les plus vulgaires...*

Cournot a le courage et la maîtrise de briser le vulgaire pour s'élever au-dessus de la masse. Je n'étais pas allée aussi loin quand nous en parlions avec Yaneck et nos camarades de fac.

J'ai peur d'être seule à Noël, j'ai peur de Noël.
J'aimerais parfois être comme les autres.

*Écrit en rouge par mes larmes* (Minou Drouet)


23 décembre

Ça y est, c'est revenu, comme avant, comme il y a trois mois, l'angoisse, l'inquiétude, l'incertitude, le petit, le borné, l'étroit, j'étouffe ici, le ciel est trop lourd, j'ai peur, demain c'est Noël, pourquoi suis-je toujours angoissée à l'approche de Noël, tendue, tremblante,

je voudrais dormir, mais tu dois danser

non, je ne pourrais même pas danser,

c'est facile de danser pourtant,

mais avec qui ?

C'est affreux ça recommence,

je ne sais plus où je vais,

Patrice,

j'ai mal

il ne fallait pas faire ça disait Pierrot

j'ai erré dans les rues froides à la recherche de l'impossible,

j'ai pleuré parce que je n'en pouvais plus de cette souffrance virtuelle, affolée, j'ai couru, j'ai peur des gens, je les déteste, j'ai couru, mon livre est tombé, *Le Jour de Gloire* de Patrice Cournot, Gallimard, Collection Blanche, quelle dérision, pourquoi ai-je acheté ce bouquin, Patrice avait dit :

— je te le donnerai,

mais il a oublié, il a tout oublié, il m'a oubliée,

j'ai mal, je l'aimais,

j'ai failli hurler, me laisser glisser, tomber à terre, tout est vain, je voudrais me flinguer, tout est perdu, il faudrait recommencer, c'est si fatiguant, je n'aurai jamais le courage, j'ai peur, demain, les rues de Paris, seule, sans Patrice, perdu à jamais, rien ne peut plus arriver maintenant, Noël demain soir, j'ai froid, j'en tremble, je ne sais pas quoi faire, y a rien à faire, le temps se perd, je me gaspille, je n'ai même plus soif, je ne sais plus ce que je désire, non, ça ne peut pas recommencer, traquée encore par l'impossible, *the could have been.*

Patrice j'ai mal.

Je ne sais plus choisir, je reste indécise au milieu des gens, c'est fou ce qu'il y a comme monde à Paris, dans les rues, partout, ça me déprime, ils ont l'air de savoir où ils vont, moi, je ne sais pas, je ne sais plus, je reste là, poussée, drossée, traquée, c'est épuisant, je suis foutue, je ne sais pas écrire, je ne suis rien, je ne peux pas penser, je suis trop fatiguée, ça recommence comme avant, comme il y a trois mois, j'attendais Patrice, j'attendais tout, l'ineffable, le sublime, le transcendant, le génial, l'impossible quoi.

Ce soir, je n'ai rien à attendre et c'est bien ce qui me désespère.


Le matin du 24  décembre

La seule audition d'une chanson des Rolling Stones suffit à me faire prendre conscience de mon isolement, le splendide isolement anglais, il ne me reste plus que ça, cette facilité de m'émouvoir aux rythmes saccadés des Stones. D'autres dansent sur ces rythmes, Petrus dansait très bien.

La guerre au Vietnam, trêve de 30 heures au Vietnam, les députés et sénateurs français sont partis en vacances, le président du Sénat est Gaston Monnerville, je me rappelle parfois Pierre-Yves, son neveu, mon gentil camarade de fac de droit,

ce matin il pleut en plus, j'aime la pluie en général, là je la déteste, ça m'oppresse trop, ça m'empêche de voir où je vais,

à la radio, un journaliste de *La Dépêche du Midi*, parle de Saint-Clar, je n'ai rien oublié, *Le Jour de Gloire*, Patrice.

Moi aussi je suis passée par là, cet été, et n'en suis pas encore guérie,

Patrice n'a jamais guéri,

il est trop blessé, à mort, sans doute, même s'il survit,

c'est facile au fond, disait-il,

tout était déjà fini ce soir-là.


Hier dans un grand magasin, rayon librairie, j'ouvre un livre de Michel de Saint-Pierre, je savais ce que je cherchais, j'ai trouvé, en page de garde des *Nouveaux Aristocrates*, cette dédicace de l'auteur :


*À Gérard Mourgue
et Patrice Cournot*


Rue Guynemer dans sa chambre, je revois tous les bouquins de Michel de Saint-Pierre, pas encore coupés, tous dédicacés avec passion de la main de l'auteur,

il m'adore, disait-il,

salaud va...

Patrice est mort pour moi, maintenant c'est foutu, je le comprends avec beaucoup de lucidité, qu'est-ce que j'ai à foutre de ma lucidité, elle vient toujours se mettre en travers de mes pensées, c'est peut-être ça le plus fatigant, être toujours là, devant les murs, en face des issues bouchées, être forcée de me constater traquée, j'aimerais être parfaitement inconsciente, dormir.

J'étais trop blessée pour sauver Patrice, il était trop blessé pour être sauvé.

Ce qui a perdu dès le début son harmonie ne peut plus la retrouver.

Je suis morte moi aussi,

le plus grave est que je n'ai jamais vécu.


Il y a deux soirs, au théâtre, j'ai vu une pièce de Murray Schisgal, *Love*, jouée par Laurent Terzieff, Pascale de Boysson et Bernard Noël, j'ai vu de près Pascale de Boysson, un peu morte déjà, dans les scènes où elle reproche à son mari de ne pas s'occuper d'elle,

mais qu'est-ce que je fais là, sinon gémir moi aussi, pleurer sur mon sort, je n'ai plus envie de m'en sortir, je me sens lasse,

me reposer, me reposer, je suis une mouette

Patrice lui-même le disait.


Trop tard, tout s'écroule à nouveau,

j'aime Laurent Terzieff, il me fait fondre, de la même façon que je me sentais fondre devant Petrus, j'aime sa coiffure un peu longue, ses grosses mèches sombres, sa moue, ses grimaces, ses attitudes boudeuses, ses chaussures de tennis, sa voix grave qui vibre, ses tics,

bien sûr il en fait trop,

mais il s'amuse comme un petit fou,

pourquoi ne suis-je plus capable de m'amuser moi aussi sans arrière-pensée, sans anticiper, je passe ma vie à projeter en moi un certain avenir en fonction du passé, mais ça ne se passe jamais comme je l'ai pensé, j'aimerais arriver à coïncider,

ce soir-là j'étais avec Marianne, l'amie de ma sœur, et Françoise, une de ses amies monteuse de cinéma, ainsi que son frère, décorateur à *Marie-Claire*, un grand type dans le vent, cheveux un peu longs, frisés, noirs, décontracté, sympa, fatigué, crevé, mais au moins il vit, il fait un tas de choses, son épuisement est normal,

ce type m'a donné la mesure de l'étroitesse de mes cadres,

tu as besoin de cadres disait Patrice,

c'était triste Paris le soir,

j'estime Marianne de pouvoir se jeter dans l'aventure, sans arrière-pensée, sans recul, elle part,

moi mon drame est de ne pas oser, où irai-je, j'ai peur d'avoir froid, les rues sont désolées, j'ai besoin de quelqu'un,

Patrice cherchait les hommes, ça ne doit pas se trouver, je n'avais pas remarqué cet été combien *Le Jour de Gloire* était empreint de la recherche saint-exupérienne, je n'avais rien compris. Je comprends trop tard, car Patrice m'avait parlé du *Petit Prince et* de *Citadelle*,

c'est alors que j'aurais dû avoir le courage de relever la tête,

je suis une mouette,

non ce n'est pas ça,

je t'aimais, je n'aimais que toi,

je n'ai pas su le comprendre,

mais qui pourrait le suivre, il passe, il traverse,

Huguenin est mort, tous meurent,

lui seul s'aime comme il devrait être aimé,

peut-être comme il le mérite.


À cette soirée de *Love*, j'ai aussi vu de très près Maurice Ronet, il m'a déplu, quand je l'ai vu venir vers l'endroit où nous nous tenions, j'ai ressenti une curieuse impression de déjà vu, j'ai dit à ma sœur :

— regarde ce type, il me semble le connaître,

au moment où elle répondait :

— c'est Ronet,

je réalisais, un jeudi après-midi, au lieu d'aller voir *Pierrot* avec Patrice, en face sur les Champs Élysée, nous étions allés voir un film, *Trois Chambres à Manhattan*, avec Girardot et Ronet, un navet qui m'avait rendue furieuse.

Ronet, vieillissant aussi, double menton, les yeux brumeux, noyés dans le visage, foutu déjà, avec l'air de se prendre très au sérieux, je préfère les tics infantiles de Terzieff, je déteste les gens qui se prennent au sérieux, ça déchaîne mon hystérie, je ne me contrôle plus, je mords,

*Trois Chambres à Manhattan*, le meilleur navet jamais vu, à ne jamais voir,

après *Pierrot*, difficile à digérer.

Marianne m'a aidée à retrouver la chanson de la Marianne de Pierrot, la mélodie, triste aussi.


Le soir du 24 décembre

*My darling young one*, chante Joan Baez, c'est de Bob Dylan.

Je suis passée rue Guynemer à la tombée du soir, aucune lumière ne filtrait.


25 décembre

Barbara, sa voix parfois fuyante, qui s'évanouit dans un soupir, un murmure, qui vous serre la gorge à vous donner envie de pleurer.

J'ai offert un disque de Barbara à Philibert, je ne sais s'il l'appréciera. J'ai la mauvaise habitude d'offrir aux gens les cadeaux que j'aimerais qu'ils m'offrent, ça vient de mon incompréhension foncière des autres, je manque d'imagination. Au bout de quelque temps, les cadeaux ont changé de propriétaire, ils se retrouvent dans ma chambre, par hasard...

*dis quand reviendras-tu*
*au moins le sais-tu*
*car le temps qui passe*
*ne se rattrape guère*
*tout le temps perdu*
*ne se rattrape plus.*

Barbara
Patrice un soir
nous deux seuls
retrouver cette atmosphère
ces instants
les mettre en musique
pour moi
pour lui
même s'il est perdu

à jamais.

Barbara
elle me rend fou cette fille
fais quelque chose
je n'ai rien fait.
Plus tard
je la déteste
je ne peux plus la supporter
Tu sais pourquoi tu aimes les gens
moi non.


Youennick a rapporté d'Angleterre pour moi un grand
disque de Bob Dylan, *Like a rolling stone*
À partir de cette chanson, je vais retrouver Petrus
son sourire
son corps dans la danse
le son de sa voix


Il ne me reste rien de Patrice, absolument rien.
De Petrus quelques lettres minces.
Patrice, rien
mais lui, immense et cassé
bientôt lui aussi ne sera plus rien,
le souvenir restera comme la lueur d'une bougie,
vacillante et éphémère,
et bientôt le souvenir sera désincarné lui aussi.
Au moins il me fait écrire.


Cette nuit, les lumières, la flambée dans la cheminée, les
cadeaux, les paquets colorés, les gosses fébriles, Bruno et
Valérie, fous de joie.
Moi je n'étais pas là, je n'y croyais pas,
ah si les cadeaux,
je me suis jetée sur le disque de Bob Dylan, belle
surprise,
*Like a rolling stone,*
prétexte à me souvenir,
à continuer d'aimer
malgré tout
malgré lui
Patrice

à l'instant, en écrivant ce prénom, j'ai oublié Patrice, dans sa réelle personnalité, il n'est plus rien, il disparaît déjà, mais le prétexte reste.

Deuxième paquet :

*Le Premier Spectateur* de Michel Cournot, sur la création presque au jour le jour d'un film de H.G. Clouzot, *Les Espions*.

Et puis un tas d'autres bouquins, dont le *Journal* de Huguenin,

*Ainsi Parlait Zarathoustra*,

*L'Éthique de Nicomaque*,

et le dernier Goncourt, *L'Adoration* de Jacques Borel, un énorme livre autobiographique, je ne sais quand je l'achèverai.

Rosa (ma future belle-sœur) était là, sa présence m'a permis de m'oublier un peu, moi et mes angoisses...


Tout ce que j'avais rêvé.
Tout ce qui aurait pu être...
J'ai soif. J'aimerais travailler.
J'aurai mon Jour de Gloire
Je le veux, je le jure.


Lundi 27 décembre 1965

Rêve encore, mon désir de materner Petrus et toujours dans le lointain la flamme vacillante du regret de Patrice.

Je suis vraiment obsédée.

Jean aurait-il raison ? Futur psychiatre, il doit savoir.


Je suis remontée à la surface, je travaille, j'aime la longueur de ces journées amples et pleines. C'est dans le seul travail que j'ai conscience de mon existence réelle. Mon désir est de créer.

Je découvre Nietzsche, il me soulève. Ce n'est pas très féminin tout ça, finalement j'ai peur de ma force, je la refuse, je crains de ressembler à Maman, dont on dit qu'elle est une maitresse femme.


Hier, Jane était là, quand elle ne sait plus où aller, quand elle a peur, quand elle n'a plus de forces pour décider, elle appelle Maman qui l'invite à la maison.

Elle n'a pas retrouvé Zazie, sa chatte siamoise, en rentrant à Paris chez Tinker.

Il y a deux jours, elle s'est séparée de son ami, elle est venue ici, elle craint d'attendre un bébé.

Zazie représentait ses responsabilités. Elle n'a plus de forces.

C'est à peine croyable, que tant d'ennuis puissent arriver en même temps à la même personne, la fatalité doit exister, je pense à Jocelyne, à cette malchance s'acharnant sur sa famille. Jane et Jocelyne se ressemblent d'ailleurs, elles ont la même forme de conscience morale et d'insouciance, elles ont le même courage, mais elles finissent par baisser la tête, à bout de forces, elles ont la même faiblesse, la même sensibilité, la même exigence d'amour, d'affection, dévorante chez l'une comme chez l'autre.

Hier, je me suis dégoûtée. Alors que Jane nous exposait ses ennuis, sa terreur d'être enceinte, sa honte de devoir demander de l'aide au père du bébé, je me suis rendue compte, en regardant mon agenda pour l'aider à retrouver la date de la conception, que je devais rendre tous mes devoirs de Philo, Latin et Anglais avant jeudi, alors que je pensais avoir toute une semaine pour travailler. Il me restait trois jours seulement. Je n'ai plus pensé qu'à moi, à mes petits problèmes, bien minimes pourtant comparés à ceux de Jane, sa chute, sa déchéance, la mort de son amour.

J'ai même pensé : *moi aussi mon amour est mort.*

quand donc participerai-je ?

quand trouverai-je le contact avec les autres ?


28 décembre 1965

Le Temps est merveilleusement clair, voici le règne de l'air pur dans un ciel immense. J'ai envie de vivre.


29 décembre 1965 le matin

Je pensais me reposer durant ces vacances, mes premières vacances de femme travailleuse (!), penses-tu, c'est encore plus absorbant que le travail scolaire, je suis encore traquée par le temps, plus que deux jours, plus qu'aujourd'hui, pour faire cette foutue version latine où les membres des mêmes familles s'entre-tuent à plaisir, allez donc savoir pourquoi... puis cette disserte de philo, j'ai peur de ne plus savoir rédiger, réfléchir, écrire, je recule par crainte de ne pas être à la hauteur.

J'ai soif d'écrire et le temps me manque, le monde est mal fait !

Bon tant pis, au boulot, pour l'arbre généalogique des rois de Rome.

*Allons-y, Alonso !* disait Pierrot.


Jeudi 30 décembre 1965

Je suis épuisée, dès le réveil, je travaille trop c'est certain, mais comme c'est ma seule satisfaction réelle et légitime, je crois que je vais continuer : Philo today.

Je devais aller à Paris, faire des courses avec Béa (Béatrice, ma camarade vietnamienne de l'internat), voir le dernier film de Milos Forman, *L'As de Pique*, dont Michel Cournot a fait une très belle critique. Mais je suis trop fatiguée et je vais rester travailler.

Charles Morgan a écrit :

*Le remède était dans le travail, passion impersonnelle, éternelle consolation.*

Très juste. Je l'ai toujours su.

D'après Maman, j'ai toujours aimé travailler. C'était un jeu pour moi, ça ne présentait aucune difficulté, je travaillais seule, souvent dans mon lit puisque j'étais malade, j'aimais ce travail solitaire. Mais il m'a toujours été difficile de m'attacher à un travail imposé. Ça a été flagrant en seconde, alors que j'étais moins malade et que je suivais enfin normalement les classes, je ne foutais plus rien en arrivant au lycée Hélène Boucher à Paris, j'ai joué les cancres, moi qui aimais travailler.


Béatrice m'a invitée à passer le réveillon du Jour de l'An avec elle chez des amis. J'ai accepté, c'est la première chance qui s'offre à moi de découvrir d'autres personnes que les Cournot and Co.

Il y a une éternité que je suis seule, il est temps que ça change, je ne vais pas laisser glisser cette unique chance de me projeter vers un ailleurs, je vais refermer la main.

Pourtant, j'ai un peu peur de l'inconnu, je vais me sentir encore perdue, là-bas je regretterai peut-être la douce désolation de ma chambre avec ses livres encombrant la table, la cheminée, la commode, avec le chat sur le lit vaste et le cèdre derrière la fenêtre.

J'essaierai de chercher les autres, je ne pense jamais à « profiter » des occasions, je déteste ce mot de profit, c'est un des plus laids que je connaisse.

Un faible instant éphémère, qui s'éteindrait tout de suite pour beaucoup, suffit à me contenter et garde en moi une saveur longue et tendre.

J'aimerais être belle. Autour de moi, toutes les filles sont belles, ma sœur est belle, Hélène est belle, Jane est belle, Jocelyne aussi pour son jeune âge, je viens d'apprendre qu'elle était à Saint-Leu ces derniers jours, elle est magnifique. Pourquoi ai-je une sale tête moi ? J'en ai marre de ma tête.

Demain, tant pis si je fais une folie, puisque j'ai encore des dettes, mais je ferai arranger ma tête par Hélène, au salon où elle travaille, elle me créera un beau chignon, c'est ma seule solution, qu'on ne me parle pas de la beauté du diable ni de celle des jeunes filles en fleurs. Toutes les filles s'organisent pour être belles, elles étudient leur naturel, elles rationalisent leur poésie.

Une angoisse me noue la gorge quand je feuillette le *Journal* d'Huguenin. Pourquoi ? Je crains de m'y replonger, il soulève trop de questions, avec une âpreté tellement désespérée qu'il me semble encore entendre Patrice. Je n'ai jamais aimé qu'on me pose des questions, je ne supportais pas ça, ça me désemparait, car je sentais brusquement que je ne voyais pas les choses de la même façon que les autres, ça me désarçonnait, mon esprit a toujours bafouillé. Je balbutie encore.

*Que serais-je sans toi que ce balbutiement ?*
chante Ferrat d'après Aragon
si je ne suis capable que de rebalbutier les paroles d'autrui, je ferais aussi bien de me flinguer.
mais ai-je bien l'âge requis ?
Jane pense être trop jeune pour se suicider.
Patrice m'affirmait qu'il était déjà trop vieux.

Petrus devait aussi se trouver trop jeune.

Où suis-je dans tout ça ?

Ben, nulle part.


Sur une note volante

Paris 31 décembre 1965

café Lufac, 5 h 30 de l'après-midi après trois heures passées chez le coiffeur où travaille Hélène, elle m'a fait un beau chignon, je suis jolie et épuisée. Je voudrais dormir, mais tu dois danser. C'est ici même qu'un jour j'ai donné cette phrase à Patrice.

Je me suis arrêtée dans ce café, car j'ai craint de me laisser tomber dans la rue.

Le garçon de café m'a reconnue, il y a longtemps pourtant que je n'étais venue, un soir il m'avait admirée, j'avais le même manteau, un chignon élaboré, j'étais allée chez Petrus cherchant Patrice, Petrus m'avait consolée, j'avais mal aussi,

ce soir je suis plus seule que jamais,

ma belle coiffure pour personne,

pour moi seule.

Ce café est trop désolé et si je m'écoutais j'irais à la recherche de la chaleur douce et accueillante de Petrus. Je sonnerais, il ouvrirait, je me réfugierais dans ses bras, rien n'aurait plus d'importance, je n'aurais plus peur.

Mais il pleut, j'ai mal, je n'ai pas envie de danser et j'ai peur des gens.

# 1966

## Janvier 1966

1er janvier 1966

Cette soirée a été un échec complet, j'espérais rencontrer des visages, des regards, je n'ai retrouvé que ma propre voix. J'ai été triste, parce qu'avant la soirée j'avais vu une lumière dans le salon de la rue Guynemer et que dans *Le Nouvel Observateur*, Cournot s'est permis de faire admirer sa belle petite gueule, ça m'a fait penser à Petrus et j'étais encore plus seule au milieu des gens.

L'article de Michel Cournot est tout simplement infect, lâche, facile, honteux, il se justifie, c'est presque de la prostitution, je dirais que son article est putain et vulgaire. Je vais me classer dans la catégorie des lecteurs mécontents à rebours en lui écrivant.

Il a quand même une belle gueule.


Matin du 2 janvier 1966

Les réveils sont durs, angoissants, le vent s'acharne contre les vitres, je ne peux pas respirer à son rythme.

Le visage de Michel Cournot me désespère, il a la même douceur que le petit Pascal sur la photo de Jean-François, leurs poses sont à peu près semblables, la tête un peu penchée sur le côté comme un oiseau, mais sa bouche a cette amertume, ce désespoir tranquille et triste que j'ai vu une seule fois sur Petrus, quand il avait tellement mal.

Je parle peu de Patrice désormais.

Je regrette Petrus, sa présence, sa chaleur, ça devient symbolique et insensé. Le souvenir que j'ai de Patrice est plus fantasmé et versatile.


Cournot répond aux mécontents qui se plaignent :
*la page de cinéma du N.O. est devenue un délire, un théâtre d'explosions lyriques où l'on ne parle pas de cinéma,*
puis ça encore :
*le critique de cinéma du N.O. parle de la pluie et du beau temps, du poisson le vendredi, du vent chaud dans le Midi, il*

*cite Claudel ou Breton, il ne donne pas l'impression d'être un spécialiste, nous réclamons un spécialiste, etc.,*

et il répond, il s'explique...

Eh ben non c'est pas possible, je déteste cette dernière chronique avec autant de fougue que j'adore les autres, les habituelles, les délirantes. Il ne peut pas me faire ça, Michel Cournot, lui qui m'a appris le délire, je ne reconnais pas son calme nouveau, cette raison insensée, cette modestie anormale. Ce n'est pas ce que nous attendons de lui, nous avons besoin de son délire, pour nous donner envie de vivre.

Son visage de gosse perdu qui réclame d'être aimé et ces seuls mots, le vent chaud dans le Midi, m'ont emplie du souffle des journées à Manas, à Avezan, j'ai revu le sourire de Pascal, les yeux de Petrus, ses bras, la couleur des pierres du château, l'ombre sur la ferme, les pins dans le vent, les champs au loin, le ciel, toute cette douceur...

## Lettre à Michel Cournot

2 janvier 1966
Marine Kermen
53 rue de Boissy
Saint-Leu-la-Forêt (Val d'Oise)

Cher Monsieur,

Non, non, je n'aime décidément pas votre dernier article, comme cadeau de fin d'année, c'est de mauvais goût. Je pourrais bien sûr ne rien dire, mais me taire serait vous faire des concessions, or c'est le principal reproche que j'ai à vous adresser : les concessions. Je me permets donc de vous écrire et j'espère n'être pas seule à le faire, car vraiment on ne peut pas laisser passer ça.

J'estime que votre article est tout simplement abject, lâche, facile, honteux de votre part et triste, surtout très triste, ces concessions, ces justifications, ces explications, non ce n'est pas possible. Abominable. Et non seulement vous ne vous contentez pas de vous expliquer, mais en plus vous vous permettez d'afficher votre portrait ! Pas normal ça, que dans ce dernier numéro du *Nouvel Observateur* seuls deux éléments de l'équipe aient droit à une photo : Copi et Cournot, les mal-aimés, les brimés, les incompris, les méconnus, pour montrer que malgré tout ils ne sont pas aussi effrayants et subversifs qu'on avait pensé... Et je vous soupçonne fort d'avoir choisi l'image la plus sage : celle d'un petit garçon sérieux, un peu perdu, qui a besoin d'être aimé. Adorable, d'accord. Mais gros comme une maison.

*Chacun sa liberté* : beau titre pirandellien, mais si vous estimez avoir le droit d'exprimer librement vos passions, vos sentiments, vos goûts profonds, vos délires, vos haines, faites-le, ne l'expliquez pas, ne le justifiez surtout pas, ça gâche tout, c'est trop déprimant. Et puis finalement, ce n'est pas flatteur pour nous les lecteurs. Le mode d'emploi : ben on l'avait compris tout seul, votre article ne nous apporte rien, il nous ennuie seulement et nous vexe même un peu. Alors pas de concessions, pas de justifications, c'est trop lâche, ça ne sert à rien, ceux qui n'avaient pas compris ne voudront pas plus comprendre maintenant, c'est sans issue, autant ne pas se perdre, plus digne, non ?

Pas de modestie non plus, monsieur Cournot, qu'est-ce qu'on en à faire de votre modestie, un Cournot modeste, c'est inconcevable, vous n'arriverez pas à nous le faire croire, et puis, non, ça détruirait tout.

Ce calme soudain, cette raison insensée, cette modestie, non ce n'est pas ce que nous attendons de vous. Je me permettrai donc d'employer vos propres termes pour dire que cet article est le plus putain et le plus vulgaire qui soit, s'il vous plaît ne recommencez pas, on finirait par être déçu, ce serait dommage.

Je déteste cette dernière chronique avec autant de fougue que j'ai adoré les autres, les habituelles, les délirantes.

Si votre page de cinéma est un délire, un prétexte à lyrisme, tant mieux. D'ailleurs même si vous ne parliez pas de cinéma, mais de n'importe quoi d'autre, de l'élevage des oies dans la campagne du Gers ou de l'instruction civique en Chine populaire, du moment que vous y mettiez la même fougue, la même passion et le même désespoir, nous vous écouterons, tant que vous nous donnerez envie de vivre.

C'est beau non, tous les critiques ne peuvent pas se flatter d'une telle chose. Eh bien pour vivre nous en avons besoin du vent chaud qui soufflait sur Manas à la fin de cet été encore, qui luttait violent sur la couleur des pierres du château d'Avezan, vous voyez j'imagine très bien, de la chapelle et de tout le reste, mais oui c'est indispensable, c'est comme une drogue.

Vous prétendez ou plutôt les mécontents prétendent que vous n'êtes pas un spécialiste, mais si vous ne l'étiez pas, jamais vous ne pourriez vous permettre ces écarts sur votre vie, votre enfance, vous êtes seulement un spécialiste qui sait voir moins avec les yeux qu'avec le cœur, qui a su, après tant d'années, garder cette pureté de sentiments, cette même soif dirais-je, je trouve ça très beau.

Moi j'aimais votre style percutant, vivant, coloré et votre esprit mordant, incisif et déchirant qui donnaient un souffle si particulier à vos critiques. Nous avons besoin de notre dose hebdomadaire de délire.

Alors s'il pleut, les matins, sortez, faites quelque chose, n'importe quoi, mais ne pensez pas aux lecteurs, c'est trop dangereux.

Sinon je n'achèterai plus le N.O., vous vous en moquez bien sans doute, je pense brusquement que ma lettre est bien inutile, vous savez déjà tout ça, c'est ce que vous pensez, non ? Enfin tant pis, c'est trop tard.

J'espère seulement que vous commencerez l'année dans votre délire habituel.


Lundi 3 janvier 1966

Journée étrange, ensoleillée, claire, lumineuse, puis sombre et pluvieuse, soudain instable, comme moi, je n'ai rien fait, ah si, j'ai écrit à Danièle ce matin, mais comme je sentais l'angoisse m'envahir, vite je suis partie à Paris pour ne plus penser, j'ai erré dans les rues, seule évidemment, j'ai traversé le Luxembourg éclaboussé de soleil et de pureté, au long des allées, des arbres fins. Plus tard, la nuit tombait déjà, il pleuvait presque, j'ai marché près du Sénat, c'est une promenade que j'aime vers le soir, dans les rues près du Luxembourg, tout est si calme, si clair, les derniers rayons s'y profilent. Je suis remontée par la rue Guynemer, la lumière était allumée dans le couloir, j'ai pu en passant distinguer les cages des oiseaux de Patrice et, dans la cuisine, sa mère. Petrus ne doit pas être là pendant les vacances, ça m'a rassurée, bêtement.

Au petit matin, rêve étrange, un peu inquiet : j'étais en chemise de nuit rue Guynemer, devant la fenêtre ouverte sur le salon, la lumière et la musique venaient de la chambre de Petrus, j'entrais par la fenêtre, personne d'abord, puis Petrus et beaucoup de monde, ce devait être le matin car Jean-François tenait à la main une brosse et un verre à dents. Des tas de gens arrivaient, Petrus disparaissait parfois, Jean-François restait, je lui parlais de mon travail, de mes études, il me faisait promettre de ne plus parler de mes angoisses, du temps qui me traque, et tout ça, alors j'enchaînais sur Michel Cournot, sur les gens qui commençaient à le critiquer et décidaient de ne plus acheter le N.O., j'en concluais qu'ils l'achetaient pour lui ce journal, j'affirmais ma déception à la lecture des derniers articles. Mais des gens arrivaient, je pensais aux articles où Michel Cournot parlait de Manas, de Saint-Clar, d'Avezan, je revivais cette époque des vacances, avec la même atmosphère, mais quelque chose avait changé, je n'étais pas à ma place, Petrus avait un regard presque bleu, j'avais peur de voir surgir Patrice, le climat de la pièce était doux, il ne fallait pas le troubler.

Le soir
Journée très positive ou alors complètement négative, je ne sais.

Rendez-vous avec Béa au Lufac, en arrivant je remarque la mobylette de Petrus près de l'entrée de son immeuble. Au café, Béa et une fille que je reconnais tout de suite, c'est Laurence, mon vieux copain de régiment du lycée, elle ne me reconnaît pas, je vais vers elle, elle finit par me reconnaître, c'est magnifique, elle me raconte sa vie, je lui raconte la mienne, nous rions beaucoup, elle redouble Propé, elle manque de fric, etc. ça n'a rien de drôle, mais nous sommes heureuses de nous revoir, ça nous suffit, Béa s'impatiente, je sens que je l'énerve, elle veut faire des courses, acheter un cadeau pour Michèle de l'internat qui s'est mariée il y a une semaine, moi je n'ai pas envie de quitter Laurence et puis, je sais qu'après, un peu plus tard, j'irai voir Petrus, oui c'est décidé, si je pars avec Béa comme prévu, je ne reviendrai pas dans ce quartier, or il faut que je le vois, pour me débarrasser d'un rêve.

Finalement je décide d'aller avec Béa acheter un bouquin dans une librairie voisine, nous trouvons *Maîtresse de Jeune Maison*, et je reviens au café. Je laisse Béa partir seule. Je parle encore avec Laurence, nous décidons de nous revoir, nous rions ensemble comme au lycée, ça fait du bien, je suis euphorique, sans savoir pourquoi, ou peut-être parce que je sais : plus tard je vais voir Petrus.

Je quitte Laurence, je poste les lettres que j'ai écrites à Danièle et à Michel Cournot, je redescends la rue d'Assas, je vois de la lumière dans la chambre de Petrus, j'y vais, d'autant plus qu'un type vient de me suivre qui a l'air dingue, brusquement je prends peur, je traverse la rue, je pénètre dans le hall d'entrée, sans hésiter je sonne, c'est Petrus, toujours semblable, il est content, pas étonné.

C'est comme avant, il m'emmène vers sa chambre en me disant qu'il m'a envoyé une carte, non il ne l'a pas encore envoyée, elle est là, dans sa chambre, c'est la même pénombre, douce et chaude, les mêmes filles, Marie-Claude, Catherine, alors ça dure toujours, oui sans doute, sur le lit un type que je ne connais pas et une fille que je ne reconnais pas d'abord, mais qui affirme m'avoir vue au dîner, à ce fameux dîner dit-elle, j'étais en face d'elle, oui je me souviens, Agnès, c'est ça.

Petrus me tend une enveloppe avec une carte, une légère aquarelle sur les vieux omnibus de Paris, ces mots dans un coin au dos : Pour la nouvelle année (tâche de donner de tes nouvelles, petit fantôme) Pierre Cournot.

Je suis touchée, je ne dis rien. La chambre est accueillante, tout est exactement pareil, le dernier *Nouvel Observateur*, je l'ouvre, page article Cournot, Petrus ne l'a pas lu, dommage, Catherine l'entraîne dans une autre pièce, vite, trop vite. Agnès et le type sortent aussi, je reste seule avec Marie-Claude, tout semble normal, nous parlons, que sont devenus les autres, Claudine, Antoine et François de G., elle m'interroge sur Patrice, je n'ai pas envie de le voir, on est bien ici, il fait bon, il fait chaud, on est à l'abri, mais oui, la mouette, bien sûr, ça ne pouvait pas durer, la porte s'est ouverte, j'ai pensé, ça doit être lui, zut, trop de problèmes encore, ça fatigue.

Il est entré, très vite, j'ai su que c'était lui, sans le voir vraiment, sa surprise, moi assise sur le divan, même robe verte, tiens c'est toi, il vient vers moi m'embrasse sur le front, je ne réagis pas, je l'embrasse à peine, il a toujours sa barbe, il l'a depuis qu'il est venu à Saint-Leu, depuis le soir du fameux dîner, justement, il semble nerveux, j'avais oublié qu'il l'est toujours, il passe rapidement dans la pièce voisine, il marche avec nervosité, mais qu'a-t-il, Marie-Claude demande :

— Ça te fait quelque chose ?

— Je ne sais pas.

— Tu ne restes pas insensible, lui non plus d'ailleurs, qu'est-ce qu'il est nerveux !

ah bon elle a remarqué aussi

— Il l'est toujours.

— Ça t'ennuie quand même.

— Oui, c'est embêtant, ça ne va rien arranger.

Je feuillette négligemment le N.O. Elle a tout compris Marie-Claude.

Il revient :

— Marine, tu vas me donner ton adresse.

— Ah ?

Il cherche un papier, fébrilement, s'énerve, se plaint de ne pas trouver d'aspirine, il est malade, il est à plaindre. Je lui donne mon adresse. Sans penser. Sans réagir. Je ne suis pas en cause. Il va sans doute m'écrire. Je parle :

— Oh ! il est trop déprimant cet article...

— Oui, c'est mauvais, mais tu sais ce qui s'est passé ? Michel a failli se faire virer, le conseil d'administration s'était réuni et avait décidé de le renvoyer, mais Jean Daniel a dit : « Si c'est ça, je pars aussi ! »

Ah ! c'est ça, évidemment ! Je fonds à l'idée d'un renvoi de Michel Cournot du Nouvel Obs.

— D'ailleurs, continue Patrice, ce serait idiot, ça leur enlèverait 10% des lecteurs !

— Absolument, je connais des tas de gens qui n'achètent la revue que pour ses articles, à commencer par moi.

— C'est triste, très triste.

— Ça n'empêche que cet article est répugnant, pour employer ses propres termes, je dirai qu'il est putain et vulgaire.

— Tiens oui, c'est à ce sujet que je veux t'écrire.

Oh ! la  ! la ! sujet brûlant, ma lettre à moi, je l'avais oubliée, vite contre-attaquer.

— Ah ? au sujet de *Zorba le Grec* ?

— Non je ne l'ai pas vu.

— Il ne faut pas le voir.

— Pourquoi ? demande Marie-Claude.

— Il faut le lire.

— Non, c'est autre chose... *Pierrot*.

— Ah ! tu l'as vu ?

il s'éloigne dans le salon :

— Oui...

Je reste seule avec Marie-Claude. Je lui parle de Zorba, mais sans grande envie. Je ne me demande pas encore pourquoi je suis ici, dans cette chambre.

Il revient. Silence. Il marche, trop. Je reste, froide. Je pose la question qui m'inquiétait récemment :

— Qu'est-ce que tu reproches au Nouveau Roman ? Je me souviens t'avoir entendu le critiquer...

— Je lui reproche de ne pas exister.

Il a le don de vous assener des phrases incisives qui vous laissent sans voix.

Suivent quelques considérations sur cette École inexistante et sur celle qu'il voulait fonder avec ses copains, ça devait s'appeler les Nouveaux Classiques. Toujours des projets jamais réalisés.

Il marche devant moi. Il a sa veste de velours noir comme celle de Pierrot le Fou. Il s'adresse à Marie-Claude :

— Alors tu ne manges plus, tu ne parles plus, tu es muette...

—...

Il m'interroge.

— À part ça, quelles nouvelles ?

— De qui ?

— Du peuple.

— Je ne sais pas.

Plus tard.

— Moi je travaille.

— Moi aussi.

— Je fais de la Philo.

— Moi je travaille.

— Oui, je vois la nuance.

J'enchaîne sur mon devoir de Latin : les histoires des rois de Rome.

— Il n'y en a pas eu beaucoup pourtant.

— Je m'occupe des rois étrusques.

Je continue sur leurs dissensions familiales mutuelles :

— C'est passionnant.

— Bien sûr.

— J'ai fait des tas de recherches pendant les vacances. Puis je reprends :

— Mais, le peuple... il vit ?

— Il paraît... mais nous avons de moins en moins de contacts.

Il est difficile de se consoler de n'être pas Dieu, j'ai envie de le lui dire, mais je raconte ma dernière conversation métaphysique avec mon petit frère.

— Tu me fais penser à mon petit frère, à une conversation métaphysique que j'ai eue avec lui, je venais de lire Nietzsche, *Zarathoustra*, je proclamais : Dieu est mort, lui très sage, qui commence à apprendre son catéchisme, m'a dit :

— Il n'y a qu'un seul Dieu.

— Oui, c'est moi.

— Non ! Dieu est dans les cieux et toi tu es dans la lune.

Patrice sourit, il se lève.

— Eh ! oui, c'est juste, c'est toujours comme ça qu'on se laisse prendre et il n'y a rien à répondre.

— Je n'ai rien répondu.


Peu après, Patrice sort acheter de l'aspirine. Je reste seule avec Marie-Claude. Agnès et son ami se préparent à partir, elle me rappelle les bons souvenirs du dîner, les plats, les chansons de Jean-Christophe. Ça fait du bien. Ils partent.

Je cherche ce qui retient en cette chambre. D'où vient qu'une fois posé ici, on n'ait plus envie de s'en aller ? Les livres, les lumières, les disques, la même toile sur les murs, rouge d'un côté, bleu marine de l'autre. Je ne sais pas.

Nous apercevons Catherine et Petrus dans le salon. Elle ferme la porte. Bon, on a compris. On peut partir. Marie-Claude s'en va. Je me rhabille. On sonne. Petrus va ouvrir, c'est Patrice, il passe près de moi, je ne le regarde pas, je prends la carte de vœux de Petrus. Patrice va dans le salon. Je cherche encore pourquoi je voudrais ne pas partir.

— Reste, dit Petrus.

— Non, ce n'est pas possible.

Je lui parle de mon bouquin.

— Quand il sera fini, je te le ferai lire. D'ailleurs, je t'avais promis, tu te souviens ?

— Bien sûr.

— Au fait, j'ai honte de t'avoir fait lire ce que je t'ai fait lire. C'est affreux.

— C'était marrant.

— Non, même pas. Bon, je pars.

— Je te raccompagne.

— Évidemment.

— Je te téléphonerai. On se reverra.

— I don't know.

— I think so.


Je suis sortie. Sans revoir Patrice. L'air dehors est froid. Il fait bon marcher. Sur le boulevard Saint-Germain, je rencontre Monique Demarle, ma camarade d'internat aux Maraîchers. Après avoir encore raconté ma vie, je vais à la Librairie américaine, *Shakespeare and company,* ma sœur y travaille depuis aujourd'hui avec le charmant philanthrope George Whitman.


5 janvier 1966 le matin

Première pensée : hier, Patrice, Petrus, sa carte. Quelque chose a changé pour moi. Quelque chose s'est réveillé. Pourtant, c'est sans issue, je le sais. Que va-t-il arriver ? Je travaillerai ces jours prochains, je n'aurai pas le temps d'aller à Paris, Petrus a beau penser que je reviendrai, ça me semble improbable. Je réponds à sa carte, oui, c'est poli, il téléphonera, répondra peut-être. Patrice écrira-t-il, on ne sait jamais, tout est possible de sa part, même ça. Je répondrai, car j'aime écrire. Et puis après ? Ben ce sera comme avant, quand je ne voyais plus les deux frères. Il n'y a pas d'issue : Petrus ne se délivrera pas de ses petites amies, ce sera toujours chez lui le même bordel, je m'ennuierai vite, j'adorerai le voir m'admirer, m'écouter, mais je parlerai seule, je parle toujours seule. Avec Patrice ? C'est toujours intéressant, mais il est trop blessé. Hier, je n'ai pas pu me retenir, lorsqu'il cherchait un papier pour noter mon adresse, avec une nervosité extrême :

— Mais arrête-toi !

Ça m'a échappé. Il s'est un peu calmé. Il m'énervait trop. Je suis restée froide. Comme lui. J'ai parlé comme lui. Nous étions deux êtres semblables à parler l'un en face de l'autre. Ce n'était plus moi qui parlais, c'était lui en moi. La présence de Marie-Claude muette servait de témoin antique. Toutes nos paroles ont été ostentatoires, extérieures, indifférentes à nous. Ne pas s'effleurer pour ne pas s'écorcher. Il ne pensait pas à moi, je ne pensais pas à lui. Il pensait à lui. Je pensais à moi. C'était tout. Se blesser encore, non, mieux valait se garder intact. Égoïstement. J'étais calme, presque sereine. Je ne désirais plus rien. Rester là simplement. Il pouvait parler. Je pouvais écouter. J'étais venu pour Petrus, pas pour Patrice, j'avais besoin de la tendresse de Petrus, pas du mordant de Patrice.


Jeudi 6 janvier 1966

J'ai envie de revoir Petrus, même si je sais que rien ne peut changer. J'ai envie que tout soit comme avant, quand je suis rentrée de vacances, de Saint-Clar, avec le soleil. C'était plus calme. Je comprends, en partie, ce qui fait le charme de sa chambre : c'est l'abolition du temps. À quoi est-ce dû, ça, je n'en sais encore rien.

J'ai beaucoup maigri depuis le retour de Saint-Clar, je vais finir par m'étioler, devenir un pur esprit ou un petit fantôme comme dit Petrus.

Avec Patrice, tout devient évident, il n'y a rien à ajouter.

Lui qui me disait : *L'évidence, c'est ce qui ne se démontre pas.*

*La poésie, c'est qui perd gagne*, écrivait Pierrot.


Je suis épuisée. Ce n'est pas normal de parler, de délirer tout haut comme je le fais depuis quelque temps, je ne me contrôle plus, je m'étourdis, je jongle avec les mots, les phrases, les idées et je saoule tout le monde. C'est insensé de vouloir n'être pas comme les autres. J'attire les sarcasmes, par provocation et ostentation.

Je sais que mes paroles n'intéressent personne, mais j'ai peur du silence, je me retrouve trop seule. Pourtant, je ne parle pas seule dans ma chambre, j'écoute, je sens la voix qui rayonne des livres.

Je dois être comme la Mouette. Un jour, à bout de forces, je reviendrai vers Petrus, me cacher dans ses bras, pour ne plus penser. Mais je saurai que rien n'est possible et je repartirai, comme Nina, comme la Mouette.

Non, je veux rester, quelque part, avec quelqu'un.

Pleurer.

La façon qu'a Patrice de lever le sourcil en parlant et de jeter un regard très noir alors que ses yeux sont bleus.


Vendredi 7 janvier 1966 le soir 24 h

Tout à l'heure, j'ai fait une bêtise : j'ai téléphoné à Petrus. Je m'embêtais trop, brusquement j'ai pensé : si je l'appelais, c'est possible, est-ce que je sais encore le numéro, oui, il est venu tout seul sous ma main, LIT 61 87...

— C'est Petrus, bonsoir !

Il m'a déjà reconnue, c'est comme avant, comme au retour des vacances, au retour de Saint-Clar. Il n'est pas étonné. Moi non plus. Tout est pareil. C'est bien. Il parle, il dit :

— Je t'aime.

Comme avant. Je parle. Trop. Toujours. Il écoute. Il parle. Peu.

Jean-François prend un moment l'écouteur, puis s'en va.

Je parle encore. Je lui explique le truc de l'abolition du temps, quand on est dans sa chambre, plus rien n'a d'importance, on oublie le temps, on oublie les autres, on oublie ce qui s'est passé avant de venir, on ne pense pas à ce qui va se passer plus tard, on oublie ce qu'on a été, on ne pense pas à ce qui sera, le temps passe, on s'en moque. On n'est pas obligé de penser à ce qu'on va devenir, à ce qu'il faudrait devenir.

Je n'y avais pas pensé plus tôt.

Petrus répond, peu. La seule chose qu'il sache dire c'est : je t'aime. Il le dit facilement, je me souviens d'une conversation téléphonique qu'il avait eue un jour avec Claudine, en ma présence et celle de Patrice, nous riions beaucoup alors :

— Mais oui je t'aime, bien sûr. Crois-moi, etc.

Ça me replonge dans la même situation qu'il y a trois mois, j'ai l'impression d'être un peu plus jeune.

Il l'a compris, sans que je parle cette fois.

Il a dit :

— Je voudrais que nous reprenions nos habitudes d'avant...

Quand il me téléphonait chaque soir.

Je ressens la même chose à l'égard de Patrice qu'à Manas. Je ne savais pas ce qu'il pouvait penser de moi, mais je savais que Petrus restait près de moi, avec moi.

La même attitude en face de Patrice, un peu égarée, indécise, apeurée, mais aussi méprisante et froide, cette impression que je ne l'aime pas, avec une certaine puérilité, comme les gosses qui ont décidé d'emblée de ne pas accepter quelqu'un : je ne l'aime pas, na !

J'espère encore que Petrus est resté le même, lui aussi veut abolir le temps pour garder l'illusion que rien n'a changé.

Il doit me rappeler.


2 heures du matin

J'ai envie d'une seule chose pour les nuits à venir : dormir auprès de Petrus.

Jean, le futur psychiatre, a raison quand il dit que je suis obsessionnelle.


8 janvier 1966

Si j'ai appelé Petrus hier soir c'est surtout pour me persuader que je n'avais plus besoin de Patrice...

J'ai envie de voir Petrus, ça me creuse avec une telle force et une telle violence que j'ai peur de moi.


Hier soir, Hélène disait :

— Patrice ressemble à Pierrot.

— Bien sûr, c'est pourquoi j'ai tant aimé Pierrot.

Mais je sais que Patrice lui-même déteste Pierrot, comment supporterait-il que sa propre souffrance soit hurlée en public par quelqu'un d'autre que lui-même.


Ne pas oublier que Patrice m'a blessée, presque cassée. Mon refuge est en Petrus, lui peut me consoler.

Je ne saurai peut-être jamais écrire. Mais je veux exprimer la vie telle que je la vois, telle que je la sens.


À Manas, l'hiver, les champs sont inondés, car l'Arratz déborde, tout est plein de boue, c'est dégueulasse. Non c'est pas beau. Et puis les arbres, ben oui, on remarque qu'ils n'ont plus de feuilles, ce qui est assez étonnant, mais c'est tout.

*Sic dixit Petrus...*


Chez Petrus, une fille surgit dans l'ombre, d'on ne sait où, elle est vêtue de blanc, casquée, bottée, elle reste debout et flotte à travers la pièce. Qui est-elle, que fait-elle, on ne sait. Elle attend. Petrus. Où est-il ? Tiens, il a disparu.

— À ta place, je partirais en claquant la porte, dit Marie-Claude.

— Non, justement.

Sa voix est douce, calme et résignée. Elle ne doit plus très bien savoir pourquoi elle est venue. Seul Petrus. Ce nom l'obsède. Ses yeux aussi. Vous avez remarqué ce charme fou dans ses yeux. C'est extraordinaire, n'est-ce pas. Mais on ne sait plus où on en est. Elle non plus. Elle attend. Comment partir. Trop difficile.

Plus tard, elle a pris son sac et est sortie. Non, ce n'était pas possible, de partir comme ça, elle est revenue, croyant avoir oublié quelque chose. Elle est repartie, fantôme blanc, présent et absent, irréel et réel.

Elle reviendra...

Rien n'avait changé.


La carte que j'ai répondue à Petrus :

Je réponds très vite à ta gentille carte qui m'a beaucoup touchée, crois-moi.

Mes nouvelles ? ... ben ça va, je travaille comme une folle et quand je ne travaille pas j'ai des angoisses encore plus folles.

Je vis - à peu près - seule - dans une chambre - dont je sors rarement - avec des livres - beaucoup de livres - j'écris - je lis - j'écris - je lis.

J'ai un chat aussi - dans ma chambre - il me réveille à 9 heures - tous les matins - et nous travaillons ensemble jusqu'au soir. Voilà c'est tout.

Et toi que deviens-tu ?

Ne te demande pas pourquoi je suis allée te voir, question de contingences, sans doute nécessaires (ne t'inquiète pas, je fais de la Philo - ça va passer). Et puis cette nuit j'ai rêvé que la fenêtre était ouverte sur votre salon. J'entendais de la musique, j'entrais - par la fenêtre - mais après il y avait trop de monde, curieux, non ? J'ai oublié ce rêve en arrivant chez toi - par la porte.

Il paraît qu'une nouvelle année a commencé. Alors je te souhaite, sincèrement, tout ce que tu veux, Petrus.

À toi...

Marine

Il faudrait que Patrice comprenne que j'ai oublié cette lettre, écrite un soir sans réfléchir, il y a longtemps. Je ne regrette rien. J'ai oublié.


Dimanche 9 janvier 1966

Je suis affreusement triste, Madame Bloch est là, de retour de ses vacances de Noël familiales, elle vient de me parler longuement de Saint-Clar, de Manas, je me suis sentie rejetée encore une fois.

Le grand amour de Lucienne pour Petrus, sa confiance...

Nanie rapportant les paroles de Patrice :

— S'il y a tant de divorces dans la famille, c'est qu'il est inconcevable pour les fils d'épouser une première femme sans dot, ensuite ils se séparent, ils épousent la femme de leur vie, mais ils sont intransigeants au départ sur la dot...

Je m'en doutais un peu, mais apprendre que Patrice l'a lui-même explicité me fait mal, penser que j'ai peut-être été méprisée pour une question d'argent est trop triste. J'ai très peur. De tout. Je ne sais plus où me tourner.

Il m'est impossible cet après-midi de travailler.

Depuis ce matin, je suis angoissée. Un pressentiment en moi que je ne peux écarter.

J'attends

quelque chose

ou quelqu'un.

Mais je connais déjà la suite de l'histoire, c'est toujours pareil, rien n'arrive jamais. Rien n'arrivera.

Derrière la fenêtre, le cèdre grandit et m'étouffe. L'air est trop immobile. J'ai froid.


Le soir

Petrus n'a pas appelé et je suis terrifiée à la pensée que jamais on ne peut être sûr de quoi que ce soit, j'ai été exacerbée toute la journée, une seule pensée : en finir ou me réfugier en Petrus, à chaque instant j'ai été au bord des larmes, au bord du cri, je n'ai pas trouvé de place, j'erre toujours, sans me fixer.

Je sais pourtant, car je reste atrocement lucide, même dans mon délire apparent, je sais qu'il m'est impossible d'être aidée par Petrus, il ne peut rien pour moi, même s'il le voulait, même s'il acceptait, c'est une histoire finie. Mais je ne peux pas permettre cette fin, Petrus reste le seul prétexte possible, lui seul peut me donner l'illusion d'être aimée. Tant pis si je me berce moi-même, jusqu'à ce que je sois moins faible.

Alors, tout revient au même problème : j'aurai blessé Petrus, par pur égoïsme. Que tout est complexe !

Je suis dans un état d'incertitude, d'inquiétude perpétuelle.

Qui me délivrera jamais ?

Je crois me rappeler avoir déjà écrit cette phrase à Petrus un jour où j'avais trop mal pour accepter, il pleuvait sur le jardin, je pleurais sur moi, vers lui seul je pouvais crier, en lui seul je pensais à me réfugier, à lui seul je demandais de me consoler, lui seul, Petrus.

Pourquoi ai-je tout raté ? Pourquoi n'ai-je plus rien en moi ?

Je suis une presque ratée, ma façon de parler le prouve, je me dégoûte tellement qu'un jour il faudra en finir. Ou que quelqu'un me sauve. Mais qui ?

Petrus me rassurait. J'ai mal des longues journées douces de Manas, j'ai mal, j'aimerais dormir.

Que va-t-il arriver ?

Je me sens brisée, perdue, égarée.

Comment les autres ne le comprennent-ils pas, pourquoi Petrus ne veut-il pas comprendre, Patrice ce n'est pas possible, mais Petrus, Petrus est encore solide, fort, il pourrait me rassurer, me consoler. Ne plus réfléchir, seulement fermer les yeux, rester dans ses bras.

Je rêve.

Je voudrais pouvoir croire que tout reste possible.


Matin du 10 janvier 1966

Dilemme : j'ai écrit dans la nuit à Petrus, mais je ne sais si je peux envoyer cette lettre trop folle, trop délirante, trop triste, surtout trop triste. Ce serait m'abaisser sans doute que de l'appeler ainsi à l'aide, mais je ne sais plus où j'en suis, je me pose seulement cette question : comment supporter de continuer de vivre ?


Avant de partir en classe

Ben oui, on peut,

j'ai reçu tout à l'heure une lettre de Michel Cournot, très bien.

Je suis très heureuse, soudain. Je l'adore.

# Réponse de Michel Cournot

Cette lettre est très exactement telle que je l'avais prévue au cas où Michel Cournot m'aurait répondu. Je ne l'espérais pas, j'avais failli, à la fin de ma propre lettre, ajouter ça : ma lettre est sans doute inutile, car vous savez déjà tout ça, c'est ce que vous pensez, non ?

Bien sûr c'est ce qu'il pense, sa première phrase le prouve :

*Bon je ne discute pas vous avez raison j'aurais écrit la même chose, j'ai toujours pensé qu'il ne faut pas accorder d'importance aux lettres de râlance des lecteurs qui ne comprennent pas.*

Il aurait pu alors expliquer que s'il a été poussé à leur répondre, c'était un peu malgré lui, parce qu'il était menacé d'un renvoi, mais il ne s'est pas justifié, ça me plaît beaucoup, il a évidemment compris qu'il ne pouvait pas le faire dans cette lettre et que je comprendrai pourquoi.

Je crois que j'ai été quand même très virulente, trop mordante, si j'avais su avant d'envoyer cette lettre ce qui s'était passé exactement, je ne l'aurais pas écrite de cette façon, mais tant pis, ça ne pouvait que retenir son attention, c'est le cas pour qu'il se soit donné la peine de répondre, vite en plus. J'avais pensé que ce qui le retiendrait le plus sûrement serait une allusion à Manas, à Avezan, je l'ai faite la plus discrète possible, alors que j'aurais pu me mettre à délirer, encore, j'ai parfois tant besoin de ce souffle, surtout au moment où j'ai écrit cette lettre, la douceur de ces longues journées de l'été me revenait comme une bouffée de parfum au visage, je ne pouvais pas ne pas en parler. Bien sûr c'est ce qui l'a frappé, il le dit explicitement :

*Ce qui m'intrigue dans votre lettre, ce n'est pas que vous avez un fort caractère et une écriture de femme de tête, c'est que vous semblez connaître Avezan, où je n'ai d'ailleurs pas mis les pieds depuis dix ans, comment ça se fait ?*

Ça aussi je le savais qu'il n'y avait pas mis les pieds depuis dix ans. Je pense que Patrice me l'avait dit. C'est vraiment inouï, il écrit les mots, les phrases, exactement tel que je pouvais les concevoir. Il finit en me remerciant :

*Merci pour la volée de bois vert, vous êtes très bien. Avec amitié*
*Michel Cournot*

Je remarque une chose, certaines similitudes de phrases dans la famille, finalement ça n'a rien d'étonnant, chez nous aussi, comme dans toute famille nombreuse, clan ou tribu. Cette phrase sobre :

vous êtes très bien,

j'imagine Patrice la disant. Ce serait une forme de pudeur chez lui.

Quand Michel Cournot écrit qu'il aurait écrit la même chose, ça me fait penser à Petrus, sa première lettre, mais à l'esprit différent, quand il disait :

— Tu as écrit ce que j'aurais probablement écrit.

Je la comprends terriblement cette lettre.

Le résultat, heureux, est que je n'ai plus envie, comme hier, d'en finir...

Cette nuit, j'ai très mal dormi, je me suis souvent éveillée, ne sachant plus où j'étais, égarée, une fois de plus, après avoir crié vers Petrus, puis au matin, un rêve, encore un, je ne parle que de mes rêves, mais un rêve très positif qui m'a emplie, j'étais étonnée au réveil de me sentir si calme, un rêve étrange.

J'étais dans une île, près de moi la mer, bruyante, effrayante, oui j'avais peur, quelqu'un arrivait qui m'aidait à me sortir de là, un homme, un vrai, un fort, son visage je l'ai oublié, ce que je ressentais surtout et c'était vif et doux, c'était une atmosphère, un climat autour de moi, de sollicitude, de réconfort, on m'aidait et on m'aimait ou on m'aimait et on m'aidait, j'étais calme, douce, confiante, tout était clair, toute inquiétude s'évanouissait, j'étais heureuse, je courais avec cet homme fort vers la mer, en chantant, en hurlant ma joie, parfois il me portait dans ses bras, courant toujours et je n'avais plus jamais peur, j'étais rassurée toujours, j'étais à l'abri.

Mardi 11 janvier 1966
Il est des choses que je ne supporterai jamais :
qu'un garçon fredonne la mélodie en dansant
et qu'on me dise cette phrase : je vais te laisser.
Ça suffit pour me rendre malade.

Je ne comprends pas pourquoi Michel Cournot me donne une telle envie de vivre dans ses articles du N.O. J'estime extraordinaire qu'un homme comme lui, aussi intelligent, aussi génial, m'écrive que j'ai un fort caractère, il l'affirme, comme il affirme que je suis très bien.

Ça pourrait suffire à me donner la volonté de ne plus rater ma vie. Je n'ai plus le droit de me laisser couler. Je peux, je dois, être forte et grande. À moi de trouver le moyen de me réaliser.


Le soir :

Furieuse envie de travailler. Soudain rien ne me paraît impossible, malgré le manque évident de temps.

Je viens de téléphoner à Petrus, qui m'a dit exactement cette phrase :

— Tu lui en parleras, quand tu verras Michel.

— Mais je ne le verrai jamais.

— Pourquoi pas ?

Oui, après tout, rien n'est à rejeter a priori.

J'ai écrit au critique de cinéma du *Nouvel Observateur*, j'ai reçu une réponse de l'oncle de Patrice et Petrus et du père de Jean-François. Je dois d'ailleurs lui répondre, puisqu'il me pose une question.

C'est vrai, j'aimerais le rencontrer, le connaître, je voudrais voir si ce que je devine de lui, de son caractère, de son attitude en face des autres, est juste. Je le comprends mieux que son fils par exemple, je ne saurais qualifier Jean-François qui est intelligent, mais ce qu'il y a derrière le masque, je n'en sais rien.

Jean-François et moi nous estimons et nous ressemblons beaucoup, nous sommes égaux, nous avons la même férocité à l'égard des autres, la même conscience de soi. Je me souviens d'un soir chez Petrus, où j'avais longuement parlé avec lui, il avait bien compris ma conduite, mon attitude. À égalité.

Un autre jour, il m'avait empêchée de blesser Petrus davantage. J'étais d'une inconscience écœurante, je parlais bêtement. À un moment Jean-François m'a discrètement arrêtée :

— Attention, tu cherches des crosses.

Les autres n'avaient rien entendu. Je me suis tue, il était temps, je n'ai rien dit, j'aurais aimé pouvoir le remercier. À

Manas, il disait que j'étais folle, du moins farfelue, et cultivée... Jean-François n'est pas pour moi un ami, nous n'éprouvons pas le besoin de nous voir, mais nous sommes toujours contents de nous rencontrer. Dans ces contingences, c'est quelque chose de sûr.

En attendant, il me semble, je le sens, devoir rencontrer un jour Michel Cournot. Les contingences encore !

# Réponse à Michel Cournot

Marine Kermen
53 rue de Boissy
Saint-Leu-la-Forêt (Val d'Oise)

Paris, jeudi 13 janvier 1966

Oh ! je crois qu'il était trop vert le bois de ma volée, finalement je suis désolée.

Depuis, j'ai vu Patrice Cournot, qui m'a expliqué ce qui s'était passé ou plutôt ce qui avait failli se passer, ce serait sans doute une grande erreur, beaucoup déboursent chaque semaine 2 Francs uniquement pour lire votre article ! Il serait dommage que ça change et je ne regrette pas mon agressivité à ce sujet. Bon tant pis, si je commence moi aussi à me justifier ! J'ai écrit au critique de cinéma du Nouvel Observateur et pas au père de Jean-François ou à l'oncle de Patrice. Il est vrai j'ai parlé d'Avezan, ça a été trop fort.

Comment j'ai connu Avezan ? C'est une histoire récente mais très violente, tout est subjectif et relatif naturellement.

C'était un jour de l'été dernier, un de ces jours où Saint-Clar s'anéantit dans le soleil, un calme assourdissant, les rues étouffaient et j'ai rencontré par hasard s'il y a un hasard, Petrus, enfin Pierre, puis Patrice.

Et j'ai découvert Manas. Vous ne le savez peut-être pas le tennis se trouve au bord de l'allée sur la droite lorsqu'on arrive.

J'ai tout vu, la ferme, les champs, les animaux, le Déversoir, le Moulin, j'ai tout aimé, et les gosses, dont un sourire très clair de Pascal. Plus tard le vent est venu, le temps allait changer, il faisait trop chaud, les deux pins, la route très blanche vers Avezan, le vent toujours, enfin le château.

Il est un rêve que je fais souvent depuis, je suis dans le château, j'ai monté l'escalier jusqu'au premier étage, je marche, je sais que le plancher peut s'effondrer à tout instant sous mes pas, j'ai peur, je suis traquée, pourtant je vois clairement la situation, presque objectivement même, et je finis toujours par m'en sortir.

Le château.

Il était trop grand pour moi, trop grand, le vent encore par chance. Cet écrasement de la pierre m'accablait et une angoisse soudain devant ce qui avait été, ou aurait pu être, ce dépassement prodigieux...

Mais non, rester là, sans bouger, contre la pierre chaude, devenait la seule chose possible. J'ai parfois tenté d'écrire là-dessus, mais je n'ai jamais pu. D'ailleurs je ne sais pas écrire, des lettres c'est facile, mais créer devient vite dramatique. Alors je vous envie de mordre pour vivre, briser pour s'évader et s'élever.

Merci pour votre amitié.
Marine Kermen

## Fin janvier 1966

Vendredi 14 janvier 1966 dans le métro (feuille libre)

ce matin

règne de l'air pur,

l'être nietzschéen s'évade et s'élève, le ciel est très clair, certaine délivrance pour moi je crois.

Je viens de poster la lettre à M.C.

après avoir quitté Petrus.

j'ai dormi avec lui, comme je l'avais décidé.

Alors je me demande si M.C. n'a pas raison et si je ne suis pas en effet une femme de tête. Depuis combien de temps avais-je pris cette décision ? Je ne sais pas, mais j'ai obtenu ce que je désirais,

et je suis sûre de rencontrer un jour M.C.

*(Exact, je l'ai rencontré plus tard à la Maison de la Radio, début 1971, avant une émission de France-Culture.)*

Michel Cournot est un sauvage qui aime passionnément tout ce qui vit, tout ce qui vibre, il mord la vie pour la mieux pénétrer, il ne veut pas la laisser filer comme ça, il la provoque, il la traque, il la force dans ses retranchements, il a envie de hurler un amour extrême, trop grand pour lui, il n'en peut plus, le souffle lui manque, il a trop soif alors, il ne sait plus où il en est, il est très seul, personne ne peut le suivre, il se tait soudain, il reste là parmi les autres, perdu, il écoute, oui, il écoute même très fort, toujours à la recherche d'un visage nouveau, d'un regard inconnu, de ce jamais vu à découvrir, à assouvir, à dévorer ! Mais, jamais il n'étanche cette soif désespérée, vers une illusion, un reflet, un miroitement de soleil dans une flaque, un souffle de vent sur une mèche de cheveux ; l'exigence reprend ses droits, l'inéluctable aussi, plus âpre, plus exacerbé qu'avant, à jamais.

*écrit à Versailles le 14-1-66*

Samedi 15 janvier 1966

Trois jours à Paris les pieds dans l'eau dans la boue de cette neige fondue, trois jours passés à avoir froid, à avoir peur.

Théâtre des Mathurins avec ma sœur et Jean-Pierre L. *Soudain l'été dernier* de Tennessee Williams, puis *La P... respectueuse* de Jean-Paul Sartre, deux pièces joués par Sylvia Monfort et Jean Danet et pour la première fois par Jacques Goasguen, l'ami de ma sœur. J'étais gelée ce soir-là dans mes escarpins fins, furieuse d'avoir à marcher dans les rues froides dans le vent pour aller au théâtre. J'aimerais trouver un monsieur d'une quarantaine d'années qui veuille bien m'entretenir, m'offrir un appartement confortable, m'emmener au théâtre en voiture, pour que jamais je n'aie froid, pour qu'à jamais je sois en sécurité...

Quand je veux vraiment quelque chose, en général elle arrive. Ces jours-ci, j'ai obtenu ce que je désirais. Je me rappelle à Saint-Clar déjà j'avais décidé un dimanche de passer la soirée avec Patrice, sans le connaître, juste a priori, ça s'était passé au bal de campagne à Casteron quand je cherchais un paysan lyrique et que je n'avais trouvé qu'un citadin sinistre d'après ses propres dires... puis à Paris quand j'avais décidé de laisser Petrus et de flirter avec Patrice, puis récemment j'ai voulu établir un contact avec M.C., enfin j'ai voulu dormir avec Petrus...

Pourquoi suis-je allée chez Petrus ? J'étais fatiguée depuis le début de la semaine, j'avais eu trop de travail, j'avais peu et mal dormi, ce jeudi à Paris, j'avais très froid et ça me rendait très malheureuse, je perdais mes forces, je ne savais plus où aller. Dans l'après-midi, j'ai appelé Petrus. Il a senti que j'allais mal :

— Qu'est-ce que tu as ?

— J'ai froid, je suis perdue.

— Pourquoi ne viens-tu pas me voir ?

— J'avais peur que tu ne sois pas là.

— Viens chez moi, tu auras chaud.

— Il y a toujours des gens chez toi, j'ai peur des gens.

— Non, il n'y aura personne, viens, je t'attends.

Je suis venue, là venait aussi d'arriver un couple de jeunes yéyés, c'était un peu dommage, j'aurais voulu Petrus pour moi toute seule, c'était raté. Il était silencieux, Petrus, taciturne, par contre le yéyé Patrick ne cessait de parler, il nous saoulait, brillant, creux et vide.

J'ai voulu faire un devoir sur La Fontaine pour Petrus, mais j'étais fatiguée, anxieuse, effrayée à l'idée de devoir dormir seule le soir dans la chambre de ma sœur au Pot de Fer, cet appartement qu'elle vient d'avoir, si froid parce que personne n'y habite encore. Je crois que j'avais aussi décidé de dormir avec Petrus.

Marie-Claude est venue faire un devoir d'anglais pour aider Petrus.

Après son départ, Petrus m'a parlé plus sincèrement.

— Je suis très heureux que tu sois revenue.

— Ça te choque ?

— Non, pas du tout.

— Petrus, je voudrais te voir seul, une fois.

— Où ?

— Où tu veux, quand tu veux.

— Ce soir ?

— Si tu veux.

— Viens, si tu n'as pas peur de moi.

— Non, pas du tout.

— D'accord, viens ce soir.

— Si tu veux, je peux faire ton devoir de Français cette nuit, j'en serai capable.

— Alors, viens, tu feras mon devoir, puis nous parlerons seule à seul et ensuite je te raccompagnerai.

— Oh je ne sais pas si j'aurais le courage de rentrer, je suis si fatiguée, j'ai peur, oh non je ne sais pas si je viendrai.

— Marine, tu ne veux quand même pas que je te prie à genoux.

— Non, bien sûr, ça ne me rendrait pas plus heureuse, mais je n'ai pas de forces.

— Je voudrais tellement que tu viennes, tu resteras ici si tu veux, j'aimerais être sûr que tu viennes, j'aimerais avoir confiance en toi. Marine, rappelle-toi à Manas, nous avions découvert que deux corps l'un contre l'autre dégageaient de la chaleur, viens, tu n'auras pas froid.

— Oui...

— Viens à onze heures et quart, je laisserai la porte entrouverte, tu la pousseras et tu viendras dans ma chambre.

— Oui.

— Viens, je t'attendrai.

— Oui.

Au Pot de Fer, dans la chambre encore peu aménagée de ma sœur, j'ai réfléchi, j'ai un peu hésité. La radio annonçait une nuit encore plus froide que la précédente, il ne m'était plus possible de rester dans cette chambre, seule, sans chauffage, j'avais trop froid, j'étais trop triste, il me fallait une présence rassurante et douce. Je finissais d'écrire ma réponse à Michel Cournot et cela me rendait heureuse. Le souvenir d'Avezan me revenait avec la même force.

Allais-je accepter de faire l'amour avec Petrus, ce soir ? Non, pas encore. C'était non.

Je suis allée rue Guynemer.
Petrus avait fait l'effort de mettre un pyjama.
J'ai commencé à écrire sur La Fontaine.
Petrus a dit :
— Je suis content que tu viennes dormir avec moi, mais au fond je n'ai jamais cessé de dormir avec toi.

Je souriais, j'écrivais, il s'endormait. Je me déshabillais, m'allongeais près de lui, il s'éveillait, il me serrait dans ses bras, il était fort et solide, j'étais bien, je n'avais plus froid, tout était tranquille, je n'avais plus peur, j'étais rassurée.

Il me caressait, partout, j'aimais, mais je n'ai pas cédé.
— Ummmmm, tu me ferais tellement plaisir.

Il a compris mes scrupules et n'a pas insisté. Très tard, il s'est endormi. Je ne sais pas si j'ai dormi ou si je me suis réveillée très souvent, parfois je bougeais, je changeais de position, alors je le sentais dans son sommeil me serrer contre lui, son bras reposait autour de moi, sa jambe couvrait la mienne, je restais tout contre lui, je discernais son visage, son profil, il dormait.

Avant de s'endormir, il avait dit de jolies choses :
— J'ai l'impression de tenir une petite poupée.
— Merci.

Et puis, quand il me sentait perdue, un peu inquiète ou tendue, il disait :
— N'aie pas peur, je suis là pour te protéger.

Il faisait parfois allusion à Avezan, à des phrases que nous avions dites. Lui non plus n'avait pas oublié. Aucune sensiblerie dans ces réminiscences, juste une part d'acceptation, comme si nous ne risquions plus de nous blesser.

Je n'avais plus peur, j'avais chaud, j'étais protégée, j'étais en sécurité, à l'abri, comme je l'avais rêvé. Parfois, comme il dormait, j'avais envie de le serrer très fort moi aussi et de l'embrasser sans cesse. Je le laissais dormir.


Au matin, j'ai entendu sa mère se lever, j'ai eu un peu peur d'être découverte dans le lit de son plus jeune fils.

Petrus s'est éveillé :

— Si ma mère ne me réveille pas ou si elle me réveille trop tard, je reste avec toi. Et tu passeras à la casserole !

Je ne disais rien, je pensais non.

— J'ai envie de te faire des tas de choses, j'en meurs d'envie... Si je faisais l'amour avec toi, tu m'en voudrais ? ... On essaie, rien qu'une fois...

Et moi toujours non non non.

Sa mère a ouvert la porte à 7 h 30, j'étais serrée contre Petrus, je disparaissais sous le drap remonté, il me serrait fort dans ses bras, j'avais peur de sa mère, mais il avait dit : je te protégerai. C'était drôle, sa mère qui parlait, moi cachée et lui qui disait d'un ton plein de sommeil :

— Ouais, je me lève...

alors qu'il n'avait aucune envie de se lever.

— J'ai peur qu'après mon départ, tu sois encore couché, disait sa mère.

— Mais non !


Elle partait, nous restions seuls, il voulait faire l'amour, je refusais, j'étais nue contre lui, il m'avait entièrement déshabillée.

— Il y a si longtemps que je voulais te voir nue.

J'ai failli céder. Brusquement tout semblait harmonieux, il pouvait me pénétrer et me fouiller comme il le désirait. Au dernier moment j'ai résisté.

Il s'est levé, s'est assis à son bureau pour travailler, je le regardais et là j'ai pensé qu'il ressemblait beaucoup à son oncle

Michel Cournot

comme sur la photo du *Nouvel Observateur*.

Petrus est parti vers dix heures, moi peu après. J'ai eu froid, très froid, toute la journée du vendredi.


Dimanche soir

J'ai été calme et heureuse toute la journée, je n'attendais rien des autres, j'étais seule, j'étais bien en moi. C'est pendant de tels instants que j'ai envie de dévorer désespérément tout ce qui se trouve à ma portée.

Surtout, je ne suis pas fatiguée, depuis deux jours j'ai beaucoup dormi et cette quiétude est douce.

Un détail : je n'aurais jamais accepté l'idée de dormir avec Patrice comme je l'ai fait avec Petrus.

Je pense que c'est physiquement que Patrice m'est insupportable.

C'est bien, je ne souffrirai plus par lui.


Mardi 18 janvier

L'après-midi, je suis encore à la maison dans mon lit, je n'ai pas froid, je suis bien. Pourtant, je suis inquiète, hier j'étais vibrante, pleine de forces, assoiffée, aujourd'hui je suis un peu tendue, j'ai soudain peur de m'être raconté des histoires, impossibles, irréelles. Je crois que malgré moi j'attends, j'attends.

Oui, Michel Cournot répondra-t-il ? Je viens de relire les lettres que je lui ai écrites, la première bien sûr devait le retenir, mais voudra-t-il sentir tout ce que l'autre a de vibrant de latent et de possible comme je le dis à propos de son propre style, voudra-t-il accepter cette passion contenue, cette passion pour Avezan, qu'il sent comme je le sens moi-même ?

Alors répondra-t-il ? Je le voudrais tellement, je ne devrais rien attendre pourtant, mais ça prouverait beaucoup pour moi.

J'ai tant à lui dire encore. J'ai tant à l'écouter surtout.

Je rêve. Je ferais mieux de travailler.

Mercredi 19 janvier

Il est en Michel Cournot une infinie tendresse à l'égard de tout ce qui est, une tendresse passionnée et un respect insatiable.


Vendredi 21 janvier

Ça ne va pas très bien. Je ne vois rien devant moi. Tout est gris, tout est triste et borné. Mardi dans l'après-midi, j'ai écrit à Petrus au gré de ma pensée sans réfléchir, hier je suis allée chez lui, il venait de recevoir ma lettre, il l'a lue en ma présence, il n'a rien dit, il ne pouvait rien dire, Marie-Claude était là, c'est désespérant, il n'est pas possible de parler avec lui, j'aimerais sentir entre nous deux un échange possible, je ne peux pas croire qu'il n'ait rien à dire.

Hier soir, je lui ai écrit une nouvelle lettre, où j'ai essayé de lui faire comprendre qu'il devait travailler un peu, si je le lui dis de vive voix il n'en a rien à faire, si j'écris il sera forcé d'écouter. Cela me désole, je ne peux pas être indifférente à son sort. Petrus m'émeut beaucoup, je me sens responsable de lui, ça me rend folle de le voir se laisser aller à ce point, il n'a pas une vie normale pour son âge, il veut trop faire et ne fait rien de qu'il devrait, il risque de redoubler sa première, de plus il a décidé de faire philo, il risque d'être perdu. Et puis Droit. Là, ça va très mal. Il dit :

— Mon frère l'a bien fait !

C'est fou. Son frère... Mais ils sont si différents !

Je voudrais pouvoir discuter vraiment avec Petrus. Qu'il parle. J'en ai marre de monologuer toujours.

Dans ma lettre j'essaie de lui montrer son aberration. Mais il ne répondra pas. Il ne veut pas me répondre.

D'ailleurs, Petrus n'est pas à moi.

Personne n'est à moi.


Le soir

Quand je lis les articles de Cournot, qui écrit, qui dit, qui crie, les choses comme j'aimerais pouvoir le faire, je reste épuisée, anéantie, jamais je n'arriverai à ça, je perds courage.

Samedi 22 janvier 1966

M. C. ne répondra pas. Tant pis. Je n'attends plus.

J'aimerais toujours trouver quelqu'un.

Petrus ?

J'aime beaucoup Petrus, oui, je l'estime et j'ai besoin de lui d'une certaine manière, mais il ne m'appartient pas, il est à Catherine, c'est une vraie tigresse, prête à déchirer, à griffer quiconque voudra le lui prendre ou même l'approcher. Je me rappelle cette façon qu'elle a eu de me lancer au début de l'année alors que je parlais de la pièce *Love* avec Laurent Terzieff :

— Mais nous ne sommes pas des intellectuels, nous !

Son dépit devant ma réelle force auprès de Petrus.

Et la rapidité avec laquelle elle l'a entraîné lorsque je suis arrivée. Je ne pouvais pas l'ignorer.

Il parle parfois d'elle comme de sa femme.

L'autre jour, nous parlions d'Avezan, Marie-Claude me demandait ce que nous faisions là-bas à Saint-Clar, j'ai dit :

— Petrus venait me chercher, il m'emmenait à Manas.

— Et là qu'est-ce que vous faisiez ?

— Ben, on allait voir les veaux à la ferme.

Petrus arrivait, complétait le tableau de Manas et ajoutait enfin :

— Ah ! il faut que j'emmène ma femme (Catherine) faire un tour là-bas.

Il se tait et continue en me jetant un regard amusé :

— Il faudra que je loue un autobus...

Marie-Claude ne comprend pas l'allusion, elle ne sait pas qu'un jour, j'ai reproché à Petrus de manquer d'imagination et de promettre à toutes ses petites amies de les emmener à Manas en voiture et qu'à moins de faire du transport en commun il n'allait pas s'en sortir...

Il n'a rien oublié et il me serait aisé de jouer sur la corde sensible de Petrus. Il doit être bien auprès de Catherine, il doit se sentir protégé, elle est forte, je n'en doute pas, avec moi c'est exactement le contraire, il n'est pas protégé, il protège, c'est aussi une bonne façon pour lui d'affirmer sa force. Il ne peut pas choisir et c'est tant mieux, car Petrus ne peut pas me suffire, je l'adore c'est vrai, j'ai envie de laisser reposer ma tête sur son épaule, cela semble si facile, si doux, il me repose, j'aime qu'il m'entoure et me donne l'illusion d'être à l'abri, en sachant que c'est une illusion.

L'autre jour, il me regardait :

— Je voudrais que Catherine porte ta coiffure, je voudrais que ses cheveux soient aussi longs que les tiens...

Je le crois partagé entre deux contraires : je suis aussi mince que Catherine l'est peu et nous sommes aussi dissemblables que peuvent l'être les deux frères, Petrus et Patrice.


Lundi 24 janvier 1966

Petrus a téléphoné tout à l'heure en fin d'après-midi, prétexte, l'adresse de Sylviane, notre amie de vacances à Saint-Clar, qu'il a perdue. Bon je veux bien.

Il m'a rappelée pour me dire de venir le voir, mais je n'ai pas le temps, alors de lui téléphoner, de lui écrire. Il lit mes lettres. Paraît que j'ai de la chance, il y a beaucoup de lettres qu'il ne lit pas. Moi je trouve ça normal qu'il lise et même relise mes lettres. Ben, heureusement encore.

Il m'a assuré qu'il essayait de travailler. Je veux bien le croire. Il veut que je le croie. Mais il ne peut pas travailler, parce qu'il y a trop de monde autour de lui. S'il ne casse pas un bon coup, il ne pourra pas s'en sortir et ça ne servira à rien d'essayer de travailler.

Il est quand même adorable. Il me fait toujours fondre. Et sa voix est si belle. Je ne peux pas oublier sa voix de basse noble.

Ce soir, c'était comme avant, comme au retour de Saint-Clar. Très doux. Assez ironique et mordant en même temps.

Je savais que Petrus appellerait ou que je recevrais quelque chose de lui. Je le sentais. Est-ce mon rêve de cette nuit ? Petrus a le don de me rassurer. Je reprends confiance auprès de lui et sa présence me console. J'aimerais être avec lui, là, ce soir.


Mercredi 26 janvier 1966 le soir

Le dernier article de M. C. est très exactement comme je les aime, un peu fou, un peu inconscient, inconséquent et beau. Dieu que j'aimerais m'appeler Elsa et changer l'eau des peupliers.

Le langage est en jeu et le langage, dans la vie, comme au cinéma, comme dans la critique de cinéma, pour moi c'est tout.

Je le savais. Tant que Michel Cournot parlera des peupliers même de loin, je garderai la même soif de vie.

Plus loin, il écrit à propos de la pancarte d'une concierge :
*Elsa change l'eau des peupliers.*

*Cette phrase vit sa vie, comble un instant la mienne, et me fait espérer bien des choses d'une inconnue. Cette pancarte ajoute une phrase et une inconnue à ma vie, et dans la vie de chacun, il y a toujours, de la place pour quelques bonheurs nouveaux.*


Jeudi 27
Ce qui m'effraie : la résignation.
Jamais.
Samedi 29
Je comprends intensément, je me sens concernée, par la soif inextinguible, respirée dans la voix de Michel Cournot. Je l'entends murmurer, parfois hurler, gémir, même souffrir.

Quand il dit cette phrase : *dans la vie de chacun, il y a toujours, de la place pour quelques bonheurs nouveaux*, je ne peux pas désespérer. Il me donne envie de vivre, de continuer de chercher encore, à jamais, de boire avec toujours plus de soif, de dévorer tout ce qui passe, tout ce qui vit, tout ce qui est moi, tout ce qui n'est pas moi.

Il est tôt. C'est le matin. J'étais triste. Sans raison. Hélène venait de partir. Je ne me sentais pas concernée. La pénible impression que les autres, Petrus peut-être, vivent sans moi. J'ai relu quelques lignes de Michel Cournot. J'ai entendu pour la première fois depuis le début de l'hiver les oiseaux, doucement, comme s'ils n'osaient encore se faire remarquer.

Je vous en prie, faites comme chez vous, je vous offre le cèdre, j'ouvrirai ma fenêtre. Souriez. Les petits oiseaux vont revivre.

Le jardin revit déjà dans les primevères, dans les soirs plus clairs et la douceur du soleil derrière les nuages.

Plus tard
Je suis obsédée par le temps.

Peur de n'avoir pas le temps
le temps de quoi
le temps de vivre.


Il y a deux jours à Paris. Petrus. Fuyant. Comme le vent. Un souffle brûlant. Le Vent d'Avezan. Qui m'envahit. Et me laisse très seule. Encore. Déjà. Il a fui. Loin là-bas.

— Tu es essentiellement destructrice.

Il parlait.

— Redeviens comme tu étais avant.

Avant quoi ?

Je ne me souviens plus.

Comment étais-je avant ?

J'ai oublié.

Il parlait à son copain :

— Elle m'adore parce que je suis un gosse.

Il l'a toujours su. C'est vrai.

Je ne comprends pas pourquoi j'ai tellement besoin de sa présence.

Je voudrais qu'il soit là, toujours, comme mon chat, le caresser, le consoler, le bercer.

Qu'il me protège, qu'il me rassure, qu'il mette entre les autres et moi, entre les choses et moi, un écran, un rempart, sûr, fort.

Qu'il soit là, près de moi, le jour la nuit sans cesse.

Qu'il se taise s'il ne veut pas parler, mais qu'il reste là près de moi,

seul, seuls,

seul à seule.

Tous les deux

nous deux.

Non, je me raconte des histoires. Je sais que ce n'est pas possible, je ne le supporterais pas longtemps.

Mais j'ai tellement envie que quelqu'un m'adore enfin. Pense à moi. Soit à moi seule.

Je parle trop.

Un jour, il avait dit :

— Même si tu ne disais rien, même si tu restais avec moi une journée entière, sans parler, sans dire un seul mot, je serais heureux. Si tu es là seulement...

Le pense-t-il encore ?

Un autre jour, il avait dit :
— Tais-toi.
— Mais si je me tais, qu'est-ce que tu deviendras ?
— Je serais bien embêté.


Lundi 31 janvier 1966

La formule de mon bouquin ne va pas. Hier j'ai désespéré de jamais pouvoir écrire. La nouvelle peut-être, utiliser des éléments vécus, les développer, les transformer, les orienter.

Ne pas trop préciser, tout laisser dans le vague, le brouillard, le flou.

Oui écrire des nouvelles. Des instants. Brefs.


Plus tard

J'en ai marre de ces pressentiments continuels. Je viens de recevoir une lettre de Patrice. Depuis une heure je suis incapable de réagir.

J'aime mes états d'âme.

Dit-il.

Il a raison.

Je me sens morte.

Tout est fini. Je n'écrirai plus jamais.

Je ne peux même plus écrire ici, tout devient faux, je prends la pose.

Je ne sais plus où j'en suis, je ne comprends rien, inutile de continuer.

# Février 1966

Mercredi 2 février 1966 en classe

Patrice est mort pour moi, il ne peut plus m'atteindre. Je continuerais d'écrire mes lettres, mais à la troisième personne du singulier, sous forme de nouvelle, ce sera plus marrant.

Le disque que Youennick m'a rapporté de Londres est délirant, il a un côté tout dingue qui me ravit. Bien sûr, il est de Bob Dylan.

plus tard

Je ne comprends pas encore.

Pourquoi Patrice a-t-il écrit, pourquoi maintenant, si tard, quand j'avais enfin oublié ? Il ne me faisait plus souffrir, tout va-t-il recommencer ?

Pourquoi est-ce seulement après des mois qu'il parle ?

Il reproche. Il me reproche. Non même pas. Je ne suis pas digne d'un reproche.

*On ne peut pas te reprocher de n'avoir du désespoir qu'une notion très fleur bleue.*

C'est joli comme expression.

Il a pourtant bien failli me l'apprendre, le vrai désespoir à l'état pur. J'ai eu de la chance d'en réchapper, j'aurais pu y rester. Il était moins une.

Il a raison pourtant, c'est vrai ce qu'il dit :

*toi qui aimes ces mots que tu écris (à toi même).*

Ce n'est pas à lui de me le reprocher, lui qui aime tant s'écouter parler.

Il parle au présent, je pense au passé.

Il dit en parlant de *Trois chambres à Manhattan* : le film que nous avons vu ensemble. Je ne comprends pas.

C'est vrai, nous n'avons pas vu *Pierrot* ensemble…

Ceci aurait-il changé notre relation ?

Le soir

Après un mois elle avait reçu une lettre, comme ça, sans raison.

Elle avait répondu qu'elle ne comprenait pas, que cette lettre arrivait peut-être trop tard ou qu'elle-même était trop simple pour comprendre. Bien sûr, elle comprenait ce qu'impliquait la lettre, c'était assez clair, mais elle ne comprenait pas la lettre. Il n'avait jamais parlé. Mais elle, elle avait oublié.

C'était vraiment fini.


Jeudi 3 février

Si je n'écris pas, je serai forcée de me considérer comme RATÉE.

Les mots, cher Patrice, c'est tout ce qui me reste.


En classe

Remplacement dans une l'école d'une cité à Ermont-Eaubonne

Saleté de boulot pourri. Classe de détraqués, caractériels, dangereux, plus d'un jour ici et je deviens folle, un gosse se balade avec une lame de rasoir et lacère les blousons de ses petits camarades.

Où sont mes gentils petits garçons tout proprets avec leurs bras croisés sur leurs sarraus bien repassés ?

Ceux de la classe de mon petit frère Bruno, qui m'écoutaient bouche bée, à Saint-Leu-la-Forêt.

## À Petrus pour douze minutes

Elle marchait dans les rues près du Luxembourg. Odéon. Café Danton. Jean était déjà là. Elle allait vers lui.

— Ça va ?

— Fatiguée. Crevée.

Il plaisantait, elle riait. Brusquement, elle se levait.

— Je vais téléphoner.

Elle descendait au sous-sol, le numéro vite LIT... ... Sa voix forte et vibrante.

— Bonsoir. Écoute, je pars dans douze minutes.

— Je sais.

elle ne savait rien, mais ça lui paraissait soudain évident.

— Alors dis-moi pourquoi tu me téléphones.

— Je ne sais pas, je ne me souviens plus.

— Téléphone-moi demain. Quand est-ce qu'on se voit ?

Son frère aussi disait cette phrase.

— Jamais.

Elle avait raccroché.

Douze minutes

Elle était remontée près de Jean.

Il avait dit douze minutes.

Jamais, avait-elle ajouté.

Elle avait justement envie de rester ce soir cette nuit avec lui. Elle ne pouvait rester seule.

Elle se levait.

— Bon je pars.

Derrière elle, la voix de Jean :

— Au revoir.

Elle marchait sans se retourner. Elle sortait du café. Dans la rue, les gens. Où aller. Rentrer bêtement à la maison. Pas possible. Les larmes qu'elle ne pouvait plus dissimuler. Les gens qui la regardaient. Dans le métro. Le train. Ce serait trop pénible. Revenir. Passer voir si Hélène avait rejoint Jean au café.

Elle revenait. Elle voyait Jean dans le café. Il la regardait. Elle rentrait.

— Je reviens.

— Qu'est-ce que tu as ?

— Je ne sais pas.

— Pleure. Vas-y. Ça te fera du bien.

Les larmes coulaient de soi.

— Écoute ce jeu du Sphinx. Un test dans le dernier *ELLE* que j'ai pris pour Hélène

Jean voulait à tout prix la faire rire.

Elle souriait, à travers ses larmes. Elle pleurait bien depuis treize minutes. Il était parti. C'était trop tard. Où aller ? Rester là.

Hélène arrivait.

— Qu'est-ce que tu as ?

— Je sais pas, rien.

et ça recommençait.

— Je suis fatiguée. J'ai passé une journée épuisante avec des dingues, des détraqués.

Elle se taisait.

— Mais qu'est-ce que tu as, qu'est-ce que tu fais ce soir ?

— Je ne sais pas.

— Tu rentres ?

— J'ai pas envie.

— Tu viens avec nous ?

— Je ne sais pas où je vais coucher.

Et elle éclatait en sanglots.

Douze minutes il avait dit douze minutes.

Jean ne disait rien. Hélène n'était plus là. Elle se calmait. Elle se taisait.

— Tu ne dis rien ?

— Tu devrais être content.

— Non, ton silence est évocateur.

Elle devait être très laide. Hélène revenait.

— Qu'est-ce que tu as, dis-moi ce que tu as?

Jean renchérissait.

— Oui, dis-nous ce qui ne va pas.

— Je sais pas, je suis fatiguée, c'est tout.

Douze minutes. Jamais. Elle n'avait pas de place chez lui, il ne fallait plus essayer de le voir, il ne voulait plus, c'était clair. Douze minutes.

Elle avait espéré rester chez lui cette nuit. Mais il partait dans douze minutes. Elle ne le reverrait jamais. Pourtant, elle ne pouvait pas rester seule. Jean proposait quelque chose, ça semblait possible. Il y avait bien trois minutes qu'elle était secouée de sanglots dans ce café, dans le coin, en face de Hélène et Jean, les cheveux devant les yeux pour masquer les larmes. C'était ridicule, indécent. Il fallait accepter ce que disait Jean. Il fallait faire quelque chose, comme les autres, on ne pouvait pas rester comme ça toute une soirée écrasée de larmes sur cette table du café Danton au carrefour de l'Odéon, il y avait des gens, elle devait être laide, il était parti au bout de douze minutes.

Elle partait avec eux dans les rues de Paris.

Ils avaient dîné dans un restaurant italien non loin de là et elle avait envie de rire. Elle avait bu très peu pourtant. Douze minutes ça n'avait plus d'importance c'était passé. Elle riait elle parlait.

***

Écrire des nouvelles. Sur n'importe quoi.

Un type, dans une gare, le soir, assis sur le banc. Il me regarde. Il attend le train comme moi. Il chantonne.

*Moi je construis des marionnettes, Avec de la ficelle et du papier...*

Va te faire foutre mon vieux.

Retrouver le langage de mes gosses :

« Dans le désert ils pouvaient pas cultiver ni rien, alors ils sont allés dans une région plus fertile, il y avait un fleuve et tout. »

Ils utilisent les expressions du livre de Salinger, *L'attrape-cœurs.*

Le lire et le relire, lui et les romanciers américains.

Voir les films de Godard.

Savoir ce que je veux exprimer.

L'autre jour, j'ai rencontré Évelyne, du cours de théâtre de Saint-Leu, elle m'a dit :

— Ça va mon vieux ?

— Ouais. Et toi ?

— Je vais visionner un film pour le ciné-club.

— Ah ! oui, *Le sel de la terre.*

— Tu viendras ?

— Non, j'ai pas le temps.

— Alors, t'es un pauvre type.

Bon, maintenant, je suis un pauvre type...

Curieuse impression à la lecture du dernier article de M. C., celle de déjà vu, de connu presque. L'ai-je rêvé, peut-être, je savais qu'il l'écrirait ainsi, sur Buster Keaton, j'attendais presque qu'il parle de Giacometti.

Le temps est affolant. Je ressens une furieuse envie de vivre. Je voudrais partir, la Mer, le soleil. En Grèce. Avec quelqu'un. J'ai envie de connaître quelqu'un, de me donner à quelqu'un.

Petrus a téléphoné après une semaine, pour savoir si j'étais toujours en vie.

Je venais juste de m'habituer à l'idée que je n'aurai plus rien à voir avec lui et sa famille et Petrus me rappelle.

Samedi 11 février 1966
en classe après-midi

Aujourd'hui il fait froid, je suis un peu malade, normalement je devais être libre cet après-midi, mais je dois garder une classe de petits garçons, celle de mon petit frère. Ça m'ennuie, mais ils sont si gentils. Quand ils m'ont vue arriver, ils ont poussé des hurlements de joie, ça fait plaisir. Vraiment. Je pense que finalement c'est la seule chose qui m'ait empêchée de me... flinguer.

Je suis en stage au C.E.G. et les élèves m'adorent. Ils me trouvent simple (s'ils savaient !), sympa, marrante, toujours de bon poil, yéyé, dans le vent.

Je me balade dans Saint-Leu avec des jeans U.S. et une casquette style sudiste de la Guerre de Sécession, tout ça acheté dans un surplus américain.

La casquette est en principe destinée à Petrus pour son anniversaire dans quinze jours, mais je pense la garder pour moi, je ne pensais pas revoir Petrus ni aucun Cournot. Puis, Patrice m'écrit une lettre que je n'ai pas encore comprise, Petrus me téléphone pour me demander si je suis toujours en vie. Tout ça parce que samedi dernier j'étais crevée, j'avais fait un remplacement dans une école de garçons, des gosses détraqués, caractériels, j'ai cru devenir folle, le soir à Paris j'ai voulu parler à Petrus et il m'a dit :

— Je pars dans douze minutes.

Lorsqu'il m'a demandé quand il pourrait me voir, j'ai répondu :

— Jamais !

Et crac ! j'ai raccroché. Après, j'ai été malade. Folle de rage. Épuisée. Mes amis Jean et Hélène ne savaient plus que faire de moi, que dire. Douze minutes. Il y a de quoi se suicider.

Mais il y a deux jours, le temps de printemps m'a aussi donné envie de vivre.


Dimanche 12 février le soir
Vivre c'est vivre avec quelqu'un.
Deviendrais-je altruiste
Par quel extraordinaire...


Patrice a ouvert la porte, il est entré, c'est seulement maintenant, le lendemain, que je comprends ce qu'il a de changé, ce qui m'a si fort fait penser à Saint-Clar, à une certaine clarté : il a rasé sa barbe. C'est pourquoi je l'ai trouvé si beau ce soir.

Plus calme aussi.

Comme au début, avant.

## Après un voyage en Isère

Moi aussi, je suis rentrée plus calme, plus équilibrée, après quelques jours d'évasion vers l'air pur, toujours mes réminiscences nietzschéennes, à Lyon, où il pleuvait d'ailleurs, mais à Charvieu, il faisait très beau. J'ai marché longtemps dans les champs, les bois, les chemins et dans les rues de Genève, de Thonon. J'ai apprécié la Suisse.

Il fallait que je parte, même si cette fuite n'a été qu'un exutoire provisoire et illusoire, elle était nécessaire. Elle ne m'a pas délivrée, les kilomètres ne changent rien à l'histoire, et à chaque station TOTAL, je me suis raconté l'histoire de Pierrot :

— Mettez-moi un tigre dans mon moteur,

et j'ai repensé à Patrice, que je crains d'aimer encore.


J'ai vu *Pierrot* quatre fois déjà. Je le reverrai encore. Je suis comme ces gosses qui réclament toujours la même histoire, parce qu'ils la connaissent et s'y sentent en sécurité. Avec *Pierrot*, c'est pareil, je connais. Je n'ai pas peur. Je sais ce qui m'attend. Je ne crains pas la surprise, le choc.

Et Pierrot est tellement Patrice.

Il me fait moins peur maintenant. En fait c'était ça, il me paralysait, me terrifiait même.

J'ai osé l'appeler, pour un motif futile : je voulais savoir si je n'avais pas rêvé.

C'est vrai, il s'est rasé depuis trois semaines.

Trois semaines, sa lettre, ma réponse, c'est bien lui...

Je préfère qu'il se soit rasé.

J'ai dit :

— Bon, c'est tout ce que je voulais te demander. Bonsoir.

Mais il a gardé le contact, il a continué et j'ai parlé un peu moi aussi. Il m'écrira.

J'ai dit:

— Si tu veux.

— Je t'embrasse, à bientôt.

Il ne m'avait jamais dit ça.

— Moi aussi, Patrice.


Depuis ce jour de novembre où j'ai vu *Trois Chambres à Manhattan* avec Patrice, je ne suis allée voir aucun film nouveau, j'ai revu *À l'est d'Eden* et *Pierrot*. C'est peu en trois mois.

Il fait beau, je suis heureuse, toute folle. Je passe dans un éclat de rire. Je n'ai pas vu passer le temps depuis mon retour.

J'ai connu des gens.

Cette phrase n'est pas de moi, c'est une réminiscence de *Pierrot le Fou* que j'ai vu pour la quatrième fois récemment. Je n'ai pas abandonné mes obsessions dans le Lac Léman. Mais j'ai connu des gens et ça change tout.

Là, je suis en classe. J'ai la cote auprès du conseiller pédagogique, qui raconte à tout le monde que je fais de bons devoirs. Tant mieux.

Les derniers jours étranges
je ne sais plus où j'en suis
j'écoute Pete Seeger in *Hiroshima long ago*, la pâleur des cerisiers du Japon, *prunus japonicus*, l'odeur du ciel et des nuages parfois, et je me rappelle la douceur de ses mains, la clarté de son sourire et son grand rire japonais.

Voilà celui qu'on appelle Éros quand son nom est quelque chose comme Casul Hero. Un grand Japonais de un mètre quatre-vingt-cinq, pas mal, éclatant de rire lorsqu'il ne comprend pas quelque chose, une façon comme une autre d'éluder.

Depuis deux jours, je suis moi aussi hilare et euphorique, le rire est notre meilleur moyen de communication et de compréhension, car en sa présence j'avais oublié tout mon anglais, les mots fuyaient, m'échappaient, je riais, il comprenait, il riait, je comprenais. Mais quel sentiment d'impuissance parfois quand le rire ne jaillissait pas tout seul !

Je lui ai fait écouter la chanson de Pete Seeger *I come and stand at every door* que je n'avais jamais vraiment écoutée même si j'en connaissais la mélodie, juste au début j'ai compris soudain que Pete Seeger parlait d'Hiroshima, il était trop tard, il avait compris, il n'a rien dit, il a écouté, puis il a dit :

— J'ai failli ne pas comprendre, mais je suis content,
moi aussi je l'étais alors.

Au cours du repas chinois, spécialité de Maman, j'ai parlé du riz, j'ai dit qu'il était sticky, il m'a regardée, très étonné et heureux,

— but how do you know it,

c'était un hasard, stecki, bien sûr ça ne s'écrit pas comme ça, en japonais signifie très beau, très joli et il a dit que j'étais stecki, merci.

Il m'a photographiée sur toutes les coutures, me mitraillant sans cesse, avec ma casquette, les cheveux dans les yeux, Gilles dans mes bras, Lysange à mes pieds, caressant le chat, fumant, parlant, riant, cueillant des primevères et j'en passe, jamais on ne m'avait autant photographiée.

stecki stecki stecki stecki stecki stecki stecki stecki stecki stecki stecki stecki

pourtant mon apparition ne devait pas être spécialement ravissante dans ce train pourri, avec sur les fesses mes saletés de jeans, et mes saloperies de godasses et mon ciré dégueulasse et ma casquette ahurie... Well, well. I don't know. I am stecki stecki stecki.

Horreur tout à coup.

Je m'aperçois que je ne parle absolument pas de lui, seulement de moi, moi, moi, toujours moi, je n'aime en les autres que ce qu'ils aiment en moi. Quand donc aimerai-je quelqu'un pour lui-même ?


Je ne sais pas si Patrice m'écrira. Il l'a dit. Mais dans combien de temps. Je ne pourrais plus attendre. Je préférerais connaître des gens.

J'ai connu des gens.

Éros.

Il me faut connaître des gens.

Voir Éros.

Éros c'est un tel programme.


Dans deux jours, j'ai vingt ans.

Patrice, j'ai presque vingt ans.

Tu m'avais donné la citation de Paul Nizan :

*J'avais vingt-ans. Je ne laisserai personne dire que c'est le plus bel âge de la vie.*

# Mars 1966

Trois mars 1966
*Today I'm twenty.*
Et je m'éveille triste.

J'attends trop. De tout. Il n'y aura rien.

J'ai ce matin la sensation d'être traquée par le temps, le temps banal, journalier, je ne sais pas si je pourrai aller à Paris et ça me traque. D'ailleurs où irais-je ? Vers qui ? Rue Delambre vers Éros ou rue Guynemer vers Patrice ? Je ne change pas de quartier.

Je ne sais pas ce que je veux, j'ai juste le sentiment d'avoir été frustrée de quelque chose d'important et ça m'attriste.

Ma sœur hier soir a eu une façon de tout foutre en l'air qui m'a révoltée, choquée surtout. Qu'elle me fiche la paix ! Si j'ai envie de flirter avec Éros, ça me regarde, si j'ai envie de faire l'amour avec lui, ça me regarde aussi.

Pour se donner bonne conscience, elle se persuade qu'elle agit pour mon bien.

Ducon !

Le soir
Journée épouvantable, j'ai été affreusement triste. Je n'ai rencontré personne.

Si. J'ai vu quinze minutes, peut-être douze, Petrus et son ami Antoine, toujours adorable avec son sourire très bleu. Petrus nerveux. Petrus très creux. Petrus brutal. Petrus banal.

Je devrais aussi m'avouer que j'espérais surtout rencontrer Patrice.

Mais je n'ai rencontré personne. Ni Patrice ni Éros. J'aurais pu aller voir Éros, lui qui part demain. Je m'y suis refusée parce qu'il part demain.

*Friday morning.*
Je crains de rester blessée et je me blesse en craignant de me donner. Je me retrouve plus seule qu'avant : Éros est déjà parti, nous nous sommes quittés hier soir. Et Patrice ne me reviendra plus.

Il reste moi. Moi qui me regarde jusqu'à l'abrutissement dans la clarté des miroirs.

C'est ce que m'a offert Madame Bloch, un miroir, le cadeau le plus en accord avec ma personnalité de pauvre Narcisse.

J'ai reçu aussi un disque de Bob Dylan, comme d'habitude, une histoire que je connais, qui ne me fait pas de mauvaises surprises.

Et puis d'autres trucs comme *Le Voyage au Bout de la Nuit*.

Les cadeaux, je m'en fous, je ne désirais rien, sauf l'impossible.

*Friday morning Friday morning Friday morning*

*So long So long So long So long So long So long So long So long*

*Ploum ploum tralala Ploum ploum tralala Ploum ploum tralala*

J'aurais pu aimer Éros !

Il est parti ce matin. Ses mains surtout m'attiraient. Mais dès le départ c'était sans issue. Il ne restait pas, Éros, il passait. Je ne souffre pas, c'était inéluctable et d'ailleurs il ne s'est rien passé. Je regrette de n'avoir pas osé me laisser aller, de n'être pas allée jusqu'au bout.

Il passait Éros, il est passé dans un éclat de rire.


Rétrospectivement, j'estime que j'aurais dû me faire écraser par un autobus. Au moins.

Patrice, son visage surgi parmi d'autres sur le trottoir d'en face, je venais de lever les yeux de mon livre, *L'Attrape-Cœurs* de Salinger, son visage dans la foule, près de lui une fille.

Est-ce que c'est lui ? Oui c'est lui. Je le sais. Je connais sa démarche brisée, sa façon de pencher la tête lorsqu'il parle en marchant. Et il parle, bien sûr. Elle n'est pas très grande, elle n'est pas très belle, elle a deux très longues tresses blondes. Il aimait les cheveux longs. C'est lui. Il passe. Je ne peux pas regarder. Je veux me maîtriser. Parce que même dans ce choc je n'arrive pas à me laisser aller. C'est une chance, j'aurais eu l'air trop bête dans ce café Lufac.

Je suis allée comme prévu retrouver Hélène et Jean à 19 h au Danton, nous avons dîné, puis je me suis rendue au Théâtre Récamier où j'ai vu *La Maison de Bernarda* de Lorca.

Ça n'aurait pas dû être comme ça, aussi simple, aussi facile. Seul le bus 83 devenait possible, la seule issue laissée.

Foutu fini fichu.

Éros n'aurait pas dû partir.

J'aurais pu l'aimer. Il était fort et solide et ses mains douces.

J'aurais dû passer sous une bonne soixantaine d'autobus, mais maintenant j'espère que je vais m'en foutre.

*So long Patrice.*
*So long Petrus.*
*and See you Hero*
*See you were your last words. See you Eros, see you someday. Somewhere. See you...*
*And he was gone.*

Je suis moins désespérée cette nuit que ce matin.

Éros, Antoinette, l'amie de mon frère Youennick, tous ces gens qui voyagent sans grand argent, sans grand confort, mais avec vie, m'auront aidée à passer.

J'ai eu ce matin une idée géniale : partir à Pâques avec mon jeune frère Philibert en stop à travers la France. Si je ne pars pas maintenant je ne me sortirai jamais de mes angoisses et toujours j'attendrai, j'attendrai.

Je vais voyager. Je verrai du pays. Je connaîtrai des gens.

Jeudi 10 mars

Laurent Terzieff était très beau, très triste et très seul.

J'ai réussi aujourd'hui dix mars une semaine après mon anniversaire à passer une journée entière à Paris sans aller vers la rue Guynemer.

Les yeux de Laurent Terzieff même dans l'ombre étaient clairs, sa voix douce et feutrée.

Il marchait seul, rue du Vieux Colombier, les épaules affaissées, les mains dans les poches de son pardessus, visiblement fatigué.

Puis je suis partie très vite, en courant dans la nuit.

Des affiches partout :

Bardot par Cournot Bardot par Cournot Bardot par Cournot Bardot par Cournot Bardot par Cournot

Café Saint-Séverin. Je le connais un peu ce café, je suis venue ici quelquefois avec des amis. Le garçon est marrant et je déteste entrer dans un café inconnu.


En face de moi, un monsieur semble nerveux, il n'arrête pas de tourner le poignet. C'est peut-être pour remonter sa montre. Ce doit être une montre automatique. J'ai vu ça à Genève. Ah ! non, il remplit sa feuille d'impôts, déclaration de revenus.


Derrière la vitre Bardot par Cournot sur l'arbre Bardot par Cournot sur le kiosque Bardot par Cournot partout et tout à l'heure j'ai même vu une affiche à l'envers où Bardot avait l'air de tenir une délicate posture de yoga.

Juste à côté il y a l'affiche de *Pierrot le Fou* qui fait partie des obsessions

Pierrot dont Cournot disait c'est le plus beau film de ma vie.

Bardot par Cournot Comment avoir des enfants Un manteau de vison pour vous Les Collections.

Près de moi encore un monsieur peut-être japonais du moins oriental, j'aime les orientaux, je fais toujours des digressions, mais les affiches nous forcent aux digressions, elles changent chaque semaine, mercredi dernier je pouvais voir Robert Kennedy sur les arbres, on parlait de lui sur les affiches de *L'Express* et sur celles du *Nouvel Observateur* aujourd'hui, c'est Comment avoir des enfants ou Bardot par Cournot, je pouvais voir Bobby en marche et maintenant c'est Bardot en arrêt, parfois même à l'envers.


Eros voyageur et hilare comme tous les Japonais. Non pas comme tous puisqu'il mesurait un mètre quatre-vingt-cinq au moins, il se distinguait, ils n'avaient pas réussi à le standardiser format réglementaire taille normalisée, hop lui il dépassait tout le monde et personne n'y pouvait rien. L'alimentation avait dû changer au Japon depuis la guerre.


Dans ce quartier, on voit beaucoup de gens qui se ressemblent, c'est assez drôle.

Quand je rencontre des personnes qui m'ont connue, au hasard des rues, du métro ou dans un café, il y a parfois des dialogues de ce genre :

— Alors qu'est-ce que tu deviens ?

— Ben rien.

— Et le Droit ?

— Laissé tomber.

— Évidemment. J'ai jamais compris pourquoi tu avais choisi le Droit.

— Moi non plus.

— Tes ambitions, Sciences Po et tout ?

— Finies.

— Et les Lettres ?

— Ça m'embête.

— Alors qu'est-ce que tu fais ?

— Ben rien.

— Mais enfin c'est pas possible, rappelle-toi, au lycée...

— Sais plus.

— Mais si, les livres, les idées... Tu lis encore au moins ?

— À peine (quand je lis c'est toujours le même bouquin, *L'Attrape-Cœur*s en français ou *The Catcher in the Rye* en anglais, tout le temps).

— Tu t'intéresses toujours au théâtre ?

— Non pas tellement (quand je vais au théâtre c'est toujours pour voir la même pièce en l'occurrence *Love* que j'ai vue déjà quatre fois).

— Le cinéma alors ?

— Pas beaucoup plus (c'est le même film *Pierrot le Fou* ou alors des vieux films comme *Sur les Quais* ou *À l'Est d'Eden*, les vieux trucs qu'on connaît depuis toujours).

À ce moment il y a en principe un léger mouvement d'agacement.

— Alors quoi c'est pas possible. Ça va pas.

— Sais pas.

— Mais enfin réagis !

— Pas le courage. Faudrait choisir.

— Rappelle-toi. Le lycée, la Fac. Tes projets. Tes ambitions. C'était formidable.

— Sais plus.

— Bon tu deviens beatnik ou quoi ?

— Même pas (pas eu le courage d'être assez sale pour ça. Mes pantalons de velours ne sont pas râpés, mes jeans ne font jamais vraiment dégueulasses et mes chaussures de tennis, malgré ma bonne volonté, restent relativement blanches).

— Pas possible ! Alors tu ne t'intéresses plus à la politique ?

— Connais rien.

— Les problèmes des chinois ou autres ?

— Non, rien.

— Et Gandhi ? La Non-Violence et tout ?

— Me rappelle plus.

Enfin on pourrait continuer longtemps comme ça. Donc rien d'original.

C'est comme dans *Love*.


La fin de *Love*, les dernières répliques, entre Ellen et Milt, ressemblent à celles d'une pièce d'Anouilh, *Ardèle ou la Marguerite*, la scène entre Toto et Marie-Christine, que je jouais avec Alain, à la Croix-Blanche de Saint-Leu, quand ils se battent :

— Non c'est moi qui t'aime le plus !

— Non c'est moi !

— Non c'est moi !

— Si tu m'aimais moins, je te tuerais.

— Non mon amour c'est moi qui te tuerais la première !

— Non c'est moi !

— Non c'est moi !


J'étais en philo. Il en reste toujours quelque chose.


Lundi 14 mars 1966

Laurent Terzieff est réellement trop bon, il ne sait pas quitter les gens, il voudrait tant leur faire plaisir, leur être agréable. Ses yeux se penchent vers vous avec sollicitude et gentillesse. Sa voix s'adoucit. Il a toujours l'air de s'excuser, il voudrait toujours faire plus, il aimerait tellement aimer tout le monde.

J'ai vu cinq fois *Love*, c'est la même histoire que pour *Pierrot* ou *The Catcher in the Rye*, ce genre de choses que je connais et dont je ne me lasse pas, par peur de l'inconnu, de l'incertain.

*Love* je connais. Laurent Terzieff aussi je connais. Où l'ai-je déjà vu ? C'est peut-être la question qu'il s'est lui-même posé hier en me voyant.

— Vous vouliez me voir.

Mais il y avait des gens, j'ai peur des gens, alors j'ai dû bégayer et rougir.

Le bouquin de Murray Schisgal avec *Love* et les autres pièces montées par Terzieff. Il tenait mes deux livres dans ses mains.

Il a regardé l'autre, celui de Salinger, en anglais. Il a souri. Il a approché le livre de ses yeux.

— Oh ! mais c'est intéressant.

— Oui c'est beau.

Pascale de Boysson sortait. Elle souriait. Me reconnaissait-elle, la fan des coulisses ?

Il regardait le Salinger.

— *The Catcher in The Rye.*

J'aimais sa façon de prononcer ces mots.

J'ai cru reconnaître Max Douy (*le décorateur de ses pièces, ami d'un de mes oncles, rencontré à Kerfany l'été précédent, NdA*) dans le grand monsieur à cheveux blancs qui était sorti en même temps que lui.

— Ah ! le monsieur qui marche devant nous ? Non, c'est Monsieur Herbert. Je suis en pourparlers pour mon prochain film. Non, Max est allé aux Indes. Vous me faites penser que je dois l'appeler prochainement.

— Mais vous, qu'allez-vous faire après cette pièce, car vous arrêtez bientôt, je crois.

— Oui, je dois tourner les extérieurs du film que je tourne en ce moment. Et puis après, *Tête d'or*, chez Barrault, sans doute.

— Plus de pièces américaines alors ?

Son visage se plisse, il sourit doucement, sa voix se feutre :

— Oh ! non !

— Alors bon courage !

Il se tenait devant moi, Pascale de Boysson s'éloignait avec les autres, j'ai tendu ma main, il l'a serrée.

Les questions que j'aurais dû poser :
Qu'est-ce qu'un beatnik ?
Harry est-il un beatnik ?

Et Laurent Terzieff ?

Est-ce que je tends à devenir beatnik ?

Aller chercher les réponses sur les routes de France et si le résultat est nul, aux portes du Théâtre Montparnasse.

Car, si être beatnik est tributaire d'un certain style vestimentaire, le principal responsable de cet état en moi est actuellement Harry

enfin je veux dire Laurent Terzieff

Aller lui poser les questions.

L'essentiel est peut-être de poser les questions, même bêtes ?

Est-il beatnik ?

Suis-je beatnik ?

Qu'est-ce que ça veut dire ?

Pourquoi moi ai-je été traitée de BEATNIK ?

D'ailleurs ça sonne bien.

Beatnik beatnik beatnik beatnik beatnik beatnik beatnik beatnik...

Il faudrait lire
me taire
écouter
apprendre
surtout me taire
VIVRE
voyager aller loin s'évader

Un de mes objectifs essentiels
abhorrer le porte-clefs

Et toute cette civilisation basse et vile et médiocre obnubilée par cet objet minable même pas beau même pas marrant.

Trop triste. Il y a des choses que je ne peux plus supporter.

Le visage de Terzieff
le son de sa voix
ses intonations
que je surprends parfois dans ma voix quand je parle à mes élèves.

Je suis concernée par *Love*

Love
c'est Terzieff
c'est aussi moi
c'est nous quoi.

Moi avec mon impossibilité de réaliser mes aspirations
je me rappelle le lycée
mes ambitions
je rêvais à la gloire

Il va bientôt pleuvoir
Mais où est mon chapeau en papier
les oiseaux, le soleil, notre soleil.

Le visage de Max Douy associé à Kerfany où je l'avais rencontré avec mon oncle Lucien, son ami. Ses cheveux blancs. Max Douy Laurent Terzieff. Charnière, tremplin, entre mon enfance et maintenant.

J'ai quand même un refus anormal de grandir et d'assumer les responsabilités inhérentes à ma position sociale. Je remets un pantalon, des tennis et tout recommence. Je ne peux physiquement pas être sérieuse.

# Avril 1966

## Carnet de Voyage avril 1966

*my love he speaks like silence*
paraphrase de bob dylan

Citations
*Then you cried like a baby and said you were a poor drunk orphan with nowhere to go but the grave.*
Dylan Thomas in *Under Milkwood*

*— We gotta go and never stop going still we get there*
*— Where we going man ?*
*— I don't know but we gotta go.*
Jack Kerouac

*We love everything, Billy Graham, The Big Ten, rock and roll, Zen, apple-pie, Eisenhower. We dig it all. We 're in the vanguard of the new religion.*
*I'm hip. This phrase means : No need to talk. No more discussion. I'm with you. Cool. In. Bye-bye.*
Jack Kerouac

matin de départ en voyage en stop avec Philibert

Départ Saint-Leu 7 h 30
train 8 h
Il faisait beau ce matin-là. L'air donnait envie de partir, quelque chose de léger, de calme, comme un soupir retenu, avec une certaine appréhension. L'inconnu c'est bien beau en théorie, mais quand on doit s'y jeter, au dernier moment il reste une hésitation. Bien vite écartée. Quand même là à serrer le cœur. Pour dire la vérité je me sentais triste comme un camion sans roue. Cette expression a un rapport étroit avec une de mes obsessions, that's to say Bob Dylan. Oui il paraît que sa plus haute ambition pour l'instant, les ambitions ça évolue comme le reste, serait de posséder un camion sans roue. Je connais une voiture sans roue dans notre jardin, la

vieille Juva 4, qui a conduit la famille de Lorient à Saint-Leu en 1960, ce serait un bon début. Il faudrait le lui faire savoir, quand Dylan viendra à Paris.

Enfin le soleil du matin ce jour-là invitait au voyage. Il fallait partir.

Oublier les obsessions. Bob Dylan entre autres. Partir. Où ? Ça, je n'en savais rien. Vers le Sud. Vers la Suisse. Vers l'Italie. Vers quelque chose. À la recherche. De moi-même. Résoudre une énigme. Étais-je ou non une beatnik ?


le type ouvre sa portière
mais alors on vous monte ou pas vous êtes emmerdants
il s'est pourtant arrêté on ne l'a pas forcé
nous allons vers nantes
ben on s'en fout on en a marre des autostoppeurs ça ne peut plus durer allez montez dépêchez-vous


en route
les jeunes deviennent feignants de notre temps on faisait de la bicyclette on partait à 200 kilomètres à vélo comme ça on n'emmerdait personne


celui qui a fait du stop étant jeune et qui depuis qu'il a une voiture ramasse tous les stoppeurs même quand ils ne sont pas sur sa route il fait de grands détours il en laisse pour en prendre d'autres


celui qui s'avance à l'endroit où nous sommes arrêtés
moi j'ai fait le maroc l'espagne le danemark
ah
eh ben je peux vous dire que vous ne serez jamais pris là ils peuvent pas s'arrêter
euh il s'est bien arrêté lui
allez plus loin là-bas quitte à vous séparer quelques minutes ça ne sera pas trop long
le type qui donne des conseils


le vertige hallucinant des voitures devant nous sur la route de l'autre côté celles qui vont vers la mer parlez-moi des jours de fête c'est à devenir fou

en général les gens sont adorables
exemple ce type à l'entrée de nantes à vélosolex on ne lui
demandait rien il s'approche
où voulez-vous aller
ben on aimerait trouver la route de poitiers
oh la la vous en êtes loin
il nous a indiqué les bus à prendre et où
barbu jeune
ben heureusement qu'on l'a trouvé


la conversation des routiers est plus intéressante que celle
des autres automobilistes
dans la cabine on domine mieux la situation
ils sont les intellectuels de la route
avec eux on peut faire la conversation
la route c'est une grande famille disait l'un d'eux
routiers stoppeurs ça marche


les routiers sont des types sympas sans angoisse
métaphysique ils aiment bouger changer d'horizon manger
boire un coup pas deux rigoler un moment avec les copains
puis reprendre la route dévorer l'espace le temps


Cassis la nuit
le soleil se mourait dans la mer
nous avons marché longtemps longtemps
au loin Cassis, la nuit déjà, Philibert et moi, tous deux
seuls à travers les chemins de cailloux. Enfin, l'Auberge. Un
endroit un peu fou, bruyant. On ne peut jamais trouver le
calme. Ça ne fait rien, j'aime les gens en voyage. Ils sont
allemands, anglais, américains et chantent des chansons de
Bob Dylan ou Donovan. Ils ont les cheveux presque longs, ils
sont presque sales, ils sont presque beatniks.
L'Auberge de Nice à Cimiez était si calme, si
« comfortable ». Mais à Cassis, le soleil s'en allait dans la
mer.
Je ne devrais pas écrire. Je suis partie en stop pour
apprendre à connaître les choses, les gens, mais surtout pour
apprendre à quitter les choses et les gens. Si j'écris, je ne pars
pas, je je conserve, je reste.

Cherry une jolie américaine voyageait à travers l'europe avec son papa qui avait bien soixante ans elle me faisait penser à cette héroïne de henry james dans washington square la jeune fille de bonne famille héritière installée
son organisation me fascinait
à croire qu'elle emportait sa maison avec elle
à l'auberge de jeunesse elle avait même des draps


pour écrire il faut être seul s'arrêter quelque part avoir vu le monde les choses les gens puis rester seul en face de soi et des souvenirs
je ne pourrais écrire n'importe où partout
j'ai besoin d'un cadre
j'ai besoin d'un souffle
d'un vent venu du large
qui déferle ses vagues sur les passions échouées sur la plage
c'est seulement lorsque sa main reposait sur ma cuisse que j'existais
que faire
séparer la vie de l'écriture
écrire c'est vivre
il y a un temps pour vivre et un temps pour écrire
conclusion on ne vit jamais


lente montée d'une côte vers astaffort
la campagne qui se dessine doucement de la cabine du camion


passage à avezan
saint-clar château d'avezan souvenirs oubliés qui surgissent devant moi aux détours de la route
j'imagine petrus enfant
le chemin du moulin la route blanche qui monte
l'ombre du château qui tombe sur la route
château d'avezan château imposant
les maïs dans le vent et les vaches dans le pré
le moulin dans les arbres
le vent comme avant avezan comme avant le vent d'avezan comme avant
les pins les deux pins du chemin la pente du hangar s'alanguit vers les champs

petrus rappelle-toi la première fois que je suis venue là
le vent soufflait
un vent brûlant
j'ai entendu qu'on l'appelait le vent d'autan
pour moi c'est le vent d'avezan
comme avant comme avant
j'ai lu que c'était un vent sec un peu lent qui charriait
l'amour
j'avais oublié
château d'avezan château d'antan
des ruines

le moulin était fermé
l'eau coulait pour personne sous une pluie très fine
presque irréelle

des enfants courent dans le ciel clair et les nuages
s'éloignent sur les cailloux
je les suis

est-ce lui
est-ce son frère
que j'aime que j'ai aimé
saurai-je jamais

je vais partir j'aimerais revenir
la source jaillira toujours d'entre les arbres
et les enfants riront sur le chemin

# Retour à Saint-Leu

Saint-Leu, dimanche 16 avril

Voilà, mon voyage est terminé, je suis arrivée à Paris, cette nuit vers deux heures du matin, après avoir quitté Saint-Clar quatorze heures plus tôt ! Un record, plus de 750 kilomètres en une journée. Assez fatiguant, mais nous sommes bien rentrés.

Cet après-midi, j'écoute Bob Dylan, *A Hard Rain is Gonna Fall*. En voyageant en stop, c'est lui que je cherchais. Justement j'entends : « *You're the reason I'm travellin' on* »...

Ça implique un état d'esprit et un mode de vie.

J'ai compris beaucoup de choses depuis que je ne vois plus Patrice. C'est peut-être lui qui m'a créée. En me démolissant d'abord. Logique cartésienne. Méthode qui reste en vigueur depuis plus de trois siècles. Tout mettre en doute, tout détruire, pour reconstruire sur des bases fortes.

J'ai commencé à me passionner pour Bob Dylan, les beatniks and company quand j'ai perdu Patrice. Je cherchais un sens à la vie. J'ai vu tant de visages, tant de regards, que je dois admettre un changement, une cassure même, entre ce que j'étais avant avec Patrice et ce que je suis maintenant ou ce que je puis être. Tout me devient possible.

J'étais trop jeune pour Patrice, je ne connaissais rien. J'avais beaucoup lu, j'avais une certaine culture, mais tout était superficiel, trop rapide. Avec lui, je m'installais. Au sens bourgeois du terme. Dans un fauteuil, dans une voiture. L'habitude. La lassitude.

Une chance que je me sois sortie de là !

Je suis en train de m'enrichir. Parce que « j'ai connu des gens » (phrase de Pierrot le Fou). J'ai connu des gens intelligents, autant que Patrice, peut-être même plus doués. Je pense à un Suisse étudiant en Architecture après avoir préparé un diplôme de Physique, un garçon doué pour écrire, dessiner, faire de la photo, cultivé dans de nombreux domaine, en peinture, sculpture, littérature, cinéma, photo. Et j'en ai croisé d'autres dans les Auberges de Jeunesse !

J'ai appris qu'il existait des gens aussi brillants, plus ouverts et moins bornés. Patrice se laissait limiter par son cadre social, malgré lui, son rôle d'aîné des petits-enfants lui conférait un devoir dont il se serait peut-être passé.

J'ai connu des gens disponibles, réceptifs. Prêts à tout. Prêts pour tous. Qui regardaient, voyaient, écoutaient, entendaient.

Moi-même, je changeais en voyageant. J'apprenais à regarder, voir, écouter, entendre. J'apprenais à me taire. Je parlais trop avant, comme Patrice, c'était le moyen de le garder en moi. J'apprenais à partir, à quitter. Avant, je voulais retenir les choses, les gens. J'étais malade quand ils partaient. J'ai appris à passer, à quitter sans regret, parce qu'il fallait aller plus loin.

Ils passaient. Maintenant, c'est moi qui passe.

J'ai vu beaucoup de choses. Trop peut-être et trop vite. C'était indispensable pour ne pas souffrir. Plus j'allais vite, moins j'avais le temps de me désespérer.

À Metz, nous avons logé chez Sylviane. Bonheur de se retrouver.

Après Metz, nous sommes descendus à Lyon, passés chez ma marraine et mon oncle, à Charvieu, et nous avons continué vers Valence et Nice.

Il y a une semaine, nous descendions vers Nice par la route Napoléon. Il paraît que c'est un record d'avoir fait du stop sur cette route. Nous avions eu de la chance, comme toujours.

À Nice, nous avons passé deux nuits dans un Relais International de la Jeunesse. Une très belle villa bien aménagée et confortable sur les hauteurs de Cimiez. Un groupe d'Allemands en stage y séjournait. Le premier venu nous parler s'est trouvé être le plus beau, le plus intelligent, le plus cultivé.

Le jour suivant, dans le lieu incroyable de la Fondation Maeght à Saint-Paul-de-Vence, j'ai fait une rencontre inoubliable : l'œuvre de Giacometti, ses statues, son chien, son chat. Tous tellement vivants, tellement vibrants.

J'ai visité le musée avec le Suisse architecte. Aussi passionné que moi. Nous étions tous deux comme des fous, sous la pluie, à travers les jardins, les salles, revenant sans cesse aux statuettes décharnées, exacerbées de Giacometti.

Je suis rentrée à Nice hallucinée et délirante.

Le lendemain, j'ai failli ne pas partir. J'ai hésité, réfléchi. Si je restais, mon voyage était fichu. Jusqu'ici, je recherchais la facilité, je me laissais bercer par des gens qui me trouvaient intéressante, douée et tout, j'aimais les compliments, mais c'était du vent. À Nice, j'ai failli tomber dans la même facilité. Parce que j'étais une des rares Françaises, j'étais entourée, questionnée, écoutée, recherchée. J'avais toujours quelqu'un près de moi. Le climat était agréable.

Nous sommes partis vers Marseille et Cassis en passant par la Côte d'Azur, la Corniche de l'Estérel, il faisait beau. Nous avons rejoint Cassis dans la nuit à travers la garrigue. À Cassis, nous avons été récompensés de nos efforts, six ou huit kilomètres sur des chemins déserts, caillouteux et en pente. Là-haut, c'était réconfortant, l'ambiance chaude et accueillante : toute une colonie anglaise beatnik chantait en s'accompagnant à la guitare des chansons de Bob Dylan, Donovan, Pete Seeger...

Cassis est le seul endroit de ces vacances (mis à part Saint-Clar et Avezan) où j'aimerais retourner et séjourner. C'est encore un coin sauvage, sublime. J'allais à Cassis sur le conseil de Friedrich, le bel Allemand de Nice. Lui si équilibré, si normal, si solide maintenant, a séjourné il y a trois ans à Cassis comme un clochard, pour échapper à sa vie de petit bourgeois rangé, aisé. Il a compris que ce n'était pas une solution durable, a repris ses études et travaille beaucoup. Avant, il a voulu expérimenter une autre forme de vie.

À Cassis, j'ai vu beaucoup de beatniks, des vrais, des faux, des Anglais, des Français. J'aurais aimé rester, mais nous avons continué la route vers Arles où nous avons retrouvé le Suisse et son copain. Là encore, j'ai failli m'arrêter. J'ai compris qu'Alain, le Suisse génial, était malade comme je l'avais été ces derniers mois. Ça m'a démolie. Moral à plat, ne sachant plus que faire ni où aller. Envie de retourner à Nice. Peur de retourner à Saint-Clar comme je l'avais prévu, de retrouver les obsessions, les regrets, les amertumes. Nice était le confort et la sécurité. Ce n'était pas ce que je recherchais en voyageant en stop autour de la France avec mon jeune frère Philibert.

Le lendemain, j'ai décidé de continuer.

Après Cassis, il y a eu Arles, il pleuvait. Nous avons retrouvé nos amis suisses. L'ami Alain m'a rappelé mon propre état de dépression après l'histoire avec Petrus et

Patrice. J'ai eu peur de replonger dans mes obsessions et mes délires. Peur de retrouver mon impossibilité de choisir. La route m'a aidée à repartir.

Après Arles, nous avons échoué à Carcassonne, j'ai failli encore hésité. J'avais décidé de passer par Saint-Clar pour revoir le village et les environs.

J'ai bien fait. Je crois que je suis délivrée.

J'y serais retournée sans avoir vu tout ce que j'ai vu au cours du voyage, ça m'aurait fait mal. Maintenant, j'ai d'autres sollicitations, je n'ai plus de regrets. J'aime Saint-Clar, j'aime le village, parce qu'il est calme, vert, tendre, sain et beau. Mais je passe. Je ne veux plus rester.

Ensuite, le chemin a été plus facile.
J'aime les gens.
C'est une découverte.

## Après la route

Que reste-t-il après le voyage en France ?
Existe-t-il des réponses aux questions ?
Est-ce positif ? Oui.
Suis-je beatnik ? Non.


Il me reste MOI et LES AUTRES
J'ai connu des gens
j'ai perdu Patrice
J'ai découvert les autres.
Je n'ai pas eu le temps
de penser à moi
à mes blessures
à ma désespérance.


J'ai découvert que Patrice n'était pas l'unique homme
intelligent au monde.
J'ai connu des gens, cultivés, ouverts, disponibles.
J'ai connu des gens beaux, sains, équilibrés, forts et
solides.
Oui Patrice je l'aimais
j'aime les autres
Patrice je t'aimais
Alain je vous aime
Laurent je vous aime
Friedrich je vous aime
Et tout le monde.
Et les beatniks...


Cassis. L'Auberge de Jeunesse la plus belle du monde.
Les calanques sauvages.
Saint-Paul-de-Vence, la Fondation Maeght. Le choc
esthétique.
Giacometti, ses statues décharnées, exacerbées,
désincarnées.
Son chien vivant, souffrant et seul.
Son chien, c'était moi,
ce chien c'était cette recherche inquiète, droit devant soi,
sans jamais se retourner, vers l'absolu.
Ce chien errant à travers les autres, cassé, brisé, mais
jamais écrasé.

Et le chat harmonieux, équilibré, qui prend malgré son mince volume tout l'espace qui lui est dû.

Le chien se cherche, le chat est.

Le chat a sa place dans le monde, une place qu'il ne cède à rien ni personne, il n'a pas besoin des autres, il est assez fort pour vivre seul.

Calme. Sérénité. Le chat de Giacometti.

Je suis encore ce chien éprouvé, serai-je un jour le chat épanoui ?

Je crois.


J'ai appris à passer.

Passer est peut-être un moyen provisoire de résoudre les problèmes.

Il est le seul moyen que j'ai trouvé pour les éluder.

Je dois passer, sans cesse.

## Après le récital de Joan Baez à la Mutualité

Joan Baez est venue à Paris.

Nous l'avons vue en famille au récital de la Mutualité le mardi soir du 19 avril.

Nous n'avons pas été déçus. Elle est encore plus émouvante sur scène qu'en disques. Belle et fine, marrante et grimaçante, douce et caressante.

C'était une soirée intense. Sa voix faisait vibrer, de façon incroyable, presque inquiétante. Elle arrive sur scène, toute simple, dans une robe imprimée sans manches, sa guitare à la main, elle se tient debout, la tête un peu penchée, ses cheveux glissent sur les épaules, c'est tout, elle n'a pas un geste de trop, elle chante *Farewell Angelina*, de Bob Dylan, elle s'énerve à cause des photographes, les flashs l'embêtent, elle fait des grimaces ou des petites révérences ironiques. Elle penche encore un peu la tête, elle chante. On l'écoute. En silence. Religieux. Peut-être trop. Elle avait envie de s'amuser, de ne pas trop se prendre au sérieux, mais les gens ne suivent pas, ils sont calmes, immobiles, silencieux. Ça se comprend, elle force le respect. Joan Baez n'est pas seulement une femme, c'est une déesse.

Elle m'a donné envie de tout laisser derrière moi et de la suivre. Elle se balade ainsi en Europe parce qu'elle a quelque chose à dire. D'après Mouna, il ne faudrait pas dire qu'elle a un message à transmettre, elle et d'autres beatniks comme Antoine, le chanteur français, parce qu' « ils ne sont pas télégraphistes ».

Elle exprime ce qu'elle a à dire par ses chansons et par sa voix, nuancée et riche. Mais ça va plus loin que ses chansons, c'est tout un nouveau mode de vie qu'elle représente. Avant de la voir ce soir-là à la Mutualité, je ne pensais pas que c'était si profond et important.

Joan Baez représente la vie non-violente et la lutte non-violente. C'est l'idéal des beatniks sur la terre. Ses positions ne diffèrent pas des théories de Gandhi et de Shantidas (Lanza del Vasto), qu'elle connait et qui est allé récemment dans son Institut pour l'étude de la non-violence, à Monterey en Californie.

Le lendemain, j'ai assisté à la réunion des étudiants au Bullier, tout près de la Fac de Droit d'Assas, organisé par le COPAR.

Elle a été prise à parti par des militants de gauche qui ne veulent pas comprendre sa non-violence ni admettre que son action puisse être positive.

Elle n'est pas qu'une chanteuse, elle est une militante de la paix. On vient pour sa voix, on s'étonne de ce rayonnement qui émane lorsqu'elle se tait. J'ai retrouvé en elle la même flamme intérieure que chez les non-violents connus chez Lanza del Vasto, à l'Arche de Bollène.

L'Arche fait un retour aux sources, à la terre, refuse la technique et le bataclan moderne. J'en avais entendu parler au cours de ma classe de philosophie. Il paraît que mon prof de philo d'alors, au moment de parler de Lanza del Vasto et de l'expérience de l'Arche, parle de moi à ses nouvelles élèves. Cette année encore, elle croyait que j'y étais restée !

Lors de la réunion du Bullier entre Joan Baez et les étudiants, un grand anar roux a défendu Joan Baez en public. Il est sorti de là complètement flagada, parce qu'au cours de la soirée, elle lui a pris la main. (*Il s'agissait de Daniel Cohn-Bendit.*)

Je n'en ai pas obtenu autant en sortant. Seulement un sourire, un geste de la main et deux mots : *So long*, deux mots que je restais bêtement à répéter dans la nuit au bord du trottoir.

*So long, Joanie.*


J'ai revu Petrus après les vacances.

Il m'a appelée le jour du récital de Joan Baez, je l'ai vu quelques jours plus tard.

J'avais changé. D'idées et d'aspirations.

Je suis partie sans regret, dégoûtée des petits yéyés, pourris de fric, des petits minets qui ne pensent qu'à faire l'amour, les minettes aussi. L'amour et les vêtements, c'est tout ce qui les intéressent.

Le soir-même, je retournais voir les beatniks pour me désintoxiquer. Même si le milieu est folklorique, c'est plus supportable que celui des minets yéyés petits-bourgeois ou des pseudo-intellectuels (les pires !).

Je ne regrette rien de ce qui s'est passé. Je me rappellerai toujours Saint-Clar avec bonheur. Mais mon obsession est finie.

Maintenant, je vois beaucoup de monde, ça m'évite de m'attacher et de me sentir seule. Tout ça, parce que j'ai eu la bonne idée de faire la Marche de la Paix contre la Bombe atomique et la Guerre du Vietnam avec toute la famille.

J'ai connu plein de gens et ça m'a plu. Je me suis inscrite au MCAA. L'insigne est très décoratif. Pour connaître les gens, c'est un bon signe de ralliement.

Un exemple concret :

Hier soir, avec Philibert, nous arrivons rue de la Huchette, près de Saint-Michel, quartier général beatnik. Nous rencontrons tout de suite une fille connue à la Marche, puis un beatnik, rencontré la veille, puis un autre avec qui nous avions déambulé dans les rues de Paris un soir, puis un autre dont on voit la photo sur tous les articles sur les cheveux longs, à qui j'ai prêté ma brosse un soir de vent parce que ça l'angoissait d'être décoiffé. Nous partons au square du Vert-Galant avec l'avant-dernier cité, accompagnés en chemin par un beatnik anglais voyageur comme je les aime, qui, une fois sur les bords de la Seine, où se trouvent pas mal de beatniks, me laisse son sac de couchage et s'en va. Je retrouve la fille. L'Anglais revient et lit *Mickey*. Des yéyés passent. Nous retournons chez Popoff, un café où tout le monde s'entasse, sans jamais consommer. Encore quelques têtes connues. Nous poursuivons. Et ça continue comme ça.

Hier soir, j'ai retrouvé au moins vingt personne en deux heures. Je leur parle. C'est plus facile que je ne l'aurais pensé il y a un an. Des gens que j'ai vu une fois, en général à la Marche. J'ose leur parler.

J'ai aussi rencontré un anarchiste. Grosse discussion. Il veut me convaincre à la Révolution, à l'Anarchisme et tout le flonflon…

Beatnik.
C'est un mot à la mode. Ça fait un peu peur aux gens ou ça les intrigue.
C'est un mot qui est souvent prononcé à la maison par tous et plus seulement par moi.

Après le voyage avec Philibert autour de la France, j'ai flotté quelques jours. J'étais obligée de rester au même endroit et j'en avais perdu l'habitude.

Et puis, tant de choses sont arrivées, des choses qui ne m'ont pas seulement changée moi, mais aussi toute la famille.

Ma famille devient beatnik, non-violente, marcheuse de la Paix et unie, car nous marchons du même pas.

Tout ça, à cause d'une femme menue et presque fragile, Joan Baez, notre seule idole, notre seule déesse. Sa conviction morale est notre seule religion, la non-violence.

Les journaux l'appellent « La Madone des Beatniks ». Elle a vécu avec Bob Dylan, qui est toujours l'objet de ma passion. Elle chante et sa voix est la plus belle du monde. Elle est belle, elle a un visage de madone. Elle lutte pour la paix au Vietnam, pour l'égalité raciale, pour tout ce qui est juste. Elle marche et elle chante, à travers le monde, en prônant la non-violence et il émane d'elle, même lorsqu'elle se tait, quelque chose de calme, serein et digne. Elle force le respect et l'admiration. Parfois, elle devient très proche, presque vulnérable, quand elle ne parvient pas à faire comprendre ce qu'elle voulait exprimer. Ça dépasse ses chansons. Elle est plus qu'une chanteuse, plus qu'un « troubadour des temps modernes », puisque l'expression est passée dans la langue pour désigner tous les chanteurs engagés, comme Hugues Auffray en France. Joan Baez est un pèlerin.

Quand elle est venue à Paris, fin avril, nous l'avons vue, écoutée, regardée, entendue. Nous nous sommes laissés séduire. Est-ce depuis que la famille est unie ? Je le crois. Je ne sais si ça va durer, mais pour l'instant, c'est formidable. On ne me traite plus de dingue, branque, hystérique et délirante. Maintenant tous aiment ces choses sur lesquelles je délirais toute seule avant !

Bobby Dylan, comme le dit si bien Joan Baez, j'étais seule à pouvoir l'écouter, à le supporter, ben maintenant, tout le monde le comprend et l'apprécie. Même Youennick. C'est d'ailleurs lui qui m'a rapporté mes premiers disques de Londres.

Et quand j'ai vu Joan Baez, j'étais subjuguée, exaltée.

Ann'Yvonne ne m'a pas rabrouée comme souvent. Au contraire, elle me suivait.

Maman était contre l'exhibitionnisme des Marches de la Paix. Elle est venue à celle de samedi dernier.

Papa non, il ne se dérange pas, mais il lit tous les tracts et les journaux que nous rapportons et il apprécie nos disques de Joan Baez que nous écoutons depuis deux Noëls en famille.

Louis, qui est loin, au lycée de Montargis, est furieux de ne pas pouvoir venir avec nous. Il a eu un changement d'attitude à mon égard lorsque je suis rentrée de mon Tour de France en stop avec Philibert. Avant, il semblait penser que j'étais incapable de faire quoi que ce soit. Quand même, nous avons fait 3 000 kilomètres en douze jours !

Nous aimons tous les mêmes choses, Bob Dylan, Pete Seeger, Joan Baez, les beatniks et tout…

Enfin, nous marchons ensemble.

Samedi soir, nous étions cinq de la famille à faire vingt kilomètres à pied pour la Paix. Et Youennick qui était contre tous ces mouvements, toutes les formules de non-violence, était le premier à distribuer des tracts, à remonter et descendre la colonne, sans s'arrêter. Comme moi, il veut s'inscrire au MCAA (Mouvement Contre l'Armement Atomique), dont fait partie Joan Baez.

J'ai gagné en contacts humains. Je connais des milliers de gens dans tous les coins de France et du Monde.


Jeudi 28 avril 1966

Il me semble admirable qu'en cet après-midi ensoleillé à Paris, j'aie cueilli à travers la foule hostile ou indifférente des regards et des sourires. Grâce à ce simple insigne blanc sur fond noir, modeste et discret, celui du MCAA.

Il me semble merveilleux qu'à cette Marche de la Paix de dimanche dernier, où deux mille personnes se sont côtoyées, des visages soient restés gravés et se reconnaissent au hasard des êtres de la rue.

J'ai perdu les Cournot, mais je ne suis plus seule.

Je me suis disputée avec Petrus cet après-midi, il est tombé dans mon rêve, ça m'a beaucoup énervée, quand je voulais rester calme et non-violente. À cause de lui je n'ai pas retrouvé Béatrice et je suis restée seule dans Paris, errant sans but, attendant que les heures passent.

C'est alors que dans la foule des gens m'ont reconnue comme je les reconnaissais et m'ont souri.

J'aurais voulu voir Mouna.

Mouna me calme et me rassure.

Mouna est mon seul dieu.

Je n'ai rencontré que le sourire de son plus proche disciple et c'était déjà magnifique.

Le problème beatnik est quand même à résoudre, mais pas ce soir, je suis fatiguée.

Samedi 30 avril jardin du Luxembourg

Les arbres sont remplis de musique verte. C'est la première fois que j'assiste à un concert public en plein air, sous le kiosque à musique.

Zut, c'est la fin, la fanfare joue la *Marseillaise*.

J'aime le Luxembourg au printemps, ou en hiver lorsque les arbres sont bleus et les fleurs disparues. Les enfants toujours.

Hier, je devais aller à une manifestation pour la paix au Vietnam. A priori, je suis contre les manifestations où on crie des slogans et tout. Si on veut lutter contre une guerre, l'attitude non-violente me semble la seule digne et valable. Les anarchistes m'affirment qu'on ne peut rien obtenir comme ça et qu'il faut gueuler et casser !

Je n'y suis pas allée. Je ne fais pas grand chose. Pourtant, aujourd'hui, j'ai décidé que ça allait changer. Je croyais ne pas avoir le droit de passer mon examen, parce que je n'ai pas assez travaillé pour les études par correspondance avec le Centre de Télé-Enseignement de Vanves. J'ai reçu ma convocation pour l'examen, alors je suis obligée de me mettre au travail.

Devoir moral. Impératif kantien.

Lundi dans un café du boulevard Saint-Michel

Dans *Love* de Murray Schisgal, un des personnages dit : « Nous sommes tous enfermés en nous-mêmes dans des petites boites séparées. »

J'ai vu cette pièce cinq fois, je la connais par cœur.

On est souvent déçu par les gens. Qu'est-ce que ça fait ? On rencontre d'autres gens intéressants, tout recommence, on continue. Il faudrait pouvoir tout effacer et ne jamais regarder en arrière, ne jamais se retourner. C'est difficile. Il faudrait être toujours actif, sans penser ni se poser de questions. Ça, je l'ai appris en voyageant en auto-stop. Hélas, ça ne dure que le temps du voyage. À Paris, tout recommence, l'ennui, l'inaction.

# Fin 1966

## Fin d'année universitaire 1966


Lundi 2 mai 1966

J'apprenais à passer, à oublier, à saisir ce que je rencontrais, puis à partir sans me retourner.

Voilà que l'on me retient.

Hier j'ai reçu une lettre de Friedrich. Quelqu'un pense à moi. Quelqu'un m'appelle. De loin... là-bas en Allemagne.

J'avais déjà presque oublié. Nice, Antibes, Saint-Paul.

Il parle de Giacometti. Le chien, cet errant.


À travers les rues de Paris

Tiens c'est toi. Oui bonjour.

Je ne sais pas comment il s'appelle il ne sait pas mon nom.

Il y a là tous les beatniks de Paris

Mouna bien sûr. Et la plupart de ceux qui avaient fait la marche dimanche dernier.

Et le Tchèque. Il a faim. Il est fatigué. Il n'a pas dormi depuis quatre jours.

Tu veux venir avec nous

Bouffer un couscous. Là rue Xavier Privas.

Non il n'aime pas la pitié.

Moi si j'avais faim j'accepterais.

D'ailleurs il accepte.

Il a perdu sa voix et s'est perdu lui-même.

Et je vais m'attendrir, peut-être me perdre.

Devenir beatnik.

Je suis sur la bonne pente.

Mais sauver les gens...

quand je suis moi-même perdue !


Friedrich m'a écrit.

C'est étrange.

Que sais-je ? Qui suis-je ? Où vais-je ?

Je n'en sais rien.

Je préfère ne pas penser.

Hier on m'a offert du muguet. Il fane déjà. Si vite.

Tout est rapide et tout est trop lent.

Mais j'ai vingt ans, j'ai le droit d'être folle, de faire des erreurs, je peux tout me permettre et je suis heureuse d'en éclabousser les autres, les installés.

Ils ne m'envient peut-être pas, mais moi je peux les mépriser.

J'étais trop jeune pour m'installer, du temps de Patrice. Pour me marier par exemple. Là encore j'ai eu de la chance. J'ai tant de routes à faire avant de m'arrêter, tant de choses à voir, tant de visages à trouver.

Les routes m'appellent
les regards me retiennent.


J'aime Joan Baez.

Un de mes rêves est de la revoir. D'aller chez elle.

Si j'avais été un garçon, ce soir-là, je n'aurais pas hésité, j'aurais tout laissé derrière moi et je serais partie. Avec elle. Je l'aurais suivie. Je ne sais pas où. N'importe où. Partout.

Sa voix me fait vibrer comme une caresse, onduler comme le vent et gémir comme une vague.


Tout me reste possible.

C'est ça qui est si merveilleux dans la calme moiteur de cette soirée de presqu'été.

J'aime le soleil des matins ou des soirs.

Je n'aime pas tellement les journées.

J'aime les matins parce que tout est possible.

Les matins m'invitent à partir.

L'autre jour, avant le lever du soleil, dans la fraîcheur de l'air, c'était encore la nuit, une nuit claire, vibrante.

Saint-Leu 6 mai 1966

J'erre, comme le chien de Giacometti, à la recherche de quoi, je n'en sais rien.

Avant, j'aimais travailler. On est très heureux quand on travaille, on a conscience de s'élever, de créer quelque chose de positif, c'est une soif le travail.

Je ne peux plus travailler.

J'écoute Joan Baez, Bob Dylan et j'apprends beaucoup grâce à eux.

Mes parents sont au théâtre, je suis seule avec Philibert et Bruno, mon dernier petit frère. Mes parents sont des gens formidables, adorables, tolérants et tout. Tout le monde les aime. Ils ont créé une très belle famille. J'ai une sœur et des frères très forts moralement.


Saint-Leu mercredi 11 mai 1966

Vers le soir. Il fait beau. Dans le jardin. Parce que le soleil brille et que l'herbe est verte et un peu luisante de pluie, cette pluie qui n'a cessé de tomber ces derniers jours, je suis tout simplement heureuse de vivre.

Ce matin encore, j'avais tellement froid. Le froid m'angoisse.

L'autre jour, à Paris, j'ai prêté ma brosse à cheveux à un beatnik qui voulait remettre en place sa belle chevelure longue et souffle. Je crois qu'il est le beatnik de Paris à avoir les cheveux les plus longs et les plus propres, sinon je ne lui aurais pas prêté ma brosse. Il m'a dit : « Oh ! Ce soir, il y a du vent, ça me décoiffe et ça m'angoisse. » Joli, non ?


Je perds beaucoup de temps. Dans la journée, je m'occupe d'enfants. Je m'y attache très vite. Je ne suis pas libre. Il me faut toujours rendre des comptes à des supérieurs et je le supporte très mal.

Je ne travaille pas assez. Mon examen est dans trois semaines et je ne fais rien. Je lis à peine. Je ne comprends pas moi-même. J'ai quitté le lycée avec la bénédiction de mes professeurs (s'ils me revoyaient maintenant, il seraient fous). Le Droit m'a ennuyée, les Lettres, la Philo, tout ça m'ennuie, je n'apprends rien, ça ressemble trop au Lycée et je m'ennuyais au Lycée. Conclusion, je m'ennuie depuis des années.

Il n'y a qu'un moment où je ne me suis pas ennuyée, c'est à Pâques, lors des vacances à travers la France, parce que tout changeait tout le temps

Autrement dit, j'ai changé de milieu, social, intellectuel. Je ne vois plus mes anciens camarades de Faculté de Droit, je ne veux plus de ces petits « installés » comme dirait le beatnik, ça m'angoisse.

J'ai changé de quartier dans Paris. Je ne vais plus au Luxembourg, je vais à Saint-Michel. J'erre dans les rues de la Huchette et Saint-Séverin, à la recherche des gens qui passent, qui ne s'arrêtent pas, qui ne s'installent pas.

Dans quelle mesure est-ce positif, je ne sais pas encore.

Samedi 11 juin

Finalement, j'ai assez travaillé pour passer mon examen de propédeutique.

J'ai eu deux examens à préparer cette année, propédeutique pour moi, le certificat d'études pour deux des élèves du Cours Moyen 2ème année. Tout a été fini hier. Propé a mieux marché que le certif.

Je suis heureuse d'avoir passé mon examen. J'ai le sentiment d'être une étudiante comme les autres. J'ai travaillé trois semaines. Vingt-et-un jours. Le temps qu'il faut pour qu'un poussin se forme dans son œuf.


Fin juin

J'ai été reçue au Certificat d'Études Littéraires Universitaire de la Sorbonne.

Je peux continuer mes études.

Je vais m'orienter vers la Sociologie, m'inscrire à la Sorbonne et me réinscrire à la Fac de Droit d'Assas.

Ma sœur peut m'héberger au Pot de fer, je serai tout près des deux facultés.

## Après la lettre de Patrice

*En janvier 1966, j'avais reçu deux lettres qui ont marqué ma vie.*

*La première de Michel Cournot, critique de cinéma au* Nouvel Observateur, *m'avait empêchée de mourir et j'avais retrouvé une certaine confiance en moi.*

*La seconde de Patrice Cournot, son neveu, avait été dévastatrice pour mon ego. Même encore aujourd'hui, 55 ans plus tard, j'ai du mal à l'ouvrir et à la relire. Traumatisée.*

*Je n'ai pas pour autant renoncé à l'écriture, comme je le pensais sur le moment.*

*Au contraire, j'ai changé de style. Les cahiers et carnets suivants sont écrits sans majuscule, sans point ni virgule, préfigurant le style Aquamarine.*

*Pendant plusieurs mois, j'ai même continué sans date.*

*Me cherchant.*

*Me reconstruisant.*

*Je suis quand même retournée à Saint-Clar l'été 1966. J'en ai gardé quelques notes que je laisse dans l'ouvrage suivant* Le Pot de Fer. *J'avais changé d'époque, celle de Patrice était terminée.*

*Je garde dans cet ouvrage ce qui conclue le* Voyage à Saint-Clar, *mon admiration pour Madame Bloch, utilisant le style qui sera celui des ouvrages suivants.*

## Pour Madame Bloch

à saint-leu
si dans ce jardin qui a été celui de madame bloch
si maintenant je regardais en arrière
si je devais faire un bilan
ce serait terrible
un bilan ça a un petit côté industriel qui déplairait
fort à certains de mes nouveaux amis beatniks ou
anarchistes
comme tout est complexe
je ne me suis pas encore trouvée
j'ai vu
tant de choses
tant de gens surtout
depuis
depuis combien de temps
depuis le lycée sans doute
c'est après que tout a changé
depuis que je vous ai connue chère très chère
madame bloch
je vous ai tant aimée
à certains moments je vous ai détestée aussi et
j'étais odieuse car je vous aimais trop et je me hérissais
sans savoir me défendre
je vous ai même méprisée d'être toujours la plus
forte
je vous estimais trop
j'ai eu besoin de vous
terriblement
mais vous êtes partie
il pleuvait sur ce jardin
c'était aux premiers jours de juillet
juste comme l'année dernière avant que vous
m'emmeniez là-bas vers le soleil vers le sud-ouest vers
ce village où j'ai commencé à vivre
il pleuvait sur ce jardin
vous n'étiez plus là
j'errais parmi les herbes et les arbres
je vous cherchais
dans ce jardin vous m'aviez fait rêver

c'est ça qui m'avait été fatal
j'avais rêvé avec vous une vie différente de la
mienne
j'avais été blessée
plus rien n'était pareil
cette maison devant moi où vous m'invitiez à boire
une tasse de café et où nous parlions des heures
durant des après-midi entières
de tout de rien
de vous de moi
vous me donniez des conseils et j'écoutais ravie
même s'ils ne pouvaient pas forcément s'appliquer
à ma réalité toute autre que la vôtre
vous m'aidiez à vivre
sur le moment j'avais un prétexte pour espérer
encore
vous parliez de votre vie
de votre mari
de vos enfants
j'estimais votre mari
impossible de faire moins
il est vraiment exceptionnel
mais vous aussi
j'adorais vos enfants
parfois ils me cassaient les pieds
je les excusais toujours
Gilles savait si bien se blottir dans mes bras
tu es ma petite femme adorée et je suis son petit
mari chéri dis hein c'est vrai tu m'aimes dis
c'est vrai je l'aimais
vous parliez de vous
de ce que vous aviez été
de ce que vous aviez espéré
de ce que vous aviez réalisé
et j'écoutais
vous m'offriez un univers d'espace et de couleur et
un monde intime et chaud en équilibre
vos rêves étaient les miens ou peut-être les miens
avaient-ils été les vôtres
nous étions semblables bien que différentes
douze années nous séparaient

vous aviez un métier des amis un mari des enfants
une vie derrière vous
    j'étais jeune je n'avais rien encore
    sauf mon intelligence comme vous le disiez
    je n'avais rien mais je voulais cette vie que vous
aviez réalisée
    là dans ce jardin je vous ai vue cueillir des roses
    éblouissante et belle
    épanouie
    moi aussi j'espérais un mari je désirais des enfants
à moi
    je me rêvais un jardin avec des roses et une maison
avec des tapis épais et des fauteuils profonds et des
vases en cristal et des rires d'enfants
    je rêvais d'être une femme épanouie comme vous
    belle comme vous
    sûre comme vous
    en sécurité comme vous

    voilà c'étaient des rêves de petite fille

    un jour vous êtes partie
    en quelque sorte vous m'avez mise dehors
    abandonnée dans le froid
    je crois bien qu'il pleuvait encore c'était presque
l'hiver
    je vous ai revue bien sûr
    vous n'étiez pas partie très loin
    mais ce n'était plus pareil
    quelque chose s'était cassé
    peut-être à cause des arbres ou des roses de ce
jardin
    vous m'invitiez encore à boire une tasse de café ou
à prendre le thé
    je m'asseyais dans un de vos grands fauteuils verts
    mais je n'osais plus parler
    puis je n'osais plus venir
    je vous trouvais trop installée comme si plus rien
n'arrivait dans un bonheur trop simple à mon goût
    car j'avais soif
    car j'avais faim
    je voulais voir ce qui se passait ailleurs

croquer dévorer déchirer même s'il le fallait
vous dans votre équilibre et votre stabilité étiez
encore la plus forte
moi je ne savais pas où j'allais
je me cognais un peu partout
je ne vous demandais plus conseil
je refusais tout aveuglément
un soir même où vous m'aviez invitée à dîner j'ai
préféré à votre compagnie celle de  vagabonds
pourtant serais-je encore là si vous n'aviez pas été
auprès de moi dans la maison voisine pendant ces
mois si difficiles d'après patrice

   ***

assise à la terrasse du flore avec madame bloch
dans ce café porno face au drugstore non moins
porno je regardais la rue
un peu avant un accordéoniste avait joué près de
nous sur le trottoir le letkiss paysan qui rappelait les
bals de campagne comme celui de casteron dans le
gers l'été dernier et ce letkiss c'était la danse de mon
paysan lyrique celui que je cherchais il y a un an et il y
a un mois encore en souvenir de ce qui n'avait pas été
je n'avais trouvé selon ses propres termes qu'un
citadin sinistre et je n'avais pas su le garder
l'accordéoniste s'était éloigné
j'avais oublié
je ne pensais à rien
je regardais passer les voitures
je regardais le feu vert
c'est beau les voitures


ce matin j'avais reçu une lettre d'isabelle sensible et
tendre isabelle vulnérable isabelle en défense isabelle
complexe et incomprise aimante et mal-aimée
elle est aussi sa cousine


je regardais passer les voitures
le feu est devenu rouge
dans le soleil
seul au milieu de la rue
il traversait
je dois rêver
j'ai dit
mais c'est patrice
lui grand et cassé cette démarche de pantin qui
n'appartient qu'à lui cette veste de pierrot le fou patrice
le fou
je le reconnaîtrais n'importe où
dans la nuit dans la brume
sous la pluie sous la lune
c'était lui
je n'ai pas rêvé
je n'aimais je n'ai aimé que lui
peut-être même encore aujourd'hui
qu'importe il vit avec une femme mariée

non il sort avec une femme mariée
peut-être l'aime-t-il
moi aussi je sors avec un homme marié
qui m'apprend l'art
je ne vis pas avec lui
je ne l'aime pas sans doute
c'est ça le malheur
je n'aime plus personne
mais je suis devenue tendre et caressante
parfois même passionnée
depuis lui qui traverse seul la rue

c'est la souffrance qui est belle a dit daniel
et c'est la souffrance de ces longues heures
désespérées il y a un an qui justifie mon immense
amour pour patrice
depuis patrice je n'aime personne
maintenant j'ai grandi
je ne comprends toujours pas pourquoi je l'aimais
ça prouve que je l'aimais
mon amour était évident
ce qui ne se démontre pas
comme il me l'expliquait alors
il reste comme un idéal inatteignable
ainsi inaltérable
je l'ai sans doute sublimé
il n'est pas du tout mon idéal

hier c'était bien lui qui passait
sa voix au téléphone me l'affirmait tout à l'heure
pas tout à fait par hasard
il passait
il traversait
je suis celui qui passe qui traverse qui me suivrait
ça c'était de huguenin
il y a un an j'étais dans ses bras
ce que j'aurai souffert pour cet unique soir

et si c'était à refaire
que pourrais-je faire d'autre
ça me fait penser à cette réflexion de swann à la fin
d'un amour de swann de proust

*dire que j'ai gâché des années de ma vie,*
*que j'ai voulu mourir,*
*que j'ai eu mon plus grand amour,*
*pour une femme qui ne me plaisait pas,*
*qui n'était pas mon genre !*

*dire que j'ai gâché des années de ma vie,*
*que j'ai voulu mourir,*
*que j'ai eu mon plus grand amour,*
*pour une femme qui ne me plaisait pas,*
*qui n'était pas mon genre !*

## Rentrée de fac 1966

trois rêves étranges avant mon réveil
le premier avec bob dylan tendre et secret cerné de
brouillard
le second se passait dans un château en ruines le
même genre de rêves que je fais depuis un an
marchant à travers les pièces longeant les murs les
pierres croulant devant mes pas je sens ces pierres la
force des murs à travers ma peau à travers mon corps
j'ai peur j'aimerais me terrer dormir oublier mais je dois
avancer quelqu'un près de moi qui est-ce peut-être
petrus
petrus toujours je te saurai gré de m'avoir conduite
au château d'avezan

qu'est-ce que c'est avezan
une drogue
la drogue de la couleur des pierres
la drogue de la pesanteur des planchers qui
s'écroulent
la drogue du vent d'autan qui grimpe l'escalier
fragile et précaire comme tout équilibre
cet été j'y suis retournée
nous avons fait des fêtes dans le château avec la
bande en vacances
cathy d'esparbès avait pensé à choisir un disque de
clavecin et à mettre des fagots dans les cheminées et à
allumer des feux

bon mon troisième rêve se passait à la fac de droit
où je m'inscrivais enfin

hier matin
je dors sur le canapé du salon
la voix de maman dans la salle à manger à côté
marine c'est l'heure
oui
quelques minutes plus tard

au bruit des feuilles froissées je suppose qu'elle lit
le figaro
patrice cournot est admis définitivement à la
profession d'avocat
eh bien nous avons beaucoup d'avocats

il doit y avoir une longue liste oui évidemment on ne
voit pas très bien pourquoi on aurait annoncé
l'événement pour patrice cournot seul

si je l'avais écouté lui j'aurais pu être en troisième
année de droit
mais je ne pouvais pas l'écouter je n'étais pas
assez sûre de moi ni de lui
c'était trop beau tout ça
quand on écoute quelqu'un on lui appartient
je ne pouvais accepter l'idée d'appartenir à
quelqu'un dont je n'étais pas sûre

patrice cournot admis à la profession d'avocat
jamais d'échecs patrice
moi non plus patrice
sauf la première année
comme toi

toute la journée dans les rues près du panthéon ou
ici à saint leu en leitmotiv dans ma tête
patrice cournot admis profession d'avocat

ce matin un peu après onze heures je quittais la
sorbonne après le cours de monsieur raymond aron
je rentrais au pot de fer
il y avait beaucoup de vent
je remontais la rue cujas pour contourner le
panthéon avant d'arriver au carrefour de la rue saint-
jacques
j'ai regardé de l'autre côté
peut-être pour repousser les cheveux que le vent
plaquait sur mon visage
j'ai remarqué un numéro minéralogique connu celui
de la voiture de patrice

c'était lui il m'avait vue mais s'était penché pour
chercher quelque chose
j'ai continué
avant de traverser je l'ai regardé comme si je ne
l'avais jamais vu
il venait de sortir de sa voiture et debout fermait la
portière
j'ai traversé comme en un rêve froid sans voir le
soleil glacé
le vent emmêlait mes cheveux
je suis passée sur le trottoir devant la fac de droit
patrice a traversé en courant non patrice ne sait pas
courir il a traversé très vite devant moi et très vite sans
se retourner il a grimpé les marches
je le regardais sans sourire étonnée de ma froideur
mais c'était peut-être le vent de novembre
patrice est entré à la fac et à part le soleil il n'y avait
plus grand chose devant moi


pourquoi rêver encore de patrice
ça revient en moi lancinant obsédant
comme le thème d'une symphonie
celle de ma vie


hier j'ai vu qui êtes-vous you polly maggoo avec
isabelle


je relis sparkenbroke pour la troisième fois
j'y retrouve patrice en piers et moi en mary ou plutôt
moi telle que j'aurais dû être et n'ai pas été
j'y trouve ce que je cherchais le calme de la
campagne anglaise et la quiétude qu'apporte la
certitude d'une communion
sparkenbroke me laisse vibrante
sparkenbroke me laisse vivante
et au lieu de me fondre dans un exutoire qui serait
le témoin ou la raison d'être de mon exaltation je reste
inerte incapable de décider ce qui me comblerait tout
entière à ce moment précis

mais pourquoi est-ce que je rencontre toujours en
moi dès que je suis seule et inactive cette angoisse que
me donne la conscience aiguë de perdre mon temps et
l'impossibilité physique d'y remédier


c'est peut-être maintenant que je devrais écrire
celui qui passe
sylviane vient de me renvoyer le début du manuscrit
le dernier de tous ceux que j'avais commencés
ce n'est pas par hasard
est-ce qu'il y a un hasard
je voudrais qu'il n'y ait pas de hasard
ou plutôt je voudrais pouvoir forcer le hasard
le créer moi-même
ce n'est pas par hasard que j'ai reçu ces quelques
pages le jour même où j'ai vu isabelle il était question
d'isabelle dans celui qui passe mais je ne l'avais pas
vraiment comprise à cette époque
le lendemain du jour où j'avais revu patrice dans la
rue
par quel hasard
non il n'y a pas de hasard
quelque chose n'est pas mort de cette histoire
quelque chose qui peut-être ne mourra jamais
sans doute c'est maintenant que je devrais l'écrire
tant que je n'ai pas oublié tant qu'aucun autre objet ne
sollicite ma passion tant que je suis disponible
affectivement
mais aurai-je le temps
et puis peut-être vaut-il mieux oublier et me plonger
vers l'avenir seul
pourtant ce n'est pas par hasard non plus que j'ai
repris sparkenbroke lundi soir
j'ai lu tard dans la nuit et au matin quand maman
m'a éveillée je pensais à patrice avant même qu'elle ne
m'en parle
c'était naturel c'est lui mon lord sparkenbroke
pourtant je suis sûre qu'il mépriserait cette idée
patrice rêvait toujours d'être compris mais craignait
trop d'être abîmé dans son rêve et refusait toute
tentative d'approche en se noircissant lui-même

quand il y a un peu moins d'un an j'ai relu
sparkenbroke en ces jours désespérés de décembre je
cherchais patrice avec avidité comme si je pouvais
trouver là une justification de mon erreur
n'avoir pas su le comprendre ou plutôt l'avoir
compris mais n'avoir pas su osé ou voulu le lui montrer
je soulignais d'un trait mordant ou tremblant les
passages qui le concernaient les phrases que parfois
même il avait prononcées

un an après je suis plus calme je suis seulement
étonnée de l'acuité de charles morgan et de sa vérité
des personnages à travers les ans
un peu comme j'ai regardé le tableau de cézanne le
pont sur la marne à créteil en ressentant la même
impression que devant la vue de delft de vermeer à
l'exposition de l'orangerie

maintenant je sais que rien n'aurait pu être différent
je ne suis pas le petit animal instinctif qu'espérait
patrice
je ne l'ai jamais été je ne le serai jamais

il est des moments où je me sens si riche que je
pourrais en pleurer
un oiseau est venu sur le fer forgé de la fenêtre
il avait la gorge blanche il m'a regardée et s'est
envolé

quoi que je puisse vouloir il n'est pas facile d'oublier
les cournot
petrus a téléphoné à la maison
et puis l'an dernier quand je faisais de la philo
ou cette année quand j'ouvre un bouquin
d'économie ou un polycopié de droit
je trébuche sur les idées d'antoine-augustin
cournot

Angoisse
il parait que bientôt c'est noël donc presque la fin de
l'année et je viens de me rappeler la nuit du trente-et-
un décembre mille neuf cent soixante-cinq

où sont passées mes décisions et surtout mes
aspirations
faire un livre
trouver quelqu'un
ce temps perdu
il est vrai que j'ai encore quinze jours pour trouver
quelqu'un


le hasard a de drôles de visages
il y a un an une chose aurait pu vraiment me faire
plaisir c'est d'être invitée au réveillon chez les cournot
il n'en a rien été et je me souviens avoir déliré toute
la nuit du nouvel an parmi les amis vietnamiens de
béatrice


hier petrus m'a rappelée pour m'inviter à
réveillonner chez eux
j'ai hésité à accepter
isabelle m'a dit que patrice serait là il l'a invitée
aujourd'hui
elle ne m'a dit que ça et déjà j'avais crié
non je n'irai pas
elle a dit que je devais affronter la réalité
elle devient philosophe cette jeune fille


angoisse à l'idée de voir patrice ce soir
pourquoi a-t-il accepté que je sois invitée


c'est trop idiot d'avoir vécu l'année que j'ai vécue
d'avoir connu tous les gens que j'ai connus d'avoir vu
toutes les choses que j'ai vues pour en revenir au
même point


j'irai ce soir
j'ai promis à petrus et à isabelle
mais j'ai une peur panique
si je savais seulement pourquoi
je crains que la soirée ressemble trop à celle du
retour des vacances de septembre quand tout a
commencé
heureusement isabelle tiendra ma main

## Janvier 1967

*new year's day*
eh ben ça n'a pas été si dur que je le craignais
ça s'est même très bien passé

je sais maintenant que je n'aime plus patrice et ça
me permet d'oublier tout ce qu'il a pu dire ou faire
l'année dernière et de ne plus m'éterniser en regrets
stériles

ça a été très simple
quand je suis entrée patrice est venu vers moi tout
de suite
il a d'abord fait semblant de ne pas me reconnaître
j'avais des faux-cils mes épaules étaient très
découvertes et ma robe très courte
puis il a souri et a déclaré me connaître
évidemment en me serrant la main
j'ai été entraînée par sa sœur et servie par un de
ses oncles xavier
après isabelle est arrivée rose blonde douce et jolie
j'ai revu des gens que je connaissais comme agnès
j'ai revu les filles marie-claude catherine claudine
j'ai revu jean-christophe aussi et j'ai passé presque
toute la soirée avec lui
titou et cathy d'esparbès sont arrivés
puis jean-yves qu'on n'avait pas revu depuis le
repas après les vacances 65

au cours de la soirée patrice m'a adressé quelques
mots sans grand intérêt
me demandant ce que je faisais maintenant
j'avais un verre à la main j'ai dit que je buvais
il a insisté pour savoir ce que je faisais dans la vie
j'ai éludé en répondant que je vivais
ça m'embêtait de lui parler de droit et de sociologie
je voulais qu'il le sache mais je n'avais pas envie de le
lui dire moi-même
il est arrivé au hasard des changements de danse
que je me retrouve dans ses bras

j'ai eu l'impression qu'il était moins grand qu'avant
qu'il prenait moins de place dans l'espace
il ne me fait plus rien
c'est une très bonne chose
je vais enfin pouvoir vivre le présent et me projeter
dans l'avenir


isabelle avait raison il le fallait
j'aurais été stupide de ne pas assister à ce réveillon
jean-françois n'était pas là et michel cournot n'est
pas apparu non plus
christophe l'alter ego de son fils était vraiment
charmant
il m'a raconté ses rêves
il m'a invitée sans cesse à danser nous avons jerké
comme des petits fous
nous avons parlé des beatniks et des cheveux
longs et des motos aussi et du nouveau roman plus
élégant selon lui que les romans américains


le reverrai-je


mardi 17 janvier
jean-christophe n'a pas appelé
jean-christophe me rattachait encore comme un
cordon ombilical à la famille cournot
je n'y ai pas ma place
j'aime isabelle pour elle-même
être avec jean-christophe et attendre plus ou moins
consciemment michel cournot ce n'était pas loyal
jean-christophe n'est pas venu et c'est très bien
comme ça


hier c'était le printemps dans les rues au
luxembourg et en moi
je suppose que je devais rencontrer quelqu'un hier
j'ai rencontré un étudiant en médecine

## Après Patrice Cournot

*Avant de passer à la suite des cahiers, l'histoire avec l'étudiant en médecine démarrant la période* Pot de Fer *et* Aquamarine 67, *il me faut en finir avec Patrice Cournot. L'histoire avec lui s'était terminée avec le réveillon de 1966 rue Guynemer, mais il y eut une dernière rencontre que je vais transcrire ici dès à présent sans attendre la publication des cahiers de 1972.*

*Le 8 octobre 2010, au buffet de la gare Matabiau de Toulouse, avant mon train, Lou-Ella Borderies, jeune étudiante de 19 ans, rencontrée au Festival de la Novela sur le numérique, me rendait mon Kindle tout neuf sur lequel elle venait de lire* Le Vent d'Avezan *que je venais de terminer. Lou-Ella était impatiente de savoir ce qui était arrivé à Petrus. Elle ne me demandait pas si j'avais revu Patrice, tant il devait être évident que nous n'avions rien à faire ensemble.*

*— Mais Petrus ? Tu l'as revu, tu as gardé des relations avec lui ?*

*Elle avait l'âge de mon écriture, avait choisi Droit comme moi, parce que Lettres c'est trop facile, dévorait les livres, noircissait des cahiers de notes, qu'elle trimballait comme moi dans son grand sac, elle vivait avec un Malgache, comme moi l'année suivante en Mai 68, elle bouffait la vie à pleines dents, comme moi à l'époque, bref elle m'arrivait comme une petite sœur à quarante-cinq ans de distance.*

*Lou-Ella insistait :*

*— Et Petrus ?*

*Je n'ai rien voulu lui dire ce matin-là au soleil d'octobre.*

*Maintenant que j'arrive au bout de ce chapitre essentiel de ma vie, sans lequel je n'existerais peut-être même plus, j'ai envie de raconter la fin de l'histoire, avec mes mots de l'époque, écrits à chaud, le lendemain de ma dernière rencontre avec Patrice Cournot.*

*J'extraie ces dernières notes des cahiers des années 70.*

***

4 mai 1972 Paris

paris rue du faubourg poissonnière
quatre mai 1972
j'ai donc vu cournot hier soir à une signature de son livre le bonheur des autres à la librairie de la rue de bourgogne le dauphin

impossibilité totale de communication

heureusement petrus était là
il m'attendait
je savais que je le verrais
il m'avait invitée à dîner et à passer la soirée avec sa femme et lui

le livre de patrice me semble bien chiant
encore plus chiant que le premier
dans le jour de gloire mon intérêt était soutenu parce que j'en connaissais le cadre et certains des personnages
mais ce bonheur des autres dieu qu'il me paraît dur à avaler
je vois pas l'intérêt d'écrire comme ça

Je suis tombée sur une page où patrice parle du mois de mai 68
et sa position est très conne
je me suis récemment laissée dire que sa nouvelle maison d'édition la table ronde était sympathisante extrême-droite
je sais pas où se situe patrice
je sais seulement que nous ne sommes pas du même bord

il garde son attitude cinglante

ses gestes cassés
comment ai-je pu l'aimer autant
j'étais bien jeune

il a toujours de beaux regards bleus
quand parfois il sourit
mais impossible d'échanger deux phrases

j'ai retrouvé petrus avec plaisir
il m'aime toujours
il est peut-être le seul homme qui m'ait jamais
aimée pour moi-même

il s'est marié il y a un an
sa femme est capricorne et aime les choses bien
nettes bien claires bien carrées
solide complément au petit poissons charmeur
qu'est petrus

surtout et c'est pourquoi j'en parle ici et maintenant
hier petrus a enfin eu le mot de l'énigme

patrice a écrit une drôle de dédicace sur mon
exemplaire du bonheur des autres

pour marine
le bonheur des autres en souvenir d'une nuit
passée chez elle
en tout bien tout honneur (mais oui)
amicalement
patrice
3/5/72

il a au moins de la mémoire
j'avais oublié cette nuit où il était resté dormir à
saint-leu après m'avoir raccompagnée d'une soirée rue
guynemer
avec la famille alentour rien ne pouvait se passer

c'est après cette nuit que petrus était tombé malade
ça lui a flanqué un grand coup m'avait dit patrice
quoi

que lui m'ait raccompagnée après la soirée et qu'il
ne rentre pas

petrus hier en lisant la dédicace de son frère a dit
enfin je sais la vérité
il n'avait jamais voulu me dire
à l'époque c'était important pour moi
c'est peut-être bête maintenant
mais ça l'était alors

cruel patrice
pourquoi avoir laissé petrus se consumer
il était si simple de lui dire qu'il ne s'était rien passé
et même qu'il se foutait éperdument de moi
c'était la vérité
pourquoi ne pas l'avoir dite
son orgueil viril aurait-il été menacé s'il avait
simplement dit la vérité à petrus

petrus rassuré sept ans plus tard
heureux

toute ma vie j'ai gardé à petrus une amitié une
fraternité et une tendresse que je n'ai jamais partagées
avec patrice

mais avons-nous jamais partagé quoi que ce soit

# Fin de l'histoire

## Voyage dans le Sud juin 2010

*Le mois de janvier 2010 avait marqué un tournant dans l'édition traditionnelle que je ne désirais pas suivre. À l'avant-garde des vecteurs d'expression universels, je m'étais abonnée à l'Internet via Compuserve aux USA, dès le 5 août 1995, j'avais publié sur un premier site Internet en février 97* Aquamarine 67, *mon roman de jeunesse de l'époque du Pot de Fer, suivant celle des Cournot. J'avais choisi le nom de plume Gaelle Kermen.*

*En janvier 2010, j'avais publié* Aquamarine 67 *en livre électronique dès qu'Amazon avait ouvert sa plate-forme de diffusion numérique aux auteurs francophones. Je l'avais aussi publié sur Apple, dès le lancement de l'iPad par Steve Jobs, en passant par une plateforme de diffusion numérique, Smashwords, en Californie. Je vivais une vie à l'échelle du monde tout en restant sur mon domaine breton. Je me sentais enfin à ma place au bon moment de l'histoire.*

*Fin avril 2010, j'ai organisé un Voyage dans le Sud pour passer quelques jours avec ma deuxième fille Coralie, qui voulait revoir les châteaux cathares qu'elle avait connus dans son enfance ariégeoise. Je passerais d'abord voir mon amie de l'époque saint-loupienne, que j'appelle Hélène dans* Aquamarine 67, *et dans les autres cahiers, Martine Cassou-Moore, peintre vivant alors à Arles, puis je retrouverais ma fille à Toulouse. Notre périple commencerait par l'étape de Saint-Clar.*

*À cette occasion, j'ai recherché des informations sur le village de mes vacances 1965 et sur le château d'Avezan. J'ai pris contact avec la mairie.*

*Je ne m'attendais pas à la réponse.*

*Pour raconter la fin de l'histoire, je me reporte à mon journal de vie de 2010, que j'écrivais sur mon MacBook, ayant abandonné l'écriture sur mes cahiers d'écolière en papier depuis 2008.*

*Ce livre a commencé par un récit de vacances écrit au passé simple avec des imparfaits du subjonctif. Il a continué par des récits sans ponctuations. Il finit par des courriels et des billets Facebook et Twitter. Tous mes styles d'expression passent par* Le Vent d'Avezan.

Sic transit gloria mundi.


***


mardi avril 27, 2010 10:05PM
Je n'ai pas reçu de réponse de la mairie d'Avezan, mais de Pétrus lui-même.

Petrus vient de m'apprendre le décès de son frère Patrice Cournot, il y 3 ans.

Je suis bouleversée par cette nouvelle. Comme si j'étais volée de ma condition d'écrivain que j'étais fière de montrer à Patrice. Attitude débile de ma part. Je crois pourtant que c'était ça ! je m'en suis rendue compte en faisant le mail à la mairie hier matin. Je retournais à Avezan, en écrivain. Pas en petite bécassonne connue par Patrice.

J'ai répondu à Pétrus que j'aimerais le revoir lors de la visite du château, qu'il nous trouve une date.

De : xxx@aol.com
Objet : News
Date : 27 avril 2010 11:52:23 HAEC
À : Marine <xxx@free.fr>

Ma chère Marine !
Quelle bonne nouvelle...
Pour faire vite : Patrice est décédé début avril il y a 3 ans... Le château a été mis en vente par son unique fils, Matthieu-David.

Tu peux te mettre en rapport avec le gardien du château, Serge B. qui devrait pouvoir te le faire visiter. Il a été en effet restauré grâce à des chantiers de restauration qui ont duré une trentaine d'année.

J'ai quitté Nantes, suis domicilié à Avezan (à coté du château), où vit mon épouse mais je réside à Paris où je travaille... [...]
Donne de tes nouvelles... Viens-tu à Paris ?
Je t'embrasse

Petrus

N° de Serge : 05xxx à appeler plutôt le soir vers 19 h 30, car depuis la mort de Patrice, il a pris un boulot "à la ville".


Objet : Rép : News
De : Marine <xxx@free.fr>
Date : 27 avril 2010 23:06:56 HAEC
À : xxx@aol.com


Bonsoir Pétrus,
je suis sous le choc !
juste deux mois après Michel alors...
Bon, j'avais déjà écrit sa mort en 66, ça s'appelait "Celui qui passe", c'était très mauvais comme écriture, je l'ai relu l'an dernier en ressortant mes cahiers depuis 1962 pour les saisir sur Mac, c'est sans doute ce que j'ai fait de pire, n'étant pas du tout douée pour la fiction littéraire. J'ai failli brûler le cahier, je l'ai gardé. Une rareté dans mon abondante production de plus de 12.000 pages manuscrites de chroniques quotidiennes de près d'un demi-siècle...
Je vais prendre contact avec le gardien, mais après que tu aies essayé de trouver un moment pour qu'on se revoit ce jour-là.
Je serai dans le sud, sud-est d'abord à Arles, puis sud-ouest ensuite à Toulouse, puis Villemagne dans l'Aude, tout un mois, entre la mi-juin et la mi-juillet. Ce serait bien qu'on se revoit à Saint-Clar. Mieux qu'à Paris où je vais rarement.
Deux de mes filles habitent Toulouse, l'aînée Mélanie a une maison du XIIè près d'un castel de même époque dans l'Aude et j'arrive désormais à m'y rendre, car j'y ai un petit-fils de presque 5 ans, Noé.
Je peux me rendre disponible à n'importe quelle date entre le 22 juin et le 6 juillet, sauf un mardi, car le château de Plieux est fermé ce jour-là et je souhaite le visiter aussi. Il me plaisait de penser que ces deux écrivains étaient châtelains  voisins, Patrice Cournot et Renaud Camus. Se sont-ils connus ? Appréciés ? Détestés ? Ignorés ?

Et toi Pétrus ? Es-tu heureux ? As-tu eu la vie que tu souhaitais ?

J'ai deviné que le 1er adjoint était ta femme, elle semble impliquée dans la vie politique. À la mort de Michel, j'avais fait des recherches sur le net, elle faisait partie du conseil municipal précédent, avec Christian Bloch.

Les Bloch sont-ils toujours sur la place du village ?

Je serais heureuse de te revoir et de revoir les lieux, Manas, Avezan... en écrivain cette fois :-)

Je suis contente que toi, tu sois vivant

Le père de ma dernière fille, Yves Samson, je crois me souvenir que tu l'avais croisé à Kerantorec en 1993, est mort début 2006. Je fais son catalogue raisonné.

Je vis maintenant avec l'écriture la vie que je voulais avoir à 14 ans, quand j'ai commencé mes cahiers...

Je t'embrasse

Marine


mercredi avril 28, 2010 8:48AM

J'ai été vraiment bouleversée par l'annonce de la mort de Patrice, j'aurais aimé le revoir. Vraiment. Il me semblait qu'il eût été heureux de mon évolution.

Je serai heureuse pourtant de revoir Petrus, auquel je suis restée plus attachée qu'à Patrice au fil de ma vie.

Patrice m'avait fait souffrir. J'ai fait souffrir Petrus. J'ai fait une dépression après mon histoire lamentable avec Patrice, jamais aboutie. Petrus a fait une dépression après son histoire avec moi, pas aboutie non plus. Je reste profondément attachée au souvenir de Petrus et à notre rencontre à Saint-Clar qui a donné toutes ses couleurs à ce coin du Gers que je découvrais avec émerveillement.

Je n'ai jamais revu Patrice depuis 1972, mais j'ai revu Petrus, à Kerantorec, à l'époque d'Yves Samson en 1993. Il m'avait apporté les photos de nus qu'il avait prises de moi dans sa chambre en janvier 1967. Il pourrait nuire à ma réputation numérique en les publiant sur Internet, vu le puritanisme ambiant. Je n'ai aucun regret d'avoir posé pour ces photos qui montre mes jeunes formes avec une certaine fraîcheur. Je les ai retrouvées récemment, elles ont été mal conservées et j'aimerais en avoir de beaux tirages.

Que de souvenirs !


jeudi avril 29, 2010  8:46AM

J'ai fait un article hier sur le blog gaellekermen.net avec le statut Facebook, écrit d'un trait.

## Hommage à Patrice Cournot

Depuis hier soir, je suis bouleversée d'avoir appris, trois ans plus tard, la mort en avril 2007 d'un amour de jeunesse :

Patrice Cournot (28 juin 1943-1er avril 2007), avocat à Paris, écrivain : *Le Jour de Gloire, Le Bonheur des autres, Le retour des indiens peaux-rouge.*

Patrice avait consacré trente ans de sa vie à la restauration du château d'Avezan, dans le Gers, voisin de celui de Renaud Camus, à Plieux.

Je me proposais de revoir Avezan, que j'ai connu en ruines, lors de mon prochain Voyage dans le Sud.

Certaines personnes marquent des tournants décisifs. Patrice avait influencé mon écriture, comme l'avait fait son oncle Michel Cournot (1er mai 1922-8 février 2007), critique de cinéma au *Nouvel Obs* et de théâtre au *Monde*.

La suite de la saisie des cahiers saint-loupiens sera d'autant plus prégnante. Je m'étais arrêtée là, juste avant la rencontre à Saint-Clar l'été 65… Comme si j'avais peur de me replonger dans cette malheureuse histoire entre trois personnes.

Le château d'Avezan, qui date de l'apanage d'Aliénor d'Aquitaine, est mis en vente par le fils de Patrice, Mathieu-David Cournot, réalisateur de cinéma.

Le retour à Avezan, que je visiterai en visite privée, sera particulièrement émouvant.

Ici le lien d'une video, que je ne peux pas encore regarder, je sens que je vais me mettre à pleurer.

© gaelle kermen 2010


P.S. du 29 avril

J'ai fini par regarder la video, vers minuit, avant de m'endormir. Je n'ai pas pleuré, même en reconnaissant Patrice, d'abord dans le car des jeunes Québécois venant restaurer le château, l'été 90, puis lors de l'ouverture du XXe chantier d'Avezan, ni lorsqu'il parle après une fête et fait référence aux voisins.

J'ai même été heureuse de le revoir aussi semblable à celui que j'avais connu en  septembre 1965.

Étonnant. La même tête, la même silhouette, la même voix.

La voix métallique comme une lame.

Il fait d'ailleurs référence à une lame dans ses paroles sur le château.

J'ai aussi reconnu le château, la grande salle où nous faisions des fêtes entre jeunes en vacances au village de Saint-Clar et aux alentours.

Et la région, les toits, les champs, l'horizon de la belle Lomagne.

Alors je suis rassurée. Un tel homme ne peut pas tout à fait mourir. Il reste en chacun de nous qui l'avons rencontré. Il reste un peu de lui dans cette vidéo touchante. Il reste dans mes cahiers de formation. Il reste dans ses écrits. Et dans le château. En paix.

## Matthieu-David

jeudi avril 29, 2010 10:06AM
Je vais prendre contact directement avec Matthieu-David, après tout, c'est lui qui est désormais le dépositaire des droits de son père.

Pas envie de me presser. Lasse. Comme après un deuil.

J'ai le sentiment que je vais mourir si je ne travaille pas maintenant à mon œuvre et que je continue à me faire bouffer par les autres, sans que cela me permette de vivre décemment.

J'ai commencé la saisie, je dois la continuer. Les cahiers font partie de l'écriture à finir. Les voyages sont aussi de l'écriture à venir. Ainsi je suis cohérente avec moi-même et ma vie.


vendredi avril 30, 2010 7:20AM
Le jardin en éveil au lever du soleil dans la rosée irisée donne envie de faire de cette journée quelque chose de grand.

Je viens d'écrire à Mathieu-David Cournot

Objet : Sur votre père
De : Gaelle Kermen <aquamarine67@free.fr>
Date : 30 avril 2010 09:58:24 HAEC
À : xxx@hotmail.fr


Cher Matthieu-David,
Je viens seulement d'apprendre par votre oncle Petrus le décès de Patrice il y a trois ans.

Vous ne me connaissez pas, j'ai connu votre père en 65-66 et, s'il a été très important pour moi, si j'ai été importante pour Petrus, je ne pense pas avoir laissé un souvenir impérissable à Patrice, qui venait de vivre une déception amoureuse.

Cette histoire entre nous trois est restée platonique, mais a eu des conséquences qui eussent pu être dramatiques pour Petrus et pour moi. J'en ai fait autre chose, j'imagine que Petrus aussi, j'espère le revoir bientôt, à Avezan, pour en parler avec lui.

Je vais passer un mois dans le Sud où vivent mes trois filles de mi-juin à mi-juillet, et, en préparant mon voyage, je n'ai pas retrouvé les liens vers le château d'Avezan, que j'avais trouvés après la mort de Michel Cournot, sans alors prendre contact avec la famille comme je le voulais, je n'étais pas très bien à cette époque, je le regrette maintenant.

J'ai écrit lundi à la mairie d'Avezan pour une visite guidée du château fin juin.

J'ai reçu mardi une réponse de Pétrus qui m'a complètement bouleversée.

Patrice a beaucoup compté dans mon écriture et j'eusse aimé pouvoir le lui témoigner.

Je l'ai fait à ma façon dans un premier article de blog :

http://gaellekermen.net/2010/04/28/hommage-a-patrice-cournot/

Il est aussi dans mes "cahiers saint-loupiens" en cours de saisie sur mes Macs en vue d'une publication numérique.

Je m'étais arrêtée l'an dernier dans la saisie juste avant notre histoire en septembre 65. Je vais la reprendre, je réalise à quel point il est précieux de capter les moments de partage avec les autres, la petite vidéo sur Avezan 90 me l'a confirmé.

Petrus me dit que vous avez mis le château en vente. Je souhaiterais faire un retour à Avezan fin juin ou début juillet, et, si vous m'y autorisez, en faire un reportage photo, des articles de blog de voyage. Comme Louis Lacroix pour la vidéo, je fais les choses avec les moyens du bord, mais je crois capter assez bien les ambiances. Vous pouvez le voir dans ma galerie Flickr pro, dont certains albums sont relayés par les galeries de musées.

Vous avez l'âge de ma deuxième fille Coralie.
Vraiment je suis triste.
Soyez, cher Mathieu-David, assuré de mes très sincères condoléances, même tardives.
gaelle kermen

Author of Aquamarine 67, Smashwords, 10 mars 2010, ISBN 978-1-4523-0101-3
• Aquamarine 67
http://www.smashwords.com/books/view/10864
• Web site
http://gaellekermen.net
• Blog
http://aquamarine67.wordpress.com/
In the USA, Aquamarine 67 is shipped on Apple iBooks Store for iPad, Barnes & Noble and Sony.
Rédacteur sur le site http://www.ipadapple.fr/
Autres blogs :
http://kerantorec.wordpress.com/
http://hentadou.wordpress.com/
Video YouTube : http://www.youtube.com/mhledoze
Galerie photo : http://www.flickr.com/photos/gaelle_kermen/collections/


De : Matthieu-David Cournot <xxx@hotmail.fr>
Objet : RE: sur votre père
Date : 30 avril 2010 10:28:17 HAEC
À : Gaelle Kermen <aquamarine67@free.fr>

Chère Gaelle,
Merci pour votre email.
pour la déception amoureuse de Patrice, vous devez surement parler de Nadine. Mon père n'a pas eu beaucoup de chances avec les femmes en général. Son avant-dernière compagne l'a poussé dans l'alcool (il avait déjà des prédispositions me direz-vous) et sa dernière que vous avez peut être connue (elle tournait autour de Patrice dans les années 60), l'a maintenu dans l'alcool, ce qui a fini par le tuer.

Pour le site d'Avezan, le neveu de Patrice (donc le fils de Petrus), en avait fait un plutôt sympa, mais qu'il a totalement modifié pour en faire un site de location et toutes les photos et les souvenirs avaient été remplacés par des tarifs à la semaine, à la journée... etc...

Il me semble lui avoir demandé de revenir au site précèdent. Le site a été purement fermé du coup. [...]

Si vous êtes sur Facebook, j'ai fait un petit groupe pour que les amis puissent partager les photos : http://

www.facebook.com/group.php?gid=18665981563&ref=ts

Vous pouvez bien évidemment aller au château comme vous le souhaitez, appelez-moi juste avant pour que je prévienne Serge B. qui a les clés.

Vous vivez dans le nord de la France ? Paris peut être ?

Cordialement,
Matthieu-David Cournot
www.mdcournot.com


Objet : Rép : sur votre père
De : Gaelle Kermen <aquamarine67@free.fr>
Date : 30 avril 2010 11:44:15 HAEC
À : Matthieu-David Cournot <xxx@hotmail.fr>


Merci Matthieu-David de votre sincérité. [...]

Je n'ai pas revu Patrice depuis la sortie de son livre "Le bonheur des autres" en 72 et Petrus est venu me voir ici à Kerantorec en Bretagne en 93. Il y a toujours eu une jalousie vis à vis de Patrice de la part de Pétrus et j'ai été un temps l'objet de cette jalousie.

Petrus m'a donné le téléphone de votre gardien, mais je ne suis guère téléphoneuse, plutôt écriveuse... Je ferai cet effort. Avezan reconstruit par Patrice est assez important.

Je me suis inscrite à votre groupe et vous ai demandé comme ami. J'utilise Twitter et Facebook pour construire et stimuler mon travail d'écriture.

Je n'ai pas vraiment souvenance des femmes dont vous parlez, mais qui est votre mère ? Avez-vous pu vivre avec lui ? A-t-il été un père à la hauteur ?

Pardon de vous poser ces questions indiscrètes auxquelles vous n'êtes bien sûr pas obligé de répondre.

Le père de ma dernière fille, le peintre Yves Samson (1953-2006), a été fou de sa fille, mais n'a pas su le lui manifester, maintenant elle le retrouve dans les œuvres qu'il lui a laissées. Elle a fait aussi un groupe FB sur son père.

Heureuse de vous avoir rencontré malgré ces tristes circonstances.

gaelle

vendredi avril 30, 2010 9:07PM
Matthieu-David Cournot est désormais mon ami Facebook.


lundi mai 3, 2010 10:13AM
Journée d'écriture très intense hier, j'en ressens les effets ce matin.
J'ai déjà allumé l'iMac dans la chambre d'écriture. J'y ai recherché le dossier AVEZAN et retrouvé les coordonnées de Patrice, que je n'ai pas utilisées, les tarifs de Gîte au château m'avait effrayée. Cela aurait-il changé quelque chose si j'avais contacté Patrice à l'époque ? Sans doute pas et je n'aurais pas supporté de le voir diminué par l'alcool. Je garde de lui une image intacte.

5:27PM
Prête à me mettre au travail dans la chambre d'écriture, avec une bonne tasse de thé anglais au lait sucré pour me donner du courage, dehors il fait froid, le vent souffle en rafales et ne donne aucune envie de sortir.
Les relations entre Matthieu-David et Petrus sont très tendues, me voici entre l'oncle et le neveu, comme je l'étais entre les deux frères. Le roman continue...
Tout est matière à qui écrit !


mardi mai 4, 2010  10:03AM
La vie s'accélère : mon hommage à Patrice me permet de faire de belles rencontres.

## L'ancienne secrétaire de Patrice

Marie-Claire F. 4 mai, à 09:51
J'ai été très touchée par l'hommage que vous avez rendu à Patrice Cournot. Sachez que j'ai été sa secrétaire pendant 5 ans et je peux vous dire que sa mort m'a touchée profondément. Je vous remercie d'avoir accepté mon invitation sur Facebook, je reste à votre disposition pour en parler si vous le souhaitez évidemment.
Bien à vous,
Marie-Claire


Gaelle Kermen 4 mai, à 10:03
Merci Marie-Claire, j'ai suivi mon intuition pour accepter votre invitation. Peut-être guidée par Patrice lui-même, qui sait, car depuis que j'ai appris sa perte, bien que je n'aie plus eu de contact avec lui depuis 1972, j'ai été d'une prolixité d'écriture assez impressionnante, comme si quelque chose s'était libéré.
Il faisait partie de ma vie intérieure profonde.
J'eusse aimé pouvoir le lui dire moi-même, mais j'ai l'impression qu'il a reçu le message.
Vous êtes bien placée pour m'en parler et oui, j'aimerais en savoir plus, sans intrusion, sans enquête, naturellement.
Petrus ne m'a guère donné d'infos et sa réponse m'a bouleversée. Il eût pu me prévenir, il avait mon téléphone.
J'ai pu prendre contact avec Matthieu-David. Cela aussi est bouleversant.
Vous maintenant.
J'avoue que je n'en attendais pas autant et que je suis très émue que mes écrits, très simples, mais toujours sincères, puissent m'attirer autant de belles rencontres.
Je suis enchantée d'être votre amie sur FB. Et qui sait aussi peut-être un jour dans la vraie vie, si je vais à Paris ou si vous passez en Bretagne-sud.

Patrice m'a connue sous un autre nom.

J'étais bien niaise et timide à l'époque.

J'ai décidé de publier mes écrits sous le nom de Gaelle Kermen.

gaelle donc

belle journée à vous et merci infiniment.


Marie-Claire F. 5 mai, à 22:24

Bsr Gaelle,

J'ai visionné la vidéo concernant le château d'Avezan et le fait de voir Patrice en pleine forme m'a rendu d'humeur très chagrine. Vous pouvez me joindre au 04… ou 06… si vous le souhaitez. Bonne soirée et à bientôt...

Envoyé via Facebook Mobile


Gaelle Kermen 5 mai, à 22:52

Merci Marie-Claire, je viens de saisir quelques pages de mon cahier de septembre 1965, c'est très émouvant, je suis heureuse 45 ans plus tard de relire ces lignes, où je le retrouve.

Étiez-vous sa secrétaire, à la fin ? Cela a dû être terrible.

Après la mort de Michel Cournot, j'avais fait des recherches sur Avezan, sur Patrice, j'avais noté ses coordonnées au bureau, je n'ai pas osé appeler ni faire de mail. Dois-je le regretter ?

Au moins, j'ai gardé l'image de ses 23-25 ans...

Je ne suis pas très téléphoneuse et ne réponds pas aux appels. Mais je note quand même. Ce sera plus facile d'en parler de vive voix.

Dîtes-moi quand vous préférez que je vous appelle, de mon fixe au vôtre.

À bientôt et dormez bien,

Il est en paix maintenant.

Gaelle


Marie Claire F. 6 mai, à 11:17

Bjr Gaelle,

Oui je suis sûre qu'il est bien maintenant, car malheureusement pour lui, il était très mal entouré dans son travail et c'est ça qui a causé sa perte. Non, hélas, je n'étais pas avec lui vers la fin, mais j'avais gardé des contacts très réguliers. [...] Vous auriez dû reprendre contact avec lui, je suis sûre qu'il aurait été heureux de vous parler. Vers la fin, il n'avait pratiquement plus d'ami(es) et cela lui aurait fait beaucoup de bien.

Je vous souhaite une excellente journée et vous dis à bientôt.

MCF


Gaelle Kermen 6 mai, à 11:24

Merci Marie-Claire,

je regrette vraiment, je n'étais pas très bien à cette époque, j'avais perdu mon dernier compagnon un an plus tôt, je souffrais physiquement, mais ce ne sont pas des raisons.

J'ai appris en perdant mon jeune frère que je devrais toujours suivre mes intuitions au lieu de les passer au filtre de la raison. Maintenant, je le sais encore plus.

Je vous appellerai dès que possible, plutôt le soir sur le fixe, le portable ne passe pas bien les gros murs de ma chaumière. Peut-être ce week-end si vous préférez.

Merci encore

gaelle


Marie Claire F. 6 mai, à 21:09

Ce sera pour ce week end si vous le voulez bien et dites-vous que les regrets sont une perte de temps... Je suis de tout cœur avec vous et vous dis à bientôt alors.

Bonne soirée Gaelle.

# Un deuil rétroactif

dimanche mai 9, 2010 8:03AM

Hier soir, j'ai donc passé une heure vingt avec Marie-Claire F., l'ancienne secrétaire de Patrice. Elle est restée en contact avec son ancien patron par courrier quand elle est partie en Thaïlande, où elle l'avait invité, mais, déjà trop mal, il n'a pas pu s'y rendre.

Elle l'a vu se dégrader au fil des années, sous la pression de G., la femme du meilleur ami de Patrice, celle qui s'est mariée en 65, à Morgat, où Patrice se rendait lorsque je l'ai rencontré à Manas le 8 août pour le week-end du 15 août.

Il était devenu un clochard, ses clients se retiraient, dont une banque qui était son meilleur client, constituant 80% de sa clientèle, les 20% restant étant des célébrités, qui donnaient un bon vernis à sa carte de visite. Il est mort seul, chez sa mère, dans le salon de la rue Guynemer, sans argent, il n'avait plus rien. Abandonné de tous ceux qui avaient profité de sa générosité au long de sa vie.

Ce qu'elle m'a décrit est insoutenable.

Comment cet homme si brillant, qui m'a tellement impressionnée à 20 ans, devant qui j'ai béé d'admiration, qui m'a fait attendre des heures près du téléphone, comment en est-il arrivé là ?

L'alcool, ce grand tabou.

MCF a été étonnée comme moi qu'il n'y ait pas eu d'hommage sur Patrice, ce patron qu'elle a toujours respecté, parce qu'il l'a toujours respectée.

« Chaque jour que Dieu fait, Gaelle, je fais des recherches sur Patrice. Un jour, j'ai trouvé votre hommage. Enfin, quelqu'un pense à lui ! J'ai vu que vous étiez sur Facebook, je vous ai demandé d'être mon amie. »

Je faisais la même démarche de mon côté, depuis que j'avais appris le décès de Patrice, il y a moins de quinze jours.

Je me demandais aussi : moi qui ai appris tout de suite la mort de Michel Cournot, pourquoi n'ai-je pas su la mort de Patrice Cournot deux mois plus tard ?

La réponse est dans le tabou de l'alcool. Personne n'en parle.

Petrus me l'avait dit en 1993, lors de son passage ici. J'étais prévenue, mais je ne pouvais imaginer à quel point il était dépendant.

Personne n'a parlé de Patrice Cournot parce qu'il était alcoolique.

Au point de ne plus pouvoir aller plaider. Lui que j'écoutais des heures, béate d'admiration. Moi qui n'ai plus jamais eu l'occasion d'admirer quelqu'un aussi fort.

Au point de se clochardiser. Lui que j'avais connu si élégant, si classe, avec sa veste de velours noir à la Pierrot le Fou, assortissant sa chemise bleu ciel à ses yeux.

Ce n'est pas facile de vivre avec un alcoolique et les rats ont dû déserter le navire autour de lui. Je peux le comprendre, je n'ai pas pu continuer à vivre avec Yves Samson pour les mêmes raisons, la drogue en plus.

Je peux comprendre aussi son fils, qui a la même colère que la fille d'Yves Samson, ma dernière fille. Trop dur pour un enfant d'être confronté à la déchéance du père.

Pourtant ,ces deux hommes de ma vie sont des grands hommes. Parmi les plus cultivés et les plus intelligents que j'aie croisés.

Les hommes de ma vie ont payé très cher le droit d'être différents.

Est-ce à ce prix que l'on construit quelque chose de grand ?

Hélas, non !

Je reste persuadée que Patrice n'avait pas écrit ce qu'il rêvait d'écrire quand je l'ai rencontré il y a 45 ans, que Yves n'a donné que quelques facettes de son talent créateur. Leurs ambitions ont été emportées trop tôt dans l'autre monde.

Il reste ce que leur souvenir suscite en nous.

Moi cela me donne l'envie d'écrire, sur eux, sur leur œuvre, sur ce que j'en ai perçu, compris, aimé.

Le premier m'a révélée à moi-même, le deuxième m'a permis de me construire.

*Quel est des deux celui qui passe ?*

Cette phrase du Journal de Jean-René Huguenin a balisé nos rencontres parisiennes, du temps de Patrice.

*Je suis celui qui passe, qui traverse, qui me suivrait ?* était la phrase leitmotive d'Huguenin dans les pages des Carnets Cournot de la fin 1965 à l'époque d'*Aquamarine 67*.

Je n'ai pas suivi Patrice sur les chemins de la déchéance. J'ai gardé en mon cœur ce qu'il m'avait transmis de plus précieux : le goût de l'écriture.

J'ai gardé la flamme de son regard qui me traversait.

Il y avait bien sûr la différence de milieux sociaux qui jouait beaucoup à l'époque. Mon père, un des hommes les plus cultivés que j'aie connus, avec Patrice, Yves et Michel Polac, n'était que veilleur de nuit. Le fût-il à la Librairie Hachette du Boulevard Saint-Germain, il ne pouvait guère y avoir d'alliance sociale entre nous. Patrice était l'aînée d'une grande famille bourgeoise. Je l'ai compris assez vite. Même si la famille de mon père avait été une grande famille bretonne influente, j'étais lucide.

Mais il y avait la connivence intellectuelle que personne ne pouvait nous enlever. J'ai gardé de lui la flamme de la passion pour la littérature, les idées, la philosophie, les sociétés, l'Histoire. Et j'ai continué à prendre des notes au fil des années.

Par mes notes, je l'ai gardé vivant.

Je lui élèverai le vrai tombeau qu'il mérite.

Celui du cœur, généreux, toujours admiratif de ce qu'il fut en ma jeunesse.

Repose en paix, Patrice, on veille sur toi


11:34AM

J'ai extrait de ces notes un article mis en ligne pour mon blog d'écriture, *un deuil rétroactif.*

J'ai déjà un commentaire de Francis R. qui résume tout à la perfection.

J'ai aussi écrit à Matthieu-David pour l'informer avant que l'article sorte sur Facebook.

9:56PM
Je viens de finir le cahier N° 3, au moment de la sortie de *Pierrot le Fou*.
Marie-Claire m'a fait un message sur Facebook : elle a eu Madame Cournot aujourd'hui, Patrice est bien enterré à Avezan, auprès de ses grands-parents. J'irai donc me recueillir sur sa tombe en juin prochain.

J'ai besoin de me laver de tout ce deuil qui, sans m'accabler comme il m'aurait accablée il y a 40 ans, me bouleverse, oui, c'est le mot.

Je suis en train de voir comment nous loger le soir du 23 juin après le visite du château d'Avezan. J'ai écrit à la Garlande pour réserver, c'est la femme de Jean-François Cournot, le cousin de Patrice, qui tient la Maison d'Hôtes.

**Saisie des cahiers**

5 mai 2010
Hier soir, j'ai donc commencé la saisie des cahiers de 1965. D'emblée, je suis entrée dans le vif du sujet : Patrice Cournot. Incroyable précision des détails notés à l'époque : je pourrais encore dresser le plan de table de la rue Guynemer, au dîner d'un soir de mi-septembre 1965...
Je ne me souvenais plus de l'intimité de ma relation ce soir-là avec lui.
Ouh là là ! répétai-je après avoir tout fermé à regret, car vraiment j'avais envie de continuer à lire…

Pendant ma sieste, j'ai parcouru rapidement le cahier *Celui qui passe* et les notes qui s'y trouvaient. Si la première fois j'avais trouvé cela très mauvais, j'avais même failli le brûler, maintenant que Patrice n'est plus de ce monde, j'en apprécie certains passages. J'y parle du château d'Avezan, alors que je n'avais pas pris de notes là-dessus directement pendant les vacances à Saint-Clar. C'est très beau, je n'ai rien à toucher, juste extraire ce qui est général, en dehors de l'histoire de sa mort et de son enterrement, que j'avais déjà écrits fin 1965 !

10:39PM
Toujours très émouvant de relater mes moments avec Patrice. Il a eu de grandes incidences sur ma vie amoureuse. Mes notes me le rappellent très bien. Oui, j'ai bien fait d'écrire lorsque les moments le méritaient. C'est une grande force qui m'est redonné 45 ans après.


vendredi mai 7, 2010  10:00AM
Ce matin, je suis allée directement à ma bibliothèque de la chambre d'écriture mettre la main sur les livres de Patrice Cournot, rangés précieusement près de ceux de son oncle Michel, entre Marguerite Yourcenar et Malcolm Lowry, avec, à côté du *Bonheur*

*des Autres*, le petit livre de poche de Michel de Saint-Pierre, *Les Nouveaux Aristocrates.*

J'ai photographié l'ensemble, je vais les mettre sur Flickr dès ce matin.

Ensuite, j'ai cherché les cahiers suivants celui que je suis en train de saisir. je les ai feuilletés après mon petit déjeuner. C'est bien meilleur que ce que j'en attendais. Il n'y aura pas grand chose à jeter. Déjà, on sent l'émergence de celle que je serai dans *Aquamarine*. Le jet de l'écriture et sa maîtrise.

J'ai un travail intéressant devant moi.


mercredi mai 12, 2010 8:54AM

J'ai saisi la fin du cahier N° 5 de novembre 1965, relatant le souvenir des trois jours de novembre 1963, les 22, 23, 24 après l'assassinat de Kennedy. Je n'y renierai pas une virgule 45 ans plus tard. Je suis impressionnée d'avoir pu à 19 ans relater avec autant de précisions les événements qui s'étaient passés deux ans plus tôt, les replaçant dans notre contexte de l'internat au lycée des Maraichers/Maurice Ravel, c'est époustouflant et j'en suis fière. Je pourrai le sortir en Bonnes Feuilles des Carnets sur mon blog, cela fait partie des meilleurs chapitres écrits.

Parallèlement à cette époque, je commençais donc la rédaction d'un livre, imaginé, sur la mort de Patrice. Je suis surprise de relire ça alors qu'il est vraiment mort. Mais je ne me sens pas le courage de transcrire *verbatim* les pages de ce cahier *Celui qui Passe*, je n'étais pas douée pour l'imagination, alors que la chronique de la mort de Kennedy me parait encore assez bonne pour être publiée et devenir un morceau d'anthologie. Je n'extraierai que les descriptions de Patrice ou de sa chambre, ce qui peut aider à faire le portrait d'un Cournot pour paraphraser Jacques Prévert.


Cahier N° 5 de novembre 1965

Le début est sur *Pierrot le Fou* de Jean-Luc Godard et sur l'article de Michel Cournot paru dans le *Nouvel Observateur* à la rubrique Poésie et non Cinéma.

La fin du cahier relate le souvenir des trois jours de novembre 1963, les 22, 23, 24 après l'assassinat de Kennedy.

Le style d'*Aquamarine* se cherche dans le Cahier N ° 4 et s'installe dans le Cahier N° 5, sous l'effet Cournot, neveu et oncle.

## Jean-Francois

mercredi mai 12, 2010  9:52AM

Hier, après la sieste qui me permet de décanter mes idées, j'ai mis le dernier article *Un deuil rétroactif* à la corbeille de mon site gaellekermen.net.

Qu'est-ce qui m'y a décidé ? Le souvenir de Jean-François me disant rue Guynemer : « *Ne cherche pas les crosses !* », j'avais eu du mal à comprendre ce que voulait dire crosses, j'ai compris ennuis, et il avait raison.

Sa femme, Nicole Cournot d'Esparbès, de la famille de Cathy et Titou d'Esparbès, qui étaient en vacances à Saint-Clar et au dîner de septembre 1965, rue Guynemer, m'a écrit ceci :

Re-bonjour,

J'ai parlé de vous à Jean-François. A priori, il ne souvenait pas de vous. Puis, nous avons regardé votre site et là, il vous a tout de suite reconnue sur la photo.

En attendant de vous revoir, il veut que vous sachiez qu'il a été un des rares à garder pour Patrice toute sa considération. Patrice est venu souvent chez nous, y compris les dernières années, et les liens uniques qui existaient entre les deux cousins ne se sont jamais rompus.

Nous vous attendons le 23 juin. Dîtes-moi auparavant combien vous êtes.

Cordialement.

Nicole Cournot.

J'ai pensé que j'avais par mon article réveillé les consciences, ce pourquoi je l'avais écrit d'une traite dimanche matin, poussée par une voix qui n'était pas la seule mienne.

Mais je n'ai pas survécu moi-même aux hommes de ma vie pour les amoindrir *post-mortem*. Je ne suis pas sa biographe, je suis celle qui a vraiment su écrire après l'avoir connu. Nuance. Si je peux apporter quelque chose à sa biographie, tant mieux, j'apporte ma pierre à l'édifice.

J'ai eu un coup de déprime avec ce deuil rétroactif, je me dois de réagir, comme je l'ai fait tout au long de ma vie depuis cette époque en toute conscience. Depuis ma résurrection, après ma *Near Death Experience* du 1 août 1984, j'ai décidé de regarder du côté de la beauté.

J'ai la chance d'avoir une belle vision de Patrice. Même si je l'ai enterré dès novembre 1965, symboliquement, dans mes écrits, ce qui me reste de lui est la passion de l'écriture. Nous avions aussi en commun, sans le savoir, celle des vieilles pierres, lui dans son château, moi dans ma chaumière et nous avons restauré nos héritages reçus en ruine. Chacun à sa façon. Moi, seule à 90%. Lui a pu susciter des bonnes volontés humaines et je reste admirative de ce talent fédérateur.

Bon Dieu, ce mec a défendu des tas de gens, il a publié trois livres et restauré un château du XIIIe, bâti à l'époque d'Aliénor d'Aquitaine. Pas si mal !

Alors quoi qu'il se soit passé ensuite, il reste pour moi un grand homme.

Le soir, j'ai saisi les notes de *Celui qui Passe* concernant Patrice, ne me sentant pas le courage de saisir l'ensemble des pages (environ 50), car cette œuvre d'imagination ne me plaît toujours pas. Ce n'est pas mon style. Je garde le cahier avec les œuvres par ordre chronologique, mais il ne fera pas partie de l'œuvre que j'entends publier de mon vivant. Par contre, je peux retravailler l'ensemble des notes qui décrivent Patrice en une nouvelle à publier à part, genre "Pour faire le portrait d'un Cournot". Et à faire rapidement, tant que l'arc est tendu, tant que je suis dans les Carnets Cournot, car je sais qu'après les années de formation, je passe vraiment à autre chose.

La phrase qui m'avait complètement déstabilisée début 1966 est dans la seule lettre que Patrice m'ait écrite :

*Mais toi qui aimes tant les mots que tu écris (à toi-même), on ne peut pas te reprocher de n'avoir du désespoir qu'une notion très fleur bleue.*

J'avais été humiliée comme jamais je ne l'avais été auparavant ni ne l'ai été depuis. Blessée au plus profond de moi-même. J'avais trouvé sa lettre d'une injuste cruauté. J'ai failli ne plus écrire.

Mais ça m'a réveillée. Son mépris était déjà un honneur.

Oui, les mots que j'écrivais à moi-même, dans le *Journal*, je les aimais, et 45 ans plus tard, je les aime toujours au point de ne pas vouloir y changer une virgule ou une absence de virgule. Au point de vouloir les publier. Mais pas dans le milieu parisien où Patrice a publié ses livres. Je m'y sentirai étouffée, pas plus à ma place que je n'étais à la mienne auprès de Patrice. Mais sur le web, le World Wide Web, l'immensité de la toile, vaste comme un océan, qui englobe l'espace et le temps.

**Matthieu-David**

Objet : Bonne fête
De : Gaelle Kermen <aquamarine67@free.fr>
Date : 14 mai 2010 09:14:27 HAEC
À : Matthieu-David Cournot <xxx@hotmail.fr>

Bonne fête Matthieu ;-)
Je voulais vous dire que j'ai supprimé mon dernier article *Un deuil rétroactif*, qui m'avait sans doute été inspiré par un coup de flip dimanche matin.
J'ai réalisé que ça pouvait blesser des gens bien vivants.
Je n'ai pas survécu moi-même à tant de gens aimés pour leur nuire *post mortem* ni blesser qui que ce soit.
Le meilleur, c'est ce que j'ai écrit il y a 45 ans,
notant *verbatim* des dialogues entiers.
Qui construisent un beau portrait de Patrice.
C'est vraiment ça que je dois publier.


J'ai réservé une chambre à Saint-Clar à La Garlande chez Nicole et Jean-François pour le soir du 23 juin prochain.
J'aimerais, si cela était possible, visiter le château en fin de journée, au coucher du soleil, le soir du 23 juin et le revoir au lever du 24.
Si jamais vous pouviez prévenir Sébastien B., je serais comblée.
Belle énergie à vous, pour tous vos projets.
gaelle


De : Matthieu-David Cournot <xxx@hotmail.fr>
Objet : RE: bonne fête
Date : 14 mai 2010 09:26:23 HAEC
À : Gaelle Kermen <aquamarine67@free.fr>
bonjour,
désolé de ne pas vous avoir répondu plus tôt. Votre article ne m'a pas choqué, vous pouvez le laisser tel quel. [...]

Patrice avait un côté génial, mais cela va souvent de pair avec une grande fragilité. Certains en ont profité : ses femmes, son frère, ses "amis"...

Pour ce qui est des plaidoiries, pour connaître un peu le milieu, je peux vous garantir que même sous l'emprise de l'alcool, il s'en sortait mieux que la plupart des avocaillons qui gangrènent les tribunaux. Si à la fin il ne pouvait plus se rendre au tribunal physiquement, c'est aussi et surtout parce qu'il ne pouvait plus trop se déplacer (mais là, il s'agit d'une conséquence de l'abus de tabac).

Je dois vous laisser, je suis en tournage, mais en tous cas votre article ne m'a nullement blessé et je ne vois pas qui il pourrait blesser.

C'est plutôt une bonne chose que Patrice ait un article sur le net pour que l'on se souvienne de lui.

Cordialement,

Matthieu-David

Bien sûr, je préviendrai Serge B. pour la visite du château. […]

Objet : Rép : sur un deuil rétroactif
De : Gaelle Kermen <aquamarine67@free.fr>
Date : 17 mai 2010 09:28:26 HAEC
À : Matthieu-David Cournot <xxx@hotmail.fr>

Bonjour, cher Matthieu-David,

Même si vous ne voyez rien à changer à mon article *Un deuil rétroactif*, moi si, non seulement par éthique ou respect d'autrui, mais par exigence littéraire.

Dans cet article, j'accréditais la vision d'un Patrice que je n'ai pas connu. Je ne suis pas une journaliste de compilation, j'essaie d'être une diariste de l'air du temps. Je ne suis pas sa biographe, je suis celle qui a pu ou su écrire après l'avoir écouté des heures. Si je peux apporter quelque chose à sa biographie, tant mieux, j'apporte ma pierre à l'édifice. Ce qui s'est passé après n'est pas de mon ressort.

Dans mes Cahiers, j'ai assez de matière pour lui maçonner un joli tombeau. Le travail à continuer pour moi est bien la saisie des cahiers, en particulier des "Carnets Cournot". Et de conclure par le retour à Avezan ce solstice d'été. Une fois de plus Patrice a apporté quelque chose à mon écriture. Très fort !

Vous avez raison, c'est sa fragilité qui a induit ce qu'il est devenu à la fin. Et relisant mes cahiers ou ses livres *Le Jour de Gloire* et *Le Bonheur des Autres*, je me dis que c'est miraculeux qu'il ait pu "tenir" jusqu'à 64 ans.

Entre temps, il a quand même écrit trois livres, restauré un château du XIIIe en fédérant de bonnes volontés venant du monde entier, défendu des tas de gens, fait un enfant qui semble trouver sa propre route... Ce n'est pas si mal, c'est en tout cas bien plus que l'actif de vie de la plupart des gens !

No regret.

Merci de m'avoir répondu.

Le 23 juin je serai avec une de mes filles.

Travaillez bien ;-)

gaelle

## Je suis une diariste

samedi mai 15, 2010  9:23AM

Ce matin, je me réveille en pensant que Patrice m'a encore aidée à comprendre mon style, 45 ans plus tard.

Même si Matthieu-David ne voit rien à changer à mon article *Un deuil rétroactif*, moi si, et c'est un grand pas en avant... Dans cet article, je m'appropriais la vision d'un Patrice construit par son frère, son fils, sa secrétaire. Ce n'est pas celle du Patrice que j'ai connu. Ce n'est pas mon habitude de compiler les opinions des autres, mon style est celui de l'immédiateté, de la sensation, ce qui lui garde sa fraîcheur après tant d'années. Je ne suis pas une journaliste de compilation, j'essaie d'être une diariste de l'air du temps. Et c'est doute à Patrice que je le dois aussi.

Dans ma vie personnelle, des gens sont passés. Mon écriture les a gardés vivants, tels qu'ils étaient alors.


Notes prises sur Facebook après une visite :

Bel après-midi de soleil, reçu visite de deux lectrices enthousiastes d'*Aquamarine 67*, excellent pour le moral :-)

Mes visiteuses étaient historiennes d'art chez Wildenstein et Durand-Ruel. On a partagé nos souvenirs, nous rappelant d'abord nos lectures des articles délirants de Michel Cournot dans le *Nouvel Obs* des années 64-66. Ceux qui le lisaient ne l'ont jamais oublié. Il a marqué nos consciences.

Puis, on a parlé de mes cahiers, des notes que je prenais sur toutes mes rencontres.

Enfin, je les ai interrogées sur leur travail auprès des grands collectionneurs des années 1970 à 2000.

Elles regrettent maintenant de n'avoir pas pris de notes sur les marchands, les collectionneurs, les archives extraordinaires de la Galerie avenue de Friedland, où France a passé 16 ans auprès du grand seigneur qu'était Charles Durand-Ruel, dans l'intimité des plus grands tableaux du monde.

MarieB venait là faire ses recherches sur Monet, Moret, Loiseau quand elle avait une exposition à préparer, un livre à écrire.

Et moi parfois, en allant chez le couturier Louis Féraud, je m'arrêtais devant la vitrine de chez Durand-Ruel, avenue de Friedland, pendant mes études.

Conclusion : quand on sait écrire, et qu'on côtoie de telles œuvres, c'est un devoir de tenir son journal.


16 mai

Je me dis que la chose vraiment importante de ma vie maintenant est la saisie des cahiers et je veux avoir fini les cahiers saint-loupiens avant de partir en voyage d'ici moins d'un mois maintenant. Finir au moins quelque chose. Avoir les fichiers à corriger sur le MacBook si j'ai un peu de temps devant moi au cours du mois loin de la maison.

C'est le plus beau tombeau que je puisse ériger pour Patrice.

J'ai le soutien de son fils et c'est primordial pour moi, ce soir, j'en mesure la portée.

# Recherches

J'ai saisi 10 pages en fin de *Celui qui passe* et 9 pages du dernier Cahier Cournot...
Un beau travail de correction en cours.

Hier soir, j'ai eu l'idée de faire des recherches sur la famille Bloch qui est dans mes cahiers saint-loupiens au titre de voisins. J'allais garder les enfants pendant mes études de droit et lettres supérieures. Ce serait bien de les prévenir de ma visite en juin à Saint-Clar où Christian et Jo se sont retirés. J'avais découvert ce village l'été 65 avec Madame Bloch et ses enfants. Ça avait été un grand tournant dans ma vie. J'aimerais le leur dire.

J'ai trouvé Lysange sur Facebook, je viens de lui écrire :

Bonjour Lysange, je ne suis pas sûre que vous vous souveniez de moi car vous aviez une dizaine d'années lorsque nos familles étaient voisines en 64-65-66. J'utilise désormais le nom de plume Gaelle Kermen, me consacrant à l'écriture. Je vis en Bretagne depuis 83.
En préparant un Voyage dans le Sud pour voir mes trois filles en juin, j'ai appris par Petrus Cournot la mort de Patrice. Je voulais revoir Avezan. Je le reverrai avec l'autorisation de son fils et j'ai réservé une chambre à La Garlande chez ses cousins Jean-François et Nicole le 23 juin.
Votre famille apparait beaucoup, surtout Madame Bloch, qui a été un bon repère de vie pour moi, dans mes cahiers en cours de saisie, repris après le deuil rétroactif de Patrice.
J'aimerais revoir vos parents le 23 juin s'ils sont au village de Saint-Clar.
Je n'ai pas trouvé d'email pour les joindre et je ne sais pas téléphoner, sauf urgence. Vous ayant trouvée sur Facebook, je préfère vous contacter vous et si ça vous dit même rester en contact :-)

Je suis amie avec Matthieu-David Cournot et ai rejoint son groupe Château d'Avezan.

À bientôt j'espère.

Gaelle


5:29PM

Je viens de prendre un bon thé dehors sur la terrasse, accompagné du gâteau breton de chez Kersalé que m'a apporté MarieB. J'ai admiré mon jardin et la prairie au fond. *Un jardin impressionniste*, a dit France, la spécialiste.

Je me suis demandé pourquoi je me sentais aussi fatiguée. La réponse a été que je suis en deuil. Je n'arrive pas à imaginer le monde sans Patrice. Même si je ne l'avais pas revu depuis le moi de mai 1972, ce qui fait 38 ans (j'ai dû prendre la calculatrice pour compter, c'est dire l'état de mes neurones). Même si je n'avais plus aucune raison de le revoir ni même d'avoir des nouvelles. Le monde était complet avec lui. Il manque désormais. Pourtant, il laisse un enfant, dont j'ignorais l'existence. Je me réjouis d'être en contact avec cet enfant, adulte maintenant. Oui mais, je sais aussi que Patrice gît sous une pierre tombale au cimetière d'Avezan, au pied du château. Et le monde en est changé pour moi qui revisite ma vie quand celle des autres s'en va... Les meilleurs, les plus talentueux, les plus fragiles peut-être, si je pense à lui, à mon petit frère Bruno, parti avant ses 40 ans ou à Yves Samson, mon dernier compagnon à 53 ans, l'âge de Proust.

Pendant ce temps, je perds des instants précieux à me battre pour survivre à faire des dossiers à des administratifs incompétents qui n'ont pas l'air de savoir utiliser les outils informatiques qu'ils ont sur leur bureau. Alors que j'ai encore tant à faire avant de mourir moi-même et de passer le flambeau.


mercredi mai 19, 2010  8:31AM

Lysange Bloch a accepté ma demande d'amitié Facebook, j'ai eu le bonheur de revoir ses parents dans une photo des petits-enfants avec leurs grand-parents. Qu'ils sont beaux !

J'ai fait un mail à Nicole Cournot pour réserver la Chambre Fleur bleue, de circonstance, pour deux personnes et non trois comme je le lui avais demandé.

Je crois que tout est en ordre pour le voyage.


3:20PM

La chambre Fleur bleue nous est réservée à La Garlande.

## Souvenirs

Jeudi mai 27, 2010  7:47AM

J'ai bien travaillé hier soir, j'ai saisi 21 pages en 2 h 30, avec beaucoup de dialogues , beaucoup de joie et d'intérêt, je suis toujours étonnée de la qualité littéraire de ces cahiers, c'est la seule qualification que je peux en dire ce matin, je suis étonnée du rythme des phrases, il est très rare que j'aie à en remettre sur pied, à inverser un ou deux mots, j'ai toujours envie de continuer à taper le texte qui me dynamise. Pourtant dans ces premiers cahiers, le texte est dense, j'écris sur toutes les lignes du cahier à petits carreaux, l'écriture est très serrée, les yeux se fatiguent.

Je pense souvent à Proust, notamment quand je passe devant la rue Guynemer et que je vois de la lumière filtrée dans le salon ou dans la chambre de Petrus, je me rappelle la scène où Swann épie le soir l'appartement d'Odette et s'imagine des tas de choses, erronées puisqu'il se trompe de fenêtre.

Le style est déjà là, c'est peut-être ce qui me surprend le plus, la période se déploie, déjà. Le rythme se hache ou se développe, selon ce que je décris. Je décris beaucoup, je revois très exactement les lieux, les gens, rien qu'en saisissant le texte près de 45 ans plus tard. Je ne m'attendais pas à cette belle découverte.

L'autre jour, j'ai parlé au téléphone avec Hélène (mon amie, personnage d'*Aquamarine* et d'autres cahiers) de la mort de Patrice, apprise à l'occasion de la préparation du Voyage dans le Sud. Elle se souvient de cette époque. Elle dit de Patrice qu'elle a rarement rencontré quelqu'un de cette dimension, d'une telle assurance, donnée par la certitude d'appartenir à une grande famille, quasi aristocrate. Elle a évoqué un souvenir précis. Avec Petrus, nous étions allés à l'appartement de la Place des Vosges, où habitaient ses amis, François et Antoine de Ganay. Elle se souvenait de la grande glace qui reflétait toute la Place derrière les fenêtres au soleil couchant. Je me souviens du lapin en liberté dans cet appartement. Hélène se rappelle la vision grandiose d'un reflet dans une glace.

J'essaie d'être écrivain. Elle est vraiment artiste. J'ai la chaleur animale. Elle a la *vision* dont parle l'héroïne peintre de Virginia Woolf, à la fin de *La Promenade au Phare*.

Je viens de regarder la bande video démo et quelques photos commentées de Matthieu-David Cournot, du très beau travail. Il est doué ce jeune homme et il semble bien plus respectueux des gens que Patrice ne l'apparaît dans mes carnets ! J'aime la façon dont il commente son travail, en anglais, c'est de la belle ouvrage. Patrice lui a transmis de bonnes choses, bien qu'il m'ait prétendu que son père ne lui avait rien appris. Il comprendra plus tard à quel point un tel père l'a nourri. J'en suis encore nourrie moi-même 45 ans après !

11:39PM
Ma jeunesse niaise m'a bien remonté le moral au fil de la saisie. La lettre de Michel Cournot m'avait empêchée de me suicider avant mes vingt ans. Je l'en avais remercié quand nous avions mangé un sandwich ensemble au bar de la Maison de la radio avant une émission du *Panorama culturel* sur France-Culture en 71.
Le style est bien installé aussi, très proustien déjà... Oui je suis heureuse de ces rencontres avec moi-même si longtemps après. Comme si tous les événements se mettaient à leur juste place.

Je ne me sens pas en état de recevoir des gens, je suis trop dans la saisie des cahiers Cournot, j'arrive au bout de l'histoire avec la réception de la lettre de Patrice.

Hier soir j'ai mis ceci en statut Facebook :

Gaelle Kermen Suite épisode Cournot, une lettre du neveu m'a donné envie de passer sous un autobus parisien, le 83, et j'ai failli ne plus jamais écrire

Matthieu-David Cournot
le neveu de Michel ? Patrice j'imagine (je doute que Petrus écrivait).

Gaelle Kermen
oui oui vous en saurez plus bientôt :-)

J'étais trop fatiguée pour en dire plus, mais je me suis endormie avec cette idée : penser que le fils de Patrice peut suivre mes statuts, comme si un fil s'était établi *post mortem*. L'histoire continue avec des tours qu'un écrivain n'aurait pas imaginé.

J'avais compris à la lecture de la lettre de Patrice que je ne serai pas écrivain, tel qu'on pouvait l'entendre à l'époque où nous parlions d'écriture et de littérature. Peut-être est-ce pour ça que je suis restée diariste sans devenir écrivain. J'ai feuilleté un carnet de route de l'été 66, un de ces carnets que j'emportais dans mes déplacements et qui chevauchent les cahiers plus installés, un peu comme je fais maintenant mes blogs de voyage sur le MacBook tout en écrivant mon Journal sur l'application *MiLife*. En ouvrant le carnet de voyage, je suis tombée rapidement sur deux pages consacrées à Avezan, ce château devenu mythique dans ma mémoire.
31 mai
J'ai organisé le voyage d'Arles à Villemagne et de Villemagne à Toulouse et Saint-Clar.

mardi juin 1, 2010 9:36AM
J'ai réservé un hôtel à Montsegur, l'hôtel Costes, proposé par Booking.com. On sera au pied du château pour y monter avant le lever du soleil.
Je vais me remettre au blog de préparation du voyage.

4 juin

Bien travaillé sur le cahier, difficile de m'arrêter, tellement ça m'intéresse de savoir la suite. Toujours cette fraicheur du style qui s'affirme et chante. Le cahier saint-loupien (Bento N° 6) devient de plus en plus parisien, mars 1966, c'est déjà l'époque du Pot de Fer, je m'achemine vers la fin de l'histoire avec les deux frères Cournot, on commence à parler des beatnicks, j'ai une conversation avec Laurent Terzieff à la sortie du théâtre Montparnasse où il joue *Love* de Murray Schisgal, je trimballe toujours *The Catcher in The Rye* de Salinger dans mon sac, je vais souvent au café Danton, je voyage en stop sur les routes de France avec mon petit frère de 15 ans, je découvre que j'aime les gens, enfin...


7 juin

Hier soir, j'ai saisi mes lettres à Michel Cournot en annexe du cahier Cournot. Ce soir je saisirai des notes prises sur des feuilles volantes après *Love*, et la lettre écrite à la jeune sœur de Madame Bloch après la réception de la lettre de Patrice. Est-ce que je les insèrerai dans le corps du texte ? Je déciderai ça au moment de la correction, pendant le voyage.


9 juin Sur Facebook
Gaelle Kermen

Cahiers saint-loupiens, fin de la saisie des dernières annexes : lettres à Michel Cournot, notes prises au Café saint-Séverin à Paris, lettre écrite en gardant la classe de mon petit frère et de Bernard Chaudey, école primaire de Saint-Leu, souvenirs soudain ! Bientôt la révision de tous les cahiers précédents...


Bernard Chaudey (ami Facebook)

Oui, Gaelle, je me souviens quand tu gardais la classe où Bruno et moi étions, je me souviens, tu nous avais raconté une histoire de Davy Crockett et nous les mômes on était impressionné par ton accent anglais et ton allure cool :-)


mercredi juin 9, 2010 8:54AM
Facebook Gaelle Kermen
Voyage dans le Sud #3
Dans une semaine, je me réveillerai à Marseille à l'Hôtel des Gens de Mer, entre la Joliette et la gare Saint-Charles, on ne guérit jamais d'une enfance sur un grand port, moi c'était Lorient, d'instinct je vais vers les lieux qui ont influencé mon esthétisme port-industriel, les grues, les grumes, les containeurs, les couleurs laquantes... ;-)

Ana Le Doze-Samson, Miaoût Lori Le Guen et Poline Carton aiment ça.

Poline Carton
Tout Fernand Léger, en quelque sorte !

Miaoût Lori Le Guen (Isabelle Ménétrier)
De ma fenêtre je vois les grues du port de Saint Malo ;-)

Gaelle Kermen
les couleurs à la Pierrot le Fou plus que celles de Léger...


vendredi juin 11, 2010 1:20PM
Hier soir, j'ai travaillé tard, après avoir corrigé le premier cahier saint-loupien, de 21 h à 23 h 30. Je n'ai pas pu arrêter de travailler jusqu'à la fin, la dernière page. Impossible, j'étais de nouveau dedans.
Première correction, remise en place des espaces, vérification des orthographes, mise en italique des titres, élagages, etc. Je vais continuer aujourd'hui, pour garder une vue d'ensemble des six premiers cahiers.
Je vais aussi faire une présentation de chaque cahier avec leur couverture.

J'ai hâte maintenant de faire un envoi à mes premiers lecteurs testeurs des cahiers. Pour arriver, avant le retour à Avezan, à envoyer le Cahier Cournot à Matthieu-David, à Marie-Claire, Jean-François, Petrus et ceux que l'histoire Cournot peut intéresser.


samedi juin 12, 2010  9:55AM
Travaillé encore énormément hier après-midi et le soir, puis encore ce matin, comme si maintenant il y avait urgence.

J'ai fini la correction des cahiers saint-loupiens, il me reste la mise en forme à faire en un seul document, avant de l'envoyer à mes beta-lecteurs.

## Mort d'Isabelle Ménétrier

dimanche juin 13, 2010 9:41AM
Isabelle est morte.
Elle était parmi les personnes essentielles de ma vie. Et je pleure de toujours perdre les meilleurs qui brûlent comme des flammes.

*Isabelle Ménétrier signait ses poèmes Lori Le Guen.*

J'ai écrit sur son mur Facebook :
Adieu mon amie, tu resteras toujours au fond de moi comme la *Fleur de Passion*, le titre que tu avais donné au tableau de Samson qui t'as accompagnée, tu es dans mon cœur comme tu es dans mon œuvre, merci pour tout ce que tu m'as donné, tous ces partages que nous avons faits depuis... tes treize ans fêtés à la crêperie de Kerantorec, tu y avais inventé la crêpe au miel-citron, deux saveurs contrastées qui t'allaient si bien, je t'avais accompagnée le long de tes amours, je t'embrasse comme je t'aime, va, ton père et Samson t'attendent, je sais que tu es bien même si pour nous désormais...

Dès mon réveil, j'avais trouvé un SMS d'Élisabeth, la précédente femme de sa vie, mère d'Héloïse :
– Es-tu au courant pour Isa ?
– Non, tu m'inquiètes ? appelle-moi sur mon fixe : 0298XXXX
Elle m'a appelée pour me dire qu'Isabelle avait fait un AVC et était décédée.

Hier soir, au moment où elle souffrait sans doute ou mourait peut-être, je pensais à elle pendant le vernissage de Pont-Aven, je rencontrais souvent une petite fille qui me faisait penser à sa fille Héloïse, je recevais l'intersigne.

Son dernier message sur son Mur Facebook a été pour moi à propos de mon épisode avec l'opticien sur l'iPad.

Vendredi à 16 h 26 elle avait réagi ainsi :

Bonne nouvelle pour mon futur... ;-)

Sa dernière photo de profil est lourde de sens : un shadok avec un pétard sur la tête.

Elle avait aussi laissé un gentil message à Ana après la mort de Louise Bourgeois en mettant sur son mur l'araignée le 7 juin à 8 h :

Dérangeante.... donc interpellante ;-) Bisous jolie Ana.

Je transcende ce genre de drame par l'écriture.

J'ai mis en ligne diverses photos.

J'ai écrit à son amie, à sa sœur, à sa mère, à son ami Ludovic, j'ai répondu à Ana en larmes.

J'irai au cercle de pierres avant 14 h. Pour la libérer, la consoler, lui apporter le *consolamentum ad mortem* des Parfaits cathares.

lundi juin 14, 2010 6:29AM

Je l'ai accompagnée au cercle de pierres, tout est accompli.

J'en ferai une vidéo et un album photos.

Pour l'instant, je suis fatiguée, j'attendrai d'aller mieux. J'ai fait ce que je devais, ce qu'elle m'inspirait.

J'ai très mal à la tête comme si je ressentais ce qui lui était arrivé.

La fenêtre est ouverte sur les oiseaux. Je me suis réveillée tôt, le cœur plein de larmes.

Je viens de mettre sur mon profil Facebook le tableau de Samson qu'elle rêvait d'acquérir en lui donnant le titre qu'elle a inspiré *Fenêtre sur son âme, hommage à Isabelle Ménétrier.*

Je porte un double deuil.

## Séjour à Arles

jeudi juin 17, 2010 6:35PM
*Arles, je descends chez mon amie d'enfance saint-loupienne, appelée Hélène dans* Aquamarine 67 *et quelques cahiers. Elle est mariée au musicien anglais Anthony M.*

Chez Hélène, superbement, luxueusement et sobrement installée, la sobriété étant à ce stade le comble du luxe.

Maison la plus proche des Arènes à partir de l'église de la Major.

Maison la plus haute d'Arles, qui domine toute la vallée du Rhône.

Hier soir, de la terrasse, j'ai pris des photos d'un ciel de nuages au soleil couchant.

Hélène a toujours ce goût pour la cuisine qui la faisait cuisiner pour nous au Pot de Fer, avec une grande simplicité et, ce qui n'était pas toujours possible à l'époque, avec la meilleure qualité, sa priorité désormais. Tout est présenté avec art, tout est parfait, à un degré que j'ai rarement connu dans ma vie, sauf chez des gens très riches, qui n'avaient pas, autant que je m'en souvienne, un si bon goût.

vendredi juin 18, 2010 10:01AM
Hier soir, dîner en ville au *Gibolin* du quartier de la Roquette. Près de Nicolas Reyes, le chanteur des Gipsy Kings, en famille avec quatre filles belles comme des déesses antiques. Sa plus jeune fille de 8 ans a chanté comme un ange.

Anthony m'a posé beaucoup de questions à table et très vite nous n'avons pas plus été d'accord que nous ne l'étions lors du dernier passage du Voyage dans le Sud #1. À propos de l'internet. À propos des eBooks. À propos de l'édition papier. À propos d'Antoine Gallimard dont les récents propos sont absolument 19è siècle. À propos des rencontres avec les gens qu'il veut privilégier et dont je considère qu'elles me font souvent perdre du temps et de la sève vitale.

Il a même été cruel : en signalant au passage que j'avais 64 ans et que je n'avais toujours pas publié de livre. Aussi méprisant en définitive que l'avait été Patrice dans sa lettre de 66. Sauf que cette fois, je suis sûre de moi, j'ai l'expérience de l'analyse, j'ai acquis la force de l'écriture au long cours, j'ai l'appui de mon lectorat, j'ai la certitude d'être à ma place au bon moment.

J'ai expliqué que, pendant 50 ans, j'avais répondu aux demandes des personnes extérieures, sans que cela me permette de bien vivre ni d'élever confortablement mes enfants, car on semblait me considérer comme une mécène n'ayant besoin de rien. Le Voyage en Hollande, l'an dernier, par l'expérience du cimetière d'Auvers devant la tombe de Vincent et celle du Musée d'Orsay devant le portrait de Marcel, m'avait conduite à changer de vie, à m'isoler et à me mettre au travail de mise en forme de mes écritures.

Anthony ne croit pas qu'on puisse changer de vie comme ça, on reste toujours la même personne.

J'ai fini par dire qu'il ne pouvait pas comprendre, il était un homme qui n'avait pas élevé son enfant, j'étais une femme qui avait dû élever seule ses trois enfants. Là, il a réalisé qu'il était allé trop loin. La conversation est passée à autre chose. À la maison, en me disant bonsoir, il s'est excusé.

Ma vie ne peut pas être la même maintenant qu'il y a quelques années, quand j'avais les filles à la maison et que je devais être disponible pour notre survie.

Je n'ai pas de livre publié sur papier, mais *Aquamarine* est en ligne depuis février 1997, j'ai des lecteurs francophones fidèles de tous mes écrits depuis cette année-là, j'ai une expérience que peu de gens ont, j'expérimente des voies nouvelles d'écriture et de publication. C'est ma route et elle me convient.

Quand Anthony me disait qu'il ne comprenait pas ma confiance en Internet et que cela lui paraissait fou, j'ai répondu :

— Pour moi, c'est mon mode d'expression normal. C'est ne pas y être qui me semble fou en 2010.

Certes, il assure un train de vie luxueux à son épouse, qui peut ainsi se consacrer à la peinture sans avoir de revenus personnels. Je ne pourrais pas imaginer cette situation de dépendance une seule seconde pour moi-même. Si j'ai pu en rêver un moment à l'époque de Patrice Cournot, j'ai vite compris qu'il ne fallait pas compter sur l'aide d'un homme pour construire ma vie.

J'ai été extrêmement ferme hier soir, sûre d'être un écrivain, même si je ne suis pas publiée sur papier. Je suis fière de mes certitudes. Ma vie a été pleine de doutes, mais je les ai vaincus et dépassés. J'en ai fait des forces d'expansion.

À 64 ans, je n'ai pas publié de livres selon l'édition traditionnelle, mais j'ai écrit plus de 12.000 pages, qui restent fraiches et limpides après 50 ans.


Au retour du marché et du café, j'ai trouvé un mail de Christian Bloch qui espère me revoir à Saint-Clar. Nicole Cournot lui a donné mon mail, Lysange a transmis mon message Facebook.

Nicole Cournot m'a demandé de venir pour 17 h afin d'avoir le temps de bavarder avec Jean-François avant sa réunion à la mairie. J'ai pris note et répondu aux deux mails.


Ce matin, je voulais me mettre à la mise en forme des cahiers Cournot pour les envoyer à Matthieu-David, à Jean-François et aux Bloch avant le départ à Saint-Clar mercredi prochain.

J'ai préféré d'abord faire le point dans mon journal, sur cet aspect de notre dîner d'hier, au demeurant excellent. Il était curieux d'avoir cette discussion dans un restaurant de la Roquette, au quartier natal de Louis Féraud, un des repères de ma jeunesse.

mardi juin 22, 2010 3:53PM
En train vers Toulouse.

Séjour assez long pour apprécier l'ambiance d'Arles, trop court pour approfondir quoi que ce soit, excitation et frustration du voyage.

Mais j'ai pu faire l'essentiel :

J'ai marché sur les pas de Vincent avec une meilleure conscience que lors du Voyage dans le Sud #1, j'ai pu faire le début du chemin d'Arles de la tour d'angle non loin de la Major avec son escalier jusqu'au Pont de Trinquetaille en suivant l'itinéraire des pèlerins du Chemin d'Arles balisé par l'UNESCO. J'ai pu aller des Alyscamps au Vieux Moulin en suivant l'ancienne voie ferrée.

J'ai pu voir deux ateliers d'artistes contemporains complètement différents, Martine Moore et Thibault Franc, un ami Facebook.

J'ai pu aller aux Saintes-Maries-de-la-Mer et me recueillir auprès de Sainte-Sara pendant la cérémonie d'hommage à Isabelle au funérarium de Lorient.

Ce matin, j'ai pu découvrir le quartier de l'enfance de Louis Féraud, la Roquette, voir sa boulangerie natale, découvrir l'école maternelle où il a dû apprendre à lire et à écrire, et, grâce à la rencontre d'une cliente de la galerie de Thibault Franc, j'ai pu admirer sa belle maison, non loin de Saint-Césaire, sans doute acquise quand il est devenu un couturier parisien célèbre, mais que son cœur restait accroché à son village d'origine, au cachet si particulier. C'est peut-être dans cette maison que sa fille Kiki, mon amie, est née en 1948. C'est peut-être à Saint-Césaire que Louis a épousé Alice, Madame Féraud, une des femmes repères de ma vie comme l'a été Madame Bloch.

J'ai rencontré des gens charmants qui m'ont pilotée avec plaisir. Une vieille dame avait connu Louis Féraud :

— Oh ! pegasse ! Si je l'ai connu, Louis Féraud ! il était rigolo...

Je ne pouvais pas aller m'incliner sur sa tombe, mais j'ai pu aller rendre hommage à son enfance et à sa jeunesse.

J'avais fait les deux tiers des corrections du Cahier Cournot dimanche. Je m'y suis remise hier et je l'ai fini. À 19 heures, j'ai pu aller prendre une douche et m'habiller en prévision de la soirée de la musique, des amis anglais de la colonie arlésienne devaient passer.

J'ai envoyé le premier jet à Matthieu-David, à Marie-Claire F. et aux Bloch. Je suis arrivée pour le champagne en haut dans la salle à manger en terrasse à la belle lumière. Le rose reflété dans le ciel sur le Rhône me rappelait le crêpe de chine de certaines robes de Louis Féraud.

J'avais appelé le gardien d'Avezan avant d'envoyer le cahier Cournot. La femme du gardien m'annonçait que son mari serait là jeudi ou samedi à 14 h. J'en ai fait part à Matthieu-David en lui envoyant le cahier. Il a écrit tout de suite qu'il allait l'appeler pour qu'elle me donne la clé à mon arrivée.

Il a confirmé ce matin que tout était arrangé et m'a donné son portable au cas où il y aurait un problème. Je suis très touchée de sa confiance.

Voilà je suis donc en route vers Toulouse, le train a un peu de retard, j'ai dit à Coralie de m'attendre chez elle. J'ai mis son adresse dans le GPS Garmin et je peux me débrouiller toute seule. J'aime la liberté que me donne ce voyage.

Le début du voyage est déjà exceptionnel pour moi. Je l'ai dit à Anthony.

## Sur le premier Cahier Cournot

vendredi juin 25, 2010 9:07AM Toulouse chez Coralie, rue Arnaud Bernard

Après notre périple en Gascogne et en Pays cathare, je venais de rentrer à Toulouse, quand j'ai reçu ce mail de Jean-François après sa lecture du premier jet des cahiers Cournot.

jfcournot à moi 23:23
étoile filante
je termine juste la lecture de ton texte.
au début, il m'a amusé, puis il m'a passionné, enfin il m'a bouleversé.

Ton analyse de Patrice est d'une finesse, d'une tendresse sans concession, d'une admiration éperdue toujours mesurée et freinée par ta recherche permanente de la perfection, de n'être pas seulement un recours.

Tu as compris et aimé Patrice mieux que tout le monde. Je n'ai pas su, à l'époque, te voir, t'écouter, te remarquer.

Peut-être aurais-je pu, alors, par une phrase, par un geste, par un coup de pied au cul, faire comprendre à Patrice qu'il passait à côté de la seule solution, d'un trésor qu'il ne retrouverait peut-être jamais, et transformer vos deux vies. Mais non, ton amour pour Pétrus, aurait sûrement rendu cela impossible.

[…]

Finalement, et c'est ce qui t'a perdue, Patrice n'a jamais aimé une autre femme que Nadine. Et je reste persuadé que Pétrus n'aurait jamais été capable de t'aimer.

Tu es trop forte, trop intelligente, trop belle.

J'ai sommeil et je n'arrive plus à écrire.

J'aurais aimé passer plus de temps avec toi aujourd'hui.

Je t'ai ratée pour la deuxième fois.
Je t'embrasse
JFC
23:23

Gaelle Kermen à jf 08:59
Merci JF
tu me secoues bien là !

J'ai suivi ce que Patrice m'inspirait depuis que j'ai appris qu'il n'était plus sur cette terre.

Pour l'instant, je n'ai pas de mot, c'est ce que j'ai écrit à son fils.

Mais les mots sont mes meilleurs amis, il reviendront à bon escient.

Et tu viens de trouver peut-être ceux qui me manquaient au fil de ces années où je continuais à prendre des notes sans les montrer à qui que ce soit.

Pour Petrus : il avait la sensualité qui me manquait autant qu'à Patrice.

Une sensualité que j'ai trouvée plus tard et que je vis par le contact avec la nature bretonne qui me porte et la passion de la vie qui me guide.

Et si j'ai toujours gardé ma vénération de Patrice en mesurant ses limites, j'ai gardé ma tendresse pour Petrus, avec la même conscience de ses limites.

T'écouter ces deux jours entre les mondes m'a confortée sur mon itinéraire. Je sais que la vie qui me reste sera consacrée à l'écriture, c'est le plus bel hommage que je peux rendre à Patrice.
Merci.
G


jf cournot à moi 09:34
Je me réveille ce matin la tête pleine de Ferdinand, de Salinger, du rouge, de squale noir au milieu de la nuit, de toutes ces choses que j'ai aimées, adorées, en même temps que toi, au même moment, et j' ai encore la gorge serrée.

Je revois Patrice, sa beauté, son élégance dans ses gestes, ses déplacements, libellule des trottoirs, danseuse étoile de l'asphalte, je dis exprès danseuse, car Patrice, contrairement à son frère, avait chez lui, comme moi, une sorte de féminité qu'on ne trouve que chez les gens sensibles comme Proust, Gide, etc.

Le texte que j'ai lu hier soir est le plus beau et le plus fort qui m'ait été donné de lire depuis bien longtemps, je suis maintenant obligé de me réfugier dans mes classiques tant la littérature d'aujourd'hui me parait fade.

Je n'ai aucun droit, aucune autorité, aucune compétence pour te juger, mais, pour Patrice, pour papa, pour le plaisir du monde entier, publie ce roman. Ne change pas les noms. Je ne sais pas écrire à la machine et mon esprit va dix fois plus vite que mon doigt, si bien que je ne peux écrire que le dixième de ce que je voudrais, oubliant évidemment le reste.

Je dis aussi roman, car pour nous évidemment, il s'agit d'un récit, mais c'est surtout l'histoire d'une jeune fille-femme partagée entre son amour pour deux frères. Un roman de la trempe des plus grands, je n'ose pas citer de noms car, à chaque fois que j'en trouve un, Duras, Flaubert, Proust etc, je me dis ah oui, mais lui, elle, n'avait pas ça qu'elle a, elle.

Je suis obligé maintenant de redescendre sur terre, de revenir à tout ce que j'ai à faire aujourd'hui, qui aura encore un goût de Pierrot, de Porquerolles, et de toi, qui, maintenant restera gravée à jamais dans ma mémoire. Tu es encore plus belle qu'autrefois et merveilleusement plus lucide.

Je t'embrasse affectueusement (je terminais toujours ainsi mes lettres à Patrice et lui terminait toujours par " bien à toi ".)
JFC

## Villemagne dans l'Aude

samedi juin 26, 2010 11:36PM

Ce soir, bal du cassoulet à Villemagne, au-dessus de Castelnaudary.

J'avais sombré dans le sommeil nécessaire après les émotions du voyage dans le Gers et en Pays cathare. La musique a fini par me tirer du lit, parce que je reconnaissais les sons du bal à Casteron sous la lune. Je ne rêvais pas, c'était bien le même letkiss paysan qui me réveillait à des années de distance dans un village de l'Aude au pied d'un château du 12e siècle qui me rappelle celui d'Avezan.

J'ai fait quelques vidéos de loin d'abord, puis d'un peu plus près. Je retrouvais le sentiment de n'être pas dedans, d'être juste un témoin qui passe, pour reprendre la phrase leitmotive de Huguenin entre Patrice et moi.

En dehors, mais bienveillante...

Je n'avais plus de mot depuis Avezan.

J'espère les retrouver mes mots...


Dimanche juin 27, 2010 8:50AM

Je suis encore bouleversée par notre périple en Gers et Ariège. Fatiguée par les grandes montées à Roquefixade, Montsegur, Peyrepertuse. Émue d'avoir retrouvé des gens fondateurs de ma vie comme l'ont été les Bloch.

Je reste encore plus bouleversée de ce que m'a écrit Jean-François après la lecture d'une traite du Cahier Cournot.

Jamais de ma vie, je n'eusse imaginé recevoir de tels compliments. J'ai vraiment besoin de les digérer.

Hier soir, j'ai pu lire la réponse que m'a faite Matthieu-David et je suis partie me coucher sereine. Je n'ai pas encore envie de lui écrire ce qu'ont suscité comme images visions ou idées le château et la tombe de Patrice. Je vais d'abord travailler sur les photos et vidéos.

9:20AM

En me préparant à sortir, je me demandais pourquoi, si mes textes apparaissent aussi bons maintenant à Jean-François, je n'ai jamais osé les montrer à qui que ce soit avant cette année, pourquoi j'ai dû attendre le Voyage en Hollande, les rencontres avec Théo et Vincent à Otterlo, Amsterdam et Auvers et le choc devant le portrait de Marcel Proust par Jacques-Émile Blanche.

*Et toi, qu'as-tu fait de ton œuvre ?* me demandait Marcel, d'âme à âme.

J'ai ressorti mes cahiers en rentrant chez moi.


Peut-être avais-je honte d'écrire un journal de petite fille mal dans sa peau, mal dans sa vie, mal dans une société où je ne me sentais pas à ma place. La lecture du *Journal* d'Anaïs Nin, après les années Patrice, m'avait déjà montré la grandeur d'une telle œuvre, par la pertinence de son regard sur l'évolution de la société autour d'elle. J'avais adoré lire les correspondances entre Henry Miller et Lawrence Durrell, données par Michel Polac fin 70.

Depuis, j'ai lu de nombreuses œuvres diaristes qui me semblent plus fortes que les romans, je pense à Anaïs Nin et Benoîte Groult.

Mais c'est peut-être la lecture récente du *Journal 1988* de Renaud Camus, le châtelain de Plieux, à quelques kilomètres d'Avezan, qui m'a décomplexée d'écrire un journal et pas un roman.

Si j'ai beaucoup de tendresse pour *Aquamarine*, mon unique roman de jeunesse, j'en mesure aussi les limites. Je pense que les Cahiers sont bien meilleurs. J'ai donc hâte maintenant de rentrer à la maison continuer le travail sur les Cahiers.

Je me sens forte de l'aval des deux fils de Michel et de Patrice Cournot pour oser publier le Cahier Cournot.

C'est un roman-vérité sur mon histoire vécue entre deux frères très différents.

Je vais compléter le Cahier Cournot par des repérages comme pour *Aquamarine 67* : personnages et lieux. C'est la suite de l'écriture, bien appréciée de mon lectorat.

Je vais pouvoir terminer les cahiers saint-loupiens cet été avec beaucoup d'enthousiasme intellectuel et de passion humaine. L'idée de reprendre contact avec les personnages et les lieux des cahiers est extraordinaire, quand je pense à l'accueil que nous ont fait les Bloch ou les Cournot.

## Juillet 2010

Kerantorec
vendredi juillet 2, 2010 6:15PM
Laurent Terzieff est mort vendredi soir. Originaire de Toulouse. Une des grandes figures de mes années de formation. Il est dès la première page de mon Journal de 1962.


10:48PM
Je n'ai encore rien rédigé du Voyage dans le Sud #3, je suis encore sous le choc de la lecture du cahier Cournot par JFC.
Encore besoin de digérer tout ça.


Mais ce soir, après en avoir parlé avec Martine dans la chaleur d'Arles, alors que je reprenais pied dans ma réalité tempérée, en taillant les pêchers au jardin potager, je pensais très fort aux moments passés avec Jo et Christian Bloch à Saint-Clar et Avezan. J'espère dès demain me mettre à cette rédaction, essentielle pour moi.

J'ai beau avoir fait des tas de photos, en avoir mis quelques-unes en ligne, avoir écrit un article sur le festival de la Jeune Création sur mon blog Hentadou, avoir reçu des appréciations des artistes par mail, sur facebook et flickr, pour moi rien ne remplace mes notes de voyage ou de journal. Si je n'ai pas gardé ces moments rares, uniques, précieux, rien ne s'est passé. Ma vie est faite de ces captages.


vendredi juillet 9, 2010 9:37AM
Grande émotion hier soir à saisir, au début du cahier 66-67, l'hommage à madame Bloch, ma voisine saint-loupienne à l'époque Cournot, une des plus belles femmes de ma vie, retrouvée à Saint-Clar les 23 et 24 juin 2010 avec tendresse et reconnaissance. J'ai pu lui redire à quel point elle avait compté pour moi.
Grand bonheur ce matin à relire ce qui pourrait être le Cahier Cournot #2, jusqu'à l'admission de Patrice à la profession d'avocat et un réveillon 1967 rue

Guynemer qui met un point (final ?) à l'histoire. Et toujours en toile de fond, le château d'Avezan...

Déjà les visites de musées, de galeries, la rencontre avec *La Vue de Delft* de Vermeer, revue au Mauritshuis en mai 2010, la lecture de Proust, l'étude presque sociologique des beatniks et des minets.

Toujours, l'envie de vivre et le besoin d'écrire, indissociables.

Le style est là, sans ponctuation, sans majuscule, avec une grande force d'évocation.

Hâte d'être à ce soir pour en continuer la saisie sur l'eMac donné par Alex et Edwina.

En attendant, il faut tondre la prairie avant la chaleur.

*Je voudrais dormir mais tu dois danser.*


dimanche juillet 11, 2010 6:59PM

Hier, anniversaire de Marcel Proust, aujourd'hui anniversaire de mon petit-fils Noé.

Je mesure le chemin parcouru dans la vie et l'écriture. C'est bien. Je vis maintenant ce que je voulais vivre jadis. Je n'aurais sans doute pas pu vivre l'écriture autrement, je n'avais rien d'une romancière, mais je savais garder par petites touches impressionnistes les événements ou les gens que j'observais autour de moi.

J'ai appelé Madame Bloch avec qui j'ai pu parler des cahiers, de notre rencontre chez eux et du château. Christian et elle m'encouragent comme Jean-François à publier mes cahiers et sont heureux d'en faire partie. Ils vont le passer à Lysange actuellement chez eux. Elle m'a rappelé que je serai la bienvenue chez eux pour écrire mon livre *Celui qui passe.*


15 juillet

Hier soir, j'ai saisi des pages bouleversantes encore sur Patrice, je reste étonnée de ce que j'ai écrit fin 66, avec une telle prescience de la vie. Je savais déjà que cette histoire dont je n'attendais  plus rien resterait en moi pour toujours... C'est très troublant de faire ce genre de redécouverte, tout est resté si juste, si précis, si réel.

Comme un film qui repasserait.

Coralie a vécu notre passage à Saint-Clar comme un film.

Maintenant, avec la dernière réaction de JF sur mon premier cahier, je sais exactement ce que je dois faire.


21 juillet

Je suis allée me baigner à la crique de Merrien dans les rochers. En remontant vers le phare, avant le détour du chemin, je me suis retournée et j'ai eu un choc en regardant le bras de mer, alliance du ciel et de la mer, de la terre et de la rivière. Instant de grâce en pensant que je participais de ce monde, en nageant dans les eaux à quelques mètres au-dessus de nos lieux de pêche, où chaque crique a sa spécificité. J'ai alors pensé à Madame Bloch qui m'avait fait donner des leçons particulières par le maître-nageur de la piscine de Lectoure, à 19 ans. La nage m'accompagne depuis 45 ans, grâce à ce somptueux cadeau des vacances 1965.

# Août 2010

mercredi août 4, 2010 10:05AM

Je suis triste de mon histoire avec Patrice, désormais faites de notes transcrites sur mes ordinateurs, corrigées, envoyées à quelques beta-lecteurs et lectrices, faites des relations courrielles avec son fils, des discussions avec son cousin, de la conversation téléphonique avec sa secrétaire, des deux visites faites en son château, la nuit à la pleine lune, le matin au lever de soleil du solstice, des retrouvailles avec Madame Bloch, si émouvante en vieille dame un peu fragilisée par ses douleurs dorsales.

Je suis triste de n'avoir pas su exprimer tout ce qu'il a représenté pour moi.

Je suis triste de n'avoir pas fait de cette histoire une plus belle histoire.

Je suis triste d'avoir revu les photos d'Avezan hier soir pour en mettre une en fond d'écran et de m'apercevoir qu'aucune ne rend justice à ce château devenu mythique.

Saurai-je mieux travailler cette histoire si j'allais sur place à Saint-Clar et Avezan pour écrire comme me l'ont proposé les Bloch ?

Puis-je envisager dès à présent un Voyage dans le Sud-Ouest à cette fin ?

Souvenir revenu, comme d'autres au fil de la saisie des cahiers : un restaurant italien où Patrice m'avait invitée, entre Montparnasse et la rue Guynemer, où je m'étais montrée bien gourdasse, car je ne savais pas manger les spaghettis. Patrice m'avait montré comment les enrouler avec une fourchette dans une cuillère. Dans *Le bonheur des autres*, j'avais retrouvé un peu de mon personnage niaiseux de l'époque. Le lui avais-je inspiré ? Comme je l'avais écrit la première fois à Matthieu-David, je n'avais pas laissé un souvenir impérissable à Patrice...

Qu'importe, c'est maintenant que je peux le mieux le révéler, tel qu'il m'était apparu. Avec tous mes outils, écrits, cahiers passés, cahiers actuels, photos, vidéos, je peux construire le tombeau de Cournot.

Je peux, donc je dois, impératif kantien.


mardi août 10, 2010 3:58PM
Je suis comme une poule qui couve.

J'avance dans ma propre histoire. Jamais je n'aurais été capable d'écrire mes mémoires si tout cela n'avait pas déjà été écrit en direct, à chaud, de 1960 à 2010. Je n'aurais pas pu faire la reconstitution des souvenirs comme font les mémorialistes ou le travail sur documents comme font les spécialistes.

Bien sûr, je pourrais prendre n'importe lequel des documents ressortis à la lumière cet après-midi et de nouveau écrire sur eux, sur leur contexte, que ce soit une photo de Laurent Terzieff au TNP ou une interview du couturier Louis Féraud.

Jamais, je n'aurais pu trouver ce style si frais si dynamique si vivant et plein d'espoir même dans les drames traversés.

Jamais je n'oserais désormais écrire avec cette liberté de ton, ce naturel de simplicité spontanée.

À 14 ans, j'appliquais dans mon écriture le passé simple et les différents temps du subjonctif de bonne élève appliquée. Heureusement, les Cournot, surtout Michel, sont passés par là, et après *Pierrot le Fou*, tout a volé en éclats. Ce que j'ai fait de leur influence est unique. Comme la musique d'un océan particulier qui battrait à son seul rythme.

Quand je lis mon style au fil des années, je comprends aussi pourquoi je ne pouvais pas sortir mes textes plus tôt. Ils restent d'avant-garde. Malgré leurs cinq décennies qui eussent dû leur donner une certaine vénérabilité, ils restent frais et dispos, pleins de vie et d'actualité.


Hier soir, je lis un message d'un Américain publié sur le groupe Château d'Avezan. Je clique sur le groupe Facebook, je vois qu'une Québécoise retournera au château fin septembre et je lis sur un commentaire que Matthieu-David y sera aussi peut-être. C'est la période où je peux être à Saint-Clar chez les Bloch. C'est peut-être le déclic qui me manquait pour me remettre à gérer les photos, les vidéos, les écrits sur Avezan.

Le château d'Avezan correspond dans mes carnets de 65 à 69 à un leitmotiv pictural qui me rappelle la petite phrase de Vinteuil dans la période du côté de chez Swann de Proust.

Saurai-je mieux pourquoi en y retournant, en remettant tranquillement mes pas dans mes pas, au soleil de l'équinoxe d'automne ?

Mais aussi peut-être en aidant Matthieu-David à remettre en état le château *manu militari* avec balai, chiffons et aspirateur.


mardi août 24, 2010 11:21PM

#écriture : La saisie des cahiers c'est l'histoire du soir pour les enfants, la récompense d'une bonne journée.


Samedi 28 août

Me voici dans le train en partance pour Redon où je vais retrouver mon petit-fils Noé et ses autres grands-parents à la gare. Passage sur le grand pont au-dessus du Blavet à Lorient. Magnifique. Le jour se lève, il fait beau. J'adore les voyages, comme si je les avais faits toute ma vie, alors que je retrouve sur le tard ce plaisir connu à l'époque de ma vie estudiantine.

J'ai hâte d'aller passer ces 40 jours au désert. Symbole magnifique pour redescendre dans le début de ma vie d'écriture. Grand privilège. Pouvoir 50 ans plus tard faire le bilan de ma vie est un cadeau invaluable. La partager avec des lecteurs amis renforce ce sentiment de préciosité.

Le soleil erre derrière les dernières brumes au-dessus de l'horizon. J'ai écrit pour conserver le souvenir de ces beautés. Je photographie pour capter ces moments d'émerveillement.

lundi août 30, 2010 3:36PM

Villemagne en surveillance de Noé qui n'a qu'une envie, être avec ses copains.

J'ai rédigé ce matin rapidement pour Mélanie un document de présentation de Gaelle Kermen, auteur numérique francophone pour le Festival numérique de la Novela qu'elle organise début octobre pour la Mairie de Toulouse.

Hier matin, nous avons pu en discuter ensemble avec nos MacBooks sur la terrasse.

Dans la session du livre numérique, l'auteur et le lecteur étaient quasiment oubliés. Or ils sont les deux seuls personnages indispensables pour que le livre existe, en papier ou en ligne.

Pour faire un livre, on peut se passer d'un imprimeur, d'un diffuseur et d'un libraire, mais jamais d'un auteur, c'est quand même le point de départ de la filière dite du livre. Sans lecteur, un auteur n'existe pas ou son livre n'a pas de sens pérenne.

Par contre, pour un auteur indépendant, l'éditeur évolue en serveur numérique. Et il serait souhaitable de développer de nouvelles fonctions de diffusion de livres électroniques.

J'ai fait trois pages dans lesquelles Mélanie pourra extraire les informations dont elle a besoin.


Je peux enfin regarder mes cahiers.

J'ai donc déjà saisi 1.844 pages sur le MacBook, ce qui représente 3.681 pages de cahiers manuscrits. Je n'ai pas fini le cahier 69, faute de temps, ce qui n'est pas trop grave dans cette démarche de première publication, l'année 69 fait vraiment partie des années 70, la période Vincennes est d'avant-garde et signe un changement de paradigme, comme disait à l'époque Edgar Morin.

Mon premier travail ici va être la correction simple et basique de l'orthographe d'abord, de la syntaxe générale ensuite, ce que j'ai pu faire en juin lors du Voyage dans le Sud #3 pour le cahier Cournot et le cahier saint-loupien. Je dois faire la même chose pour les autres cahiers saisis.

Puis, je vais devoir vérifier la structure pour que chaque livrel forme un tout cohérent.

Je n'ai aucune nouvelle des Bloch, est-ce volontaire ou ne regardent-ils jamais leurs courriels ? Tant que je ne sais rien, il m'est difficile de prendre rendez-vous avec Matthieu-David et l'Américaine qui va revenir au château fin septembre.

Ma fiche de présentation a bien intéressé le responsable de la partie livre numérique et normalement je serai présente sur trois jours au Festival de la Novela.

mercredi septembre 1, 2010 2:03PM

Ce matin j'ai réussi ce que je m'étais imposé comme tâche du jour : corriger le deuxième cahier Cournot. Après notre petit déjeuner, je me suis mise sur le canapé et j'ai travaillé jusqu'à la fin du 03_Cahier_Cournot_#2, je suis allée au bout sans être dérangée, comme je l'avais demandé aux enfants, Noé et ses amis.

Maintenant, après notre repas et la vaisselle pour moi, je me suis remise sur le canapé du salon. Dehors, je vois la tour du château de Villemagne qui me rappelle Avezan.


Je suis heureuse d'avoir revu le cahier Cournot #2. Le texte me plaît toujours, je n'ai pas envie d'enlever grand chose, comme je le croyais au début, avant d'attaquer cette révision.

Je souhaite garder le texte le plus fidèle à ses origines.

Certains paragraphes me bouleversent toujours autant.

C'est bon signe.


vendredi septembre 3, 2010  11:24AM

Le premier cahier *Au loin, un phare* est le plus mauvais, j'en étais consciente en l'écrivant et j'ai hésité à le publier. Mais il témoigne de l'évolution d'un style qui se révèlera dans le second, *Le vent d'Avezan*. Il place les premiers décors, les premiers personnages, les premiers émois et inscrit les aspirations à une grande vie exigeante. *Le Pot de Fer* poursuivra la maitrise du style au fil des découvertes parisiennes et *Les maquisards du Bois de Vincennes* accompagnera l'épopée de Mai 68 au Quartier latin à la Sorbonne occupée, entre la rue du Pot de Fer et la rue Visconti.

vendredi 3 septembre, 2010 2:44PM

Voilà, j'ai fini les découpages des cahiers des années 60, de 1962 à 1968. Ils tiennent en deux volumes de 350 pages environ. Une bonne base de lecture.

Je déteste les romans actuels qui arrivent péniblement à 180 pages et pour lesquels on nous demande de payer 16 à 20 euros. Les miens seront mis en vente à 3,99 dollars. Je suis seule à travailler, je n'emploie aucun intermédiaire, même les photos de couverture sont de moi, je m'occupe de tout et j'ai l'habitude de vivre avec peu d'argent. Ce n'est pas l'appât du gain qui me fait écrire.


9:23PM

Ici la fête de la moto commence à s'entendre, j'ai fait un tour de village dans l'air chaud et agréable du soir. J'ai le chic pour trouver des bals de campagne ou des fêtes au village.

Je réfléchis à l'histoire de Patrice, qui semble se continuer maintenant, car le titre m'a été soufflé comme une évidence : *Le vent d'Avezan*.

Je me demande comment je vais me tirer de cette histoire, entre le besoin d'être sincère et l'envie de lui rendre hommage. Dois-je extraire juste cette histoire et en faire un livre à part *Celui qui passe* comme j'ai fait un livre à part d'*Aquamarine 67* deux ans après avoir vécu la période du Buci ? Ce serait envisageable si je pouvais aller passer quelques temps à Saint-Clar et à Avezan.

Mais les Bloch ne m'ont pas encore répondu. Je n'ose insister. Rien non plus du côté du groupe du château.

vendredi 10 septembre chez Ana à Toulouse

Aucune nouvelle d'Avezan ou Saint-Clar. Tant pis. Je ne ferai aucun effort pour revivre le passé. Je continue ma route : butineuse en ville et en voyage et à terre, correctrice des cahiers.

Hier soir, Ana et moi avons rejoint Mélanie à la cinémathèque rue du Taur pour voir (revoir pour moi qui l'avais-vu en 1966 avec Isabelle Cournot) *Qui êtes-vous Polly Maggoo ?* Et, surprise, en présence de

William Klein, beau jeune homme de 82 ans ! Voilà qui m'a rajeunie !


samedi septembre 11, 2010 9:10AM

Ce matin, bon travail de recomposition du cahier Cournot devenu le premier tome des cahiers de vie de 1962 à 1968. Il est possible que plus tard j'exploite ma correspondance non expédiée, ces lettres-là ont été déterminantes pour l'évolution de mon écriture.

Le roman *Celui qui passe* ne sera sans doute jamais écrit. Il restera à l'état larvaire tel qu'il est dans le cahier. Je n'irai sans doute pas dans le Gers à la fin de ce mois, je ne reverrai sans doute pas les Bloch, je ne rencontrerai sans doute jamais Matthieu-David Cournot ni les Américaines ou les Québécois qui ont restauré le château d'Avezan avec Patrice.

Je n'attends plus rien depuis longtemps. L'essentiel est dans mes cahiers. Ma mémoire a d'autres souvenirs que j'évoquerai peut-être dans des articles de blogs complémentaires. J'ai encore du chemin à parcourir. Je ne peux pas tout revivre à l'heure actuelle. Peut-être plus tard, après la saisie complète, je pourrai faire des voyages pour revoir les gens.

Pour l'instant, je dois faire les corrections et les annexes que sont les personnages rencontrés, c'est déjà un travail qui va bien m'occuper ces jours entre parenthèses où je consacre une partie de mes journées à aider mes filles et le reste à écrire ou à gérer les photos, comme je l'ai fait dès hier sur Facebook après le vernissage de l'expo des photos de William Klein du jardin Raymond VI.


dimanche septembre 12, 2010 12:51AM

Excellente journée de travail, quasiment non stop de 8 heures à plus de 18 heures, jusqu'à ce que je doive me lever, me laver et m'habiller pour sortir avec Ana, Kevin et un de leurs amis, dans un petit restaurant africain où nous avons mangé du kangourou grillé, délicieux.

Juste avant de quitter la maison, j'ai reçu un début de réaction de MarieB. sur les 50 premières pages des cahiers, très élogieux, très émouvant. J'ai été portée par cette belle lettre courielle.


Lundi 13 septembre 2010
Mon Kindle d'Amazon a quitté le Kentucky hier dans l'après-midi et voyage en ce moment par UPS. Il est supposé arriver demain. Je serai à Villemagne et devrai attendre de revenir à Toulouse. J'ai hâte vraiment de voir ce que ça donne.


jeudi septembre 16, 2010 5:27PM
Chez Coralie, rue Arnaud Bernard
J'ai pris en main le Kindle, qui n'a rien à voir avec un produit Mac. Quand on est habitué à l'ergonomie des magnifiques produits Apple, on ne peut qu'être déçu. Mais le Kindle est à la portée de ma bourse actuelle, l'iPad ne l'est pas encore. Il est sûr que j'aurai un iPad pour voyager et écrire. En attendant, un bon point pour le Kindle, c'est bien pratique pour lire en mangeant, pas besoin de tenir les pages, à condition de ne pas avoir les doigts trop gras en cliquant sur la page pour en changer...


vendredi septembre 17, 2010  12:32PM
Première impression : vraiment moche quand on est habitué à naviguer sur Mac depuis 18 ans. Peu ergonomique : on a envie de toucher l'écran, mais rien ne se passe, donc il faut taper sur un clavier qui date d'avant la guerre de 14.
Puis, on s'y fait.
Léger : 240 g.
Peu encombrant, la taille d'un livre de poche en plus fin.
Ça se connecte en Wi-Fi et hop ! j'ai téléchargé *Aquamarine 67* à toute vitesse.
Écran très confortable pour les yeux.

Hier, au restaurant avec Mélanie, on cherchait le sens d'un mot, j'avais le Kindle, on l'a trouvé tout de suite.

Ce matin, je viens de m'offrir le luxe de télécharger tout Proust, tout Platon, tout Tolstoï et en bonus, *Les Poésies* du troubadour Peire Raimond de Toulouse que j'irai lire sur un banc de l'Hôtel d'Assezat, très bientôt... Chacun son luxe !

Ce sera un bon outil que j'aurai toujours en poche dans mon manteau dès que je sortirai de chez moi...


vendredi septembre 24, 2010 9:52PM

Je me trouve dans la situation d'il y a deux ans quand je décidais de passer mes cahiers en écriture numérique exclusive sur le MacBook, en abandonnant les cahiers papier, trop lourds, bien que très beaux, lisses et odorants.

Maintenant tous mes livres seront lus sur le support électronique du Kindle Amazon. Je viens de finir un de mes derniers livres papiers trouvés chez Ana : de Ken Follet, *Les Piliers de la Terre*, j'y ai pris beaucoup de plaisir par la joie de me retrouver dans l'Angleterre de l'époque de la guerre de succession entre Étienne de Blois et l'impératrice Mathilde, les deux étant les ancêtres de mon amie Edwina de Charette, ainsi que leur successeur, Henry II, époux d'Aliénor d'Aquitaine.

J'y vois le même symbole de changement de civilisation. À cette époque les livres ne se présentaient pas comme nous les connaissons et le savoir était réservé aux clercs. L'imprimerie a démocratisé la circulation des idées comme le support de lecture numérique peut bouleverser la donne aujourd'hui.

## La Novela numérique à Toulouse

lundi octobre 4, 2010 5:51PM
Dans le train de Toulouse à Marseille
Je corrige *Le Vent d'Avezan* sur le Kindle que Louella Borderies m'a rapporté ce matin à la gare après avoir dévoré mon premier volume.

Les cinq jours de Toulouse Numérique ont changé ma vie en me faisant rencontrer des gens aussi enthousiastes et passionnés que moi.


## Débat sur le livre numérique

Une amie était derrière le patron d'Ombres Blanches quand il est sorti du débat sur le Livre Numérique. Il disait : « Je n'ai rien à faire avec un auteur qui a quinze pauvres lecteurs sur Internet. »

J'ai été traitée avec grand mépris par lui après mon intervention d'auteur numérique ayant publié sur une plateforme californienne un livre en vente sur amazon, apple, barnes & noble, kobo, diesel ou sony. Il s'est senti agressé et a été poussé dans ses retranchements.

Il m'a traitée comme une pauvre fille qui se regardait dans le miroir du Web « Miroir, ô beau miroir, dis-moi que je suis la plus belle ! » Il a dénié tout intérêt à l'Internet et aux réseaux sociaux, avec un mépris pour tous ces gens qui, comme moi, étaient venus à Toulouse Numérique pour parler de nouveaux modes de culture, ne dépendant plus d'une élite assermentée, codifiée, diplômée, officialisée, mais accessibles à quiconque se donne la peine de réfléchir, de faire des recherches et de s'exprimer.

Il a ainsi méprisé la finalité même du festival Toulouse Numérique, le partage des savoirs. Il s'est installé sur ses positions de gros libraire, bien assis, en centre ville d'une grande agglomération.

Si je me suis permis de parler, c'est parce que dans cinq ans, ce que je vis moi depuis quinze, dix, cinq ans, sera devenu la norme. Et si Ombres blanches ne le comprend pas maintenant, Ombres blanches ne sera plus qu'une ombre noire.

Il a dénié tout intérêt à Amazon, en disant des choses fausses, et comme me l'a dit ensuite Daniel Borderies, le patron de la Novela, « ce n'est pas par des arguments faux qu'il va défendre sa cause ».

Alors que j'allais reprendre la parole, le directeur des Éditions Privat m'a fait signe de le laisser finir, comme si j'étais une sale gosse impertinente qui coupait la parole aux grandes personnes, celles qui savent. Mais ces gens pompeux et prétentieux, confits sur eux-même, ont monopolisé notre temps sans nous apporter la moindre information intéressante et encore moins de réponses au titre même du débat : « En 2020, quels acteurs du livre numérique serez-vous ? »

Je n'ai rien entendu sur le livre numérique en 2010 et encore moins projeté en 2020. J'ai entendu des marchands ou des prêtres du Temple du Livre Sacré parler de leur métier tel qu'ils le pratiquent depuis 150 ans. Je savais bien que l'impression et la diffusion représentent un énorme pourcentage du prix du livre et c'est bien pour cela que j'avais fait le pari d'Internet et des éditeurs numériques depuis 15 ans.

Comme je ne pouvais rien ajouter, je me suis mise à écrire des billets sur Twitter pour raconter en direct ce qui se passait dans ce débat. Immédiatement mon tweet a été relayé par l'organisateur du débat, Michel Fauchié qui aurait dû le diriger. J'ai trouvé ça fort de sa part, car il a une position administrative et il prenait un risque. Et ça a été retwetté. Je me suis dit :

*« Ah ! tu penses, mon bonhomme, que les réseaux sociaux ne servent à rien, que je tourne en rond dans mes petits cercles incultes et que parce que je vis au fond de la Bretagne, je n'ai pas de vie culturelle. Toi, tu poses en nous parlant de ta tendinite due à la souris (faut évoluer camarade : il y a d'autres outils que la souris de nos jours pour éviter la* mouse-elbow*), tu prends la parole, tu la monopolises comme si seule ta vérité était la bonne. D'accord ! chacun ses armes. Je vais les utiliser les réseaux sociaux que tu méprises tant, pour faire savoir comment un auteur indépendant*

*numérique néo-rural est traité par un directeur de grosse librairie urbaine.* »

J'ai juste fait un message à Ana qui travaille en ce moment dans sa librairie, pour lui dire : « Surtout ne dis pas à Ombres Blanches que tu es ma fille ;-) »

Après le débat, le directeur des Éditions Privat est venu me serrer la main et m'a dit avoir apprécié l'humanité de mon témoignage, ainsi que l'avaient fait deux autres personnes du public, dont Cedric avec qui je communique depuis la première table ronde et la vaguemestre de la Librairie Ombres Blanches qui pensait qu'il y avait de l'humain derrière les boutons d'un site et que j'avais applaudie.

Avec le directeur de Privat, nous avons parlé rapidement des problèmes juridiques affiliés au livre, j'ai pu lui dire que je regrettais de n'avoir pas pu parler des manques qu'affrontait l'auteur numérique, mais je lui ai dit que surtout il ne fallait pas transposer les modèles connus pour construire l'univers du livre de demain. Il était d'accord, mais, pressé, il a dû écourter l'échange. J'ai apprécié néanmoins qu'il vienne me serrer la main.

J'avais le soutien des twitterautes que lui pouvait lire, mais que Thorel ne regardait pas.

Bref je me suis bien amusée.

Finalement être un auteur clandestin me plaît beaucoup. De grands textes du passé ont circulé sous le manteau avant d'être reconnus comme des classiques. Qui sait si mon œuvre n'aura pas ce destin ?

J'ai surtout eu des échanges formidables pendant cinq jours. Rencontrer un public, aussi enthousiaste que je puis l'être, a été pour moi une découverte, comme avoir déjà des retours de deux lectrices dont l'une a lu *Le vent d'Avezan* en avant-première et l'autre le début d'*Aquamarine 67*, emballée par le style sans ponctuation.

Ma fille aînée Mélanie m'a permis de vivre cette aventure avec elle, ce qui est un privilège absolu. J'ai retrouvé l'émerveillement de ma visite avec elle de son Université Paris-8-Vincennes-Saint-Denis, en octobre 97, quand ses camarades étudiants apprenaient que j'avais été une des pionnières de cette université mythique d'après Mai 68 dans le Bois de Vincennes.

Partager avec les jeunes blogueurs ou blogueuses nos avis, en allant très vite dans les compréhensions, sans palabre inutile, car nous parlons le même langage, a été pour moi un réconfort exceptionnel.

J'ai fait de grandes rencontres humaines, Julien Bonnel, Lou-Ella, Jérôme, Willy, Aurore, Romain, Cédric, Benoit, Frédéric, Jacques… Pourquoi est-ce si facile de communiquer avec les plus jeunes et si difficile avec des gens juste un peu moins vieux que moi, car le patron d'Ombres Blanches a quand même 7 ans de moins que moi ?

C'était ma première sortie publique depuis des années et des années de claustration entre mes talus bretons. Il a fallu la Ville Rose pour m'attirer là. J'en repars riche de nombreux sourires et regards bienveillants. Car c'est cela qui m'a le plus séduite dans ce Festival : la gentillesse, la bienveillance entre les gens dans les ateliers, les tables rondes. Ce n'est pas si courant.

Alors oui, si je le peux, je reviendrai l'année prochaine.

1:33PM
On quitte Nîmes pour Arles. J'ai déjà vu la mer et des chevaux de Camargue.

Soir
Avant l'arrivée à Marseille dans le train, la dame de l'autre côté de la travée m'a demandé : « Est-ce que vous êtes écrivain ? »
J'ai souri et dit : « Oui ! »
Elle m'avait vu lire sur le Kindle qu'elle avait vu présenter à la télé et dont elle pensait que c'était une bonne chose. Elle m'avait vu prendre des notes dans le MacBook, alors elle s'était dit : elle est peut-être journaliste. Plus tard, j'avais mis mon chapeau et là, elle avait pensé que j'étais écrivain.
Elle était très belle avec son grand sourire. Son mari est anglais, ils habitent Toulon.

## Saisie des cahiers

Kerantorec 10/10/10

dimanche octobre 10, 2010 11:07AM

Réveillée vers 9 heures avec l'envie d'écrire. Je me suis précipitée vers le bac qui contient mes archives et j'ai retrouvé des documents dont je parle dans les cahiers.

Il fait beau. J'irai à la pêche aux huîtres tout à l'heure pour en manger demain soir avec JAY en rentrant de Quimper. Mais aujourd'hui, je vais démarrer la saisie du premier document d'archive : *Une année* (1960-61).

Temps de me mettre à la finalisation des premiers cahiers pour leur publication numérique. Le mépris affiché par Christian Thorel d'Ombres Blanches à mon égard d'auteur numérique indépendant publiant aux U.S.A. a un effet plus stimulant que les laudations qui ont plutôt tendance à me paralyser. C'est bon signe.

9:35PM

Quand je suis rentrée de voyage, après le festival Novela 2010 du partage des savoirs, Toulouse numérique, j'ai regardé mes bibliothèques, dans tous les coins de ma chaumière. Je me suis demandé si, maintenant que je préfère lire sur Kindle, j'allais me séparer de mes vieux et meilleurs amis. La réponse est non, bien sûr, les livres sont ma sève, ma vie, ma mémoire, mon histoire.

Je me suis demandé si j'allais en acheter d'autres. La réponse est non. Je n'ajouterai plus de livre papier à mes rayonnages, pas plus que je ne désire m'encombrer de magazines ou journaux (ceux-ci acceptables seulement pour allumer les cheminées). Désormais tout sera acquis sur Kindle ou autres tablettes à venir. La vie a changé !

jeudi octobre 14, 2010  10:11AM

J'ai illustré l'article sur Ombres blanches à la Novela en utilisant trois de mes photos mises sur Flickr et la photo prise par Michel Fauchié et mise sur Twitterpic. Je lui ai fait un message pour lui demander son accord. Sa réponse :

« Merci de votre récit : il éclaire, il transcende tout ce que nous avons tenté de faire comprendre. Saluez la Bretagne pour moi :-) »

Quant à Charlotte Hénard, sa collègue de la Médiathèque José Cabanis :

@gaellekermen « Gaelle, un charmant grain de sel face à l'ours! #andTheWinnerIs... »

Hier soir, j'avais quand même le sentiment que ma place était plus ici à gérer mes talus bretons qu'à faire des mondanités dans les salons, de Toulouse ou d'ailleurs. La claque que j'ai prise avec cet ours, comme l'appelle Charlotte, ne m'incite guère à renouveler les sorties et les prises de parole en public. Du moins, tant que je n'aurai pas fini la saisie des milliers de page qui m'attendent depuis 50 ans. Après la publication de tout ce que je jugerai bon de mettre à jour, je serai peut-être plus disponible. Mais, si je dois entendre autant de lieux communs régressifs, je préfère rester chez moi.

Dans ma chaumière, connectée au monde, je peux avoir les informations dont j'ai besoin et communiquer avec celles et ceux qu'elles intéressent au même titre que moi. Je n'ai pas spécialement besoin de relations humaines si elles ne m'élèvent pas. Et à ce Grand Débat qui n'en était pas un, je ne me suis pas sentie élevée, mais bel et bien rabaissée, méprisée et humiliée publiquement.

Non, je n'ai plus de temps à perdre, je n'en ai jamais eu à vrai dire, c'est un thème récurrent de mes cahiers. Le temps a été un thème abordé par Christian Thorel dans sa réponse, après que j'eusse dit que je choisissais les services les plus efficaces et les plus rapides, dont ceux que m'offraient Amazon ou Smashwords. J'ai eu droit à une diatribe contre le « Tout, tout de suite ! » et Xavier Cazin, d'Immateriel, qui eût été plus à sa place en intervenant qu'animateur, a glosé sur la difficulté à trouver deux heures pour lire chaque jour.

Alors, nous ne sommes pas du même monde, car moi, en plus de tout ce que je gère physiquement, matériellement ou intellectuellement, je trouve le temps de lire chaque jour, et depuis que j'ai le Kindle j'ai encore allongé ce temps précieux de la lecture. Quand je lis deux heures, je n'ai rien lu. Mais je n'arpente plus les couloirs des salons littéraires, je ne fais pas de ronds de jambe et je ne regarde plus la télé depuis des années. Chacun ses priorités. J'y garde ma sincérité, plus importante que ma renommée.


1er Novembre 2010 11:28AM

Je suis dedans et rien qu'à effleurer le texte, je retrouve cette vivifiance, c'est bon signe, il faut persévérer.

J'ai intégré la note sur la dernière rencontre avec Patrice le 3 mai 1972, à la librairie *Le Dauphin* dans *Le Vent d'Avezan*. Cela m'a paru cohérent.

J'ai bien envie d'impliquer Lou-Ella, cette jeune fille de 19 ans qui s'est sentie concernée par ce premier livrel qu'elle lisait sur le Kindle et qui me le rapportait à la gare de Toulouse-Matabiau, en me faisant part de ses sentiments. Sa question : Et Petrus ?

2:42PM

J'ai rédigé la fin sur Lou-Ella. C'est vraiment quand j'écris, que je me sens le mieux.

J'ai décidé d'être seule à chaque étape, de l'écriture à la publication, aussi dois-je assumer mon choix et le rendre le meilleur possible.

J'ai donc mis les deux cahiers saint-loupiens ensemble de 1960 à 1964, les années lycée, dans le #01 *Au Loin un Phare* et je commence le #02 *Le Vent d'Avezan* en novembre 1964 alors que je suis à la fac de droit. Ça continue avec la période Cournot.


8:59PM

Et voilà la magie de la persévérance ! *Le Vent d'Avezan* commence à Saint-Clar et finit à la dernière rencontre et c'est bien plus cohérent. Merci Lou-Ella. Je viens de lui faire un mot.

## Publications numériques

*Au Loin un Phare* est publié.
#01 Au Loin un Phare 1960-65, ISBN 978-1-4523-1864-6, Smashword, 5 décembre 2010


mercredi décembre 8, 2010 9:47AM
La journée démarre fort, un commentaire de Jean-François Cournot sur la photo de couverture, un autre de Robert F. Robert, qui a acheté le livre sur Amazon. Chaud au cœur tout ça. Je vais pouvoir transmettre le commentaire d'un photographe émérite à David et Valois, les photographes universitaires qui m'ont autorisée à utiliser un détail de la photo 1960/61 d'Hélène Boucher, en leur envoyant le service de presse.


samedi décembre 11, 2010 10:55AM
J'ai longtemps espéré être un écrivain de romans, comme si c'était la seule forme littéraire valable. Parallèlement, je continuais à prendre des notes, en me doutant que je n'aurais jamais assez de disponibilité pour les extraire de leur contexte afin de les retravailler dans un roman. C'est après le Voyage en Hollande que j'ai réalisé que c'était une œuvre en soi, grâce à mon dialogue secret avec l'âme de Marcel devant son portrait au Musée d'Orsay... d'où la suite en cours.


mardi décembre 14, 2010 9:07AM
J'ai l'insigne bonheur de me réveiller le matin après huit heures minimales de sommeil profond, en pensant : Au boulot, au boulot, au boulot ! C'est une vraie joie de penser que je vais me consacrer ce matin aux corrections du *Vent d'Avezan.*
Le soleil se lève avec brillance. J'ai tout ce qu'il me faut. Je me sens comblée. Jamais je n'ai ressenti cet équilibre intérieur et extérieur.

Donc, je me mets en correction du *Vent d'Avezan*, sur le Kindle, pour traquer la coquille. Je souligne les erreurs et j'exporte le fichier texte pour corriger sur le MacBook.


jeudi 16 décembre 10:09PM
Je viens de finir les corrections mises en évidence hier après-midi sur le Kindle pour *Le Vent d'Avezan*.
J'ai refait la couverture à partir de la photo scannée ce midi : portrait assis en tailleur de tweed léger bleu ciel, style Jackie Kennedy. Je souris beaucoup, cela devait donc m'arriver, ou j'appliquais les préceptes que je m'étais imposés à la fin du premier livrel.
Normalement je devrais pouvoir tout publier demain, au plus tard samedi ou dimanche.

Quand je suis allée courir, j'ai décidé que je n'attendrais pas les autorisations de qui que ce soit. Il sera toujours temps de modifier plus tard, si besoin en était. Je ne peux plus me laisser retarder.

9:56AM
Publication en cours sur Smashwords. C'est la nuit en Californie, *Au Loin un Phare* est le 25e livrel sur la liste. J'ai publié la nouvelle version identique sur Amazon.


Je revois la fin du *Vent d'Avezan*, j'ajoute des liens sur Patrice et le château. J'espère finir aujourd'hui.


2:50PM
J'ai publié *Le Vent d'Avezan* à 12:00 sur Amazon et à 12:30 sur Smashwords.
Je me sens fatiguée comme après un accouchement.
La fin de l'histoire avec Patrice m'attriste encore. J'ai envie de pleurer.
J'ai envoyé un service de presse à Philippe Desalle, mon ami journaliste belge qui avait aimé *Aquamarine* dès sa publication en ligne en 1997 et à Louis Lacroix,

vidéaste québécois des travaux au château, en guise de cadeau d'anniversaire pour tous les deux.

Je ferai ce soir ou demain les autres services de presse, aux Bloch, à Jean-François et Nicole Cournot, à Matthieu-David, à Marie-Ève, l'ébéniste du château qui pendant deux séjours a refait la porte d'entrée. À Petrus aussi. À Lou-Ella. Enfin aux gens dont je parle dans ce livrel.

Je vais maintenant, après un bon casse-croûte (poulet froid, piccalili, chips, chardonnay, cantal et tomme des Pyrénées), me reposer, comme après la délivrance.

Je suis très fière d'avoir publié deux livrels en quinze jours, le premier le 5 décembre, le deuxième le 18 décembre. Bon travail ! Je me sens émue en pensant ça. Je l'ai fait, c'est une réalité.

Lou-Ella a apprécié ce que j'ai dit d'elle. Elle attend la suite.

Je ne vais plus trop m'inquiéter de ce que pensent les gens, je vais continuer mon travail, c'est tout.

7:52PM

Chère Gaelle,

Un simple petit mot pour vous dire à quel point vous m'avez touché en me faisant cadeau de votre livre. À travers ce merveilleux récit, j'apprends à mieux connaître Patrice et je découvre à quel point il a pu changer la vie de ceux qui l'ont côtoyé.

Merci de me faire partager ce moment d'éternité.

Louis Lacroix

Journaliste


Lire les lecteurs me fait toujours découvrir l'écrit sous un autre angle, j'y vois par leurs yeux ce que je n'avais jamais compris. Cette relation directe, aucun écrivain papier ne pouvait l'avoir avec cette intensité immédiate, puisque les courriers des lecteurs passaient par l'éditeur et étaient délivrés avec décalage.

J'ai toujours pensé que je serais plus visible là bas, au Québec, au-delà des mers, ou dans d'autres pays francophones, que dans mon propre quartier. Mes deux livres vont être publiés dans toutes les grandes libraires numériques américaines en fin de semaine avec ISBN et tout.


lundi décembre 27, 2010 8:49AM

Hier soir JAY a fini *Le Vent d'Avezan* qu'elle a lu d'une traite et c'était formidable d'en parler avec elle. Elle m'a fait prendre conscience qu'après Patrice, j'étais cassée et j'avais régressé. Avant, j'étais pleine de désirs de connaissance, après je n'avais plus envie de rien. J'avais perdu le désir de réussir.

Bref, je n'ai pas fini de réfléchir à l'impact qu'aura eu Patrice sur ma vie.

**Janvier 2011 Voyage à Paris**

Samedi janvier 1, 2011 10:59AM
Une nouvelle année commence. La dernière a été prolifique et forte pour moi par la publication de trois livrels, la rencontre avec des gens intéressants, des échanges enrichissants.

La nouvelle année a commencé par des vœux du Japon, du Texas et de Californie. Je rêvais d'une vie à l'échelle du monde. C'est arrivé.


vendredi janvier 7, 2011  7:54AM
Je me réveille de plus en plus souvent en pensant aux cahiers, ce matin j'écrivais des passages entiers dans ma tête sur Patrice Cournot. Comment cet homme a pu s'imbriquer dans ma vie, m'étonne toujours. Sans le vouloir d'ailleurs. Il ne m'en demandait pas tant. Et je suis bien consciente encore ce matin que je comptais pour rien dans sa propre vie.


Mercredi 12 janvier 3:32PM
On board ! Dans le train. Je prends vite l'habitude de voyager.

Programme :
Priorité : voir Jacques Morpain pour l'aider à trier les photos de l'époque 67-70, du Pot de Fer au Festival de Wight.
Revisiter les lieux dont je parle dans les livrels.
Les lycées du Cours de Vincennes.
Revoir Fontenay-sous-bois, aller à la messe dimanche matin peut-être.
Revoir le quartier, la rue Visconti, la rue Bonaparte, le Buci, la bibliothèque Mazarine, le Pot de Fer, la Contrescarpe, la Chope, la rue Mouffetard, la rue de la Harpe.
Humer mes anciens quartiers.
Revoir la rue Matignon et le faubourg Saint-Honoré.
Revoir Petrus.

jeudi janvier 13, 2011 10:49AM

À Paris, chez MarieB., l'amie historienne de l'art.

Je dors sous un tableau d'Henry Moret, *Tempête à Doëlan*, qu'il me semble avoir vu autrefois dans la vitrine de la Galerie Durand-Ruel, avenue de Friedland.

Le clocher de Saint-Germain des Prés dans la fenêtre de sa chambre.

Hier soir, un faisceau de lumière de phare balayait le ciel au-dessus des immeubles en face.

C'est la Tour Eiffel, me dit mon hôtesse.

C'est le faisceau que j'avais vu balayer de loin le ciel de la fenêtre de Saint-Leu, il y a un peu plus de cinquante ans.

Tout près le Phare.

Je vais butiner dans le quartier aujourd'hui.


vendredi janvier 14, 2011 8:08AM

Hier je me suis retrouvée devant la maison de la rue Guynemer et j'ai poussé jusqu'à Montparnasse.

Bien sûr, je suis sortie par la porte à côté de l'École d'Horticulture du Jardin du Luxembourg, photographiant au passage les palmettes fruitières où mon père avait appris à tailler et soigner les arbres fruitiers. Je suis sortie en face du café *Le Lufac*, il est devenu le *News Café*.

J'ai regardé rapidement du côté de l'immeuble de la rue Guynemer qui longe le jardin. Les volets de la chambre de Petrus étaient fermés, ceux de la chambre de la maman ouverts, celui de la chambre de Patrice fermé, une fenêtre du salon était ouverte.

Certaine émotion. Tous mes souvenirs sont restés vivants, du seul fait que je les ai extraits de mes cahiers d'il y a 45 ans. Force des mots, des phrases, des images suscitées au fil des jours. Jamais je n'eusse gardé ces impressions si je ne les avais écrites à chaud, et ressorties l'an dernier.

J'étais dans la rue Vavin, d'instinct je l'ai remontée, j'ai vu au passage *Le Vavin*, café du nom de la rue, je cherchais les cafés où m'emmenait Patrice, où je retrouvais Hélène, je n'ai rien retrouvé. *Le Raspail, Le Raspail vert* ?

En passant dans le haut de la rue Vavin, j'ai cru reconnaitre dans un immeuble à belles terrasses paysagées un endroit où je passais des soirées d'été au début des années 70, avec Kiki Féraud et son mari Yves Sunhill. *Le Club Saint-Hilaire ?* Son propriétaire nous invitait ensuite dans son propre appartement au petit matin. Peut-être retrouverai-je ça dans les prochains cahiers.

Je suis arrivée à la Coupole, au Dôme, Je regardais les cartes et m'effrayais des prix. Comment faisions-nous, étudiants, pour nous arrêter prendre des pots dans des endroits devenus si chers ? Comment ferait maintenant La Barca pour avoir sa table au fond du Dôme ? J'étais un peu triste et je n'ai pas osé entrer, même pour prendre un café.

J'ai photographié la statue de Balzac sur le Boulevard Raspail et j'ai redescendu la rue Vavin, j'ai regardé un peu mieux le quartier près de chez Petrus, à ce moment le téléphone a sonné, c'était Jacques Morpain que j'avais contacté le matin. Nous avons convenu de nous retrouver dimanche après-midi chez lui à Nanterre-Ville.

Je suis allée jusqu'en bas de la rue Soufflot, mais mes pieds fatiguaient, l'estomac criait et la vessie réclamait.

J'ai fini par m'arrêter au café *Danton,* place de l'Odéon, du côté où je m'étais assise lors de l'épisode avec Jean que j'ai intitulé *À petrus pour douze minutes.*

Je suis descendue aux toilettes, à l'endroit où autrefois il y avait une cabine téléphonique, qui n'existe plus, désormais tout le monde a un mobile. J'ai fait mon autoportrait au lavabo du *Danton.* J'ai commandé une omelette paysanne, un verre de brouilly bio et j'ai pris ensuite un café. J'ai réalisé que pour le prix du verre 4,50 € j'eusse pu m'offrir une bonne bouteille un peu plus bas dans la rue de Seine au Carrefour de Buci. Mais j'avais flairé l'air de Paris et retrouvé quelques moments de ma jeunesse.

Les hôtels où habitaient certains de mes amis de l'époque *Aquamarine* sont devenus des trois étoiles où aucun d'entre eux n'eusse pu descendre.

J'ai continué ma route en traversant le boulevard Saint-Germain, pour repasser devant le Buci et descendre la rue Mazarine retrouvant le numéro 19 où habitait Robert Desnos, dans la chambre duquel je retrouve Nicolas, qui m'offre une statuette de la Vierge en pierre que j'ai encore chez moi à Kerantorec.

Je suis passée par la rue Visconti et je me suis posée au café *Le Pré aux Clercs* dont je parle en mai 68. J'y ai pris un chocolat.

De là, j'ai observé les gens dans les rues Jacob et Bonaparte, notamment ceux qui sortaient de chez Ladurée, que j'ignorais à l'époque. Je ne les ai pas trouvés beaux. J'ai vu quelques très rares femmes élégantes. J'ai vu deux ou trois assez beaux jeunes hommes, confortablement vêtus. J'ai trouvé les jeunes filles tristes, habillées dans des tons éteints. Je sais qu'en hiver on s'emmitoufle, mais le confort n'empêche pas l'élégance et l'allure.

Autrefois, quand j'errais dans les rues du Quartier, il me semble que nous, les filles des années 60, nous allions avec grâce, légères et court-vêtues. Je revois Isabelle Cournot si jolie dans son manteau de Michèle Rosier et la comparaison est à son avantage. Je repense à mes modèles d'*Aquamarine* et je me désole du négligé que j'ai sous les yeux.

À l'époque, je ne m'intéressais pas aux monuments, à l'architecture, aux œuvres d'art. Maintenant que je connais mieux l'Histoire, je vois les monuments, ils prennent tout leur sens. Les rues de Paris sont plus belles que je ne les voyais lors de ma jeunesse. Mais les gens m'ont semblé tristes. Sans âme. Sans espoir. Cette habitude d'être habillé sport partout a t-elle tué la mode ? J'avais été une des premières à porter un blouson sport Cacharel à Paris, ce qui choquait mes amies de la Haute-Couture. Ai-je ma part de responsabilité dans ce laisser-aller général ?

Aujourd'hui, je vais rejoindre Jacqueline Paccard à la Madeleine. Ma belle amie est toujours élégante. Les gens seront-ils plus élégants dans les beaux quartiers où j'ai aussi erré autrefois ?


jeudi janvier 20, 2011 10:31AM

Paris, où j'ai passé huit jours géniaux, profitant d'un billet pris pour JAY, dont l'amie était hospitalisée et ne pouvait la recevoir. MarieB, pouvait me recevoir rue Jacob, dans le Quartier latin. J'ai sauté dans le train du jour au lendemain...

C'était un voyage génial, j'ai revu plein de gens qui se sont rendus disponibles pour me voir, me gâter, me dorloter. J'ai été invitée chez Ladurée à la Madeleine par Jacqueline, l'amie d'Isabelle de Beaumont, la maman d'Edwina, au Flore par Bernard Bacos du site *Paris 70*, mon premier lecteur d'*Aquamarine* en 97, à goûter chez Célia et Léo, jeunes étudiants qui aiment ce que j'écris, j'ai pu rencontrer une très vieille dame de 90 ans, la mère de Patrice Cournot, qui lit en ce moment *Le Vent d'Avezan*.

Petrus m'a aussi invitée à déjeuner à Saint-Sulpice. Il m'a autant parlé que l'avait fait Jean-François à la Garlande.

Mes cahiers suscitent des souvenirs tels que des pans entiers de vie me sont confiés. Je n'écris pas ces confidences dans mon journal, ce sont des dépôts sacrés que je confie au Cosmique... En publiant mes premiers cahiers, je n'eusse jamais imaginé qu'ils révéleraient autant de souvenirs chez mes personnages.

Ça m'a fait un bien fou, de voir mes lecteurs et lectrices se mettre en quatre pour me rencontrer... Je suis heureuse de ce rôle d'écrivain que je peux enfin assumer à la fin de ma vie, très proche de celui de l'artiste, toujours visionnaire.

J'ai pu revisiter et photographier les lieux dont je parle dans mes cahiers publiés et ceux sur lesquels je travaille. J'ai revu l'internat d'*Au Loin un Phare* à Fontenay-sous-bois, en totale démolition, j'ai pu regarder la cour de mon lycée Hélène Boucher avec la Principale adjointe, j'ai pu entrer dans la cour d'honneur de la Sorbonne, j'ai pu voir ma fac de droit d'Assas, toute neuve en 1964, en grands travaux, alors qu'elle a 711 ans de moins que la Sorbonne, toujours belle, forte, vivante, ce qui m'a donné le sens de la pérennité...

Je reviens de ce voyage revivifiée et j'ai beaucoup de travail en perspective.

## Retour à Kerantorec

vendredi janvier 28, 2011  8:05AM

J'ai toujours été clandestine, en évitant d'être prisonnière de tout carcan d'idées. C'est le moment de retrouver mon intégrité et de travailler à ce qui est essentiel : l'écriture des cahiers. Tout le reste est accessoire.

Je me fous d'être connue, buzzée, suivie sur les réseaux. Peu me chaut qu'on parle de moi. Si j'avais aimé ça, je serais restée à Paris dans les années 70 quand on m'ouvrait les portes médiatiques et littéraires. J'ai choisi de me retirer loin des centres de « pensées » pour suivre un chemin personnel. Il fut dur, âpre, exigeant, mais j'ai survécu aux turbulences de la vie et je me retrouve à l'aube de mes 65 ans en meilleur état physique et intellectuel que je le fus jamais. Il m'importe, plus que tout, de laisser derrière moi le journal écrit dans mes cahiers depuis 50 ans. Publier ce journal, hors de toute chapelle littéraire, hors des sentiers battus, hors de tout formatage traditionnel, est la priorité de ma maturité.

Il me suffit pour continuer mon travail d'écriture de savoir que ceux qui préfèrent mes écrits ont entre 19 et 25 ans, car ils sont notre avenir. Ils me prouvent que la lecture et l'écriture existent encore.


10:18AM

Je ne me suis pas levée, je suis replongée dans le texte d'*Aquamarine* et de nouveau la magie opère, j'y reste.

J'ai déjà fait quelques corrections nécessaires à la mise en forme pour Smashwords. Je continue, car c'est aussi à mon programme...

Je comprends pourquoi Bernard Bacos de *Paris 70* aime ce livre et y pense chaque fois qu'il va au quartier. C'est un beau livre.

Je teste la valeur d'un beau livre, comme celui d'un beau tableau, au bonheur de le retrouver, comme on retrouve un véritable ami.

Petrus est un ami, car j'ai eu plaisir à le retrouver après toutes ces années.

Aurais-je eu tant de plaisir à retrouver Patrice comme je le souhaitais au fond de moi avant d'apprendre qu'il était mort ? Qui sait ? Peut-être m'aurait-il moins méprisée avec le recul du temps ? Comme je l'ai écrit après sa mort, être méprisée par lui était encore un honneur.

Sans nos échanges au cours du mois de septembre 1965, je ne serais pas celle que je suis actuellement. Je ne peux donc qu'être reconnaissante à Patrice de m'avoir si mal traitée. Car j'ai le plus mauvais rôle dans *Le Vent d'Avezan*, je suis la perdante, l'oubliée, la méprisée, la clandestine, puisque Petrus ignorait que je sortais avec son frère.

Dans cette clandestinité, je me suis formée. C'est dans ma clandestinité volontaire maintenant que je peux me révéler, hors de toute influence littéraire officielle.

Je l'assume pleinement et si j'ai envie de continuer à échanger des choses fortes avec mes lectrices ou lecteurs, je veux continuer ma route seule, sans guide, comme je l'ai toujours fait.

Je suis vivante, quand d'autres sont morts.

Mes écrits leur redonnent vie, loin des modes, pour la suite des temps.

11:48AM

J'arrive au bout des 306 pages du manuscrit d'origine annoté, mis en première forme pour l'ePub. Et j'aime toujours autant mon texte. Je n'ai pas envie d'y changer une ligne. Tout est vrai, sincère, tendre et beau. Même quand je parle de choses difficiles, c'est beau. C'est une forme de transcendance du réel dont je peux être fière. Tant pis si je ne suis pas reconnue comme d'autres écrivains célèbres, je suis en total accord avec moi-même par mes écrits.

Je vais donc travailler sur cette version dans les jours qui viennent. Ou tout à l'heure.

12:45PM

Je suis toujours très perturbée, quand il m'arrive de moins dormir comme cette nuit, par le problème de la vie privée des rencontres de ma vie qui pourrait être révélée par mes cahiers. Je ne souhaite nuire à personne. Mais je ne veux pas non plus me castrer.

Je ne pense pas nuire en intégrant qui que ce soit dans mes pages ; au contraire, j'espère contribuer à des hommages vivants, pour les personnes célèbres, ajouter une facette à leur biographie, pour les autres, leur donner corps et vie.

Je n'ai curieusement aucun problème avec les morts, qu'il s'agisse de Samson ou de Cournot. Il m'a même semblé que sans l'intervention quasi directe de Patrice de l'au-delà, jamais je n'eusse pu faire telle ou telle rencontre.

Jamais je n'eusse imaginé contacter son fils, voir Jean-François, rencontrer Petrus et sa mère, tant je vis loin du monde. Mes cahiers sont anciens, 45 ans quand même, on ne parle plus de la vie privée récente et je ne donne guère de détails intimes, j'ai déjà effectué une auto-censure par rapport aux cahiers d'origine.

Rencontrer Madame Cournot, aller dans la chambre de Patrice, revoir l'appartement devenu mythique avec les descriptions que j'en faisais en 1965, comment eussé-je pu l'imaginer ?

Les rencontres de Saint-Clar, avec les Bloch, le gardien du château ou les hôtes de la Garlande, qui les mettait sur nos chemins ?

J'avais toujours été clandestine, je venais à Avezan en deuil de mon premier amour impossible, j'avais revêtu un ensemble de circonstance, noir, comme Patrice le souhaitait en 65, habille-toi en noir, j'aimerais te voir en noir. J'avais juste mis un chapeau blanc de paille  pour me protéger du soleil de solstice. Je pensais aller me recueillir sur sa tombe en grande discrétion. Et tout le monde voulait me rencontrer, les Bloch et les Cournot se partageaient nos entrevues. Je ne m'y attendais pas.

La vie m'a appris à respecter les signes sur la route.

Il me semble rendre un hommage mérité à ceux qui ont croisé ma route.

Mes écrits sont salvateurs, si j'en juge par ce que l'on me confie de privé à leur propos. Je n'écris pas ces confidences après la rencontre. Je les recueille de toute mon âme. Je donne un conseil s'il m'est évident. Sinon, je ne dis rien, je me contente d'écouter le flux des paroles libérées par les pages lues, écrites il y a si longtemps qu'elles sont devenues œuvre littéraire.

Cette œuvre, je la construis tous les jours, toutes les nuits, elle m'accompagne, pièce par pièce, cahier par cahier, livrel après livrel, blog par blog. Ce n'est pas un cahier de délation, c'est une œuvre littéraire que je revendique pleinement. En être un personnage me semble moins une honte qu'un honneur.

Les discours d'Anthony sur la fierté qu'il aurait de voir son livre dans la vitrine du libraire voisin du restaurant où nous dînions au quartier de la Roquette un soir de juin, me paraissent vaniteux et dérisoires. Son souhait me renvoyait à la mort de Bergotte dans *À la Recherche du Temps Perdu*, quand les librairies présentent ses livres ouverts trois par trois comme les ailes des anges. La vision m'est sacrilège et jamais je ne l'ai imaginée pour mes propres livres.

Une autre vision traumatisante se superpose à celle des vitrines éclairées dans la nuit de la mort de Bergotte : celle de la forêt ariégeoise que j'ai vu laminer sous mes yeux au milieu des années 70 pour faire de la pâte à papier de façon extensive. Les forêts de feuillus disparaissaient au profit des pins rapides à exploiter. Je ne pourrais pas envisager que mes livres soient imprimés, quand tant d'arbres sont morts et quand tant d'ouvrages finissent au pilon. C'est ainsi d'ailleurs que Jeff Bezos, CEO d'Amazon, a commencé sa fortune, en vendant les rebuts des librairies *brick and mortar* sur Internet.

L'édition indépendante est méprisable pour les gens qui tiennent à être reconnus socialement. Pour moi, elle est la garantie de la qualité de mon travail. Je ne délègue à personne le droit de toucher à ma vie. Je l'ai assumée seule. Je la mettrai en forme seule. Après moi, vogue la galère ! Mais tant que je serai sur terre, je resterai maîtresse de ma vie comme de mon œuvre. Et ma vie est dans mon œuvre. Pour le meilleur comme pour le pire.

L'avoir écrite l'a transcendée. Je veux en conserver la substantifique moelle, chère à Rabelais.


jeudi 17 mars 2011 Saint Patrice

Il est vraiment intéressant d'avoir un matériau comme celui des cahiers, afin de voir le chemin parcouru dans toute une vie.

Revoir comment j'envisageais ma vie est très troublant, certaines phrases semblent prémonitoires.

C'est vrai, je n'ai jamais rien réussi au nom du matériel.

Mais j'ai conservé une collection de 320 tableaux depuis vingt-cinq ans.

Mais j'ai conservé 88 cahiers de 12 000 pages dont les dix premières années sont déjà publiées en quatre mois.

Mais j'ai conservé mon domaine de Kerantorec à travers les tempêtes et je vais encore l'améliorer.

Mes juges si sûrs d'eux en ont-ils autant à montrer « à la face du monde sous l'œil du soleil », comme disent les druides ?

Que m'importent les censeurs, je suis fière de mes réalisations, elles sont tissées de mes amours et de mes déceptions, magnifiées par ma confiance en la vie.

Je veux rester maîtresse de mon travail et être en lien direct avec mon lectorat. C'est pourquoi j'ai délibérément tourné le dos aux éditeurs actuels.

J'ai trouvé la qualité de conversion de mes écrits pour toutes les plate-formes de lecture chez Smashwords, à Los Gatos, en Californie, U.S.A. Je suis fière de publier chez ce pionnier de l'édition numérique.

Je me sens citoyenne du monde, en accord profond avec mes pratiques quotidiennes, mes convictions, mes espoirs d'un monde meilleur.


La révélation de la vie des gens avec qui j'ai vécu peut me valoir des poursuites. C'est ce qu'avait proposé un avocat de sa boîte à Petrus, d'après ce qu'il m'a raconté au restaurant à Saint-Sulpice. Il ne l'a pas voulu, parce que j'ai été « importante dans sa vie ».

Comme je l'ai dit à Madame Odette Cournot, je supprimerai toute phrase que quiconque trouverait gênante pour sa vie privée.

Elle n'a pas demandé que je change quoi que ce soit.

Il est sûr qu'un procès me sortirait de la clandestinité où se tient mon œuvre. Mais la lumière médiatique n'est pas le monde dans lequel je souhaite vivre.

Mon intention n'est pas de nuire. En publiant mes cahiers, je souhaite transmettre ma vérité sur cette période, sachant que chacun a sa vérité, suivant la belle expression de Pirandello.

Mon travail d'écriture est littéraire, sociologique, culturel et historique. Il doit servir de document aux chercheurs concernés par les années de mon Journal depuis les années 60.

Il doit rappeler de très bons souvenirs à tous ceux qui ont vécu comme moi ces époques de leur jeunesse avec enthousiasme et passion.

Il est un tombeau de tendresse pour les personnages qui sont morts.

# Retour à Avezan

*Au Solstice d'été 2010*, *Jean-François Cournot, photographe, fils de Michel Cournot, et sa femme Nicole Cournot d'Esparbès, de la famille de Cathy et Titou, présents dans ce livre, m'ont reçue avec ma fille Coralie en leur Maison d'Hôtes* La Garlande, *sur la place de la Halle de Saint-Clar, dans le Gers*

*Jean-François m'a parlé et parlé de Patrice. Il a fait ressurgir mon passé, enfoui dans mes cahiers, que je n'osais pas vraiment regarder en face, tant la lettre de Patrice était restée brûlante en moi. C'est seulement au retour de Saint-Clar que j'ai pu affronter mes souvenirs de Patrice, tels que je les avais notés au fil des détresses, pour les mettre en forme, les publier en hommage à l'homme exceptionnel qu'il était et qui m'a marquée à vif.*

*Grâce aux belles discussions que j'ai eues avec Jean-François, j'ai pu affronter mon passé pour en garder la quintessence.*


*Joséphine et Christian Bloch, que j'appelle dans mes cahiers Mme et M. Bloch, nos anciens voisins de Saint-Leu-la-Forêt, m'ont accueillie chez eux à Saint-Clar avec ma deuxième fille, comme si nous nous étions quittés la veille.*

*Ils avaient gardé un merveilleux souvenir de mes parents, qui les avaient hébergés au début de l'année 65, alors que Mme Bloch était enceinte de Jean-Yves. Les canalisations de leur maison avaient gelé à Noël pendant leurs vacances à Saint-Clar. Mes parents avaient logé toute la famille, le temps de la réparation, dans la chambre du cèdre.*

*Cet épisode fait partie de leur légende familiale. Je n'en parle pas dans mes cahiers. La solidarité due à autrui était un principe de base de notre éducation, si naturel qu'il n'était pas utile d'en parler.*

*Le soir du 23 juin 2010, les Bloch ont sorti le foie gras, les magrets, les cèpes, le champagne et nous avons passé une soirée extraordinaire sur la terrasse dehors, laissant la nuit tomber sur leur pinède, au point de rater le coucher du soleil sur le château d'Avezan prévu à mon programme. Leur chaleur humaine était trop communicative pour nous en priver. Et c'est ensemble à la nuit que nous avons visité le château, épreuve initiatique, magique. La lune nous éclairait comme lors de la nuit du Bal à Casteron.*

*En arrivant à Saint-Clar, j'avais remarqué les poubelles exceptionnellement bien triées. Christian Bloch avait eu des responsabilités municipales, j'y ai vu son influence. Il parlait déjà en 1965 de l'utilisation rationnelle des vides. Il pratiquait le compactage de chaque objet avant de le mettre dans une poubelle, pour l'évacuer en prenant le moins de place possible. À l'Arche de Lanza del Vasto, l'été 64, j'avais appris à trier les déchets. J'ai toujours appliqué ces gestes dans ma vie quotidienne, désormais ce sont des gestes citoyens obligés.*

*Je suis reconnaissante aux Bloch de m'avoir emmenée dans le Gers, une deuxième patrie qui m'a transmis la truculence du palais. M'avoir appris à nager à la piscine de Fleurance a été un merveilleux cadeau pour la vie. Dès que la belle saison revient en Bretagne, je nage dans les criques solitaires non loin de ma chaumière, j'ai toujours une pensée émue pour Mme Bloch.*

*Elle a été un phare dans mon horizon nébuleux, une balise au bord de ma route. Réentendre sa voix m'a été un grand bonheur, qui abolissait le temps et l'espace. Elle reste une des plus belles femmes de ma vie. Je suis heureuse d'avoir pu le lui dire ce soir-là.*

*J'ai eu aussi le plaisir de lui raconter qu'au cours de mes recherches généalogiques, j'avais découvert que la famille paternelle de ma mère, Gallot, avait des racines protestantes. Une fois de plus, nous étions complices comme nous l'avions été autrefois, à Saint-Clar, l'été 65.*

*Je n'ai pas pu revoir les Bloch quand je suis retournée à Toulouse. J'ai su plus tard que Monsieur Bloch était tombé gravement malade et était en traitement à l'hôpital de Purpan. Il est mort début juillet 2012. Son épouse l'a suivi deux ans plus tard.*

*Je suis heureuse de les garder ici dans leur flamboyance épanouie de 1965, comme j'aime à me rappeler la dignité du grand-père de Patrice au volant de sa DS noire ou au jet d'eau de l'arrosage de sa propriété de Manas.*

*Le retour à Avezan en 2010 a été si fort que pendant trois mois je n'ai rien pu écrire ni publier de photos, mises à part celle de l'arrivée au château au soleil levant du 24 juin 2010.*

*J'avais eu la même réaction mutique lors de ma première visite avec Petrus l'été 65, envoûtée par le cadre majestueux du château. Le temps a fait son œuvre de grand sculpteur. Revoir les lieux et m'incliner sur la tombe de Patrice a été une délivrance. Je peux maintenant écrire et publier.*

*Qu'aurions-nous pu bâtir ensemble, nous qui avons consacré, chacun de notre côté, trente ans de nos vies à restaurer, lui le château d'Avezan de l'apanage d'Aliénor d'Aquitaine, moi la chaumière de mes ancêtres cultivateurs bretons ?*

*La déchirante question de l'amour qui ne recevra qu'à la fin sa réponse :* Quel est deux celui qui passe ?
*Jean René Huguenin,* Journal, *1964, Éditions du Seuil, Paris*

*Fin*

# ANNEXES

## Hommages

***Michel Cournot***, *né le 1er mai 1922, est mort le 8 février 2007, à Paris. Je l'ai appris tout de suite par la lecture du* Monde, *qui lui a consacré une page entière d'hommage. Il avait été le critique de théâtre du* Monde *après avoir quitté le* Nouvel Observateur *et la critique de cinéma, où il avait été remplacé par Jean-Louis Bory.*
Michel Cournot sur Wikipedia

***Patrice Cournot*** *est mort peu après son oncle Michel, le 1 avril 2007 à 64 ans. Je ne l'ai appris que trois ans plus tard. Sous le choc de ce deuil rétroactif, je lui ai rendu hommage sur mon blog.*
hommage-a-patrice-cournot
*Né le 29 juin 1942, il a été avocat à Paris, a publié trois livres,* Le Jour de Gloire, *Gallimard, 1963,* Le Bonheur des Autres, *La Table ronde, 1972,* Le Retour des Indiens Peaux-Rouges, *Edite, 2000.*
*Son œuvre majeure est la restauration du Château d'Avezan, XIIIe, avec son donjon.*
Château d'Avezan sur Wikipedia.
*Le groupe* Château d'Avezan *sur Facebook rassemble avec nostalgie les bénévoles internationaux qui ont accompagné Patrice au cours des trente années de reconstruction du château.*
*Mathieu-David Cournot, fils de Patrice, a créé un blog sur le* Château d'Avezan.
*Le château magnifie désormais le paysage entre Saint-Clar et Tournecoupe.*
*Patrice Cournot repose auprès de ses grands-parents dans le petit cimetière du village d'Avezan, derrière la chapelle, au pied de son château.*

# Remerciements

*Merci à tous les personnages qui traversent ces pages.*
*Merci à la Bande de Saint-Clar les étés 65 et 66, en particulier Lucienne, Anne-Marie, Sylviane Albert, Pierre Fouet, Pierrot Castebrunet, Isabelle Cournot.*
*Merci à Marie-Claire Faure.*
*Merci à Jean-François et Nicole Cournot d'Esparbès.*
*Merci à la famille Bloch.*

*Merci à Mathieu-David Cournot, chef opérateur de cinéma, fils de Patrice Cournot, qui m'a autorisée à visiter le Château d'Avezan au solstice d'été 2010. J'avais gardé en mémoire les ruines de mes cauchemars. J'ai eu le bonheur de voir le château restauré, attendant, comme la Belle au Bois dormant, un coup de baguette magique pour revivre.*

*Merci à Petrus Cournot et à Madame Odette Cournot, qui m'ont fait l'honneur de me recevoir au début de l'année 2011, dans l'appartement de la rue Guynemer.*

*Merci à Lou-Ella Borderies, étudiante toulousaine de 19 ans, qui s'est reconnue dans mes pages de jeunesse, 45 ans plus tard, me prouvant, s'il le fallait, qu'un cœur amoureux a toujours vingt ans.*

*Merci à Alice Cournot-Strinati, qui m'a envoyé le recueil* Martinique *de son grand-père, Michel Cournot, pour que je le conserve dans mes archives historiques.*
Martinique, *collection Métamorphoses, Gallimard, 1959*

*Merci à Martine et Anthony Moore.*
*Merci à ma famille et à mes filles.*

*Souvenir d'Isabelle Ménétrier.*

## Souhait

*À l'issue du long voyage qui m'a conduite à Saint-Clar et Avezan, je formule le vœu que soient de nouveau publiées les* Chroniques *de Michel Cournot dans l'hebdomadaire* Le Nouvel Observateur *de 1964 à son départ au* Monde *en 1973.*

*En souvenir de nos amours mortes,*
*Gaelle Kermen*
*Kerantorec, solstice d'hiver 2021*

# Repérages

## Personnages principaux

Madame Bloch, Joséphine, 33 ans, institutrice à Saint-Leu-la-Forêt
Monsieur Bloch, Christian, 35 ans, ingénieur Veritas
Leurs enfants, Lysange, Gilles et Jean-Yves
Danièle Carricondo, camarade des vacances d'été à Saint-Clar en 1965
Petrus Cournot
Patrice Cournot

## Personnages cités

Docteur Paul Fleury, médecin à Enghien-les-Bains
Grand-père Jean Cournot
Grand-mère Marie-Béatrice Cournot
Docteur Sierres d'Avezan

## Personnalités citées

Georges Feydau
André Piettre, professeur d'économie politique à la faculté de Droit d'Assas en 1965
Françoise Hardy
Sylvie Vartan
Giani Esposito
Sénateur Eugène Mac Carthy
Michèle Rosier, styliste pour la marque V de V en 1963, réalisatrice
Françoise Sagan
Paul Valéry
Louis Pergaud
Federico Garcia Lorca
Arthur Rimbaud
Françoise Mallet-Joris
Gaston Monnerville, président du Sénat
George Whitman
Jack Kerouac
Mouna

## Art

Style Pop Art
Exposition *Dans la lumière de Vermeer* à L'Orangerie
*Le pont sur la Marne à Créteil*, Paul Cézanne
*La vue de Delft*, Johann Vermeer

## Cuisine

Repas chinois de Maman

## Danses

Slow
Sirtaki
Slop
Surf
Clutch
Twist
Letkiss
Williams

## Événements

Indépendance de l'Algérie 1962
Exode des Pieds Noirs ou Rapatriement des Français
d'Algérie (1962)
Marche des Noirs sur Washington en août 1963
Guerre du Vietnam
Concert de Joan Baez à la Mutualité, 19 avril 1965
https://www.setlist.fm/setlist/joan-baez/1966/theatre-de-la-mutualite-paris-france-4b809bb6.html
Rencontre entre Joan Baez et les Étudiants, COPAR, 20 avril
1965
Marche de la Paix, MCAA, 28 avril 1965
Biennale

## Lieux

Saint-Clar
Maison Carricondo, place de l'Église, Saint-Clar, Gers
Maison B. Route de Toulouse, Saint-Clar, Gers
Piscine de Fleurance

Hôtel Rison, hôtel de Saint-Clar
La Halle
Le Moulin, Le Déversoir sur l'Arratz
Les Quatre Mètres
La boutique de Jeannette
Le café Villemur
Le café Déré
L'épicerie et le salon de coiffure
Route de l'Aérium
Salle de cinéma hebdomadaire
Rue Guynemer, Paris, VIe, appartement au rez-de-chaussée
Boutique de Fleurs, XIe
Boutique de mode, *Chez Tinker*, en bas de la rue Saint-Jacques
Café Le Lufac
Café Le Raspail vert
Maison familiale, rue de Boissy, Saint-Leu-la-forêt, Val d'Oise
Le Bois de Boissy, Saint-Leu-la-forêt, Val d'Oise
Librairie Shakespeare and company de George Whitman, Paris, Ve
20 rue du Pot de Fer, appartement au 4e étage, côté Panthéon, Paris, Ve
Écoles du Val d'Oise, à Saint-Leu, Taverny, Ermont-Eaubonne

Café Danton, Odéon
Café Saint-Séverin
Café Chez Popoff, rue de la Huchette
Café de Flore
Drugstore Saint-Germain
Kiosque à musique du Jardin du Luxembourg
Café du boulevard Saint-Michel
Musée d'Art Moderne
Musée de l'Orangerie
Librairie Le Dauphin, rue de Bourgogne


## Livres

*J.F.K. President*, Hugh Sidey, Penguin
*Les Bucoliques et Géorgiques* de Virgile
*Matière et mémoire*, Bergson, sur le souvenir

*Le Jour de gloire*, Patrice Cournot, Gallimard, 1963
*Zazie dans le Métro,* Raymond Queneau, Gallimard, 1959
*Carnets, Noces*, Albert Camus, 1962
*Dialogues*, Platon
*Climats*, André Maurois, Livre de Poche, 1964
*Journal* (1955-1962), Jean-René Huguenin, Le Seuil, 1964
*Alcools*, Poèmes, Guillaume Apollinaire
*Zorba le Grec*, Nikos Kazantzaki
*Histoire de l'Art*, Élie Faure, Poche
*La Côte sauvage*, Jean-René Huguenin, Le Seuil, 1960
*Larousse*, dictionnaire
*Morale*, livre de philosophie
*Citadelle*, Antoine de Saint-Exupéry
*Pour un nouveau roman,* Alain Robbe-Grillet
*Sparkenbroke*, Charles Morgan
*Zorba le Grec,* Nikos Kazantzaki
*Poèmes*, Minou Drouet
*Les Nouveaux Aristocrates*, Michel de Saint-Pierre
*Le Premier Spectateur,* Michel Cournot
*Ainsi Parlait Zarathoustra*, Friedrich Nietzsche
*L'Éthique à Nicomaque,* Aristote
Goncourt 1965, *L'Adoration*, Jacques Borel,
*Maîtresse de Jeune Maison,* guide pratique pour jeune mariée
*Ainsi parlait Zarathoustra*, Frédéric Nietzsche
*L'attrape-cœurs,* J.D. Salinger
*The Catcher in the Rye*, J.D. Salinger
*Under Milkwood*, Dylan Thomas
*Washington Square*, Henry James
*Sparkenbroke*, Charles Morgan
*Un amour de Swann,* Marcel Proust
*À la Recherche du Temps Perdu*, Marcel Proust
*La Promenade au Phare*, Virginia Woolf


## Revues

*Le Nouvel Observateur (*Articles de Michel Cournot sur *The Sandpiper* et sur *Pierrot le fou : Les Épinards du Grand Canal, Pas du sang, du rouge)*
*Elle*
*Jours de France*
*Tintin*
*Mickey*

## Journaux

*Le Monde*
*La Dépêche du Midi*
*Le Figaro*

## Films

*À l'est d'Eden,* Elia Kazan, 1955, avec James Dean
*La fureur de vivre,* Nicolas Ray, 1955, avec James Dean
*Géant,* George Stevens, 1956, avec James Dean
*Les Vacances de Monsieur Hulot,* 1953, de et avec Jacques Tati
*C'est pas moi, c'est l'autre,* Jean Boyer, 1962, avec Fernand Reynaud, Jean Poiret, etc.
*My Fair Lady,* George Cukor, 1964, avec Audrey Hepburn
*Pierrot le fou,* Jean-Luc Godard, 1965
*The Knack,* Richard Lester, 1965
*L'obsédé,* William Wyler, 1965
*La Douceur du Village,* François Reichenbach, 1964
*Paris vu par,* sketches de Chabrol, Godard, Rouch, Rohmer, Pollet, Douchet, avec Patrice Cournot dans le sketch de Chabrol, *La Muette,* 1965
*Trois Chambres à Manhattan* de Marcel Carné, 1965, avec Maurice Ronet et Annie Girardot
*Zorba le Grec,* Michel Cacoyannis, 1964
*Électre,* Michel Cacoyannis, 1962
*Le sel de la terre,* H.J. Biderman, 1954
*Sur les Quais,* Elia Kazan, 1954, avec Marlon Brando
*Qui êtes-vous, Polly Maggoo ?* William Klein, 1965
IDHEC : Institut des Hautes Études Cinématographiques

## Pièce télévisée

*Le Médecin malgré lui,* Molière

## Théâtre

*On ne sait comment,* Luigi Pirandello, mise en scène Sacha Pitoëff, avec Delphine Seyrig
*Ardèle ou la marguerite,* Jean Anouilh
*La Mouette,* Anton Tchekhov
*L'otage,* Claudel

*Cet Animal Étrange,* Tchekhov, adapté par Gabriel Arout
*La folle de Chaillot*, Jean Giraudoux, TNP
*Love*, Murray Schisgal avec Laurent Terzieff, Théâtre de Montparnasse
*Soudain l'été dernier* de Tennessee Williams, puis *La P...respectueuse* de Jean-Paul Sartre, deux pièces joués par Sylvia Monfort, Jean Danet et Jacques Goasguen.
*La Maison de Bernarda,* Federico Garcia Lorca, Théâtre Récamier
*Tête d'or,* Paul Claudel, avec Laurent Terzieff

## Musique

*Satisfaction*, Rolling Stones
*Like a Rolling Stone*, Bob Dylan
*Joshua fit the Battle of Jericho* par les Petits Chanteurs à la Croix de Bois
*Zorba le Grec,* Mikis Theodorakis
*The House of the Rising Sun*, The Animals
*La petite musique de nuit,* Mozart
*Concerto N° 1 en si bémol mineur*, Tchaïkovski
*Symphonie N° 3*, Schubert
*Concerto pour clavecin et orchestre N° 5*, Bach
*Pastorale*, 6e symphonie, Beethoven

## Chansons

*Tous les garçons et les filles,* Françoise Hardy, 1962
*Joshua fit the Battle of Jericho* par les Petits Chanteurs à la Croix de Bois, 1955
*La Maison vide*, Alain Barrière, 1965
*Aline*, Christophe, 1965
*Bro Goz ma Zadou,* hymne national breton
*Le Testament,* Brassens
*File la laine,* Jacques Douai, chanté par Isabelle Aubret
*The House of the Rising Sun,* The Animals *et* Marie Laforêt
*Quand reviendras-tu ?* Barbara
*Laisse-moi petite fille,* Hugues Auffray
*Ballad of a Crystal Man,* Donovan
*Que serais-je sans toi*, Louis Aragon, chanté par Jean Ferrat
*Hiroshima long ago, I come and stand at every door,* Pete Seeger

*A Hard Rain is Gonna Fall*, Bob Dylan
*Farewell Angelina*, de Bob Dylan
*La Marseillaise*

## Radio

*SLC Salut Les Copains*, émission pour les jeunes sur
Europe N° 1

## Slogans

Total : « *Mettez un tigre dans votre moteur* »

## Technologie

Electrophone à piles
Disques vinyle
Petit magnétophone de poche
Walkie-Talkie
Transistor
Voitures miniatures de la collection
Montre automatique se remontant en secouant le poignet
Porte-clefs

## Vêtements

Maillot de bain blanc
Chaussures de tennis Adidas
Manteau en jersey marine, non doublé
Robe blanche sans manches, galbée
Veste d'homme américaine en shearsucker
Bikini écossais
Jeans beige
Chemise d'homme rose
Veste saharienne
Chemise Lacoste blanche
Veste d'homme en velours noir, style Pierrot le Fou
Jupe-culotte beige
Chemisette beige
Gros pull marin breton
Ciré vert, ciré noir
Jupon
Robe à emmanchures américaines

Manteau en vinyle de Michèle Rosier, V de V

## Accessoires

Bracelet berbère
Chaine d'or aux quatre chaînes
Style saharien
Bague aux hermines bretonnes
Tennis Adidas
Sneakers marines
Pataugas beiges
Chaussettes rouges
Bob marine et rouge
Chaussures blanches vernies à petits talons
Casquette de la guerre de Sécession
Surplus américain

## Véhicules

403 Peugeot familiale
4 L bleue immatriculée 3835 QT 75
Fiat 1500
Mobylette Solex
DS noire
404 Peugeot
Sunbeam
Juva 4

## Universités

Lettres supérieures, Centre de Télé-Enseignement de Vanves
Faculté de Droit d'Assas, 92 rue d'Assas, Paris, VIe :
ancienne annexe de la Faculté de Droit et Sciences
Economiques de Paris, ouverte à la rentrée 1964. J'y suis des
cours dès cette première année en 1964-65 et en 1966-67.
Bâtiment moderne. Plus tard, j'assiste à des concerts donnés
par l'Orchestre de Paris dans le grand amphi.
Université de Paris-la Sorbonne : 17 rue de la Sorbonne,
Paris Ve. J'y obtiens en 1966 le diplôme de Certificat
d'Études Littéraires Générales. Je suis les cours de sociologie
l'année 66-67.

Je tiens la caisse de la Sorbonne occupée pendant les Événements de Mai 68.

Fac de Vincennes : Centre Universitaire Expérimental de Vincennes, créé après les Événements de Mai 68, par le ministre Edgar Faure. Ouvert en décembre 68, j'y suis les cours dès la première année. Jusqu'en 1972.

## Technologie 2010

Internet World Wide Web

Kindle : liseuse de livres électroniques

Ordinateurs Macintosh Apple : iMac 98, eMac 04, MacBook 08

Application MiLife pour tenir son journal

Site de réservations d'hôtels booking.com

GPS Garmin

Facebook : réseau social

Twitter : réseau social

Flickr : galerie de photos en ligne

Téléphone mobile

Site *Paris 70,* Bernard Bacos

Premier site http://mhledoze.free.fr/site/accueil.html

Chaine video http://www.youtube.com/user/mhledoze

Site Kerantorec archives : http://mhledoze.free.fr

12 ans d'écritures internautes de 1997 à 2009

Page auteur Smashwords
https://www.smashwords.com/profile/view/gaellekermen

Page auteur Amazon
http://www.amazon.fr/Gaelle-Kermen/e/
B004F1AAY6%3Fref=dbs_a_mng_rwt_scns_share

Galerie Gaelle Kermen

https://www.flickr.com/photos/gaelle_kermen/

Album Château d'Avezan le soir du 23 juin 2010
https://flic.kr/s/aHski8dZxh

Album La Garlande solstice d'été 2010
https://flic.kr/s/aHski8aKsD

Album Château d'Avezan au soleil levant le 24 juin 2010
https://flic.kr/s/aHskiL5Tdi

Kindle 3 et le Vent d'Avezan
https://www.flickr.com/photos/gaelle_kermen/albums/
72157625030490832/
La Novela 2010
https://www.flickr.com/photos/gaelle_kermen/albums/
72157625099726596/

Article de blog sur Patrice Cournot
http://gaellekermen.net/2010/04/28/hommage-a-patrice-
cournot/

**Bibliographie de Gaelle Kermen**

## 50 ans d'écriture en cahier (1960-2010)

*#01 Au Loin un Phare 1960-65* (numérique 2010, broché 2021)
*#02 Le Vent d'Avezan 1965-66*
*#03 Le Pot de Fer ou Le soleil dans l'œil 1966-68*
*#04 Les Maquisards du Bois de Vincennes 1969*

## Mémoires

*Aquamarine 67,* roman-vérité (web 1997, numérique 2010, broché 2021)
*Journal 1960-69* (numérique 2014)
*Des pavés à la plage, Mai 68 vu par une jeune fille de la Sorbonne* (numérique 2018, broché 2018)
*Le Festival de Wight 70 vu par deux Frenchies,(numérique 2019)*
*Clandestine 70* (numérique 2020, broché 2021)

## Guides pratiques

*Scrivener plus simple pour Mac,* 2016
*Scrivener plus simple pour Windows,* 2016
*Scrivener plus simple pour iOS,* 2017
*Smashwords plus simple pour les francophones, 2018*
*Écrire un livre entier sur iPad avec Scrivener,* (numérique 2019, broché 2021)
*Aeon Timeline plus simple pour les francophones,* (numérique 2019, broché 2021)

*Les versions brochées des ouvrages sont publiées uniquement en Impression à la Demande par respect pour les arbres et les forêts.*

# Contacts

*Amie lectrice, ami lecteur,*
*Je suis heureuse d'avoir partagé ces souvenirs avec vous.*
*Vous pouvez me retrouver sur le net :*
*Facebook :* http://www.facebook.com/gaellekermen
*Twitter :* http://twitter.com/gaellekermen
*Flickr :* http://www.flickr.com/photos/gaelle_kermen/
*Mon blog apporte un complément documentaire aux mots de ce livre :*
http://gaellekermen.net/
*Smashwords :* http://www.smashwords.com/profile/view/gaellekermen
*M'écrire :* aquamarine67@free.fr

*Gaelle Kermen*
*eWriter*
*diariste depuis 1960*
*auteur indépendant depuis 2010*

# Table des Matières

Dépôt légal décembre 2021

Marie-Hélène Le Doze, Kerantorec, 29350

Bretagne, Europa

ISBN : 979-10-91577-05-2